마이클 포터의 경쟁전략

하버드 경영전략 교과서

마이클 포터의 경쟁전략

하버드 경영전략 교과서

마이클 포터 지음
미래경제연구소 옮김
권융 감수

| 차례 |

머리말   9
들어가며 | 왜 경쟁전략인가?   13

1부 일반적 분석 기법   25

1장   산업 구조 분석   28
경쟁 강도의 구조적 결정 요인 | 산업 구조 분석과 경쟁전략 | 산업 구조 분석과 산업의 정의

2장   본원적 경쟁전략   78
3가지 본원적 전략 | 어중간한 상태 | 3가지 본원적 전략의 위험 부담

3장   경쟁사 분석 체계   99
경쟁사 분석의 4가지 요소 | 4가지 조성 요인의 통합 - 경쟁사의 대응 수준 | 경쟁사 분석과 산업 예측 | 경쟁사 정보 관리 시스템의 필요성

4장   시장 신호   142
시장 신호의 유형 | 시장 신호 확인에 활용되는 기업 관행 | 시장 신호에 대한 과도한 관심이 왜 역기능을 불러오는가

5장   경쟁적 조치   **161**

산업의 불안정성 - 경쟁전의 유발 가능성 | 경쟁적 조치 | 공약 | 중심점 | 정보와 기밀 유지의 문제점

6장   구매자와 공급자에 대한 전략   **194**

구매자 선택 | 구매 전략

7장   산업 내부의 구조적 분석   **224**

경쟁전략의 여러 차원 | 전략집단 | 전략 집단과 기업의 수익성 | 전략 수립과 관련된 문제들 | 분석 도구로서의 전략 집단 지도

8장   산업의 진화   **267**

산업 진화의 기본 개념 | 산업 진화의 과정 | 산업 진화에서 나타나는 중요한 상관성

2부 본원적 산업 환경 313

9장 세분화된 산업에서의 경쟁전략 316
무엇이 산업을 세분화 하는가 | 세분화 상태의 극복 | 산업 세분화에 대한 대처 방안 | 잠재되어 있는 전략상의 함정 | 전략의 수립

10장 신생 산업에서의 경쟁전략 352
구조적 환경 | 산업 발전을 가로막는 문제들 | 초기 및 후기의 시장들 | 전략적 선택 | 예측에 사용되는 기법 | 진입 산업의 선정

11장 산업 성숙기로의 전환 386
산업 변화 | 전환기의 전략적 의미 | 전환기의 전략적 함정 | 성숙 단계의 조직적 시사점 | 산업 전환과 CEO

12장 사양 산업의 경쟁전략 413
쇠퇴 단계에서의 경쟁의 구조적 결정 요인 | 쇠퇴 단계에서의 전략적 대안 | 쇠퇴 단계에서의 전략 선택 | 쇠퇴 단계에서의 함정 | 쇠퇴 단계에 대한 준비

13장 글로벌 산업에서의 경쟁 447
글로벌 경쟁의 원천과 장애 요인 | 글로벌 산업으로의 진화 | 글로벌 산업에서의 경쟁 | 글로벌 산업에서의 전략적 대안 | 글로벌 경쟁에 영향을 미치는 흐름

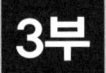 **전략적 의사 결정** 483

14장 수직 통합의 전략적 분석 485
수직 통합의 전략적 이익과 비용 | 전방 통합의 특수한 전략적 이슈 | 후방 통합의 특수한 전략적 이슈 | 장기 계약과 통합의 경제 | 수직 통합 결정에 있어서의 환상

15장 생산시설의 확장 522
생산시설 확장 결정의 요소 | 생산시설 과잉의 원인 | 선점 전략

16장 새로운 사업으로의 진입 546
내부 발전을 통한 진입 | 인수를 통한 진입 | 연쇄적 진입

부록 A | 경쟁사 분석을 위한 포트폴리오 기법 577
부록 B | 산업 분석을 어떻게 실시할 것인가 586

머리말

　이 책은 내가 경제학자로 살아오면서 경험한 중요한 지적 여정의 결과물이다. 그래서 그동안 산업조직경제학과 경쟁전략을 연구하고 강의하는 과정에서 모은 여러 가지 자료가 모두 담겨 있다고 보아도 무리가 아닐 것이다. 주로 경영자들의 관심 영역인 경쟁전략은, 여러 산업 분야를 파악하고 경쟁 업체를 치밀하게 분석하기 위한 필수적인 요소다. 그럼에도 불구하고 이 분야에는 아직까지 만족할 수준의 체계적인 분석 방법이 마련되어 있지 않으며, 그나마 지금까지 제시된 방법조차 그 범위가 한정되어 있다. 아마 이를 학문적으로 연구하는 경제학자와 실제 경영자의 관심 영역이 일치하지 않았기 때문일 것이다. 경제학자들은 대부분 공공 정책의 입장에서 산업구조 자체에 대한 연구에 주력하는 경향이 있다.

　필자는 지난 10여 년간 하버드 경영대학원에서 경영정책과 산업경제학을 강의하고 또 연구 논문을 집필하면서 이러한 차이를 극복하기 위한 방법을 모색해왔다. 이 책의 전반적인 내용은 산업경제학에 바탕을 두고 있는데, 나는 박사 학위 논문에서 이 주제를 다룬 이후 지금껏 이 분야에 대한 연구를 이어 왔다. 1975년 경영정책 강의를 비롯해 MBA(경영학 석사) 과정 학생들과 현역 경영자들을 대상으로 새롭게 개설한 산업 및 경쟁 분석 수업에서 수년간 자료를 얻었다. 또한 이 책은 통계에 기초한 학문적인 연구뿐만 아니라 교수 자료를 준비하면서 모은 수많은 산업 연구 조사를 토대로 한 결과물이다. 또한 산업 연구를 하는 MBA 학생 팀의 지도 과정과 미군 및 국제 기업과의 협동 연구 등에서 얻은 수백 건의 산업 연구도 큰 도움이 되었다.

이 책은 특정 사업에 필요한 경쟁전략을 개발해야 하는 전문가들과 경쟁의 개념 및 실태를 보다 명확하게 파악하고자 하는 연구원들에게 큰 도움이 될 것이다. 또한 자신이 종사하는 산업 분야와 경쟁자를 제대로 파악하고자 하는 기업인들에게도 실질적인 해법이 되도록 구성했다. 경쟁 상황 분석은 경영전략 수립뿐만 아니라 재무 관리, 마케팅, 증권 분석, 그 밖의 경영 활동 분야에서도 중요한 역할을 한다. 여러 가지 다양한 직무와 직급의 종사자들이 이 책을 통해 값진 통찰력을 얻을 수 있기를 희망한다.

아울러 기업들 역시 경쟁에 대한 건실한 정책을 개발하는 데 도움을 얻을 수 있기를 바란다. 시장에서의 입지를 강화하는 보다 효율적인 경쟁 방법을 찾아내기 위해 '경쟁전략'이 안내자가 될 것이다. 경쟁은 윤리적 기준과 공공 정책에 어긋나지 않는 사회적으로 바람직한 게임의 규칙 속에서 이루어져야 한다. 이러한 규칙이 성과를 내려면 기업이 경쟁적인 위협 요인이나 기회에 전략적으로 어떻게 대응하는지를 정확하게 예측해야만 한다.

이 책을 집필하면서 적지 않은 지원과 도움을 받았다. 특히 하버드 경영대학원은 이 연구의 진행에 최적의 여건을 제공해주었다. 전 대학원

장인 로렌스 포레이커와 현 대학원장 존 맥아더는 처음부터 이 책의 집필을 권유하고 격려해주었을 뿐만 아니라 유익한 의견을 아끼지 않고 제도적으로도 뒷받침해주었다. 또 별도의 재정 지원을 아끼지 않은 제너럴 일렉트릭 재단뿐 아니라 하버드 경영대학원 연구부에도 감사드린다. 리처드 로젠블룸 연구부장은 재정 지원에 열의를 보여준 것 외에도 귀중한 의견과 조언을 아끼지 않았다.

지난 5년간 산업 연구 및 사례별 자료 준비 작업을 함께 진행해온 유능하고 헌신적인 연구진의 노고가 없었다면 이 연구는 결코 완성될 수 없었을 것이다. 제시 부르네프, 스티븐 J. 로스, 마가렛 로렌스, 닐 바드캄카르 등 하버드대학교의 MBA 학생들이 최소 1년 이상의 많은 시간을 이 연구에 바쳤다.

또한 내 지도 아래 경쟁전략 분야를 연구하는 많은 박사 과정 학생들의 연구 결과에도 큰 도움을 받았다. 사양 산업에 대한 캐스린 해리건의 연구 성과는 12장의 내용에 크게 기여했고 조셉 드크루즈, 니틴 메타, 피터 패치, 조지 이프의 연구 결과도 이 책의 주요 논제에 대한 이해를 한층 더 깊이 있게 해주었다.

이 책을 구상하고 집필해나가는 과정에서 학교의 동료 교수들과 기업체의 동료들이 크고 작은 도움을 주었다. 소중한 친구이자 동료 교수인 리처드 케이브스와 함께 공동 집필한 연구 논문은 이 책의 구상에 큰 역할을 했다. 그는 원고 전체를 검토해주고, 깊이 있는 논평과 의견을 제시해주었다. 경영대학원 경영정책 분야 교수들도 내 생각과 이해를 보다 명확하게 다져나가게 하는 데 도움을 주었고 아울러 귀중한 후원도 아끼지 않았다. 스트러티직 플래닝 어소시에이츠(Strategic Planning Associates)의 캐서린 헤이든 부사장은 새로운 아이디어를 계속 제공해주었을 뿐만 아니라 원고를 검토해주었다. 마이클 스펜스 교수는 공동 조사 활동과 수많은 토론을 통해 경쟁전략 문제 일반에 대한 이해를 더욱 깊게 해주었다. 리처드 마이어 교수는 산업 및 경쟁 분석 강의를 함께 맡으면서 여러 분야에서 이해와 판단을 자극하고 북돋아주었다. 마크 풀러 교수는 사례 작성 및 산업 연구를 공동으로 진행하면서 도움을 주었고 보스턴 컨설팅 그룹(Boston Consulting Group)의 간부인 토머스 휴트, 아일린 루덴, 에릭 보그트의 도움으로 13장의 내용이 풍성해졌다. 그 밖에 존 린트너, C. 롤랜드 크리스텐슨, 케네스 앤드루스, 로버트 버젤, 노먼 버그 등 5명의 교수들과 닐스 핸슨(Gould Corporation), 존 포버스(Mckinsey and Company), 편집 담당 로버트 윌리스도 집필 과정에서 많은 격려와 유익한 의견을 아낌없이 주었다.

　　에밀리 포이드, 그리고 특히 쉴라 베리에게도 큰 신세를 졌다. 이 두 사람은 집필 과정에서 원고 작성을 도와주었을 뿐만 아니라 안정된 분위기에서 능률적인 연구를 진행할 수 있도록 분위기를 조성해주었다. 끝으로 산업 및 경쟁 분석, 경영정책, 산업 분석에 대한 실습 조사 등 내 강의를 듣는 학생들이 이 책에서 활용된 여러 개념들을 실험하는 과정에서 끈기과 열정으로 실험 대상으로 응해주어 나의 이해를 명확하게 해 준 점에 깊은 감사를 표하고 싶다.

들어가며

왜 경쟁전략인가?

업계에 종사하며 경쟁하는 모든 기업은 어떤 형태로든 모두 경쟁전략을 갖고 있다. 이러한 전략은 기획 과정에서 구체적인 모습으로 나타날 수도 있고, 기업 내 여러 부서의 활동 속에서 보이지 않게 전개될 수도 있다. 기업의 각 부서가 자체적인 경쟁전략을 수립하고 이를 실행에 옮길 때는 부서 고유의 영업 기능과 상황에 따라 접근법도 다르다. 그러나 이러한 접근법을 모두 합친다고 해서 그것이 그대로 최선의 경쟁전략이 되는 경우는 거의 없다.

글로벌 기업들은 전략 기획에 많은 노력을 기울이고 있다. 전략 수립 과정을 통해 각 부서들의 정책을 조직하고 결과적으로 공통의 목표를 향하게 하여 얻을 수 있는 이익이 상당하다는 생각을 반영한 결과라 볼 수 있다. 구체적인 형태의 전략 기획에 대한 관심이 높아지면서 경영인들이 오랫동안 관심을 기울여왔던 문제가 부각되기 시작했다. '우리 회사가 활동하고 있는 산업이나 진입을 검토하고 있는 산업에서 경쟁을 유발하는 요인은 무엇인가?', '경쟁 업체가 취할 수 있는 행동은 어떤 것이며, 또 이에 대응하는 최선의 방법은 무엇인가?', '우리 회사가 활동하고 있는 산업은 앞으로 어떤 식으로 변해갈 것인가?', '장기적으로 가장 유리한 경쟁 위치를 확보할 방법은 무엇인가?'

그러나 공식적인 전략 기획 과정에서는 이러한 의문에 해결책을 찾기보다는 주로 문제 제기에 초점을 맞춰온 것이 사실이다. 많은 컨설팅 회사들이 문제의 해답을 찾아내기 위한 기술과 방법을 모색하고 발전시켜 왔지만, 일부 기업만을 대상으로 한 것이거나 원가의 움직임과 같은 산업의 한 측면만을 다룬 것이 대부분이다. 산업 전반에 대한 고찰은 여전히 부족한 실정이라 산업 내부에서 다양하고 복잡하게 전개되는 경쟁 상황을 제대로 포착해내지 못하고 있다.

이 책에서는 기업이 활동하는 기반이 되는 산업을 전체적으로 분석하고, 그 산업이 앞으로 어떻게 전개될 것인지 예측하며, 경쟁 업체와 자사의 위치를 파악하고, 이러한 분석 결과를 특정 사업의 경쟁전략으로 전환하는 데 도움이 되는 포괄적인 분석 체계를 제시할 것이다.

이 책은 크게 3부로 구성되어 있다. 1부에서는 산업 구조 분석과 산업 내 경쟁사를 분석하는 일반적인 체계를 안내한다. 이 체계는 산업의 경쟁을 유발하는 5가지 요인과 각 요인들이 서로 어떤 전략적인 관련이 있는지를 분석한 내용을 다룬다. 아울러 이를 바탕으로 경쟁사, 구매자, 공급자 등을 분석하는 방법과 시장의 여러 가지 신호를 판단하는 방법, 대응 조치를 취하고 이에 대처하는 게임 이론의 개념 등을 소개한다. 또한 특정 산업 내의 전략 집단을 그려보고 이 집단이 달성한 경영 성과의 차이를 밝혀내는 방법 그리고 산업의 발전 형태를 예측하는 데 사용되는 구조 등을 설명할 것이다.

2부에서는 1부에서 설명한 분석 체계가 특정 형태의 산업 환경 속에서 구체적으로 어떠한 경쟁전략으로 나타나는지 살펴볼 것이다. 산업 환경이 다르다는 것은 그 산업의 집중도와 성숙도 그리고 글로벌 경쟁에 노출된 정도 등에 근본적인 차이가 있음을 의미한다. 이처럼 상이한 산업 환경은 기업이 경쟁을 벌이는 전략적 배경이나 활용할 수 있는 전략 대안 그리고 전략적 오류 등을 밝혀내는 데 중요한 역할을 한다. 또한 2부에서는 산업의 여러 양상, 즉 세분화된 산업, 성장 산업, 도약 단계로 이행하는 산업, 사양 산업, 글로벌 산업 등에 대해서도 검토할 것이다.

3부에서는 단일 산업 내에서 서로 경쟁을 벌이는 기업들이 당면하게 되는 주요 전략적 의사 결정의 유형을 살펴볼 것이다. 즉 수직 통합, 대규모 시설 확장 그리고 새로운 산업 진입 등을 체계적으로 검토하며 분석 체계를 마무리 할 것이다(특정 산업에서 철수하는 문제에 대해서는 2부 12장에서 다루겠다). 개별 전략 결정을 분석하려면 1부에서 다루게 될 일반적인 분석 체계를 활용해야 함은 물론이고, 그 밖의 다른 경제 이론과 조직을 관리하고 동기화하는 행정상의 고려사항도 참고해야 한다. 3부에서는 기업이 핵심적인 결정을 내리는 데 실질적인 도움이 되는 내용을 구체적인 이슈를 통해 살펴볼 것이다. 아울러 경쟁사와 구매자, 공급자 그리고 잠재적 경쟁사들이 어떤 형태로 그런 결정을 내리는지 종합적으로 이해하는 데 도움을 줄 것이다.

이 책은 특정 사업부의 경쟁전략 분석에 여러모로 활용될 수 있다. 첫째, 1부에서 다룰 일반적인 분석 도구를 이용해 전반적인 산업 구조를 체계적으로 분석할 수 있을 것이다. 둘째, 산업의 핵심 전략 차원을 구분하고 이를 설명한 2부의 내용을 통해 특수한 산업 환경에 적합한 전략을 수립하는 데 보다 구체적인 지침을 얻을 수 있을 것이다. 끝으로 사업부가 어떤 결정을 내릴지 검토 중이라면 3부에서 해당되는 장을 찾아 참조하면 도움을 받을 수 있을 것이다. 아울러 3부의 내용은 이미 내려진 결정을 재검토하거나 경쟁 대상의 과거 및 현재의 결정을 면밀하게 분석하는 데 활용할 수 있을 것이다.

이 책은 전체적으로 '경쟁전략'이라는 주제를 일관성있게 또 개별적으로도 다루고 있다. 또한 경쟁전략의 이론적인 개념에서부터 실질적인 경쟁전략 수립에 이르기까지 광범위하게 도움을 받을 수 있도록 구성되어 있다. 이 책을 읽은 독자들은 특정한 전략적 문제를 해결하기 위한 출발점으로 분석 체계에 대한 실무적인 이해를 가지게 됨으로써 고도의 통찰을 얻을 수 있을 것이다. 어떤 기업의 입장에서 볼 때 중요하지 않은 내용이 있을 수 있지만 그 내용이 경쟁 업체를 살펴보는 데는 결정적인 역할을 할 수 있다. 또한 현재 논의 중인 광범위한 산업 환경이나 전략적 의사 결정 과정은 언제든지 달라질 수 있다. 이 책을 끝까지 읽는 것이 쉽지만은 않겠지만, 나중에 전략적 상황이 평가되고 경쟁전략이 개발되는 속도와 명확성에서 차이를 보인다면 분명 보람을 느낄 것이다.

특정 산업과 그 업계에 종사하고 있는 기업의 경쟁전략을 파악하기 위해서는 보다 많은 정보와 자료가 필요하지만, 그 중에는 입수하기 어려운 것들도 일부 포함되어 있다. 이 책은 어떤 정보가 중요한지 판단할 수 있게 하고, 또 그렇게 얻은 정보를 어떤 방법으로 분석할 수 있는지 체계적으로 제시하고자 한다. 이러한 배경에서 부록 B에서는 현장 탐방 조사의 지침은 물론, 현장 정보 및 이미 공개된 자료와 자료원을 포함해 실제적인 특정 산업 조사 연구의 실행에 대한 조직적인 접근 방식을 제시하였다.

이 책은 기업 경영의 성과를 향상시키려는 경영자나 그들을 돕는 컨설턴트, 경영 교육 관련 종사자, 기업의 성패 요인을 파악하고 예측하는 애널리스트, 또 공공 정책을 수립하기 위해 경쟁의 실제와 이론을 이해하고자 하는 공무원들을 위한 것이다. 앞서 언급했듯, 이 책은 산업경제학 및 기업 전략에 관한 연구와 하버드 경영대학원 MBA 과정 및 경영자 교육 과정에서 강의한 경험을 토대로 집필되었다. 저마다 구조가 다르고 성숙도에 큰 차이를 보이는 수백 개의 산업을 면밀히 조사 연구한 결과가 이 책에 고스란히 녹아있다. 비록 학자적 관점이나 학문적인 목적으로 집필된 것은 아니지만, 학자들 또한 이 책에서 다루고 있는 개념적인 접근 방식이나 산업 조직 이론의 적용, 그 밖의 수많은 사례 연구에 관심을 보이게 되기를 희망한다.

전통적인 전략 수립 방식의 재검토

본질적으로 경쟁전략을 개발한다는 것은 기업이 앞으로 어떤 방법으로 경쟁을 전개해나갈 것인지 계획을 세우는 것을 의미한다. 이를 위해 기업의 구체적인 목표가 무엇인지, 이를 실행하는 데 어떤 정책들이 필요한지에 대한 다양한 공식을 개발해야 한다. 이 섹션에서는 분석 체계를

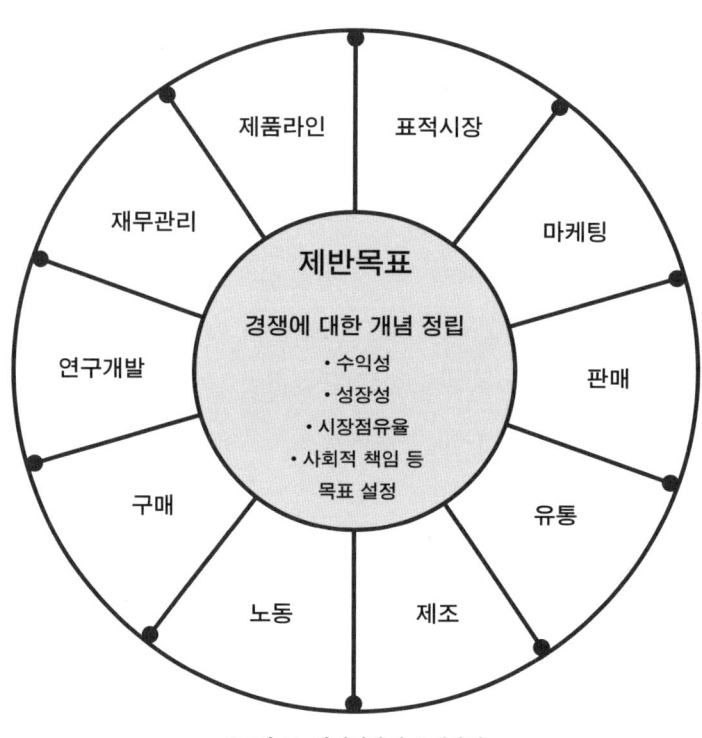

〈그림 1〉 경쟁전략의 수레바퀴

소개하기 앞서 전략 수립에 대한 기존의 전통적 접근법을 먼저 검토해보 겠다.

〈그림 1〉을 보면 경쟁전략은 기업이 달성하고자 하는 목적(목표) 과 이것을 달성하기 위해 노력하는 과정에서 필요한 수단(정책)이 결합 된 것임을 알 수 있다. 기업에 따라 이 그림에서 나타난 개념을 표현하 는 용어들은 다를 수 있다. 예를 들어 일부 기업은 '목표'라는 말 대신 '사 명(mission)'이나 '목적(objectives)'이라는 표현을 쓰고, '운영 정책' 대신 '전술 (tactics)'이라는 표현을 사용하기도 한다. 그러나 용어가 다르다고 해서 전 략의 본질적 개념이 달라지는 것은 아니다. 다양한 용어로 표현되는 전략 의 개념은 목적과 수단의 구별을 통해 충분히 포착될 수 있다.

'경쟁전략의 바퀴'를 표현한 〈그림 1〉은 기업 경쟁전략의 핵심 요소 를 한눈에 파악할 수 있게 한다. 바퀴의 중심에는 기업의 목표가 있다. 이 것은 기업의 여러 가지 경쟁 방식과 기업이 추구하는 경제적·비경제적 목 표를 의미한다.

바퀴의 살 부분에는 기업이 이런 목표를 추구하는 데 있어 핵심이 되 는 운영 정책이 나타나 있다. 이 같은 핵심적인 부서별 운영 정책은 기업 의 경영 활동에서 비롯되어야 한다. 핵심 운영 정책은 사업의 성격에 따라 다르기 때문에 이를 표현하는 경영 방식에도 차이가 있을 수 있다. 일단 운영 정책이 정해지면 이를 바탕으로 한 전략 개념은 기업의 전반적인 활 동 지침으로 활용될 수 있다. 바퀴와 마찬가지로 바퀴살(운영 정책)은 바퀴 중심(목표)에서 뻗어나가 그것을 축으로 움직여야 한다. 만일 바퀴살이 바

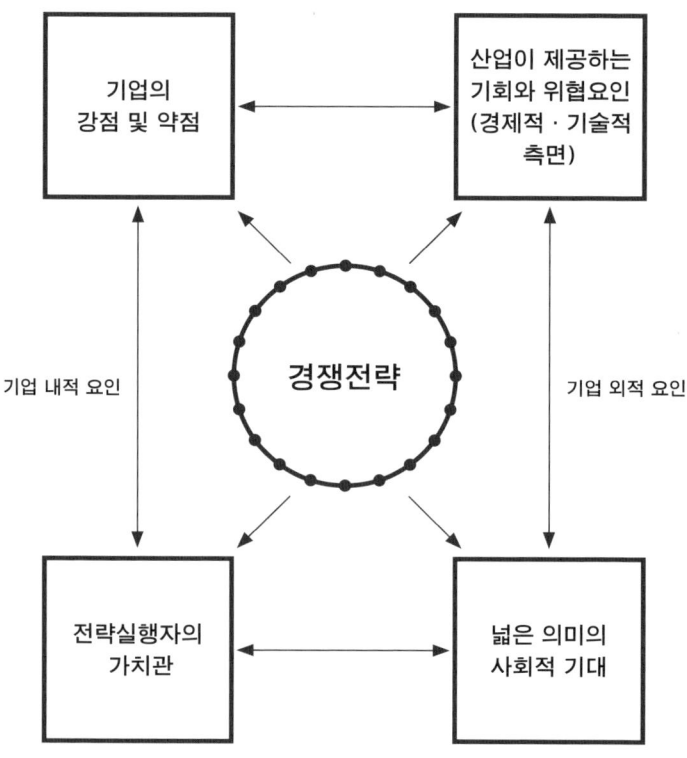

〈그림 2〉 경쟁전략 수립의 배경

퀴 중심과 서로 연결되어 있지 않으면 그 바퀴는 굴러갈 수 없을 것이다.

〈그림 2〉는 기업이 성공적으로 성취할 수 있는 것을 결정하는 4가지 주요 요인을 보여주고 있다. 기업의 강점과 약점은 재정, 기술, 브랜드 등 경쟁사와 대비되는 자원과 역량을 그대로 반영한다. 전략 실행자의 가치관이란 수립된 전략을 실행해야 하는 핵심적인 위치에 있는 경영진의 동기(motivation)와 욕구(needs)를 의미한다. 이러한 가치관과 결합된 기업의

강점과 약점은 결국 기업이 성공을 기대하면서 채택할 수 있는 경쟁전략의 내적(기업에 미치는) 요인을 결정한다.

외적 요인은 기업이 속한 산업과 주변 환경에 의해 결정된다. 산업이 제공하는 기회와 내부에 도사리고 있는 위협은 곧 경쟁 환경의 구성 요소로, 그 속에는 수익 창출 가능성과 실패의 위험이 동시에 존재한다. 한편 사회적 기대는 정부 정책이나 사회적 관심사, 사회 변화 등 기업에 영향을 미치는 많은 외부 요인을 의미한다. 이 4가지 주요 요인은 현실적이고 실행 가능한 일련의 목표와 정책을 결정하기 전에 반드시 먼저 고려해야 할 것들이다.

내부의 일관성	• 모든 목표는 서로 성취될 수 있는가? • 주요 운영 정책은 목표에 초점을 맞추고 있는가? • 주요 운영 정책은 상호 보완적인가?

환경의 적합성	• 모든 목표와 정책은 업계가 제공하는 기회를 이용하고 있는가?
	• 모든 목표와 정책은 사용할 수 있는 자원을 최대한 이용해 업계의 위험 요인
	  (경쟁적 대응에 따른 위험부담을 포함)에 대응할 수 있는가?
	• 모든 목표와 정책을 설정하는 타이밍이 그러한 조치를 흡수할 만한
	  주변 여건의 능력을 감안하고 있는가?
	• 모든 목표와 정책은 보다 넓은 사회적 관심사에 즉각 반응하는가?

자원의 적합성	• 모든 목표와 정책은 경쟁사와 비교해볼 때 그 기업이 이용할 수 있는 자원에 합당한가? • 모든 목표와 정책의 타이밍은 그 조직의 변화 대응 능력을 반영하는가?
의사소통과 실행성	• 핵심 전략 실행자는 모든 목표를 충분히 파악하고 있는가? • 모든 목표·정책과 핵심 전략 실행자의 가치관 사이에 이를 확고히 이행할 만큼 충분한 일치점이 있는가? • 효율적인 실행을 가능하게 할 만한 경영 관리 능력을 충분히 갖추고 있는가?

〈표 1〉 일관성의 점검

기업의 경쟁전략이 얼마나 적절하게 구성되어 있는지를 확인하기 위해서는 〈표 1〉에 제시된 것처럼 여러 목표 및 정책의 일관성을 검토해 봐야 한다.

효과적인 경쟁전략에서 이런 광범위한 고려사항들은 전략 공식으로

A. 기업이 현재 실행하고 있는 것은 무엇인가?	• 현재 활용하고 있는 전략은 어떤 것인가? • 암시적 추정 현재의 전략이 타당하려면 기업의 상대적 입지, 강점과 약점, 경쟁사와 산업 전반의 동향에 대한 추정을 어떻게 해야 하는가?
B. 주변 환경에서는 어떤 일이 벌어지고 있는가?	• 산업 분석 경쟁에서 성공을 거두게 하는 주요 요인과 산업에서의 기회나 위협 요인은 어떤 것인가? • 경쟁사 분석 기존 및 잠재적 경쟁사의 가능성과 한계는 어디까지며, 그들은 앞으로 어떤 조치를 취할 것인가? • 사회적 여건 분석 정부, 사회, 정치의 국면에서 어떤 중요한 점이 기회나 위협 요인으로 작용할 것인가? • 강점과 약점 업계와 경쟁사를 분석한 결과를 고려해 볼 때, 그 기업은 현재 그리고 앞으로의 경쟁사와 비교해 어떤 강점과 약점이 있는가?
C. 어떠한 것을 실행해야 할 것인가?	• 추정과 전략의 검증 현행 전략에 포함된 추정을 위 B의 분석 결과와 비교해볼 때 어떤 결과가 나타나는가? 또 이 전략은 〈표1〉에서 제기된 질문들에 어떻게 부합하는가? • 전략상의 대안 위 분석 결과를 토대로 할 때 실현 가능한 전략적 대안에는 어떤 것들이 있는가? 현행 전략이 그 대안 중의 하나가 될 것인가? • 전략적 선택 어떤 대안 전략이 외부 상황의 기회와 위협 요인에 가장 적절하게 대응하도록 하는가?

〈표 2〉 경쟁전략 수립 절차

일반화된 접근법으로 해석될 수 있다. 〈표 2〉의 질문 개요는 최적의 경쟁 전략을 개발에 필요한 접근 방식을 보여준다.

〈표 2〉에 제시된 것처럼 직관적이고 명확한 질문에도 해답을 내놓는 것은 쉽지 않다. 명쾌하게 대답을 위해서는 엄청난 심층 분석 작업이 선행되어야 하기 때문이다. 그리고 그것이 이 책을 집필한 목적이다.

1부
일반적 분석 기법

1장 | 산업 구조 분석
2장 | 본원적 경쟁전략
3장 | 경쟁사 분석의 체계
4장 | 시장 신호
5장 | 경쟁적 조치
6장 | 구매자와 공급자에 대한 전략
7장 | 산업 내부의 구조적 분석
8장 | 산업의 진화

1부에서는 산업 구조 및 경쟁사 분석을 바탕으로 경쟁전략을 개발하기 위한 기초를 제공한다. 먼저 1장은 특정 산업에서 경쟁을 유발하는 5가지 요인을 파악하기 위한 분석 체계인 산업 구조 분석의 개념을 소개한다. 이 개념은 뒤에서도 계속해서 언급되며 논의를 이끌어 나갈 것이다. 2장에서는 산업 구조 분석을 통해 기업이 장기적으로 존속할 수 있는 가장 넓은 의미의 본원적 경쟁전략 3가지를 규명한다.

3, 4, 5장에서는 경쟁전략 수립에서 반드시 필요한 부분인 경쟁사 분석을 다룬다. 3장에서 제시하는 경쟁사 분석 체계는 앞으로 경쟁사가 취할 가능성이 있는 조치와 이에 대응하는 기업의 능력을 진단하는 데 유용할 것이다. 또 경쟁 업체를 분석하는 담당자들이 특정 업체를 평가하는 데 도움이 될 수 있는 세부 사항을 제시한다. 4장에서는 개별 기업의 행위가 어떤 형태의 시장 신호(market signal)로 다양하게 변환되는지에 대해 설명한다. 이러한 신호는 경쟁사에 대한 보다 정밀한 분석을 가능하게 하며, 또한 기업의 전략적 행동을 결정하는 기초로도 사용된다. 5장에서는 경쟁 업체의 움직임을 만드는 것이 무엇인지 알아보고 그것이 미치는 영향 및 대응을 위한 기본 내용을 다룬다. 6장에서는 구매자와 공급자에 대응하는 전략 개발에 필요한 산업 구조 분석의 개념을 상세히 설명한다.

1부의 마지막 두 장인 7장과 8장에서는 산업 분석 및 경쟁사 분석 결과를 다룬다. 7장에서는 전략 집단의 개념과 전략적 위치의 변화에 방해가 되는 이동 장벽의 원칙을 이용해 산업 내부에서 발생하는 경쟁의 성질을 분석하는 법을 알려준다. 8장에서는 경쟁전략에 필요한 산업 발전 과정 예측법과 그 발전 과정이 함축하고 있는 내용 일부를 검토하는 것으로 일반적인 분석 기법에 대한 논의를 마무리한다.

1장

산업 구조 분석

경쟁전략을 세우는 것의 본질은 기업을 그 자체로만 판단하는 것이 아니라 경제적 요인뿐만 아니라 사회적 요인까지 광범위하게 포함한 주변 환경과 연관지어 해석하는 데 있다. 물론 기업 경영에 가장 결정적인 영향을 미치는 환경은 해당 기업이 속한 산업 구조다. 이 구조는 기업이 잠재적으로 활용할 수 있는 여러 전략뿐만 아니라 경쟁 규칙을 정하는 데도 큰 영향을 미친다. 결국 산업 구조를 제외한 나머지 요인들은 주로 상대적인 중요도를 지니고 있다고 볼 수 있다. 대체로 산업 외적 요인들은 그 산업에 속한 모든 기업에 영향을 미치므로 이에 어떻게 대처하는지에 따라 각 기업 고유의 차별성이 드러난다.

특정 산업의 경쟁 강도는 우연히 발생한 것도 운이 나빠서 일어난 것도 아니다. 정확히 말하면, 산업 내 경쟁은 현재 그 산업에서 경쟁을 벌이고 있는 기업의 특정 행위보다 경제 구조에 더 많은 영향을 받는다. 특정 산업의 경쟁은 〈그림 1-1〉과 같이 5가지 기본 요인에 의해 좌우된다. 이러한 요인들이 모여서 그 산업의 최종적인 잠재 수익성을 결정하며, 이는

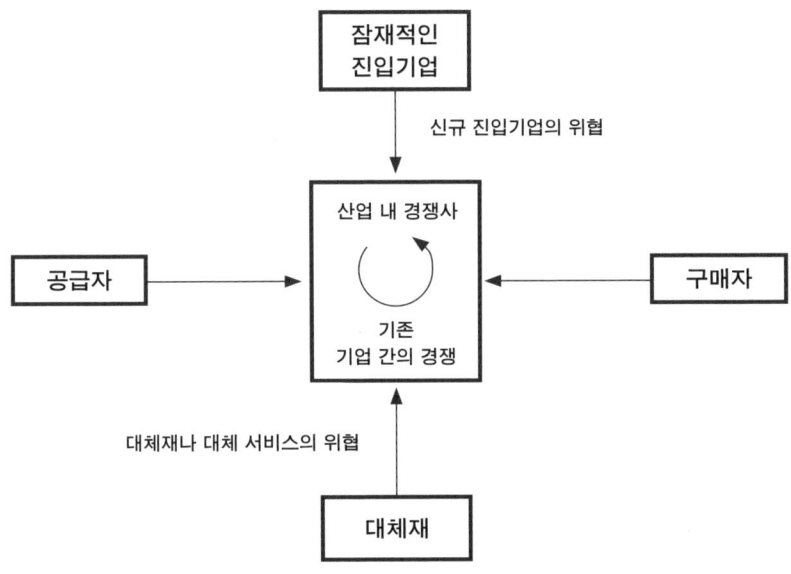

<그림 1-1> 산업경쟁을 유발하는 5가지 요인

구체적으로 장기 투하 자본 수익률(Return On Investment, ROI)로 측정된다. 잠재 수익률은 각 산업에 따라 차이가 있으며, 산업의 경쟁을 유발하는 요인에 따라서도 다르게 나타난다. 예컨대 타이어, 제지, 철강 분야처럼 경쟁 강도가 치열한 산업(이 업종들은 괄목할 만한 수익을 창출하기 어렵다)부터 유전 설비 및 서비스, 화장품 및 기타 생필품처럼 비교적 경쟁 강도가 약한 분야(이 업종들은 일반적으로 이윤이 높다)에 이르기까지 각 산업마다 경쟁 유발 요인의 강도는 서로 다르다.

이 장에서는 산업의 경쟁 강도와 수익성을 결정짓는 구조적 특성을 파악하는 데 중점을 두기로 하겠다. 사업부 단위의 경쟁전략 수립 목표는 산업 내 경쟁을 유발하는 여러 요인을 기업의 이익으로 활용하거나, 또는 그로부터 스스로를 가장 잘 방어하기 위한 것이다. 모든 기업이 경쟁 요인의 영향으로부터 자유로울 수 없기 때문에, 경쟁전략 개발의 관건은 개별 요인을 심층적으로 파고들어가 그 근원을 분석하는 것이다. 경쟁 압박 요인의 심층적인 근원을 파악하면 기업의 주요 강점과 약점이 분명하게 드러난다. 따라서 기업이 산업 내에서 자리해야 할 위치와 전략적 변화로 도출되는 기회의 영역을 명확히 찾아낼 수 있다. 그리하여 향후 전개될 산업의 흐름에서 그 기업이 마주할 기회와 위험 요인을 판단할 수 있을 것이다. 비록 이 책은 각 산업 분야의 경쟁전략을 주로 다루고 있지만, 책에서 제시한 대로 산업 경쟁을 유발하는 요인들을 파악하게 되면 기업의 다각화와 같은 여러 활동을 결정하는 데 도움이 될 것이다. 산업 구조 분석은 경쟁전략 수립에 없어서는 안 될 기본 도구이자 이 책에서 다루는 개념 대부분을 지탱하는 주춧돌이기도 하다.

중복되는 표현을 피하기 위해 생산품을 의미하는 용어로 '제품 및 서비스'를 '제품'으로 통일하도록 하겠다. 물론 여기서 제시하는 산업 구조 분석의 원리는 제조 기업과 서비스 기업 모두에 적용된다. 일부 제도적인 여건이 다르기는 하지만, 산업 구조 분석은 특정 국가의 산업뿐만 아니라 국가 간 경계를 넘어선 글로벌 산업의 경쟁 상황을 진단하는 데 적용될 수도 있다.

경쟁 강도의 구조적 결정 요인

산업을 서로 유사한 대체재(substitutes)를 생산하는 기업 집단으로 정의하기로 하자. 실제로 산업에 대한 정의도 논란이 많다. 제품과 공정, 또는 시장의 지리적 경계라는 관점에서 대체 가능성이 얼마나 유사하느냐에 대한 공동의 합의가 이루어지기 어렵기 때문이다. 일단 산업 구조 분석의 기본 개념을 소개하고 나면 이 문제를 다루기가 더 쉬워질 것이므로 산업의 범위나 영역이 이미 확정되어 있다고 가정하자.

산업 내에서 경쟁이 증가하면 투자 수익률이 계속 낮아져 최저 경쟁 수익률(competitive floor rate of return), 또는 경제학자들이 말하는 완전 경쟁 상태의 수익률에 가까워진다. 최저 경쟁 수익률 또는 자유 경쟁 수익률은 자본 손실의 위험을 감안해 조정된 정부 발행 장기 공채의 수익률과 비슷한 수준이다. 투자자들은 일시적이라면 몰라도 이러한 상태가 지속되는 것을 두고 보지만은 않을 것이다. 시장에는 늘 조금이라도 더 수익률이 높은 다른 투자 대안이 존재하기 때문이다. 따라서 최저 경쟁 수익률보다 낮은 수익률이 지속되는 기업은 결국 도산하고 만다. 한편 자유 경쟁 상태에서 평균 수익률보다 높은 수익을 거두고 있는 기업이 있다면, 그에 자극받은 신규 기업이 진입하거나 기존 경쟁사가 추가로 투자하기 때문에 자본을 끌어들이는 효과가 발생한다. 결국 경쟁 요인의 강도에 따라 새로운 투자가 발생할 것인지 또는 자유 경쟁 시장 수준으로 수익률이 감소할 것인지가 결정되며, 이를 통해 평균 이상의 수익률 달성이 가능한지도 파악할 수 있다.

　5가지 경쟁 유발 요인(신규 진입 기업, 대체재의 위협, 구매자 교섭력, 공급자 교섭력, 기존 기업 간의 경쟁)을 살펴보면 산업 내부에서 일어나는 경쟁의 범위가 기존 기업들을 훨씬 벗어나 있음을 알 수 있다. 따라서 지금까지 전혀 경쟁자라고 생각하지 않았던 고객과 공급자, 대체재, 잠재적인 진입 기업도 모두 그 산업에서 활동하는 기업에는 엄연한 '경쟁자'며, 상황에 따라 5가지 경쟁 유발 요인이 두드러지게 나타날 수도 또 잠재적인 형태로 나타날 수도 있다. 이 같은 넓은 의미의 경쟁을 '확대 경쟁'이라 부른다.

　5가지 경쟁 유발 요인 모두 산업의 경쟁 강도와 수익성에 영향을 주지만 상황에 따라 가장 강력한 한두 가지 요인을 장악하면, 전략을 수립하는 관점에서 결정적인 역할을 할 수 있다. 예를 들어 신생 기업의 도전을 신경 쓰지 않아도 될 만큼 시장에서 매우 확고한 기반을 갖춘 기업이 있다고 해도 품질이 보다 우수하고 값이 싼 대체재가 등장하면 수익률은 떨어지게 된다. 또는 대체재가 없고 신생 기업의 접근이 제한되었다 하더라도 기존 기업 간의 경쟁이 치열하다면 잠재 수익률은 제약을 받게 될 것이다. 경제학자들이 말하는 완전 경쟁 상태란 경쟁 강도가 가장 격심한 경우다. 완전 경쟁 상태의 산업에서는 신규 진입에 아무런 제약이 없고, 기존 기업은 고객과 공급자에 대해 영향력을 발휘하지 못한다. 또한 수많은 기업과 제품이 모두 엇비슷한 수준이기 때문에 경쟁 상황은 예측할 수 없는 방향으로 전개될 것이다.

　물론 산업에 따라 경쟁 상황을 결정하는 주도적 요인이 다르게 마련이다. 유조선 산업에서는 주도적 요인이 아마도 구매자(대규모 석유 회사)일 것이고, 타이어 산업에서는 강력한 경쟁사들과 결부된 OEM(주문자 상표 부착 생산) 제품 구매자들이 지배적인 요인으로 작용할 것이다. 또 철강 산업에서는 외국 경쟁사와 대체재가 핵심적인 요인이 될 가능성이 높다.

경쟁 요인이 반영되는 산업의 기본 구조는 경쟁 상황과 수익성에 영향을 미치는 일시적이고 단기적인 요인들과는 구별해서 봐야 한다. 예를 들어 경기 순환 과정에서 나타나는 단기적인 경기 변동은 거의 모든 기업의 단기적인 수익성에 영향을 미친다. 단기적인 경기 변동 외에 자재난이나 파업, 수요의 급증과 같은 상황도 단기적인 수익성에 영향을 미칠 수 있다. 이러한 요인들도 전략적으로 중요하지만, 산업 구조 분석의 초점은 산업의 근본적인 특성을 파악하는 데 있다. 여기서 말하는 산업은 경쟁전략을 수립하는 바탕인 경제 및 기술 발전과 밀접한 관계를 맺는다. 기업은 그들이 속한 산업 구조에 대응해나가는 과정에서 저마다 강점과 약점을 드러내며, 산업 구조 역시 항시 고정되어 있는 것이 아니라 시간을 두고 점진적으로 변화한다. 이러한 변동성에도 불구하고 산업 구조의 파악은 전략 분석의 시작 단계에서 반드시 이루어져야 한다.

어느 산업에나 중요시되는 경제적·기술적 특성이 있으며 이러한 것들은 5가지 경쟁 유발 요인의 강도에 중대한 영향을 미친다. 구체적으로 살펴보면 다음과 같다.

■ 신생 기업이 가하는 위협

어떤 산업에 새로운 기업이 진입할 때 이 기업은 기존 기업과는 다른 새로운 능력과 시장을 확보하려는 강한 의욕을 가지고 있을 확률이 높으며 때로는 상당한 자원을 투입하기도 한다. 이 경우 전반적인 시장 가격이 떨어지거나 부대 비용이 상승하여 결국 수익성 저하로 이어질 가능성이 크다. 기업이 기존의 시장에서 눈을 돌려 주식 취득과 같은 방법을 통해 새로운 산업에 뛰어들어 경영 활동의 다각화를 모색하게 되면 시장 판도에 큰 변화를 일으키는 경우가 종종 있다.

따라서 기존 회사를 인수 합병함으로써 특정 산업에 진입하는 경우도 시장점유율 확대라는 의도를 가지고 있다면 일단 신규 진입으로 봐야 할 것이다.

특정 산업에 새로운 기업이 진입할 때는 그 산업에 존재하고 있는 진입장벽과 기존 기업의 대응 정도에 따라 신생 기업이 줄 수 있는 위협의 폭이 결정된다. 즉, 진입장벽이 높고 신생 기업에 대한 기존 기업들의 보복적 대응이 강할 것이라 예상될 경우에는 새롭게 진입한 기업이 산업 전반에 미칠 위협은 그만큼 줄어든다.

- 진입장벽

신규 진입을 어렵게 하는 주요 장벽들로는 다음의 6가지가 있다.

- **규모의 경제** | 규모의 경제란 기간에 따른 절대 생산량이 늘어남

에 따라 제품(또는 제품 생산에 투입되는 운영이나 영업 기능)의 제작 단가가 떨어지는 현상을 말한다. 특정 산업에서 새로운 기업의 진입을 막는 규모의 경제의 원리는 주로 양자택일을 강요하는 형태로 나타난다. 즉, 신생 기업이 기존 기업의 강력한 반발을 무릅쓰더라도 대규모 시설 투자를 감행해 공격적으로 진입하거나, 아니면 작은 규모로 시작해 원가 절감의 불이익을 감수하는 방식을 택해야 한다. 하지만 그 어느 쪽도 바람직한 선택이 되기는 어렵다. 규모의 경제는 생산, 구매, 연구 개발, 마케팅, 서비스, 영업, 유통을 포함한 경영의 거의 모든 분야에 존재한다. 컴퓨터 메인프레임 산업을 예로 들면, 이 분야의 생산, 연구 개발, 마케팅 및 서비스 부문의 규모의 경제는 지나칠 정도로 커서 제록스(Xerox)나 GE(General Electric)와 같은 업체조차 신규 진입을 포기할 수밖에 없을 정도였다.

규모의 경제는 영업력과 같이 총괄적으로 나타나기도 하고, 특정 영업을 담당하는 개별 부서에서 나타나기도 한다. TV 생산을 예로 들면, 패널을 제조하는 공정에서는 규모의 경제가 두드러지지만 케이스 제작이나 조립 부문에서는 거의 나타나지 않는다. 생산 단가와 규모의 경제의 상관관계를 파악하기 위해서는 총원가를 구성하는 개별 요소를 면밀하게 검토해봐야 한다.

다양한 제품을 생산하는 기업이 생산 활동과 기술을 여러 제품에 연계해 활용할 수 있다면, 비록 개별 제품 차원은 아니더라도 기업 전체로서는 규모의 경제와 비슷한 효과를 누릴 수 있을 것이다. 예를 들어 어느 기업이 생산한 소형 전기 모터가 선풍기나 헤어드라이어기, 또는 전자 기기의 냉각 장치에 활용된다면 회사 전체적으로 모터 생산에 따른 규모의 경제 효과를 거둘 수 있게 된다. 다시 말해 이렇게 생산 활동을 다각화한 기업은, 가령 헤어드라이어기에만 사용되는 소형 전기 모터를 생산할 때보다 더 큰 경제성을 도모할 수 있는 것이다. 따라서 동일한 작업이나 기술을 적용하는 제품의 대상이 다양할 때는 어느 한 제품의 수요가 적다고 하더라도 회사 전체 매출은 상대적으로 타격을 덜 입게 된다. 이런 이유로 특정 산업에 진입하고자 하는 기업은 제품이 다양하거나, 단일 품목이더라도 여러 분야에서 사용되어야 한다. 그렇지 못할 경우에는 결국 생산 비용이 상승하는 불리한 조건에 처하게 된다. 여러 가지 운영 활동과 기술의 공유로 규모의 경제를 누릴 수 있는 영역으로는 영업 조직, 유통 경로, 구매 등이 있다.

    운영과 기술의 공유에 따른 이익은 특히 공통 비용(joint cost)의 여지가 있을 경우에 크게 나타난다. 공통 비용은 A라는 제품(또는 A를 생산하는 과정의 일부가 되는 일이나 기술)을 생산하는 기업이 본래부터 B라는 제품을 생산할 능력을 지니고 있을 때 나타난다. 항공사의 여객 수송과 화물 수송의 경우가 그 예다. 단순한 기술적 제약 때문에 항공기는 기내의 넓은 공간을 승객으로만 채우려 하고, 화물을 실을 수 있는 공간은 비워놓는 경우가 많다. 그러나 비행기를 한 번 띄우는 데 소요되는 여러 가지 비용은 승객이 많이 타건 적게 타건 거의 동일하다. 이런 점에 비추어볼 때 승객과 화물을 동시에 취급하는 기업은 승객이나 화물 어느 한쪽에서만 경쟁을 벌이는 기업보다 훨씬 유리할 수 있다. 이와 비슷한 효과는 생산 공정에서

부산물이 발생하는 기업에서도 나타난다. 만약 업계의 기존 기업이 생산 공정에서 발생한 부산물로 이익을 얻고 있는 상황에서, 신생 기업은 그러지 못한다면 원가 경쟁력에 심각한 타격을 입을 것이다.

업체가 브랜드나 노하우와 같은 무형 자산을 공용할 때에도 공통 비용에 따른 이익이 발생한다. 무형 자산은 처음의 형성 과정에서 한 번 비용을 들이고 나면, 조정이나 수정에 따른 비용을 제외하고는 다른 사업에는 무료로 적용할 수 있다.

제품의 생산과 유통을 연속으로 처리하는 수직 통합을 통해 규모의 경제를 실현할 수도 있다. 만약 기존 기업이 수직 통합을 통해 계열화되어 있는 상황이라면 신규 기업의 원료 구매와 제품의 판매 자체가 원천 봉쇄될 가능성이 높다. 원료 구매와 제품 판매가 봉쇄된다는 의미는 대부분의 고객과 공급자가 자체적으로 형성한 판매 구조에서 거래를 하고 있음을 뜻한다. 이런 경우 신규 진입의 가능성은 당연히 낮을 수밖에 없다. 따라서 신생 기업은 기존 기업과 비슷한 가격으로 제품을 판매하는 데 어려움을 겪게 되고, 설상가상으로 기존 기업이 소비자에게 더욱 유리한 판매 조건을 제시할 경우 더 이상 손 쓸 수 없는 최악의 상황에 빠지게 된다. 수직 통합 구조가 공고한 기존 산업에 진입하려 할 경우 기존 기업의 보복 위험뿐만 아니라 다음에 제시된 진입장벽에 가로막힐 가능성이 높아진다.

• **제품 차별화** | 제품 차별화란 어떤 제품이 높은 브랜드 인지도와 고객 충성도를 확보하고 있다는 의미다. 브랜드 인지도와 고객 충성도는

지속적인 광고와 고객을 위한 서비스, 제품의 차이로 얻는 것이지만 때로는 단순히 업계 최초라는 위치에서 비롯되기도 한다. 이러한 차별화는 기존 기업에는 강력한 무기가 되는 동시에 새롭게 진입을 모색하고 있는 기업 입장에서는 따라잡기 어려운 진입장벽으로 작용한다. 기존 제품에 대한 고객 충성도를 무너뜨리려면 신생 기업 입장에서는 초기에 상당한 손실을 각오하지 않으면 안 된다. 아울러 장기적인 노력도 필요할 것이다. 신생 기업이 이런 차별화를 얻기 위해 투입하는 비용은 실패할 경우에는 회수할 수 없다는 점에서 특히 위험 부담이 많다.

제품 차별화는 예컨대 유아용품, 의사의 처방 없이 살 수 있는 간단한 약품, 화장품, 투자 금융업, 공인 회계업 등의 분야에서 그 어느 요인보다도 큰 진입장벽으로 작용할 것이다. 양조업에서도 제품의 차별화는 제조, 판매 및 유통 분야에서의 규모의 경제와 결부되어 높은 진입장벽을 형성한다.

• **소요 자본** | 기존 기업과 경쟁을 벌이기 위해서는 막대한 재정 자원이 필요한데, 이 역시 신규 진입의 장애 요인으로 작용한다. 특히 위험 부담이 많고 회수가 불가능한 대규모 광고 활동이나 연구 개발에는 많은 자본이 필요하다. 이 밖에 생산 설비는 물론이고 고객에 대한 신용 판매나 재고품, 초기 활동의 손실 보상과 같은 부분도 마찬가지다. 제록스는 복사기를 직접 판매하는 대신 임대하기로 정책을 세웠는데, 이 결과 운영 자금이 엄청나게 늘어났다. 높은 운영 자금은 결국 높은 진입장벽을 만들었고

제록스는 복사기 임대 시장에서 견고한 장벽을 구축했다. 오늘날 거대 기업들은 거의 모든 산업에 뛰어들 막대한 재력이 있지만, 그래도 컴퓨터나 광물 채굴 같은 산업은 엄청난 초기 투자금이 필요하기 때문에 선뜻 진출하려고 하지 않는다. 설령 소요 자금을 조달할 수 있다 하더라도 신생 기업은 위험 프리미엄을 추가로 부담해야하기 때문에 기존 기업보다 자본 조달 비용이 상승하여, 실패했을 경우 감당해야 할 위험이 그만큼 커진다. 따라서 기존 기업은 신생 기업보다 더욱 유리한 입장에 놓이게 된다.

• **전환 비용** | 전환 비용(switching costs)이란 구매자가 기존 제품에서 다른 공급자의 제품으로 바꾸는 과정에서 부담하게 되는 일회성 비용을 말한다. 여기에는 직원 재교육비, 새로운 설비 도입비, 새로운 제품의 검사나 적합화에 따른 시간 및 경비, 기술적 지원으로 발생하는 추가적 비용, 제품의 디자인 변경, 심지어는 기존 제품과의 관계 단절로 인한 심리적 부담 비용에 이르기까지 여러 형태의 비용이 포함된다. 전환 비용이 높을수록 신생 기업은 가격이나 성능 면에서 획기적인 매력을 보여주지 않는 이상 기존 공급자의 고객을 빼오기 어렵다. 예를 들어 병원에서 사용하는 정맥 주사액과 도구를 보면, 환자에게 용액을 주사하는 과정과 도구가 경쟁 제품별로 모두 달라 서로 호환이 되지 않는다. 이런 경우에 주사액을 바꾸게 되면 주사를 놓을 때 필요한 나머지 자재들까지 모두 바꿔야 하므로 간호사들의 반발을 불러올 가능성이 높다.

• **유통 경로에 대한 접근성** | 신생 기업은 생산된 제품의 유통 경로를 확보해야 하는데, 이 또한 진입장벽으로 작용할 수 있다. 기존 기업이 이미 확고한 유통 경로를 차지하고 있는 만큼, 신규 기업은 가격 인하와 같은 판촉 활동으로 기존 유통 경로를 확보하려 할 것이다. 이러한 과정에서 신규 기업의 이윤은 줄어들게 된다. 만약 신생 식품 기업이 치열한 경쟁을 벌이는 소매상의 슈퍼마켓에 그들의 제품을 진열하고자 한다면 판매 촉진 활동이나 집중적인 영업 활동 그리고 그 밖의 다른 수단을 동원하겠다는 설득을 해야만 한다.

제품의 도매 및 소매 경로가 한정되어 있거나 기존 기업이 이러한 판매 경로를 장악하고 있다면 그 산업에 진출하기는 더욱 어려울 것이다. 기존 기업은 오랜 거래 관계나 양질의 서비스 등을 토대로 한 안정된 유통 경로를 구축하고 있으며, 심지어 어떤 판매 경로를 보면 특정 기업의 제품을 연상할 만큼 독점적인 유통망을 확보하고 있는 경우도 있다. 때로는 이러한 장벽을 극복하기가 어려워 새로 진입하는 기업이 아예 새로운 유통 경로를 개척하는 경우도 있다. 시계 산업에서 유통 경로 확보를 위해 타이맥스(Timex)가 보여줬던 것이 바로 그 전형적인 예다.

• **원가 우위** | 잠재적인 진입 기업이 아무리 사업 규모를 늘리고 규모의 경제를 이룬다 하더라도 기존 기업은 신규 기업이 모방하기 힘든 유리한 비용 구조를 가지고 있다. 가장 두드러진 점들을 살펴보면 다음과 같다.

- **독점적인 생산 기술:** 제품 생산의 노하우 또는 설계상의 특징은 특허 출원이나 기밀 유지로 독점적인 사용이 가능하다.

- **유리한 조건의 원자재 확보:** 기존 기업들은 가장 좋은 품질의 자원을 확보하거나, 수요가 적고 가격이 쌀 때 예상되는 필요량을 미리 확보해 놓는 경우가 많다. 예를 들면 텍사스걸프설퍼(Texas Gulf Sulfur)와 같은 유황 회사는 다른 업체가 가치를 제대로 인지하기 몇 년 전부터 이미 양질의 유황 매장지 일부를 확보해 두었다. 유황 매장지를 발견한 업체는 대부분 유전 탐사에 나섰다가 실패한 석유 회사들이었다. 그들이 소홀히 여긴 매장지의 가치는 프래시(frasch) 채굴 방식이 개발되고서야 비로소 인정받기 시작했다.

- **유리한 입지 조건:** 기존 기업은 수요 증대로 땅값이 오르기 전에 이미 좋은 부지를 확보하고 있다.

- **정부 보조:** 일부 사업 부문에서 정부의 특혜를 받는 기존 기업은 정부의 보조가 계속되는 한 유리한 위치를 지속할 수 있다.

- **학습(경험) 곡선 효과:** 일부 산업에서는 기업이 제품 생산의 경험을 축적할수록 단위당 생산 비용이 하락하는 경향을 보인다. 이 때 생산 비용의 절감은 근로자들의 생산 방법 개선과 능률 향상(고전 학습 곡선), 설계 및 구조의 개선, 특수 설비 및 생산 공정 개발, 설비의 생산성 증대, 제품의 디자인 변경에 따른 쉬운 제조법, 계측 기술과 작업 관리의 개선 등에서 확인할 수 있다. 경험이란 일종의 기술적 변화를 가리키는 명칭이므로 생산은 물론 유통이나 물류, 그 밖의

분야에도 적용된다. 규모의 경제와 마찬가지로 경험의 축적에 의한 비용 절감도 기업 전체 차원이 아닌 기업의 개별적인 경영 활동이나 각 조직의 기능을 통해 이루어진다. 축적된 경험을 활용하면 마케팅과 유통 부문의 비용뿐만 아니라 생산이나 생산 공정 내부 운영 비용도 절감할 수 있다. 따라서 경험의 축적에 따른 제조 비용의 하락 현상을 보다 심도있게 분석해야 한다.

경험의 축적에 따른 비용 절감은 정교한 작업이나 복잡한 조립 공정처럼 노동 투입도가 높은 산업 부문(항공기 제작이나 조선 산업)에서 가장 두드러지게 나타난다. 비용 절감은 항상 제품 개발의 초기나 성장 단계에서 가장 중요한 역할을 하다가 시간이 흐를수록 그 정도가 감소하게 된다. 규모의 경제가 경험의 축적에 따른 비용 절감의 결과라고 보는 시각도 있다. 그러나 규모의 경제는 단위 기간에 따른 산출량을 뜻하는 것일 뿐, 누적된 산출량을 의미하는 것이 아니므로 비록 동시에 나타난다 하더라도 이를 구분해서 살펴봐야 할 것이다. 규모와 경험을 동일시하는 데서 비롯되는 위험은 뒤에서 자세히 언급하겠다.

특정 산업에서 경험의 축적을 통해 원가가 절감되고 기존 기업이 이 '경험'을 독점한다면, 그 결과는 해당 산업에 진입하려는 기업에 진입장벽으로 작용한다. 아무래도 경험이 없는 신생 기업은 기존 기업보다 더 높은 비용을 부담해야 하며 충분한 경험을 쌓을 때까지 원가 이하의 가격 책정으로 인한 손실을 감내할 수밖에 없다. 기존 기업, 특히 시장점유율이 높고 경험의 축적이 가장 급속히 이루어진 기업은 새로운 설비나 기술 도입에 대한 투자 비용을 절감할 수 있어 현금 유동성이 더 커진다. 그러나 경험 곡선 효과와 규모의 경제에는 대규모 설비 투자와 초기의 손실이 따른다는 점을 반드시 기억해야 한다. 누적 산출량이 엄청나게 늘어나는 가운데 산출량에 대비해 원가가 계속 하락한다면 신생 기업은 이를 도저히 따라잡을 수 없을 것이다. 텍사스 인스트루먼츠(Texas Instruments), 블랙 앤 데커(Black & Decker), 에머슨 일렉트릭(Emerson Electric)과 같은 기업들은 누적 산출량 증대에 따른 경험 곡선 효과를 꾀하기 위해 산업 진출 초기 공격적인 투자를 선택해 성공을 거두었다.

경험의 축적에 의한 비용 절감은 다각화된 기업이 내부의 다른 사업부와 운영이나 영업 기능을 공유하거나, 기업 내에 축적된 경험을 연관된 다른 활동에 유용하게 활용할 수 있을 때 그 효과가 더욱 커진다. 원료 생산처럼 다른 사업 부문에서도 공동으로 활용되는 활동은 한 사업 부문에서만 이루어질 때보다 확실히 빠른 경험의 축적으로 이어질 것이다. 또 기업 내의 여러 부문이 서로 긴밀하게 연결되어 있을 때는, 공동으로 이룩한 경험의 축적으로 발생하는 이익을 기업의 자매 회사가 거의 '0'에 수렴하는 비용으로 활용할 수 있다. 이때 쌓은 공동 경험은 무형의 자산이 될 것이다. 이처럼 공유된 학습은 다른 여건들이 충족될 경우, 경험 곡선이 쌓아놓은 진입장벽을 한층 두텁게 만든다.

경험의 축적은 이처럼 전략 수립에 널리 활용되는 개념이다(이와 관련된 전략적 의미는 이후 더욱 자세히 다룰 예정이다).

• **정부 정책** | 마지막 7번째 진입장벽은 정부 정책이다. 정부는 산업에 대한 기본적인 허가 및 제한, 또는 천연자원에 대한 통제(석탄 매장지에 스키장을 건립하는 경우)를 통해 특정 산업의 진출을 제약하거나 심지어는 봉쇄할 수 있다. 트럭 운송업이나 철도, 주류 소매, 화물 운송은 이 같은 규제를 받는 대표적인 산업이다.

보다 민감한 정부 통제로는 대기와 수질 오염의 규제 기준이나 제품의 안정성 및 효능에 대한 단속 규정 등이 있다. 예를 들어 오염 규제 조건은 신규 진입에 필요한 자본 규모를 증대시키고, 그 요건을 충족시키기 위한 고도의 기술과 심지어는 설비 규모의 적정성에까지 영향을 미칠 수 있다. 식료품 및 그 밖의 국민 보건과 연관된 산업 분야에는 흔히 까다로운 제품 검사 기준이 설정되어 있다. 이러한 검사 기준은 제품이 출시되기까지의 시간(lead time)을 크게 늘림으로써 시장을 진입하기 위한 자본 투입을 증가시킬 뿐만 아니라, 기존 기업들로 하여금 신생 기업과 제품에 대응할 전략을 마련할 시간을 벌게 해준다. 이와 같은 정부 규제 정책은 사회 전체로 볼 때 이익이라고 할 수 있으나 새롭게 진입하고자 하는 기업 입장에서는 진입장벽으로 작용한다.

- 예상되는 보복

기존 기업이 어떤 반응을 보일지 예상하는 것 자체도 진입의 위협에 영향을 미칠 것이다. 기존 기업이 다른 기업의 진입이나 경쟁 참여를 불쾌하게 여겨 강력하게 대응할 것으로 예상된다면, 이는 기업의 진입을 억제

하는 심리적 요인으로 작용하게 된다. 신규 진입에 강력한 보복이 뒤따를 것으로 예상되는 상황은 다음과 같다.

- 과거 신생 기업에 가했던 혹독한 보복적 대응책
- 기존 기업의 막강한 자원 동원 능력, 즉 잉여 자금이나 자금 차입 능력 등의 대응력, 각종 불확실성에 대처할 수 있는 잉여 생산력 그리고 유통 경로나 고객들에게 행사할 수 있는 막강한 영향력
- 진입 대상 산업에서 기존 기업이 점유율을 지키기 위해 쏟아 붓는 노력과 그에 동원되는 막대한 고정 자산
- 진입 대상 산업의 완만한 성장 속도. 산업의 성장 속도가 느리기 때문에 신규 기업이 해당 산업에 자리 잡기 위해서는 기존 기업의 매출과 재무 실적을 저하시켜야만 한다.

- 진입 억제 가격

특정 산업의 진입 조건은 '진입 억제 가격'이라고 불리는 중요한 가상 개념으로 요약할 수 있다. 진입 억제 가격이란 특정 산업에 진입함으로써 발생하는 잠재적인 보상과, 구조적인 진입장벽을 극복하고 기존 경쟁사의 보복에 대응하는 데 필요한 예상 경비 사이의 균형을 의미한다. 만약 현재의 시장 가격 수준이 진입 억제 가격보다 높으면, 진입 기업은 평균 이상의 이윤을 기대할 수 있게 되므로 그 산업으로의 진입을 단행하게 될 것이다. 그러나 여기서 말하는 진입 억제 가격은 현재가 아닌, 미래의 여

건에 대한 진입 기업의 예상에 좌우되는 가격을 의미한다.

만약 기존 기업이 다른 기업의 신규 진입을 억제할 목적으로 시장 가격을 진입 억제 가격 아래로 낮춘다면 실제로 신규 진입이 줄어들 가능성이 높다. 그러나 그들이 신규 진입 여부와 상관없이 수익을 바라고 시장 가격을 진입 억제 가격 이상으로 올린다면 그것으로 얻는 수익은 단기간 동안만 지속될 것이다. 늘어난 신생 기업과의 경쟁이나 공존에 드는 비용으로 인해 기존 기업들의 이익은 사라져버릴 것이기 때문이다.

- 진입장벽의 속성

그 밖에도 진입장벽에는 전략적으로 매우 중요한 몇 가지 속성이 있다. 첫째, 진입장벽은 앞서 설명한 여건들이 바뀌면 그에 따라 달라질 수 있다. 예를 들어 폴라로이드(Polaroid)가 독점한 즉석 사진은 그 특허 시효가 만료됨에 따라 기술 독점으로 구축된 절대적인 진입장벽이 크게 허물어졌다. 이후 코닥(Kodak)이 동일 시장에 뛰어든 것은 조금도 놀라운 일이 아니었다. 잡지 인쇄 산업은 제품 차별화가 거의 없어지면서 진입장벽도 낮아졌다. 반면 자동차산업에서는 2차 대전 이후 자동화 시스템과 수직통합으로 규모의 경제가 확대되면서 진입장벽이 높아져 사실상 기업의 신규 진입이 성공을 거둔 사례가 거의 없다.

둘째, 기존 기업이 통제할 수 없는 상황으로 인해 진입장벽이 바뀌는 경우도 흔히 있지만 그들의 전략적인 결정에 따라서도 큰 영향을 받을 수 있다. 예를 들어 1960년대에 미국 와인 제조 회사들은 진입장벽을 강화하기 위해 새로운 제품의 출시와 광고 활동에 박차를 가하고 전국적인 유통 조직을 갖추기로 결정했다. 그 결과 그들은 규모의 경제 수준을 높이고 신규 기업의 유통 경로에 대한 접근을 더욱 어렵게 만들어 성공적으로 진입장벽을 굳건히 다질 수 있었다. 이와 유사하게 레크리에이션 차량 산업에서 활동하는 기업들이 원가를 낮추기 위해 부품 제조 부문의 수직 통합을 결정한 것도 규모의 경제를 강화해 자본 비용 상승에 따른 진입장벽을 두텁게 한 사례다.

끝으로, 일부 기업은 특수한 자원이나 기술을 가지고 있어 대부분의 다른 기업보다 훨씬 적은 비용으로 특정 산업의 진입장벽을 뚫는 경우가 있다 예를 들어, 질레트(Gillette)는 면도기 유통 경로를 확보하고 있다는 이점을 활용해 다른 회사에 비해 훨씬 적은 비용으로 일회용 가스라이터 제조 산업에 뛰어들 수 있었다. 기업 내의 다른 제품과 진입에 따른 비용을 공통으로 분담할 수 있는 경우라면 질레트와 마찬가지로 적은 비용으로 신규 사업에 진입할 기회를 획득할 수 있을 것이다(진입 전략과 관련한 요인들은 16장에서 자세하게 다루겠다).

- 진입장벽으로서의 경험과 규모

규모의 경제와 축적된 경험은 가끔씩 동일시되는 경우도 있지만, 진입장벽으로서 가지는 의미는 구별된다. 설비나 유통 시스템, 서비스 조직, 그 밖의 영업 분야에서 규모의 경제를 달성한 기업은 언제나 규모가 작은 기업보다 원가 우위를 확보하게 된다. 규모가 작은 기업 입장에서 이 같은 원가 우위는 비슷한 규모를 갖추거나 다각화를 이룩하지 않고서는 도저히 극복할 수 없는 것이다. 규모의 경제를 이룩했거나 다각화된 기업은 설비를 운용하는 고정비를 수많은 제품에 분산시킬 수 있는 반면, 소규모 기업은 비록 첨단 설비를 갖추었다고 하더라도 생산 공정상의 비효율을 면하기 어렵다.

기존 기업의 전략적 관점에서 규모의 경제의 한계를 짚어보면 다음과 같다.

- 대규모 설비를 갖춰 생산 비용을 줄이게 되면 제품의 차별화(예를 들어 규모가 커지면 커질수록 제품의 이미지나 서비스에는 부정적인 영향을 미칠 가능성이 높아짐) 또는 첨단 기술 개발 능력과 같은 다른 잠재적 진입장벽의 중요성은 상대적으로 희석된다.
- 기술의 변화는 특화된 규모의 경제를 달성한 기업에 치명적이다. 즉 이미 기존 기술에 기반한 대규모의 설비를 투자했기 때문에 새로운 기술에 유연하게 적응하기 어렵다.
- 기존 기술을 이용한 규모의 경제에 집착하다보면 새로운 기술이 지닌 가능성이나, 규모와 상관없는 다른 새로운 경쟁 방식을 제대로 인식하지 못할 가능성이 높다.

반면, 경험의 축적이 가져오는 진입장벽의 영향은 규모의 경제에 비해 미약하다. 단순히 경험 곡선만으로는 진입장벽 역할을 기대하기 어렵기 때문이다. 경험이 중요한 진입장벽으로 작용하려면 핵심 전제 조건이 뒤따라야 한다. 즉 경험은 1) 모방, 2) 경쟁사의 직원 스카우트, 3) 최신 기계 구매, 4) 컨설턴트나 다른 회사로부터 노하우를 구입하는 등 경쟁사나 잠재적 진입 기업으로부터 독점적인 위치를 확보해야 한다. 그러나 축적된 경험이 독점적으로 활용되지 못하는 경우가 종종 발생한다. 경험의 특성상 일정 시간이 지나면, 이후 습득 속도가 빨라지기 때문이다. 그래서 신규 기업은 기존 기업이 오랜 시간에 걸쳐 힘들게 쌓아온 경험을 좀 더 빠르고 쉽게 모방할 수 있는 유리한 위치에 있을 수 있다. 또한 신규 기업은 최신 설비를 도입하거나 기존의 관행에 구애 받지 않는 혁신적 방식을 채택할 수도 있다. 경험 곡선 효과를 진입장벽으로 보기 어려운 몇 가지 이유를 살펴보면 다음과 같다.

- 생산이나 공정 과정에서 혁신이 일어나 새로운 기술이 개발되고 그 기술을 바탕으로 새로운 경험 곡선이 형성되면, 기존 경험 곡선이 지닌 진입장벽은 더 이상 유효하지 않다. 이때 새로 진입한 기업이 기존 기업을 뛰어넘어 새로운 경험 곡선에 올라서게 되면 기존 기업의 입장은 불리하게 역전된다.
- 축적된 경험으로 원가 절감이 이루어지면 이미지나 기술 혁신을 통한 제품 차별화와 같은 다른 의미있는 진입장벽을 상실하게 될 가능성이 있다. 휴렛 팩커드(Hewlett-Packard)는 경쟁사가 경험 축적과 규모에만 의존하는 경쟁전략에 몰두하고 있을 때, 기술 혁신에

바탕을 둔 전략을 추구함으로써 계산기와 미니컴퓨터 산업에서 성공을 거두었다.
- 하나 이상의 강력한 기업이 경험 곡선에 의한 전략을 펼치면 나머지 기업들은 강한 치명타를 입게 된다. 단 하나의 기업이 남을 때까지 경험 곡선을 이용한 경쟁이 치열할 것이고, 끝내 산업의 성장은 정체되어 경험 곡선이 주는 혜택은 맛보기도 전에 사라질 것이다.
- 경험 축적을 통한 원가 절감에 과도하게 치중하다 보면 신규 시장 개척 또는 과거의 경험을 무산시키는 새로운 기술에 대한 관심이 둔해질 우려가 있다.

■ 기존 기업 간의 경쟁 강도

기존 기업 간의 경쟁은 주로 가격 경쟁이나 광고 경쟁, 신제품 개발, 고객 서비스나 제품 보증 등의 형태로 전개된다. 이는 모두 경쟁사보다 유리한 위치를 차지하기 위한 전술이다. 경쟁은 하나 또는 복수의 기업이 외부로부터 압박을 받거나 또는 자신의 입장을 강화할 수 있는 기회를 포착했을 때 일어난다. 대부분의 산업에서는 어느 한 기업의 경쟁적 조치가 다른 기업에 미치는 영향이 두드러지기 때문에, 이에 대한 보복 및 대응 조치가 일어나는 것은 자연스러운 일이다. 기업들은 상호 의존적이라 이와 같은 작용·반작용 패턴은 처음 그 작용을 일으킨 기업과 산업 전체를 개선시킬 수도, 반대로 악화시킬 수도 있다. 만약 어떤 조치와 이에 대한 대응 조치가 계속 확대되어간다면, 해당 산업 내의 모든 기업은 타격을 받게 되어 오히려 전보다 못한 상태로 후퇴하게 될 것이다.

여러 경쟁 형태 중에 특히 가격 경쟁은 수익성의 측면에서 볼 때 산업 전체를 악화시키고 불안정하게 만든다. 가령 어느 한 기업이 가격 인하를 단행하면 경쟁사도 즉시 이를 따라하게 마련이다. 그리고 이어지는 가격 인하 경쟁은 그 산업의 수요에 대한 가격 탄력성이 그에 상응할 만큼 높지 않은 한 모든 기업들의 수입을 감소시킨다. 반면에 광고 경쟁은 가격 경쟁과는 달리 수요를 증가시키거나 또는 제품 차별화를 유발해 모든 기업에 도움이 되기도 한다.

각 산업마다 일어나는 경쟁의 양상도 조금씩 다르다. 일부 산업에서 전개되는 경쟁은 전쟁에 비유될 만큼 격심하고, 또 어떤 산업의 경쟁은 신사적이라는 표현이 어울릴 만큼 고요하게 진행된다. 치열한 경쟁은 다음과 같은 구조적 요인들이 상호 작용한 결과다.

- **경쟁사가 너무 많거나 힘의 균형이 비슷할 경우** | 활동하는 기업 수가 굉장히 많은 산업에서는 이단 기업(異端-mavericks)이 등장할 가능성이 높으며, 대체로 이런 기업들이 기습적인 경쟁을 유발할 수 있다는 것을 늘 경계해야 한다. 심지어 기업 수가 얼마 되지 않는 경우라도 사업의 규모와 자원 면에서 서로 비슷한 수준이라면 그 균형은 금세 깨지기 쉽다. 비슷한 세력을 가진 기업끼리는 서로 경쟁을 벌이기 쉽고 지속적으로 강력한 보복 조치를 취할 여력이 있기 때문이다. 반면에 하나 또는 소수의 기업에 의해 독점 또는 과점 상태인 산업은 우위를 차지하기 위한 기업 간의 경쟁

강도가 거의 없다. 이런 경우엔 그 산업을 대표하는 기업이 가격 선도와 같은 방식을 통해 업계의 질서를 규율하고 조정하면서 산업 전반을 이끌어나가는 경향이 있다.

외국 기업들은 수출 또는 직접 투자를 통해 국내의 많은 산업 분야에 참여함으로써 경쟁 측면에서 매우 중요한 역할을 담당하고 있다. 따라서 산업 구조 분석이라는 큰 틀에서는 동일 산업에서 활동하는 외국 기업도 국내 기업 경쟁의 일부로 파악해야 한다(해외 경쟁자의 차이점은 다시 자세하게 다루겠다).

• **산업 성장의 정체** | 특정 산업의 성장이 정체되면 이 틈을 타 확장을 노리는 기업은 시장점유율 확대에 전력을 기울인다. 이때 시장점유율 경쟁은 성장 속도가 빠른 산업에 비해 훨씬 격심한 양상을 보인다. 성장 속도가 빠른 산업에서는 그 속도에 맞추기만 해도 상당한 성과를 거둘 수 있지만, 성장 속도가 느린 산업에서는 치열한 시장점유율 경쟁으로 자원이 급속히 소진되기도 한다.

• **높은 고정비와 재고 비용** | 고정비가 높으면 생산 설비 유휴 손실을 줄이기 위해 완전 가동의 압박이 거세진다. 이 같은 시설 가동 압박은 생산의 초과를 초래해 점차 가격은 낮아지는 것이다. 제지와 알루미늄 같은 원재료 산업이 이런 문제를 겪고 있다. 원가의 중요한 특징은 부가가치와 관련한 고정비라는 점이며, 총비용의 비율에 따른 고정비는 아니다. 부가

가치가 낮은 외부 자원의 투입 비율이 높은 기업의 경우, 비록 절대적인 고정비 비율이 낮다 하더라도 손익 분기점에 도달하기 위해 설비를 최대한 가동해야 한다는 압박을 받게 된다.

높은 고정비와 관련된 또 다른 문제는 일단 생산된 제품을 쌓아두어야 하는 재고 비용이 발생한다는 점이다. 이런 경우 기업은 판매를 보장하기 위한 가격 인하의 유혹에 빠지기 쉽다. 이렇게 바다가재 어획이나 유해 화학 물질 제조 그리고 몇몇 서비스 업종 등은 낮은 마진에 시달리는 산업 중 하나다.

• 희박한 차별성과 높은 전환 비용 | 제품이 아무런 차별성이 없는 원자재 또는 그와 유사한 형태로 인식되는 경우, 구매자의 선택에 영향을 미치는 것은 주로 가격과 서비스다. 따라서 이러한 산업군은 결과적으로 치열한 가격 경쟁이 잦을 뿐더러 변동폭 또한 크다. 반면 이러한 유형의 제품일지라도 차별성이 존재한다면 가격 경쟁에서 승자가 될 수도 있을 것이다. 소비자는 특정 회사 제품에 선호도와 충성도를 보이기 때문이다. 앞에서 설명했던 전환 비용도 이와 동일한 원리로 영향을 미친다.

• 대규모 시설 확충 | 규모의 경제를 위해 시설을 대규모로 확충해야 할 경우에는 그 산업의 수급 균형에 만성적인 차질이 생길 수 있다. 특히 집단적인 시설 확충이 한꺼번에 이루어질 때 수급 균형이 깨질 위험이 크다. 예컨대 염산, 비닐 클로라이드, 암모니아 비료 등의 제조처럼 잉여 설

비와 이로 인한 가격 인하라는 악순환을 되풀이하는 산업이 대표적이다
(만성적인 시설 과잉 현상이 벌어지는 상황은 15장에서 설명하겠다).

• **다양한 경쟁사** | 기존 산업에서 경쟁하고 있는 기업은 저마다 다른 전략과 배경, 인적 특성, 모기업과의 관계를 지니고 있기 때문에 실제 경쟁하는 방식에서도 목표와 전략이 서로 다르고, 이 과정에서 지속적으로 충돌할 수 있다. 그래서 서로의 의도를 정확하게 파악하고 '경쟁 규칙'이 세워지기까지 큰 어려움을 겪기도 한다. 또한 어느 한 경쟁사에 적합한 전략적 선택이 다른 경쟁사에는 엉뚱하게 작용하는 경우도 있다.

글로벌 기업은 그들 나름의 경영 환경과 목표로 종종 업계에 다양성을 더한다. 오너가 직접 경영 일선에 나서는 소규모 제조업체나 서비스 업체도 마찬가지다. 이런 업체는 독립적인 소유권을 유지하기 위해 투자 수익률이 평균 수준을 밑돌아도 만족할 수 있다. 그러나 큰 규모의 주식회사는 이러한 수익률을 인정할 수 없을 것이다. 이 같은 산업에서는 중소기업의 정책이 대기업의 수익률을 제한하는 경우가 생길 수도 있다. 마찬가지로 시장을 잉여 설비의 배출구로 생각하는 기업은 시장을 최우선시하는 기업과 상충하는 전략을 채택하게 될 것이다.

끝으로 모기업과의 관계가 어떠한가에 따라서도 해당 산업의 경쟁 양상을 다양하게 만드는 중요한 요인이다. 예를 들어 모기업과 수직 계열화로 연결된 기업은 독립 기업과는 다르거나 아예 상반되는 경쟁 목표를 설정한다. 또한 모기업의 캐시 카우(cash cow) 역할을 하는 기업은 모기업

과의 연계없이 장기적인 성장을 목표로 하는 기업과는 다른 경쟁전략을 취하게 될 것이다(경쟁사의 다양성을 식별하는 기술은 3장에서 다시 다룰 것이다).

• **큰 전략적 이해관계** | 많은 기업이 특정 산업에서의 성공 여부에 큰 이해관계로 얽혀 있을 때 그 산업의 경쟁은 훨씬 치열하게 전개된다. 예를 들어 다각화된 기업이 전략적인 입지를 강화하기 위해 특정 산업에서 성공을 거두는 것을 중요하게 여길 수 있다. 보쉬, 소니, 필립스 같은 기업은 세계적인 명성을 얻고 기술적 신뢰도를 높이기 위해 미국 시장에서 확고한 위치를 차지해야한다는 강력한 동기를 가지고 있을 가능성이 높다. 이런 기업이 추구하는 목표는 다양할 뿐만 아니라 위험할 수도 있다. 목표를 달성하기 위해 수익성까지도 기꺼이 희생해가면서 적극적인 시장 침투와 팽창 전략을 추구할 것이기 때문이다(전략적 이해관계를 평가하는 방법은 3장에서 다시 다루기로 하겠다).

• **높은 출구 장벽** | 출구 장벽에는 경제적·전략적·심리적 요인이 있는데, 여기에 얽매여 투자 수익률이 낮거나 심지어 손실을 보고 있는 경우에도 그들이 진출한 산업에서 선뜻 발을 빼지 못하는 기업이 많다. 출구 장벽의 주요 요인으로는 다음과 같은 것들이 있다.

• **특수 자산** | 특정 업종에 알맞게 고도로 전문화된 자산은 그 업종에서 손을 떼고 철수하려고 할 때는 가치가 크게 떨어지고, 다른 용도로

전환하려고 할 때는 비용이 많이 든다.

- **사업 철수에 따른 고정비** | 노사 협약, 종업원의 재취업 알선 비용, 잉여 부품의 처리 비용 등도 철수에 영향을 미친다.

- **전략적 상관관계** | 다각화된 기업에서는 일부 사업 부문이 철수하더라도 그 기업 전체의 이미지나 마케팅 능력, 자본 조달, 설비의 공동 사용 등에 많은 영향을 미치게 된다. 이러한 점 때문에 특정 산업에 그대로 남아 있는 것이 철수하는 것보다 전략적으로 훨씬 이익인 경우가 있다.

- **심리적 장벽** | 기업의 경영진은 특정 산업에서 손을 뗄 만한 경제적 타당성이 있음에도 이를 선뜻 실행에 옮기지 않는다. 그 이유는 그들이 그 사업의 적임자라는 자부심과 임직원에 대한 이미지 상실의 우려, 미래에 대한 불안, 이외에도 자존심이나 다른 심리적 압박감이 작용하기 때문이다.

- **정부 및 사회적 제약** | 정부가 실업 증대나 그 지역에 미치는 경제적 악영향을 우려해 특정 업체가 해당 산업에서 철수하는 것을 막기도 한다. 미국 이외의 다른 나라에서 이러한 제약은 흔히 볼 수 있다.

이렇게 출구 장벽이 높으면 설비 과잉이 만연하고, 경쟁에서 패배한 기업들은 포기하지 않고 버티게 된다. 경쟁에서 진 기업은 이런 상황에서 살아남기 위해 극단적인 전술에 의존해야만 한다. 이런 상태가 지속되면 산업 전체의 수익률 역시 고전을 면하지 못한다.

- 경쟁 양상의 변화

산업의 경쟁 강도를 결정하는 5가지 요인은 변화할 가능성이 높고 또 실제로 변한다. 가장 흔한 예가 산업의 성숙에 따른 성장률의 변화다. 산업이 성숙할수록 성장률은 정체되고 그 결과 경쟁은 가열된다. 이는 수익률 저하로 이어져 종종 기업의 구조 조정을 일으킨다.

1970년대 초 RV차량이 한창 붐을 일으키자 당시 거의 모든 RV차량 제조업체들이 호경기를 누렸으나 성장률이 둔화되면서 몇몇의 선두업체를 제외한 나머지는 대부분 인수·합병되거나 시장에서 철수했다. 이 같은 현상은 스노우 모빌, 스포츠 장비 산업 등 수많은 분야에서 반복해서 발생한다.

경쟁 상황의 또 다른 변화는 필립모리스(Philip Morris)가 밀러(Miller) 맥주를, 프록터 앤 갬블(Procter & Gamble)이 차민(Charmin) 제지회사를 각각 인수한 것처럼 서로 성격이 다른 기업이 인수 합병을 통해 사업 영역을 확장할 때도 나타난다. 또한 기술 혁신으로 생산 공정에 소요되는 고정비 수준이 높아져 경쟁 상황의 불안정성이 커질 때도 마찬가지다. 1960년대에는 사진의 현상·인화 작업이 공정별로 나누어져 있다가, 기술 혁신이 일어나 단일 공정으로 통합되면서 경쟁상의 큰 변화가 일어난 것도 한 예라 할 수 있다.

기업은 필연적으로 산업의 경쟁 강도를 결정하는 요인과 공존할 수밖에 없다. 하지만 기업은 전략적 변화를 꾀하여 문제에 대처할 수 있는 여지를 만들 수 있다. 예를 들어 고객이 자사의 제품을 지속적으로 사용하도록 부가적인 기술 지원을 제공하거나 기술 상담에 의존하게끔 하여 고객의 전환 비용을 증대시키는 전략을 세울 수 있다. 또는 새로운 형태의 서비스나 혁신적인 마케팅 방법, 제품의 변경이나 교체 등으로 차별성을 높일 수도 있다. 그 산업의 활동 영역 중 성장이 빠른 부문이나 고정비가 가장 적게 드는 영역에 판매 노력을 집중하는 것도 경쟁의 영향에서 조금 벗어날 수 있는 방안이다. 또 가능하기만 하다면 출구 장벽이 높은 기업과는 정면 대결을 피함으로써 극심한 가격 인하 경쟁에 말려들지 않거나, 또는 만약의 경우에 대비하여 스스로의 출구 장벽을 미리 낮추는 것도 대안이 될 수 있다(경쟁적인 조치에 대해서는 5장에서 자세하게 다루겠다).

- 출구 장벽과 진입장벽

출구 장벽과 진입장벽은 서로 다른 개념이지만, 산업 구조를 분석할 때는 이 2가지를 함께 다뤄야 한다. 출구 장벽과 진입장벽은 관련되어 있는 경우가 많기 때문이다. 예를 들어 생산 부문에 적용되는 규모의 경제는 독점적인 기술과 마찬가지로 그 자산이 전문화되어 있는 경우가 일반적이다. 진입장벽과 출구 장벽이 높고 낮은 경우를 단순화해서 설명하면 〈그림 1-2〉와 같다. 이윤 측면에서 가장 좋은 경우는 진입장벽은 높고, 출

		철수장벽	
		낮다	높다
진입장벽	낮다	수익은 낮지만 안정되어 있다	수익이 낮으면서 위험이 많다
	높다	수익이 높고 안정되어 있다	수익은 높지만 위험이 많다

<그림 1-2> 진입장벽 및 철수장벽과 수익성

구 장벽은 낮은 것이다. 이 경우 진입은 억제되는 반면 경쟁에 실패한 기업은 쉽게 빠져나갈 수 있다. 진입장벽과 출구 장벽이 다 같이 높은 경우에는 잠재적인 이윤은 높지만 대개 위험 부담이 많이 따른다. 이 경우는 진입도 쉽지 않을 뿐더러 경쟁에 실패한 기업이 빠져나가는 것도 어려워 어쩔 수 없이 그대로 남아 경쟁을 벌이게 된다.

　진입장벽과 출구 장벽이 다 같이 낮은 경우도 별로 달가운 상태라고 할 수 없지만, 가장 최악은 진입장벽은 낮고 출구 장벽은 높은 경우다. 이 경우 진입이 용이하기 때문에, 경기가 좋아지거나 일시적인 호경기를 맞으면 많은 기업이 한꺼번에 모여들게 된다. 이는 곧 설비 과잉으로 이어지고, 산업이 쇠퇴하더라도 높은 출구 장벽 때문에 빠져나가기 어려운 상황이 벌어진다. 이제 남은 것은 만성 적자를 기록하는 일뿐이다. 상당한 재무적 고정비용을 떠안은 기업의 수가 점점 늘어나면서 결국 그 산업은 불행한 길을 걷게 될 것이다.

■ 대체재의 위력

특정 산업에서 경영 활동을 하는 기업은 넓은 의미에서 대체재를 생산하는 산업과 경쟁을 벌이고 있다고 볼 수 있다. 대체재가 존재하는 산업은 아무래도 가격 결정에 제한이 따를 수밖에 없다. 대체재의 가격에 대비한 효능성, 즉 가성비가 높으면 높을수록 그 산업의 이윤에 가하는 대체재의 가격 상한선도 더욱 높아진다.

설탕 제조업자들은 이 상황을 절감하고 있다. 과당 농도가 높은 옥수수 시럽이 설탕의 대체재로 대규모 상업화를 이루게 되었기 때문이다. 이는 설탕 산업에만 해당하는 이야기가 아니다. 아세틸렌(acetylene)과 같은 나일론 산업도 값싼 대체재와 극심한 경쟁을 벌이고 있다. 대체재는 평상시의 이윤폭을 제약할 뿐만 아니라 이례적인 호경기 때 거둘 수 있는 큰 성공마저 앗아가버린다. 1978년에는 에너지 가격 상승과 혹한에 힘입어 섬유 유리 단열재 생산업자들이 전례 없는 호황을 누렸다. 이때를 틈타 생산업자들은 가격을 올리고 싶어했지만 셀룰로오스(cellulose), 로크울(rock wool), 스티로폼과 같은 대체재가 대거 쏟아져 나오는 바람에 무산되고 말았다. 이런 대체재가 수요 증대에 부응하기 위해 시설을 확장하기라도 하면, 기존 제품의 수익성 저하는 시간 문제다.

대체재가 있는지 확인하는 것은 기존 제품과 동일한 기능을 수행하는 다른 제품이 있는지 찾아보는 일이다. 이 일은 전문 애널리스트를 동원해 얼핏 봐서는 무관해 보이는 산업이나 영업 활동까지 세심히 관찰해야 하는 까다로운 작업이다. 예를 들어 증권 회사는 개인의 자산 증식이라는 면에서 충분한 대체성을 지니고 있는 부동산, 보험, 단기 금융 자산 투자 신탁(MMF) 등으로 점차 강력한 경쟁 상황에 직면하고 있다. 이러한 대체성은 증권 시장의 부진으로 더욱 두드러진다.

대체재와의 대립적인 입장은 산업 전체의 집단적 대응을 불러오기도 한다. 대체재에 대항하는 어느 한 기업의 광고 활동은 산업 전체의 입장을 대변할 수 없겠지만, 해당 산업에 종사하는 모든 기업이 집중적이고 지속적인 광고 활동을 벌인다면 산업 전체의 입장은 강화될 수 있을 것이다. 집단적인 대응은 품질 향상이나 마케팅 노력, 제품 가용성 증대 등으로도 나타날 수 있다.

대체재에 특히 관심을 기울여야 할 때는 1) 대체재가 자사의 제품과 가격 및 효능 면에서 대체성을 계속 향상시키는 경우 2) 대체재를 생산하는 산업이 높은 이윤을 얻고 있는 경우다. 후자의 경우, 새로운 기술 혁신이 업계의 경쟁력을 높여 가격이 인하되거나 성능이 향상될 때 갑자기 나타나는 경우가 많다. 이러한 추세를 분석하는 일은 대체재와의 충돌을 전략적으로 회피할 것인지, 아니면 피할 수 없는 핵심 요인으로 파악하고 대응 전략을 세워야 할 것인지 결정하는 데 중요한 역할을 한다. 경비 서비스 산업에서는 전자 경보 장치가 강력한 대체성을 지닌다. 노동 집약적인 경비 서비스 산업은 직원 급료 등의 원가가 계속 상승할 수밖에 없기 때문에 전자 경보 장치 같은 대체품의 비중이 지속적으로 높아질 것이다. 전자 경보 장치는 향후 성능은 개선되는 반면, 가격은 떨어질 가능성이 높기 때문이다. 여기서 경비 서비스 기업이 취해야 할 적절한 대응 조치는 그와 같은 경보 장치를 능가하는 서비스 제공이라기보다는 경보 장치를 능숙하게 다루는 경비 인력이라는 새로운 개념으로 이 둘을 동시에 다룰 수 있는 방안을 모색하는 것이다.

■ 구매자의 교섭력

구매자는 제품의 가격 인하를 유도하거나 품질 향상 및 서비스 증대를 요구하고, 경쟁사들끼리 대립시켜 그 사이에서 이득을 보는 행위 등으로 구매 대상 산업과 경쟁을 벌인다. 이러한 행위는 모두 그 산업의 수익성을 감소시킨다. 한 산업의 주요한 구매자 집단이 얼마나 강한 힘을 지니는가 하는 것은 시장 상황의 여러 특성과 또 그 산업에서 구매하는 행위가 구매자 집단의 전반적인 활동에서 어느 정도의 비중을 차지하는가에 따라 좌우된다. 어떤 구매자 집단이 다음과 같은 여건을 갖추고 있다면, 그 집단의 힘은 강력하다고 볼 수 있다.

- **집중적인 구매를 하거나 판매자의 판매량에서 상당량을 차지한다** | 특정 구매자가 판매량의 상당 부분을 구매하고 있다면, 그 구매자의 중요성은 부각되기 마련이다. 대량 구매자는 특히 구매 대상 산업의 고정비 비율

이 높아서(예를 들면 곡물 도정이나 화학 제품과 같이) 생산시설의 완전 가동에 대한 압박이 높을 때 그 힘이 막강해진다.

- **구매하는 제품이 구매자의 원가나 구매비의 상당 부분을 차지한다** | 이런 경우 구매자는 유리한 가격 위주로, 또는 선별적으로 제품을 구매하려는 경향을 보인다. 반대로 구매하려는 제품이 구매자의 원가 비율 중 소액에 불과하면 구매자는 가격에 신경을 크게 쓰지 않는다.

- **구매하는 제품이 표준화되어 있거나 또는 거의 차별화되어 있지 않다** | 이런 때는 구매자가 언제라도 다른 공급 회사로부터 필요한 제품을 사들일 수 있기 때문에, 알루미늄 제품 산업처럼 생산업체 간에 가격 인하 경쟁을 부채질할 수 있다.

- **전환 비용이 거의 들지 않는다** | 구매자는 앞서 설명했던 전환 비용 때문에 특정한 판매자에게 발목을 잡히는 경우가 많다. 이와 반대로 전환 비용이 적게 들면 구매자의 힘이 그만큼 강해진다.

- **구매자의 이윤율이 낮다** | 이윤이 낮으면 구매 비용을 줄이려고 한다. 예를 들어 크라이슬러(Chrysler)에 부품을 공급하는 회사는 크라이슬러로부터 더 나은 조건으로 부품을 공급해달라는 압력을 끊임없이 받고 있다고 불평을 털어놓았다. 그러나 높은 이윤을 내는 구매자라면 일반적으

로 구매 가격에 덜 민감하다(물론 이때는 구매량이 전체 원가에서 큰 비중을 차지하지 않는다). 또한 이런 구매자는 공급자의 안정적인 공급을 중요하게 여기는 장기적인 안목을 가지고 있다.

• **구매자가 후방 통합을 확실한 위협 수단으로 이용한다** | 구매자가 부품 생산에서 부분적인 통합을 이루거나 또는 후방 통합을 확실한 위협 수단으로 삼을 때 공급자의 양보를 이끌어낼 유리한 위치에 올라선다. GM과 포드는 부품 공급자에 대한 압력 수단으로 부품 자체 생산이라는 무기를 자주 행사하는 것으로 유명하다. 이 두 회사는 필요한 최소한의 부품만을 자체 생산하고, 나머지는 모두 외부 업체에서 조달하고 있다. 이런 회사가 특정 부품의 외부 구매를 줄이고 자체적으로 생산·조달하는 양을 늘리겠다고 하면, 외부 업체는 실질적인 위협을 느낄 수 있다. 또한 특정 부품 일부를 자체적으로 생산하기 때문에 부품의 원가를 자세하게 파악하고 있어 외부 업체와 구매 조건을 협상할 때도 유리하다. 그러나 반대로 공급자가 구매자 산업에 진출하는 전방 통합을 단행하겠다고 위협한다면 구매자의 교섭력을 부분적으로 약화시킬 수 있다.

• **구매하는 제품이 구매자가 생산하는 상품의 품질에 별다른 영향을 미치지 못한다** | 구매자가 생산하는 상품의 품질이 구매하는 제품에 따라 큰 영향을 받는다면 구매자가 가격보다는 제품 확보에 더 신경을 쓰게 된다. 이러한 경우는 유전(油田) 장비처럼 제 기능을 발휘하지 못할 때 엄청

난 손해를 보는 경우(멕시코 해저 유전에서 폭발 예방 장치가 고장이 나서 막대한 손해를 보았던 것처럼)나 전자 의료 및 실험 기기의 외장재처럼 기기의 품질이 외장재의 형태에 따라 큰 영향을 받는 경우 등이 있다.

- **구매자가 자세한 정보를 가지고 있다** | 구매자가 수요 현황이나 실질적인 시장 가격 그리고 공급 회사의 구체적인 원가까지 정확하게 파악하고 있다면, 협상 능력은 훨씬 커진다. 구매자가 이런 정보에 밝다면 더욱 유리한 조건으로 제품을 구매할 수 있고, 손해를 본다는 공급자의 엄살에도 즉각 대응할 수 있다.

이와 같은 구매자의 교섭력 강화 요인은 기업은 물론 일반 소비자에게도 적용될 수 있다(약간의 수정은 필요하다). 예를 들어 소비자는 제품 차별성이 없거나 그들의 수입에 비해 가격이 비싸거나 또는 품질이 그다지 중요하지 않은 제품을 사려고 할 때 가격에 민감하게 반응한다.

도매상이나 소매상같은 상업적 구매자도 소비자와 비슷하기는 하지만, 한 가지 다른 영향력을 가지고 있다. 가령 오디오 시스템, 보석류, 가전제품, 운동용품의 경우처럼 소매상이 소비자의 구매 결정에 영향을 미치는 상품을 취급할 때 생산업자에 대해 상당한 교섭력을 지니게 된다. 도매상도 그들로부터 물건을 사는 소매상이나 다른 회사의 구매 결정에 영향을 미칠 수 있다면 소매상과 비슷한 교섭력을 지니게 된다.

- 구매자의 교섭력 강화

앞에서 설명한 요인은 시간이 흐름에 따라 혹은 기업의 전략적 결정에 의해 변하게 된다. 따라서 자연스레 구매자의 교섭력 또한 커지거나 축소된다. 예를 들어 의류 산업은 구매자가 백화점과 같은 형태로 집중화되면서 거대한 소매 체인이 주도권을 쥐게 되었다. 그러자 업계의 경쟁 압력은 점차 높아졌고 이에 따라 마진이 줄어드는 악순환을 겪었다. 의류 산업은 제품을 차별화할 수도 없었고 또 구매자를 묶어둘 만한 전환 비용을 발생시킬 수도 없었으며, 수입품이 밀려들어와도 기존의 산업에 별다른 영향을 주지 못했다.

결국 새로운 구매자 집단을 발굴하여 새로운 수요를 창출하는 것이 가장 중요한 전략적 결정이 되었다. 일부 기업은 교섭력이 가장 약한 구매자 집단을 찾아냄으로써 자사의 전략적 위치를 유리하게 바꿀 수 있었다(구매자 선택). 일반적으로 구매자 집단이 모두 동일한 힘을 가지고 있는 경우는 거의 없다. 어느 기업이 특정 산업의 한 부문에만 제품을 판매한다고 하더라도 역시 교섭력이 약한(가격에 덜 민감한) 구매자 집단이 있기 마련이다. 예를 들어 대부분의 제품에 대한 교체 시장은 주문자 생산(OEM) 시장보다 가격 민감도가 덜하다(전략으로서의 구매자 선택 문제는 6장에서 자세히 다루겠다).

■ 공급자의 교섭력

공급자는 납품 단가 인상이나 제품의 품질 저하에 대한 위협을 통해 교섭력을 가질 수 있다. 공급자의 교섭력이 강해지면 특정 산업의 수익을 잠식할 수 있다. 이와 같이 공급자의 교섭력이 강해져 수익성이 줄어드는 산업의 경우 대부분 원가 상승분을 제품 가격에 곧바로 반영하기 어렵다. 예컨대 화학 회사는 공급 단가를 인상함으로써 수축성 에어로졸 포장업체의 마진율을 떨어트리게 할 수 있다. 포장업체는 원가 상승으로 인한 가격 인상 조치를 취하려 해도, 구매자가 자체 생산을 하려고 할 수 있기 때문에 쉽게 결정하지 못한다.

공급자의 교섭력이 강화되는 조건은 구매자의 교섭력이 강해지는 조건과 비슷하다. 다음과 같은 상황에서는 공급자가 강력한 교섭력을 지니게 된다.

• **공급 능력이 몇몇 기업에 의해 과점되어 있으며 산업의 집중도가 높은 경우** | 구매자 수에 비해 공급자의 수가 적을 때, 가격이나 품질 및 판매 조건에 대한 공급자의 영향력은 커진다.

• **공급자가 판매하는 제품에 대체재가 없는 경우** | 규모가 큰 강력한 공급자라 하더라도 대체재와 경쟁을 벌여야 하는 경우에는 그 영향력이 제한된다. 예를 들어 감미료를 생산하는 공급회사는 비록 개별 구매자에 비해서는 규모가 크다 할지라도, 그 감미료의 다양한 용도에 따라 도처에서 다른 대체재의 강력한 경쟁을 받게 될 것이다.

- **그 산업이 공급자의 주요 고객이 아닌 경우** | 공급자가 제품을 공급하는 여러 산업 분야 중 총판매량에서 차지하는 비율이 얼마 되지 않는 분야에서 공급자의 교섭력이 강화된다. 반대로 그 산업이 공급자의 주 고객일 경우에는 공급자의 판매량이 그 산업에 크게 좌우되기 때문에 적절한 가격 조건을 제시하거나 연구 개발 활동, 또는 로비를 통해서 기존 판매량을 유지하려고 노력할 것이다.

- **공급자의 판매품이 구매자의 생산 및 경영 활동에 주요한 요인이 되는 경우** | 공급자의 판매품이 구매자의 제조 공정이나 제품 품질에 막대한 영향력을 미치기 때문에 공급자의 교섭력은 커진다.

- **공급자의 제품이 차별화되어 있거나 전환 비용이 높을 경우** | 구매자의 선택의 여지가 줄어든다. 반대로 공급자가 전환 비용이 소요된다면 공급자의 교섭력이 그만큼 줄어든다.

- **공급자가 확실한 전방 통합의 위협을 가지고 있는 경우** | 공급자에게 이러한 위협의 여지가 있는 경우 구매자는 원하는 조건으로 구매하기 어려워진다.

우리는 보통 공급자라고 하면 기업을 연상하지만, 노동력을 제공하는 사람도 분명 일종의 공급자이며 실제로 많은 산업 분야에서 막강한 영향력을 발휘하고 있다.

쉽게 영입하기 어려운 숙련도 높은 종업원 혹은 노동조합과 같은 치밀한 조직력을 갖춘 근로자들이 노사 협의를 통해 산업의 잠재적 이윤을 상당 부분 잠식하는 사례를 흔히 볼 수 있다. 공급자로서의 노동력이 잠재적 영향력을 행사하는 원리는 지금까지 설명한 것과 비슷하지만, 근로자의 영향력을 제대로 평가하기 위해서는 근로자의 조직화 정도와 희소가치가 있는 노동력의 공급이 확대될 수 있는지의 여부가 추가되어야 한다. 근로자들이 철저하게 조직화되어 있거나 희소가치가 있는 노동력의 공급량이 억제된다면 공급자로서 노동력의 교섭력은 강화될 수밖에 없다.

공급자의 영향력을 결정하는 여건은 주변의 상황에 따라 얼마든지 변할 수 있을 뿐만 아니라 기업이 통제를 벗어나는 경우도 흔히 있다. 그러나 기업은 전환 비용을 제거하거나 후방 통합을 단행하겠다는 등의 위협을 강화해서 전략적으로 그런 상황을 개선할 수도 있다(공급자 구매 전략이 의미하는 바에 대해서는 6장에서 보다 자세하게 다루겠다).

- 산업 경쟁의 한 요인으로서 정부의 역할

정부는 주로 진입장벽에 영향을 미치는 요인으로 인식되어 왔으나, 1970년대와 1980년대를 지나면서 산업 구조에 강력한 영향력을 행사하는 요인으로 그 성격이 바뀌었다.

실제로 정부는 여러 산업 부문에서 구매자 또는 공급자의 역할을 하면서 정책에 따라 산업 내부의 경쟁에 상당한 영향을 미칠 수 있다. 예컨대 정부는 방위 산업에서는 구매자로, 또 미국 서부 지역의 광대한 산림 자원을 바탕으로한 목재 산업에서는 공급자로 각각 결정적인 역할을 한다. 공급자나 구매자로서 정부 역할은 경제적 요인보다는 정치적 요인에 의해 결정되는 경우가 많다. 정부가 가하는 여러 가지 규제는 공급자나 구매자의 활동에 실질적인 제약을 가할 수 있다.

정부는 또한 여러 가지 법규나 보조금 지급과 같은 수단으로 특정 산업과 이를 대체하는 산업 간의 관계를 조절하기도 한다. 미국 정부는 갖가지 세제 혜택과 연구비 지급 등을 통해 태양열 난방 산업을 적극 장려했다. 미국 정부가 천연가스에 대한 규제를 해제하자 화학 원료로 사용되어 왔던 아세틸렌은 일시에 천연가스로 대체되었다. 안전도와 오염 규제 기준도 대체재의 원가와 품질에 영향을 미친다. 정부는 또한 규제를 통해 산업 성장이나 원가 구조에 영향을 미침으로써 기업들 간의 경쟁과 그 결과를 좌우할 수 있다.

따라서 정부의 현행 정책이나 앞으로 취할 정책이 산업 구조에 어떤 영향을 미칠지 판단하지 않고서는 산업 구조를 완벽하게 분석했다고 볼 수 없다. 보통 전략 분석을 위해서는 정부를 하나의 요인이나 그 자체로서만 고려하기보다는, 5개 주요 경쟁 요인을 통해 경쟁 전반에 어떤 영향을 미치는지 검토하는 것이 더욱 효과적이다. 그러나 전략 그 자체에서는 정부를 영향을 미치는 하나의 요인으로 취급하는 것이 더욱 타당할 것이다.

산업 구조 분석과 경쟁전략

특정 산업의 경쟁에 영향을 미치는 여러 가지 작용과 이러한 작용을 일으키는 기본 요인을 명확히 이해할 수 있으면, 기업은 자사의 강점과 약점을 활동하고 있는 산업과 관련하여 파악할 수 있게 된다. 전략적인 관점에서 보면 기업의 결정적인 강점과 약점은 대체품과 진입장벽, 그리고 기존 경쟁자들과 같은 경쟁 요인을 기업이 얼마나 잘 대비하고 있는지를 보여주는 지표다.

효과적인 경쟁전략은 5가지 경쟁 요인에 방어적 태세를 갖추기 위해 공격적 또는 방어적 행동을 취하는 것을 말한다. 넓은 의미에서 살펴보면, 이러한 전략은 여러 가지 접근 방식을 취한다.

- 다양한 형태로 나타나는 기존의 경쟁 요인에 대해 최선의 방어책을 수립할 수 있도록 기업의 대응 태세를 갖춘다.
- 전략적인 조치를 통해 경쟁 요인의 균형에 영향을 미침으로써 이러한 요인에 대한 기업의 대응 태세를 강화한다.
- 경쟁 요인의 기본 바탕이 변화할 것을 예상하고, 경쟁사가 이를 인식하기 전에 새로운 경쟁 구도에 적합한 전략을 선택함으로써 변화를 활용한다.

- 유리한 포지셔닝(positioning)

첫 번째 접근 방식에서는 산업 구조를 주어진 것으로 인식하고, 기업의 강점과 약점을 그 구조에 맞춰 나간다. 이때의 전략은 경쟁 요인에 대응하는 방어력을 구축하거나 산업 내에서 경쟁 요인이 가장 취약해 보이는 부문에 자리잡을 곳을 찾아내는 것(positioning)이다.

기업의 역량에 대한 지식과 포지셔닝 그리고 경쟁 요인의 근원을 파악하면, 기업이 외부의 경쟁에 정면으로 맞서도 될 부문과 회피해야 할 부문이 뚜렷하게 드러나게 될 것이다. 만약 어떤 기업이 값싼 제품을 생산하고 있다면 대체제와의 경쟁에 취약하지 않은 제품으로 한정해 그 제품을 유력한 구매자에게 판매할 수 있다.

- 균형에 대한 영향력 행사

기업에 따라서는 공격적인 전략을 취할 수도 있다. 이러한 대응은 단순히 경쟁 요인 자체와 대립한다기보다는 경쟁 요인을 생성하는 원인 자체를 바꿔보려는 적극적인 대처라 하겠다.

혁신적인 마케팅으로 브랜드 인지도를 높이거나 보다 뚜렷한 제품의 차별화를 꾀할 수 있다. 대규모 설비 투자나 수직 통합은 진입장벽에 영향을 준다. 경쟁 요인의 균형은 외부 요인의 작용으로 나타날 수도 있고, 기업의 통제를 통해 유도될 수도 있다. 산업 구조 분석은 특정 산업의 경쟁 구도에 영향을 미칠 수 있는 핵심 전략 행동과 그로 인해 기대되는 결과를 동시에 보여준다.

- 상황 변화의 활용

진화는 구조적인 경쟁 요인의 변화를 수반하기 때문에 산업의 진화는 전략적인 관점에서 매우 중요하다. 산업의 발전에 따른 제품 수명 주기 패턴을 보면, 성장률은 변화를 거듭하고 산업이 성숙해짐에 따라 광고는 줄어들며, 기업들은 수직 통합을 이루려는 경향을 보인다.

이런 추세는 그 자체로만 보면 그다지 중요하지 않다. 다만 이러한 추세가 경쟁의 구조적 요인에 영향을 미치는지의 여부가 중요한 것이다. 수직 통합을 살펴보자. 상당한 성숙 단계에 접어든 미니컴퓨터 산업에서는 컴퓨터 제조와 소프트웨어 개발 분야의 광범위한 수직 통합이 이루어졌다.

이렇게 의미 있는 상황 변화는 컴퓨터 산업의 경쟁에 필요한 자본금과 규모의 경제를 크게 확장시켰다. 이는 다시 진입장벽을 높이고, 안정적인 성장률에 이르면 소규모 경쟁 업체는 경쟁에서 탈락하는 결과를 낳기도 한다.

전략적인 관점에서 최우선적으로 관심을 기울여야 할 상황 변화는 다음과 같다.

첫째, 업계에서 가장 중요한 경쟁 요인에 영향을 미치고 있는 것은 무엇인가?

둘째, 무엇이 새로운 구조적 요인을 전면으로 가져오는가?

예를 들면, 수축성 에어로졸 포장 산업에서는 제품의 차별화를 줄이는 경향이 두드러진다. 이러한 추세를 관찰함으로써 예상할 수 있는 결과로는 어떤 것이 있을까? 제품의 차별화가 줄어들면 구매자의 힘이 강화되고 진입장벽은 낮아지며 내부 경쟁은 가열된다.

산업 구조 분석은 특정 산업의 궁극적인 수익성을 예측하는 데 이용할 수 있다. 장기적인 계획을 수립할 때는 각 경쟁 요인을 검토하고 원인의 중요도를 추정한 다음, 그 산업의 이윤 잠재력을 종합적으로 파악해야 한다.

이러한 분석의 결과는 기존 산업 구조에 따라 각양각색으로 나타난다. 예를 들어 태양열 난방 산업에는 수십, 수백 개 기업이 종사하고 있지만, 어느 하나도 시장에서 두드러진 우위를 차지하지 못하고 있다. 이 산업은 진입장벽이 낮아 많은 기업이 뛰어들어 치열한 경쟁을 벌이고 있다.

태양열 난방 산업의 잠재력은 다음과 같은 요인에 크게 좌우될 것이다. 앞으로 이 산업이 쌓아나갈 진입장벽의 형태, 대체재에 대응하는 업계의 개선된 입장, 산업 내부의 궁극적인 경쟁 강도 그리고 구매자들과 공급자들이 확보하게 될 교섭력 등이다.

그리고 이러한 특성은 또 다시 다음과 같은 요인들에 영향을 받게 될 것이다. 브랜드 정체성의 확립 가능성, 기술적 변화가 규모의 경제나 설비제작에서의 경험 곡선 창출 여부, 투입할 수 있는 최종적인 자본 규모 등이 그것이다(산업의 구조적 발전 과정과 이에 영향을 미치는 요인에 대해서는 8장에서 자세하게 다루겠다).

- 다각화 전략

특정 산업의 경쟁 분석 체계는 다각화 전략을 수립하는 데도 활용할 수 있다. 이러한 체계는 다각화의 의사 결정에 내재된 지극히 어려운 문제, 즉 '이 산업의 잠재력은 무엇인가'에 해답을 제공하는 지침 역할을 한다. 이러한 경쟁 분석 체계는 기업으로 하여금 전망이 좋은 산업을 찾아내 선점할 수 있는 거시적 관점을 갖게 해 준다.

이 체계는 또한 가치 있는 종류들의 연관성을 찾아내는 데 도움을 준다. 예를 들어 영업 기능의 공유나 기존 유통망과 밀접하게 연결된 관계를 그대로 활용해서 주요 진입 장애 요인을 극복할 수 있다면, 이는 경영 다각화를 이루는 데 효과적인 기본 토대가 될 수 있을 것이다(이 문제는 16장에서 보다 자세하게 다루겠다).

산업 구조 분석과 산업의 정의

경쟁전략을 세울 때 관련 산업을 정의하는 단계의 중요성에 큰 관심이 집중되고 있다. 많은 전문가들은 제품 자체가 아닌 산업을 정의하는 기능, 국경을 넘은 잠재적인 국제적 경쟁, 오늘의 경쟁자가 아닌 내일의 경쟁자로 등장할 대상에 각각 눈을 돌릴 필요성이 있다고 역설한다.

이와 같은 주장은 산업을 어떻게 정의하는 것이 적절한가를 놓고 끝없는 논쟁을 만들고 있다. 언젠가 그 산업을 위협해올지 모르는 잠재적 요인을 간과하고 있을지도 모른다는 불안 때문이다.

그러나 산업 구조 분석의 초점을 기존 기업에 국한하지 않고 광범위한 경쟁 대상으로 확대한다면 산업 간의 경계를 정하는 기준에 대한 논쟁을 줄일 수 있을 것이다. 산업을 정의한다는 것은 기존 기업과 대체재 사이에, 기존 기업과 잠재적인 진입 예상 기업 사이에 그리고 기존 기업과 공급자 및 구매자 사이에 분명한 선을 그어 구분하는 일이다. 이러한 경계 설정은 전략의 선택과는 거의 관련이 없는 본질적인 정도의 문제(matter of degree)다.

광범위한 경쟁 요인이 파악되고 그 요인이 지닌 상대적인 영향력이 제대로 평가된다면, 경계선이 그어진 부분은 전략 수립과는 별 관련 없는 것이 된다. 전략 수립 과정에서 실질적으로 고려해야 할 사항은 잠재적인 경쟁 요인이나 핵심적인 경쟁의 차원이기 때문이다.

산업에 대한 정의는 기업의 경쟁 분야, 즉 기업의 사업 영역을 정의하는 것과는 엄연히 다르다. 산업을 넓게 정의한다고 해서 그것이 곧 기업이 광범위한 경쟁의 한복판에 서있다는 것을 의미하는 것이 아니기 때문이다. 앞서 설명한 바와 같이 관련 산업군에서 경쟁을 벌여나가는 것에는 많은 이익이 있을 것이다. 이처럼 산업에 대한 정의와 기업이 참여하고 싶은 사업에 대한 정의를 분리하는 것은 산업의 경계를 명확히 구분하는 데 있어 불필요한 혼란을 제거해 줄 수 있다.

- 산업 구조 분석의 활용

1장에서는 산업 내의 경쟁에 영향을 미칠 수 있는 수많은 잠재적 요인을 알아 보았다. 모든 요인이 균등한 중요도를 지닌 것은 아니다. 산업 구조 분석의 체계는 특정 산업 내부에서 발생하는 경쟁의 유형을 결정짓는 중요한 구조적 특성을 밝혀내 준다. 이것이 우리가 분석적이고 전략적인 관심의 대부분을 이 작업에 집중해야 하는 이유다.

2장

본원적 경쟁전략

1장에서는 산업 내에서 방어적으로 유리한 위치를 만들고, 5가지의 경쟁 요인에 성공적으로 대응함으로써 기업에 보다 나은 투자 수익률(ROI)을 가져다주는 공격적 또는 방어적 방책으로서의 경쟁전략을 설명했다. 기업들은 이러한 목표에 접근하는 서로 다른 다양한 방법을 모색해 왔다. 최선의 전략이란 결국 기업이 당면한 특수한 주변 여건을 반영한 독특한 구조를 갖추는 것이라 하겠다. 그러나 보다 넓은 의미에서 살펴보면, 장기적으로는 방어에 유리한 위치를 만들고, 산업 내에서 다른 경쟁사를 능가하기 위해서는 내적인 일관성을 지니는 3가지의 본원적 전략이 필요하다(이러한 전략은 개별적으로 또는 결합된 형태로 활용할 수 있다). 이 장에서는 3가지 본원적 전략을 설명하면서 개별 전략에 요구되는 사항과 위험 부담에 대해 알아보기로 하겠다. 우선 기초적인 개념을 소개하면서 분석을 더 하는 방식으로 전개해 나갈 것이다.

3가지 본원적 전략

5가지 경쟁 요인에 대응하여 업계의 다른 기업을 능가하기 위한 잠재적 성공의 3가지 본원적 전략 접근법은 다음과 같다.

- 총체적인 원가 우위(overall cost leadership)
- 차별화(differentiation)
- 집중화(focus)

기업은 두 가지 이상의 접근 방식을 혼합하여 주요 목표를 달성할 수도 있다. 그러나 앞으로 설명하겠지만 이러한 방식으로는 더 이상 성공하기 어렵다. 3가지 본원적 전략 중 어느 하나라도 효율적으로 수행하기 위해서는 집중적인 노력과 조직적인 지원이 필수다. 본원적 전략은 산업 내의 다른 경쟁자들을 능가하기 위한 접근 방식이다. 어떤 산업에서는 구조상 모든 기업이 높은 수익을 누리는가 하면, 다른 산업에서는 절대적인 의미에서 수긍할 수 있는 정도의 수익을 얻기 위해 본원적 전략의 성공이 우선적으로 요구되기도 한다.

■ 총체적인 원가 우위

첫 번째 본원적 전략은 원가 우위 전략이다. 이것은 1970년대에 경험 곡선 개념이 보편화되면서 널리 알려지게 되었다. 원가 우위를 차지하기 위해서는 규모의 경제를 달성할 수 있는 설비를 갖추고 경험의 축적을 통한 원가 절감 방법을 적극적으로 모색해야 한다. 원가와 총경비의 철저한 통제가 필요하며 이에 부합되지 않는 거래는 가급적 회피하도록 해야 한다. 이에 더해 연구 개발, 서비스, 판매 조직, 광고 등의 분야에서 원가를 최소화하려는 노력이 필요하며 원가 관리를 위한 경영진의 관심도 중요하다. 경쟁 업체에 대한 상대적인 원가 우위는 경쟁전략 전반에서 중요한 주제가 된다. 물론 품질이나 서비스, 그 밖의 다른 부분도 무시할 수는 없다.

　원가 우위를 확보한 기업은 다른 강력한 경쟁 요인이 있다 하더라도 평균 이상의 수익을 거둘 수 있다. 또한 이런 기업은 다른 기업과의 경쟁에서 발생하는 충격을 충분히 막아낼 수 있다. 경쟁 과정에서 이윤이 다소 희생된다 하더라도 원가 우위를 통해 보충해나갈 수 있기 때문이다. 이런 기업은 영향력 있는 구매자에도 잘 맞춰줄 수 있다. 구매자가 가격을 인하할 수 있는 폭은 바로 아래의 경쟁자가 제시하는 가격선까지기 때문이다. 또한 원가 상승 압박에 대응할 수 있는 유연성이 있기 때문에 강력한 공급자의 영향력에도 잘 대응할 수 있다. 원가 상의 우위를 안겨주는 여러 요인은 규모의 경제라는 측면에서 진입장벽으로서 상당한 역할을 한다. 끝으로 원가 우위는 산업 내의 다른 경쟁사에 비해 유리한 위치를 차지할 수 있게 한다. 5가지 경쟁 요인에 대응하는 과정에서 이윤이 잠식된다 하더라도, 그것은 능률면에서 바로 아래에 위치한 경쟁사가 도태될 때까지만 일시적으로 진행되는 것이고 그보다 못한 경쟁사는 이미 초기에 경쟁 압력을 버티지 못하고 쓰러질 것이다. 그렇기 때문에 원가 우위를 확보하면 5가지 경쟁 요인 모두로부터 기업을 보호할 수 있다.

전반적인 원가 우위를 확보하려면 시장점유율이 비교적 높거나, 그 밖에 원자재의 확보에 유리한 위치 같은 다른 이점이 뒷받침되어야 한다. 또한 제조에 용이한 형태로 제품을 설계하는 일, 원가 분산을 위해 관련 제품의 생산 라인을 폭넓게 유지하는 일, 생산 및 판매량 증대를 위해 주요 고객에 대한 서비스에 최선을 다하는 일도 도움이 될 수 있다. 결국, 원가 우위 전략을 실행하는 것은 시장점유율을 높이기 위해 최첨단 설비의 대규모 투자, 적극적인 가격 정책, 초기의 손실을 감수하는 과감성이 필요하다. 높은 시장점유율로 생산량이 늘어나면 구매 조달 비용을 절약할 수도 있고, 구매비가 줄어들면 원가는 더욱 줄어들게 된다. 이런 식으로 일단 원가 우위를 확보하게 되면 이윤이 높아질 것이고, 그렇게 발생한 재원을 새로운 설비에 다시 투자해서 원가 우위를 계속 유지할 수 있다. 이러한 재투자는 비용 경감을 유지하는 데 반드시 필요한 요건이다.

전 세계 소형 가솔린 엔진 시장의 50퍼센트를 장악한 브릭스 앤 스트래턴(Briggs and Stratton), 또 아크(arc) 용접 장비 및 부품 부문에서 링컨 일렉트릭(Lincoln Electric)이 이룩한 놀라운 성공에 발판이 된 것이 바로 원가 우위 전략이다. 이 외에도 에머슨 일렉트릭(Emerson Electric), 텍사스 인스트루먼츠(Texas Instruments), 블랙 앤 데커(Black and Decker) 그리고 듀퐁(Du Pont) 등의 기업이 같은 전략으로 큰 성공을 거두었다.

원가 우위 전략은 특정 산업에서 지금까지 지속되어온 경쟁의 기본 형태를 완전히 바꾸어놓기도 한다. 이러한 산업의 특징은 경쟁 업체가 비용을 최소화하기 위해 필요한 조치를 취하는 데 있어 사태를 잘 파악하지 못하거나 경제적인 측면에서 제대로 준비를 갖추지 못하고 있는 경우가 많다. 1979년, 기계 장비 제조 회사인 하르니쉬페거(Harnischfeger)의 대담한 시도는 거친 지형에 사용하는 크레인 제작 산업에 혁신적인 변화를 일으켰다. 당시 하르니쉬페거의 시장점유율은 15퍼센트에 불과했다. 이 회사는 부품의 규격화와 여러 가지 디자인 변화, 원자재 투입량의 감소 등으로 제작과 조작이 쉽도록 크레인 설계를 변형했다. 그리고 기존의 크레인 산업 방식과는 판이하게 다른 조립 공정의 세분화와 컨베이어 시스템을 활용한 완성품 조립 라인을 만들었을 뿐만 아니라 원가 절감을 위해 부품을 대량으로 발주했다. 이러한 생산 체제를 갖추자 크레인의 성능이 개선되면서 가격이 15퍼센트나 떨어졌다. 하르니쉬페거의 시장점유율은 단숨에 25퍼센트로 상승했고 그 이후로도 계속 늘고 있다. 이 회사의 수압장비 사업부 담당 전무인 윌리스 피셔는 성공의 배경을 다음과 같이 말했다.

우리가 목표했던 것은 타사의 제품보다 성능이 훨씬 우수한 크레인을 개발하는 것이 아니라, 정말 제작이 간편하고 값이 싼 크레인을 개발하는 것이었다.

경쟁 업체들은 하르니쉬페거가 시장점유율을 '돈으로 샀다'고 비꼬았지만, 이 회사는 그러한 비난을 근거 없는 것이라고 일축했다.

■ 차별화

두 번째 본원적 전략은 '차별화'다. 차별화란 기업이 판매하는 제품을 기업이 활동하고 있는 산업 내에서 다른 모든 제품과 구별되는 독특한 것으로 인식시키는 전략을 말한다. 차별화를 이루기 위한 접근 방식에는 여러 가지가 있다. 디자인과 브랜드 이미지를 이용하는 방법, 기술을 이용하는 방법, 독특한 특성을 이용하는 방법, 고객 서비스를 이용하는 방법, 확고한 판매망을 이용하는 방법 등이다. 이상적인 차별화 전략은 이렇게 여러 가지 접근 방식 중 몇 가지를 동시에 채택해서 추진하는 것이다. 예를 들어 캐터필러 트랙터(Caterpillar Tractor)는 탄탄한 판매망과 부품을 어디서나 쉽게 구할 수 있다는 장점 외에도 제품의 뛰어난 내구성으로 유명하다. 건설 중장비는 가동하지 않고 내버려두면 비용 면에서 큰 손해를 보기 때문에 끊임없이 굴리거나 움직이게 해야 하는데, 이러한 점 때문에 내구성이 가장 중요시된다. 차별화 전략을 추구한다고 해서 원가를 무시할 수는 없겠지만 늘 최우선적인 전략 목표로 삼을 필요는 없다.

차별화는 산업 내에서 평균 이상의 수익을 올릴 수 있는 실용적인 전략이다. 차별화 전략은 원가 우위 전략과는 다른 방식으로 5가지의 경쟁 요인에 대항하는 튼튼한 방어력을 갖추게 한다. 차별화에 성공하면, 고객이 그 회사의 브랜드에 대한 충성심이 커져 가격에 민감하지 않게 되므로 경쟁적인 대결에서 벗어날 수 있다. 또 수익 자체가 늘어나기 때문에 원가 우위를 확보할 필요성이 사라진다.

신규 진입을 노리는 기업에게는 차별화를 가진 제품이 진입장벽이 된다. 그 제품이 지닌 독특함과 제품에 대한 고객의 충성심을 극복하는 것은 무척 어려운 일이기 때문이다. 차별화로 높은 수익을 얻게 되면 원자재를 공급하는 회사의 영향력에 휘둘리지 않게 될 뿐만 아니라 구매자의 압력도 가볍게 넘길 수 있다. 구매자는 그 제품과 견줄만한 다른 제품이 없기 때문에 가격을 따질 여유가 없을 것이다. 이렇게 차별화를 통해 고객의 충성심을 획득한 기업은 대체품과의 경쟁에서도 다른 기업보다 훨씬 유리한 입장에 놓이게 된다.

그런데 차별화를 달성함으로써 시장점유율의 확대가 어려워지는 경우도 있다. 차별화를 일종의 배타성(exclusivity) 개념으로 본다면, 높은 시장점유율과 양립할 수 없는 것이기 때문이다. 차별화를 달성하는 경영 활동이 광범위한 연구 개발이나 제품 디자인, 양질의 자재 사용, 집중적인 고객 지원 등과 같이 많은 비용을 필요로 하는 일이라면, 이러한 차별화 전략은 원가 우위를 희생하는 결과를 빚게 될 것이다. 또한 특정 기업의 제품이 우월하다는 점을 인정한다 하더라도, 모든 소비자가 더 비싼 제품이나 서비스를 기꺼이 구매하거나 구매할 능력이 있다고 볼 수도 없다. 그러나 실제로는 건설 중장비 분야에서 캐터필러가 높은 가격에도 불구하고 시장을 독점하는 것처럼 이런 분석이 적용되지 않는 산업이 더 많다. 그리고 어떤 업계에서는 차별화와 함께 경쟁사와 상대적인 원가 우위나 가격을 두고 경쟁하는 일도 동시에 일어나기도 한다.

■ 집중화

마지막으로 세 번째 본원적 전략은 집중화라고 부르는 것이다. 이는 말 그대로 특정 구매자 집단이나 생산 라인별 부문 또는 지역적으로 한정된 시장을 집중 목표로 삼는 것이다. 집중화 전략에도 여러 가지 형태가 있다. 먼저 소개한 두 전략이 활동하고 있는 산업 전체를 대상으로 두는 반면, 집중화 전략은 특정한 목표만을 집중 겨냥하면서 각각의 기능적 방안을 이에 맞추어 전개해나간다. 이 전략은 넓은 범위의 목표를 두고 경쟁을 벌이는 다른 기업과는 달리, 한정된 전략적 목표를 보다 효과적이고 능률적으로 달성할 수 있다는 전제에 바탕을 두고 있다. 이에 따라 기업은 특별한 범위 내의 대상의 요구를 보다 잘 충족시킴으로써 차별화를 이루거나 이러한 대상에 제품을 공급하여 원가 우위를 달성할 수 있다. 물론 시장 전체에 대해서는 원가 우위나 차별화를 달성하지 못하지만, 한정된 시장에서는 둘 중 하나 또는 두 가지 모두를 성취할 수 있다. 3가지 본원적 전략의 차이점은 〈그림 2-1〉에서 확인할 수 있다. 집중화를 이룬 기업은 그 산업 내에서 평균 이상의 수익을 달성할 잠재력을 지니고 있다. 집중화 전략은 곧 기업이 전략적인 목표로 원가 우위나 두드러진 차별화 또는 이 모두를 다 추구함으로써 5가지 경쟁 요인에 대응할 수 있는 방어력을 갖추게 한다. 또한 대체품과의 경쟁 가능성이 가장 희박한 부문이나 경쟁사의 가장 취약한 부문을 선택해서 공략하는 데 활용된다.

예를 들어 일리노이 툴 워크(Illinois Tool Works)는 볼트나 너트 같은 철물 부품을 전문으로 다루어 구매자의 특수한 요구에 부응할 수 있는 제품을 제작하고, 아울러 그러한 특수성에 따른 전환 비용을 창출해냈다. 이런 전문적인 제품은 대중이 필요로 하는 것은 아니지만 분명한 수요가 존재한다. 포트 하워드 페이퍼(Fort Howard Paper)는 광고 경쟁이나 계속적인 신제품 공급으로 타격을 받기 쉬운 일반 제품을 파는 대신, 몇 종류의 산업 용지 생산에만 한정해 집중적인 노력을 기울였다. 포터 페인트(Porter Paint)는 DIY(Do-It-Yourself)용 페인트 시장 대신 전문가용 페인트 시장을 공략했다. 포터 페인트는 자사의 제품을 찾는 전문가에게 알맞은 페인트 선택을 위한 페인트 매칭(paint-matching) 서비스를 무료로 제공하고, 수량에 관계없이 작업장까지 신속한 배송을 보장하며, 직영점에는 고객의 편의를 위해 무료로 카페를 운영했다. 특정한 시장을 목표로 집중화 전략을 펼쳐 원가 우위를 차지하는 데 성공한 예는 미국의 식품 도매 회사인 마틴 브라워(Martin-Brower)에서 찾아볼 수 있다. 마틴 브라워는 상위 8개 패스트푸드 체인만을 고객으로 한정했다. 그리고 이들 고객의 특정한 요구에 부응하기 위해 수주 절차를 구매 사이클에 맞추어 조정하고, 물류 창고를 고객의 회사 인근에 설치해 집중 관리했으며, 전산화된 회계 처리 방식을 활용하는 데 회사의 전략을 집중했다. 마틴 브라워는 시장 전체로 본다면 원가 우위를 확보한 공급처라고 할 수는 없지만 그들이 특화한 부문에서는 통했다. 마틴 브라워는 이런 집중화 전략을 통해 급성장할 수 있었고 평균 이상의 수익을 창출했다.

 집중화 전략으로 전체 시장점유율을 달성하는 데 항상 따라오는 몇

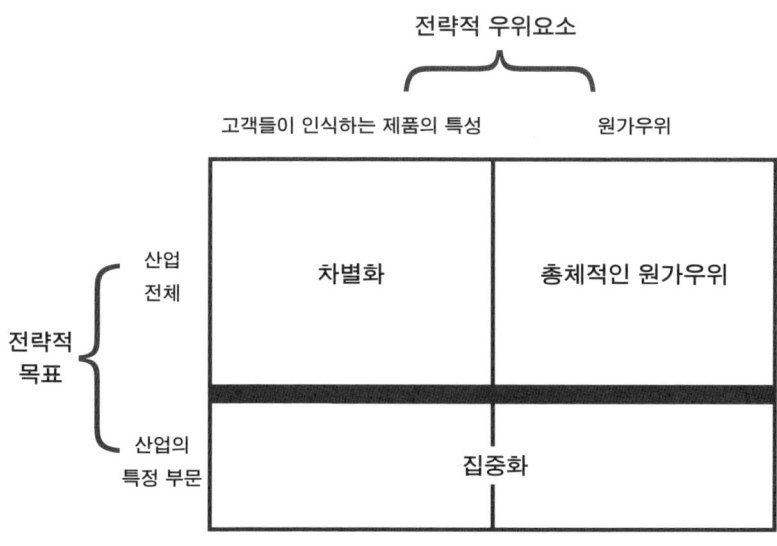

<그림 2-1> 3가지 본원적 전략

가지 제약이 있다. 집중화는 어쩔 수 없이 수익성과 판매량 사이의 타협을 수반하며 차별화 전략과 마찬가지로 전략을 펼치는 과정에서 원가 우위를 포기해야할 수도 있고 그렇지 않을 수도 있다.

■ 본원적 전략에 필요한 다른 조건들

3가지의 본원적 전략은 위에서 설명한 기능적 차이 외에도 다른 여러 측면에서 서로 상이한 모습을 나타낸다. 이러한 전략을 성공적으로 실행하기 위해서는 각기 다른 자원과 기술이 필요하다. 또한 본원적 전략은 조직 구성이나 통제 절차, 독창적 시스템의 활용에서도 차이점을 드러낸다. 따라서 3가지 본원적 전략 중 어느 하나를 우선적인 목표로 삼아 지속적으로 전력을 기울여야만 성공적인 결실을 얻을 수 있다. 〈표2-1〉은 본원적 전략에서 공통적으로 요구되는 전략별 요인을 설명해준다.

총체적인 원가 우위 전략	**공통적으로 요구되는 자원 및 기술적인 요인** • 대규모 자원 투자와 재원 확보 • 생산 공정의 기술적 관리 • 집중적인 노동력 관리 • 제조 과정의 편의성을 도모할 수 있는 제품 설계 • 유통 시스템의 비용 절감 **공통적으로 요구되는 조직적인 대응** • 철저한 원가 관리 • 빈번하고 세부적인 통제 및 관리 보고 • 체계적인 조직화와 책임 소재 명확화 • 목표 생산량 달성을 자극하는 인센티브 제도
차별화 전략	**공통적으로 요구되는 자원 및 기술적인 요인** • 강력한 마케팅 능력 • 생산 기술 • 창의적인 안목과 재능 • 기초적인 조사 연구 능력의 강화 • 품질 및 기술에서 선도자라는 평판 • 업계의 오랜 전통 또는 다른 업종에서 익힌 기술의 독특한 조합 • 유통 체계의 굳건한 협력 **공통적으로 요구되는 조직적인 대응** • 연구 개발과 제품 개발, 마케팅 간의 강력한 기능 조화 • 양적인 평가 대신 주관적 평가 및 인센티브 제도 • 숙련도 높은 노동자, 과학자 및 창의적인 인재를 끌어 모을 수 있는 쾌적한 근무 여건
집중화 전략	**공통적으로 요구되는 자원 및 기술적인 요인** 　특정한 전략 목표에 집중하도록 위의 정책을 조합 **공통적으로 요구되는 조직적인 대응** 　특정한 전략 목표에 집중하도록 위의 정책을 조합

〈표 2-1〉 3가지 본원적 전략의 수행 조건

본원적 전략은 또 각기 다른 스타일의 리더십을 요구하는 경우도 있으며, 그 기업의 조직 풍토나 분위기에 따라 다른 양상으로 변모될 수도 있다. 또한 기업의 분위기에 따라 서로 다른 성향의 사람이 모여든다.

어중간한 상태

3가지 본원적 전략은 여러 가지 경쟁 요인에 대응하는 선택적이고 실행 가능한 접근 방법이다. 이 세 가지 접근 방식 중 최소한 어느 하나에 집중되는 자체적인 전략을 개발하지 못한 기업(즉 '어중간한 상태'에 놓여 있는 기업)은 매우 불리한 입장에 놓이게 된다. 시장 점유에 실패하거나 자본 투자 목표를 달성하지 못하게 되고, 그 결과 원가 우위 경쟁력을 잃는다. 뿐만 아니라 원가 우위 영향력이 미비한 산업에서의 차별화도 확보하지 못하며, 이는 제한된 영역에서도 마찬가지다.

이처럼 '어중간한 상태'에 처한 기업은 수익성이 낮을 수밖에 없다. 이런 기업은 큰 고객이 대량 발주 대신 저렴한 가격을 요구하면 결정을 내리지 못하고 우물쭈물 하다가 고객을 놓치게 된다. 그런가 하면 원가 우위를 획득한 경쟁사로부터 주문을 빼오기 위해 이윤 손실을 감내하지 않으면 안 된다. 또한 수익률이 높은 시장에 집중적인 노력을 기울이는 기업이나 산업 전체에서 다른 제품과 뚜렷이 구별되는 차별화를 달성한 기업에게 높은 수익을 얻을 수 있는 기회를 빼앗긴다. 대체로 이러한 기업은 기업 조직의 문화나 풍토가 명확하지 않고, 조직 내부나 인센티브 제도 운용에서도 여러 가지 갈등과 모순을 드러내기 쉽다.

지게차 산업 부문에서 미국 전체는 물론이고 세계 시장에서도 상당한 점유율을 확보하고 있던 클락 이큅먼트(Clark Equipment)가 이러한 상황에 빠진 것은 어찌보면 당연한 일인지도 모른다. 일본 기업 도요타와 코마츠(Komatsu)는 대량 수요 품목에 초점을 맞추고 생산 원가를 낮춰서 최저가로 판매하는 전략을 채택했다. 게다가 미국보다 훨씬 싼 일본의 철강재 가격의 이점이 더해져 미국에 수출하는데 드는 장거리 수송비를 상쇄하고도 남을 정도였다. 클락 이큅먼트는 세계 시장의 점유율이 더 높음에도 불구하고, 방만한 제품 라인 운영과 원가 절감 노력의 부족으로 확고한 원가 우위를 확보하지 못했다. 결국 클락 이큅먼트는 하이스터(Hyster)와 같은 기술적 평판을 얻지도, 제품 차별화를 이룩하지도 못했다. 하이스터는 대형 지게차에 집중하면서 적극적인 연구 개발에 많은 경비를 투입했다. 이에 따라 클락 이큅먼트의 수익률은 하이스터에 뒤처져 시장에서의 입지를 점차 잃게 되었다.

어중간한 상태에 놓인 기업은 반드시 근본적인 전략적 결정을 다시 내려야만 한다. 이런 기업은 설비 현대화에 공격적인 투자를 감행하거나 돈을 쏟아 부어서라도 시장점유율을 확대하기 위해 원가 우위나 최소 비슷한 원가 수준을 달성하려는 조치를 취해야 한다. 또는 특정 목표에 집중하거나(집중화) 독특함을 찾아내야 할 것(차별화)이다. 집중화나 차별화를 추구하다 보면 시장점유율이 하락하고 심지어 절대 판매량이 줄어들지도 모른다. 3가지 전략 중 어느 하나를 선택할 때는 기업의 능력이나 한계에 대한 평가가 우선되어야 할 것이다. 선택된 전략을 성공적으로 추진하기 위해서는 앞서 언급한 바와 같이 상황에 따라 다른 자원이나 능력, 조직 구성, 경영 스타일 등이 필요하다. 3가지 전략에 모두 적합한 기업은 드물다.

　기업이 이 달갑지 않은 어중간한 상태에서 벗어나기 위해선 상당한 시간과 부단한 노력이 들 것이다. 그 과정에서 한동안 3가지 전략 사이를 오가는 경향을 보이기도 한다. 3가지 전략을 추구하는 일에서 벌어지는 잠재적 부조화를 고려하면, 기업이 시행착오를 겪게 되는 것은 너무나 당연한 일이다.

　이와 같은 생각은 시장점유율과 수익성 사이의 관계를 알 수 있게 한다. 일부 산업에서 어떤 기업이 어중간한 상태에 봉착했다는 것은, 집중화되고 차별성을 가진 소규모 기업과 원가 우위를 차지하여 수익성이 높은 대규모 기업 사이에 위치하고 있음을 의미하기도 한다. 이런 현상은 〈그림 2-2〉와 같이, 수익성과 시장점유율 간의 U자형 관계를 통해서도 알 수 있다. 〈그림 2-2〉는 미국의 소형 전기 모터 생산 부문에 그대로 적용되는 현상이다. 소형 전기 모터 산업에서 GE와 에머슨 일렉트릭은 높은 시장점유율과 강력한 원가 우위를 보여주는데, 특히 GE는 기술적인 평판도 높다. 두 회사는 다 같이 소형 전기 모터 산업에서 높은 수익을 얻고 있다.

　또 발도(Baldor)와 굴드(Gould) 두 회사는 집중화 전략을 택했다. 발도는 유통 체계에서, 굴드는 특정 고객 부문에서 각각 집중화 전략을 추진했다. 두 회사의 수익성 또한 모두 상당히 높다. 이들과는 달리 프랭클린(Franklin)은 원가 우위도 집중화도 달성하지 못한 어중간한 위치에 머물러 있다. 이 때문에 전기 모터 산업도 부진한 상태였다. 자동차 산업 또한 세계적인 규모로 보았을 때 대체로 U자형 관계를 적용시켜 볼 수 있다. 원가 우위를 차지하고 있는 GM(General Motors)과 차별화에 성공한 메르세데스(Mercedes)가 수익성 면에서 선두를 달렸고, 크라이슬러(Chrysler), 브리티쉬 리랜드(British Leyland), 피아트(Fiat)는 어중간한 상태에서 원가 우위나 차별화, 집중화 전략 중 어느 하나도 달성하지 못했다.

물론 이 U자형 관계가 모든 산업에 일괄적으로 적용되는 것은 아니다. 일부 산업에서는 원가 우위 경쟁만이 있을 뿐 집중화나 차별화 전략을 추구할 여지가 아예 없는 경우도 있다. 특히 대량 상품을 생산하는 산업이 여기에 해당된다. 또 다른 일부 산업에서는 구매자나 제품의 특성상 원가가 그다지 중요시되지 않기도 한다. 이런 종류의 산업에서는 시장점유율과 수익성의 관계가 종종 반비례로 나타나기도 한다. 또 경쟁이 너무 치열해서 평균 이상의 수익률을 올릴 수 있는 방법이 집중화나 차별화 전략을 통하는 방법밖에 없는 산업 부문도 있다. 미국 철강 산업에서 바로 그런 일이 벌어지고 있다. 또 총체적인 원가 우위가 차별화나 집중화와 양립하지 않는 경우나 원가 우위가 시장점유율을 포기해야지만 가능한 산업 부문도 있다. 이런 식으로 복잡하게 결합된 전략의 결과를 잘 보여주는 예가 (앞에서도 소개한) 하이스터의 경우다. 이 회사는 지게차 산업에서 2위를 차지한 기업이면서, 규모가 작은 다른 몇몇 업체(알리스 챠머-Allis

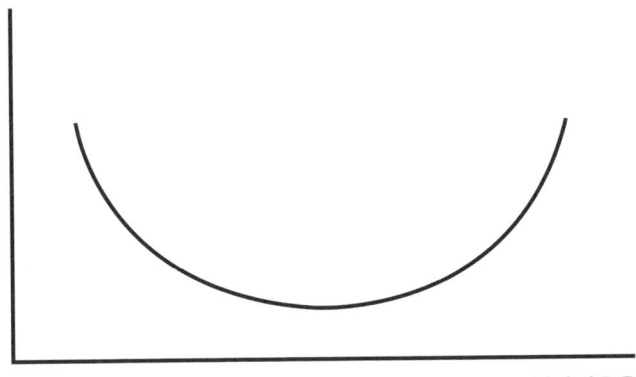

〈그림 2-2〉 투자수익률과 시장점유율 간의 상관성

Chalmer, 이튼-Eaton)보다 더 높은 수익을 내고 있다. 알리스 챠머나 이튼은 원가 우위를 확보할 만큼의 시장점유율도, 원가 우위를 상쇄할 정도의 차별화도 달성하지 못했다.

편의상 시장을 정의하지 않는 한, 수익성과 시장점유율 사이에는 아무런 관계가 없다. 시장을 정의함으로써 집중화나 차별화에 성공한 기업은 일부 협의로 정의된 산업에서 높은 시장점유율을 달성할 수 있을 것이고, 원가 우위를 확보한 기업이 정의하는 대상 산업은 계속 확대될 수 있다(그리고 원가 우위를 확보한 기업은 실제로 시장을 넓게 정의해야만 한다. 그들이 소규모 시장에서까지 최고의 점유율을 기록할 수는 없기 때문이다). 그러나 산업의 정의를 수정해도 여전히 설명하기 어려운 경우도 있다. 산업 전반에서 제품의 차별화를 이루었으나 시장점유율은 선두 기업에 뒤지는 기업이 수익률은 높을 때가 바로 그것이다.

여기서 가장 중요한 점은 기업에 따라 산업의 정의를 다르게 내리는 것이 자칫 특정 기업에 가장 적절한 전략을 선택하는 데 방해가 될 수 있다는 사실이다. 3가지 본원적 전략 중 어느 하나를 선택한다는 것은 결국 기업의 강점에 가장 적합하면서도 다른 경쟁사들이 모방할 가능성이 가장 적은 전략을 채택하는 것이라 하겠다.

산업 구조 분석의 원리를 살펴보면 전략 선택을 분명하게 할 뿐만 아니라 특정 산업에서 나타나는 시장점유율과 수익성 간의 관계를 설명하거나 예측할 수 있다(이러한 문제에 대해서는 7장에서 다시 자세하게 다루겠다. 산업 구조 분석은 특정 산업 내에서의 개별 기업의 서로 다른 입장도 함께 고려해야 한다).

3가지 본원적 전략의 위험 부담

3가지 본원적 전략을 추구하는 데는 기본적으로 2가지 위험이 따른다. 하나는 선택된 전략을 제대로 성취하거나 지속적으로 추진하지 못하는 것이고, 다른 하나는 선택된 전략으로 얻은 이득이 그 산업의 발전 과정에서 잠식되는 것이다. 보다 좁은 의미로 파악한다면, 3가지 본원적 전략은 그 선택에 따라 경쟁 요인에 대항하는 방패의 역할을 하며, 이에 따라 위험 부담 요인도 달라진다. 여기서 중요한 점은 3가지 전략적 대안 중 어느 것을 선택할 것인지 결정하기 위해서는 대안별 위험 요인이 무엇인지 뚜렷이 밝혀야 한다는 것이다.

■ 총체적 원가 우위에 따르는 위험 요인

원가 우위를 확보한 기업은 이를 유지해나가는 데 큰 부담을 지게 된다. 현대적인 설비 도입을 위한 재투자나 낙후된 자산의 과감한 폐기 처분, 생산 라인의 확산 저지(沮止) 그리고 기술 개발이나 개선에 대한 주의 등 운영상에 상당한 노력이 필요하다. 누적되는 생산량에 따른 원가 하락은 저절로 이루어지는 것이 아니다. 규모의 경제 또한 그에 따르는 엄청난 노력 없이는 이뤄지지 않는다.

원가 우위에 따르는 위험 요인은 규모나 축적된 경험을 진입장벽으로 의존할 때 발생되는 위험(1장에서 설명한)과 유사하다. 그중 일부를 설명하면 다음과 같다.

- 과거의 투자나 학습을 무효화하는 기술적인 변화
- 모방 능력이나 최신 설비에 투자 여력이 있는 신생 기업이나 추종 기업이 원가 우위를 획득한 방법을 터득하는 경우
- 원가에만 집중한 나머지 제품이나 마케팅의 변화 요구에 제대로 부응하지 못하는 경우
- 원가가 늘어나 경쟁사의 브랜드 이미지나 그 밖의 다른 차별화 효과를 상쇄할 만한 가격 차이를 유지할 수 없는 경우

이 같은 원가 우위의 위험 요인 때문에 타격을 입은 전형적인 사례가 1920년대의 포드 자동차 회사다. 당시 포드는 자동차 모델과 차종을 한

정하고, 적극적인 후방 통합, 고도의 설비 자동화 그리고 기술 학습을 통한 공격적인 원가 절감 추구로 자동차 산업에서 독보적인 원가 우위를 차지하고 있었다. 모델을 자주 바꾸지 않는 정책 덕분에 기술 학습은 더욱 촉진되었다. 그러나 소비자들의 소득 수준이 높아지고 대다수가 이미 차 한 대는 보유한 상황이 되자 두 번째 차에 대한 요구가 점점 커져갔다. 이런 수요를 파악한 업계는 프리미엄 스타일의 새로운 모델, 오픈카보다는 덮개가 있는, 안락함이 강조된 자동차를 시장에 선보였다. 소비자들은 이러한 고급형 최신 모델을 구매하기 위해 기꺼이 지갑을 열 준비가 되어 있었다. GM은 모든 종류의 모델을 갖추어 이러한 변화에 따라갔다. 그러나 포드는 비용 최소화만을 생각하고 낡은 자동차에 이미 막대한 투자를 했기 때문에, 이와 같은 변화에 신속하게 대응하지 못했다.

원가 우위에만 주력하다 어려움을 겪은 또 다른 사례로 가전제품을 생산해온 샤프(Sharp)를 들 수 있다. 오랫동안 원가 우위 전략을 추구해온 샤프는 상황이 변하자 브랜드 인지도를 높이기 위한 적극적인 홍보에 나서지 않을 수 없었다. 샤프는 가격 면에서 소니와 파나소닉 보다 유리한 입장이었는데, 가격상의 우위가 원가 상승 압박과 미국의 반덤핑 규제의 발효로 거의 잠식되고 말았다. 결국 샤프는 원가 우위 전략만을 지나치게 추구하다가 전략적 기반마저 상실하고 말았다.

■ **차별화에 따르는 위험 요인**

차별화 전략에는 다음과 같은 위험 부담이 따른다.

- 원가 우위를 획득한 기업과 차별화를 달성한 기업 간의 원가 차이가 너무 커서 차별화에 따른 구매자의 브랜드 충성도를 지켜나가지 못하는 경우. 가격 차이가 너무 크면 구매자는 비용 절감 차원에서 차별화를 달성한 기업 제품의 특성이나 서비스, 이미지 등을 일부 포기하게 된다.
- 구매자가 차별화에 내포된 특이한 요소에 대한 흥미를 잃는 경우. 이 현상은 구매자의 수준이 높아질수록 나타난다.
- 경쟁사의 모방으로 기존의 차별성이 더 이상 도드라지지 못하게 되는 경우. 산업의 성숙도가 높아지면서 흔히 나타나는 현상이다.

첫 번째 위험 요인은 매우 중요하기 때문에 조금 더 언급할 필요가 있다. 어느 기업이 차별화를 달성했다고 하면, 대개 이러한 차별화는 가격 차이에 받아들일 수 있는 만큼만 유지된다. 따라서 차별화를 달성한 기업이 기술 변화나 단순한 무관심 따위로 원가 면에서 크게 뒤처지게 되면 원가 우위에 있는 기업들에 잠식되는 수가 있다. 예를 들어 가와사키(Kawasaki)를 비롯한 일본의 여러 모터사이클 제조사는 대형 모터사이클 분야에서 차별화 전략을 취하고 있던 할리 데이비슨(Harley-Davidson)이나 트라이엄프(Triumph)를 현저한 가격 차이로 공격해 큰 성공을 거둘 수 있었다.

■ 집중화에 따르는 위험 요인

집중화 전략에는 다음과 같은 위험 부담이 따른다.

- 넓은 시장에서 경쟁을 벌이는 기업과 특정 시장을 대상으로 집중화를 달성한 기업 간의 가격 차이가 원가상의 이득이나 집중화로 성취한 차별성을 상쇄할 만큼 큰 경우
- 전략적인 목표가 되는 특정한 시장과 전반적인 시장에서 요구하는 제품의 차이가 두드러지지 않는 경우
- 경쟁사가 전략적인 목표가 된 특정 시장 안에서 보다 세분화된 단위의 목표를 다시 설정해서 공략함으로써 집중화를 달성한 기업을 압도하는 집중화를 추구하는 경우

3장

경쟁사 분석 체계

경쟁전략이란 경쟁사와 구별되는 자사의 여러 가지 능력의 가치나 장점을 극대화하는 형태로 전열을 갖추는 것을 말한다. 따라서 경쟁전략 수립의 핵심은 경쟁사에 대한 철저하고 예리한 분석이다. 다음과 같은 질문에 대한 답을 찾을 수 있기 때문이다.

-개별 경쟁사가 취할 전략적 변화의 특성은 무엇이며 그것이 성공할 가능성은 있는가?

-다른 기업이 취할 실현 가능한 전략적 조치는 무엇이며 그에 대한 개별 경쟁사의 반응으로는 어떤 것이 예상되는가?

-앞으로 산업에는 어떤 변화가 일어날 것인가? 넓은 의미로서 일반 환경에는 어떤 변화가 일어날 것인가?

-이런 변화에 예상되는 개별 경쟁사의 대처 방법은 무엇일까?

보다 면밀한 기업 분석을 위해서는 다음과 같은 질문에 답할 수 있어야 한다.

-어떤 기업과 경쟁을 벌여야 하며, 또 어떤 형태의 조치를 어떤 순서에 따라 취해야 하는가?

-경쟁사가 취한 전략적 조치의 의도는 무엇이며, 이를 어떻게 받아들여야 하는가?

-경쟁사가 감정적으로 또는 필사적으로 대응할 수 있어 회피해야 영역은 어떤 것인가?

전략 수립에는 면밀한 경쟁사 분석 과정이 반드시 필요하기는 하지만, 실제로는 그 결과가 불명확하고 포괄적인 경우가 많다. 그래서 경영진은 위험한 가정을 세우기 쉽다. 역시 경쟁사를 체계적으로 분석하는 것은 불가능하다든지 항상 경쟁하고 있으니 상대 기업에 대해서는 모르는 것이 없다는 식이다. 그러나 이런 판단은 옳지 않다. 경쟁사를 분석하는 과정에서 또 한 가지 어려운 점은 경쟁사를 심층 분석하는 데 수많은 자료가 필요하다는 것과 이러한 자료 중 상당량은 대단한 노력을 기울이지 않고서는 찾아낼 수 없다는 점이다. 많은 기업은 경쟁사에 대한 정보를 조직적으로 수집하지 않고 경영자가 일상적인 활동에서 접하게 되는 단편적인 정보를 근거로 한 비공식적 인상이나 추측, 직관에 의존하는 경우가 많다. 양질의 정보가 부족하다보니 경쟁사를 면밀하고 정확하게 분석하는 일이 쉽지만은 않다.

경쟁사 분석에는 미래 목표, 현행 전략, 가정적 판단, 능력의 4가지 요소가 있다(〈그림 3-1〉참고). 이를 정확히 파악하면 경쟁사의 대응 방식의 윤곽을 뚜렷하게 예측할 수 있을 것이다. 이는 곧 〈그림 3-1〉에서 제기된 의문에 대한 해답을 찾게 되는 것과도 같다. 물론 대부분의 기업은 경쟁사의 현행 전략과 그들의 장단점에 대해 최소한의 직관적인 판단을 할 수 있다. 그러나 경쟁사의 미래 목표나 그들이 자사의 상황이나 산업의 성격을 가정적으로 판단하는 부분에 대해서는 잘 모르고 있다. 미래 목표나 가정적 판단과 같은 요소는 실제 경영 활동으로 드러나는 경쟁사의 행위에 비해 훨씬 파악하기가 어렵지만 경쟁사의 미래 활동 양상을 판단하기 위해서는 반드시 알아야 할 중요한 요소다.

이 장에서는 경쟁사를 분석하는 기본적인 체계를 제시할 것이다. 이러한 분석 체계는 이어지는 장에서 보다 상세하고 깊이 있게 다루어질 것이다. 경쟁사의 분석 요소는 각 요소별로 일련의 질문 형태로 제시될 것이며, 그중에서도 경쟁사의 미래 목표와 가정적 판단에 보다 큰 비중을 두도록 하겠다. 특정 기업의 미래 목표와 가정적 판단을 확인하는 방법을 단순한 유형 분류에만 그칠 것이 아니라 그 이상으로 깊숙이 파고드는 것이 중요하다. 경쟁사 분석 요소를 검토한 후에는 다시 〈그림 3-1〉의 해답을 찾기 위해 이러한 요소를 어떤 방법으로 결합해야 하는지 살펴보겠다. 끝으로 자료 수집의 중요성을 고려하여 경쟁사 분석에 필요한 자료의 수집 및 분석 방법에 대해서 설명하겠다.

앞으로 제시하는 분석 체계와 의문은 모두 경쟁사를 대상으로 하는 것이지만, 자사를 분석하는 데도 그대로 이용할 수 있다. 더 나아가 경쟁사가 경영 활동 여건에 대해 어떤 입장을 취하고 있으며 어떤 변화를 이끌

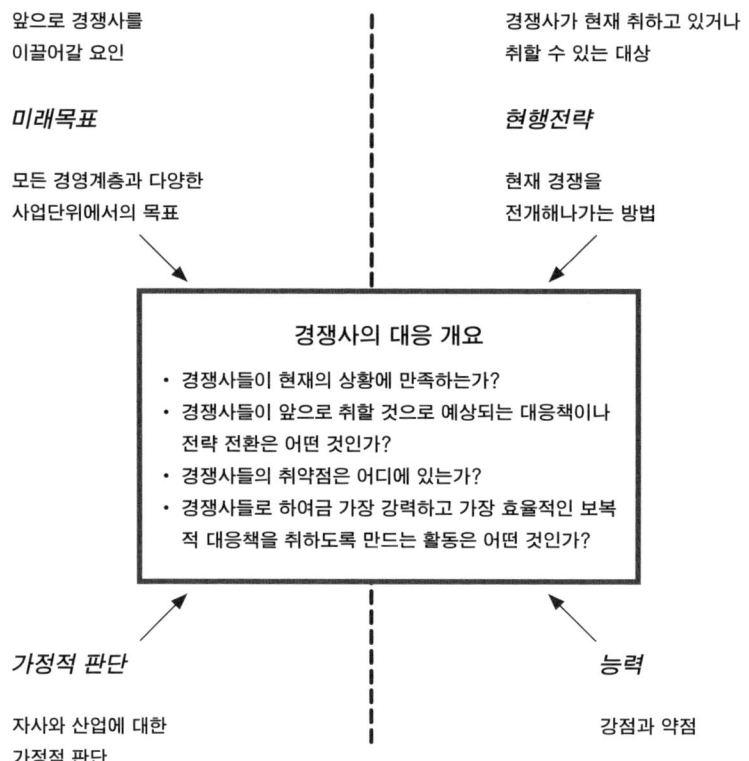

<그림 3-1> 경쟁사 분석을 위한 요소들

어낼 것인지를 파악하는 데도 도움이 될 것이다. 경쟁사가 경영 활동과 여건에 내리는 판단은 복잡한 경쟁사 분석의 일부가 된다. 따라서 이러한 파악은 경쟁적인 대응책을 모색하기 위해 지극히 중요한 작업이다(5장 참고).

경쟁사 분석의 4가지 요소

경쟁사 분석의 개별 구성 요소를 검토하기에 앞서 우선 어느 기업을 분석 대상으로 삼아야 할지 결정해야 한다. 물론 현존하는 주요 기업들이 모두 분석의 대상이 될 수 있다. 또한 앞으로 등장할 수 있는 잠재적인 경쟁 기업도 포함해야 할 것이다. 잠재적인 경쟁사를 예측하고 가려내는 일이 결코 쉬운 작업은 아니지만, 다음과 같은 기업 위주로 검토해보면 어느 정도 판단에 도움이 될 것이다.

- 현재 해당 산업에 뛰어들지는 않았지만, 큰 부담없이 진입장벽을 극복할 수 있는 기업
- 해당 산업 진출이 명백한 경영상의 시너지를 내는 기업
- 해당 산업 진출이 경영전략의 명백한 확장을 가져오는 기업
- 후방 통합이나 전방 통합을 실행할 수 있는 구매자나 공급자

분석 대상으로 주목해야 할 또 다른 경우가 인수 합병이다. 인수 합병은 기존 경쟁사나 외부 기업을 가리지 않는다. 기업 합병은 취약한 경쟁사를 단번에 유력한 기업으로 부상하게 하거나 유력한 경쟁자를 한층 강력하게 만든다. 어떤 기업이 주식 매입 등으로 기존 기업을 매수할 것인지 예측하는 데는 잠재적인 진입 기업을 예측하는 방법을 그대로 활용할 수 있다. 매수 대상 기업을 예측할 때는 기업의 주식 소유 현황, 산업의 변

화에 대응할 수 있는 능력 그리고 무엇보다도 그 기업이 산업 내에서 활동 발판을 마련할 가능성 등을 고려해야 할 것이다.

■ 미래 목표

경쟁사의 목표에 대한 진단, 그리고 이러한 목표에 대응하는 기업의 능력 평가는 여러 가지 의미에서 중요하다. 경쟁사의 목표를 파악하게 되면 개별 경쟁사가 현 상황과 재무 성과에 만족하는지의 여부를 알 수 있다. 그러한 성과를 바탕으로 경쟁사가 기존 전략을 수정할 가능성이나 외적 상황(예를 들면 경기 순환과 같은) 및 다른 기업의 움직임에 어떤 식으로 대응할 것인지 예측할 수 있다. 예를 들어 안정적인 매출액 증가에 역점을 두는 기업과 투자 수익률 유지가 가장 큰 관심사인 기업은 경기 하강이나 다른 기업의 시장점유율 확대와 같은 상황 변화에 서로 다른 대응책을 보일 수 있다.

경쟁사의 목표를 파악하게 되면 전략적인 변화에 대한 해당 기업의 대응 태도를 예측하는 데도 도움이 된다. 어떤 전략적 변화는 기업이 설정한 목표나 모기업으로부터 받는 압력의 형태에 따라 특정 기업에 더욱 심각한 위협이 될 수도 있다. 그리고 이 위협의 정도에 따라 대응의 강도도 달라질 것이다. 끝으로 경쟁사의 목표를 제대로 진단하게 되면 그 경쟁사가 세운 계획의 중대성을 판단하기에도 유리하다. 핵심 목표 중 하나를 처리하거나 주요 목표 시장에 대한 성과를 회복하기 위해 경쟁사가 취하는 전략적 움직임은 분명 의미 있는 일이다.

마찬가지로, 목표를 진단하면 모기업이 자회사의 사업부가 세운 계획을 진중하게 지원할 것인지 아니면 경쟁사의 움직임에 대응하는 사업부의 보복을 지원할 것인지 여부를 결정하는 데 도움을 줄 것이다.

경쟁사의 목표를 진단할 때 흔히 재무적인 목표를 가장 먼저 떠올리지만 보다 포괄적인 진단을 위해서는 시장 우위나 기술 수준, 사회적 성취와 같은 질적 측면의 목표도 함께 고려하는 것이 좋다. 목표의 진단은 또한 다양한 경영 계층에서 이루어져야 한다. 경쟁사의 목표는 기업 전체의 목표와 사업부 단위의 목표 그리고 심지어는 개별 부서나 핵심 경영 관리자가 설정한 별도의 목표도 있을 수 있다. 높은 경영 계층의 목표가 그보다 낮은 계층의 목표에 영향을 줄 수도 있지만 그렇다고 완전히 좌우하는 것도 아니다.

다음과 같은 질문을 던지는 것은 경쟁사의 현재 및 미래 목표를 파악하고 예측하는 데 많은 도움이 될 것이다. 우선 사업 부문이나 사업부의 목표부터 검토해보기로 한다. 사업 부문이나 사업부가 사실상 그 기업의 전부인 경우도 있기 때문이다. 그 다음으로는 경영 다각화를 이루고 있는 기업에서 모기업이 특정 사업 부문이나 사업부에 미치는 영향에 대해 살펴보기로 한다.

- 사업 부문의 목표

· 경쟁사의 명시되거나 명시되지 않은 재무적인 목표는 어떤 것인가? 경쟁사는 목표 설정에 따르는 트레이드오프(어느 하나를 선택하고

다른 하나를 희생하는 조정)를 어떻게 해결하고 있는가? 가령 장기적인 성과와 단기적인 성과 중 어떤 것을 트레이드오프 하는가? 또 이윤과 수익의 증대, 성장과 정기적인 배당금 지급 능력 간의 트레이드오프는 어떠한가?

- 경쟁사는 위험 부담을 어떻게 받아들이는가? 만약 재무적 목표가 수익성, 시장점유율, 성장률 그리고 바람직한 위험 부담 수준을 종합적으로 포함하고 있다면, 경쟁사는 이러한 요소들을 어떤 형태로 조정하여 균형을 이루고 있는가?

- 경쟁사 전체나 최고 경영진이 경제적 또는 비경제적인 조직의 가치와 신념을 지니고 있는가? 또 그 가치와 신념이 경쟁사의 목표에 중대한 영향을 미치는가? 경쟁사는 시장을 주도하는 기업이 되고자 하는가? 또는 그 산업을 대변하는 정치적 세력이 되고자 하는가? 아니면 이단적인 위치에 서거나 기술적 선도자가 되고자 하는가? 경쟁사는 특정한 전략이나 목표에 제도화된 영업 정책을 따르는 전통이나 경험이 있는가? 또 제품 디자인이나 품질에 대해 특별히 고수해온 목표가 있는가? 입지상의 선호는 있는가?

- 경쟁사의 조직 구조는 어떠한가(기능적 조직, 생산 관리자의 유무, 별도의 연구 개발 실험실의 유무 등)? 자원 배분이나 가격 결정, 제품 변경과 같은 중요한 의사 결정에 대한 권한과 책임을 어떤 형태로 분산하고 위임하고 있는가? 경쟁사의 조직 구조를 살펴보면 여러 영업 부문의 상대적인 지위와 관계 그리고 전략적으로 강조되는 부문은 무

엇인지를 어느 정도 알 수 있다. 수석 부사장이 판매 부문을 담당하면서 사장에게 직접 보고하고, 이사가 생산 부문을 담당하면서 수석 부사장에게 보고한다면 이 기업은 생산 부문보다 판매 부문을 더 중요시한다는 것을 알 수 있다. 의사 결정의 책임 소재를 파악하는 것은 그 기업의 최고 경영진이 집중하고 있는 분야와 관점이 무엇인지를 알아내는 실마리가 된다.

· 현재 실시되고 있는 관리 제도 및 인센티브 제도는 어떤 형태인가? 임원에 대한 보상은 어떤 형태로 이루어지는가? 영업 사원은 어떤 식으로 보상을 받는가? 경영자는 자사의 주식을 소유하고 있는가? 지연 보상 제도는 시행되고 있는가? 고과 평가는 어떤 형태와 주기로 실시되는가? 장기적으로 이루어지고 있다면 기간은 어느 정도인가? 이러한 내용들을 쉽게 파악하기는 어렵겠지만, 기업이 중요시하는 대상이 무엇인지 또 경영자들이 보수와 관련된 문제를 어떻게 생각하고 처리하는지 알아보는 중요한 단서가 된다.

· 어떤 회계 시스템과 관례가 시행되고 있는가? 재고 평가는 어떤 방법으로 이루어지는가? 비용 배분은 어떻게 이루어지는가? 인플레이션에 대한 회계 처리 방식은 어떠한가? 이와 같은 회계 방침상의 문제는 경쟁사의 성과나 원가에 대한 인식, 가격 결정 방식 등에 큰 영향을 미친다.

· 경쟁사의 의사 결정을 이끄는 경영자, 특히 최고 경영자는 어떤 인물인가? 그리고 그의 배경과 경력은 어떠한가? 어떤 성향의 경영자

가 요직에 배치되며, 그들은 어느 부문에서 역량을 발휘하는가? 인재를 고용하는 방식은 어떠하며, 또 특정한 패턴이 존재한다면 기업이 앞으로 취할 방향을 예상할 수 있는가? 예를 들어 빅펜은(Bic Pen)은 인재를 업계 외부에서 고용하는 인사 방침을 실시하고 있는데, 그렇게 함으로써 판에 박힌 인습을 탈피할 수 있다고 믿기 때문이다.

- 미래의 방향에 대한 경영진 사이의 견해는 어느 정도 일치되어 있는가? 경영진이 여러 의견으로 나뉘어 서로 자신들의 목표가 옳다고 주장하는가? 이런 경우 핵심 권한이 다른 사람에게 넘어가게 되면 갑작스런 전략 변화가 나타날 수도 있다. 반면 견해가 완전히 일치되어 있으면 불리한 상황에 직면하게 될 때도 전략을 바꾸지 않고 고수하려 할 것이다.
- 이사회의 구성은 어떠한가? 이사회에 외부 인사들이 많이 구성되어 있어 그들의 의견을 수용하고 있는가? 외부 인사의 인적 배경 및 기업과의 관계는 어떠한가? 외부 인사들은 그들 자신의 기업은 어떤 형태로 관리하고 있으며, 그들이 대변하는 이익 집단은 누구인가? 이사회 구성은 기업이 지향하는 바가 무엇인지, 위험에 어떤 입장을 취하는지, 선호하는 전략적 접근 방법은 무엇인지를 파악해볼 수 있는 단서가 된다.
- 계약상의 구속으로 대안 선택에 제약을 받는 부분이 있는가? 자금 차입 계약 때문에 목표를 설정하는 데 제약을 받는가? 라이선스 약

정이나 합작 투자 협정으로 어떤 제약을 받고 있는가?
- 경쟁사의 소규모 경쟁 업체의 조치에 대한 대응이나 시장점유율을 증대하려는 시도에 어떤 규제, 즉 반독점법이나 정부의 권한 행사 등의 사회적 제약이 가해지는가? 경쟁사가 과거에 반독점법을 위반한 적이 있는가? 만약 있다면, 그 이유와 경위는 어떠했는가? 경쟁사가 다른 기업과의 분쟁에 합의를 본 적이 있는가? 이상에서 말한 여러 가지 규제에 직면했던 경험이 있는 기업은 이런 상황에 예민해져서 경영 활동이 위협을 받는다 하더라도 핵심적인 요소만 건드리지 않는다면 다른 기업의 전략적인 움직임에 대응하는 것을 포기하는 일이 많다. 반대로 선도적인 기업의 시장점유율을 일부 빼앗는 경우에는 이러한 규제 덕분에 오히려 보호를 받을 수도 있다.

- 모기업과 사업 부문의 목표

경쟁 대상이 대기업의 사업 부문일 때는 모기업이 사업 부문에 규제를 가하거나 요구를 할 가능성이 많은데, 이는 사업 부문의 행보를 예측하는 데 큰 도움이 된다. 이러한 경우 다음과 같은 의문이 제기될 필요가 있다.

- 모기업의 현재 경영 성과(매출 상승률, 수익률 등)는 어떠한가? 현재 경영 성과를 통해 모기업이 사업 부문에 기대하는 목표 성과, 즉 시장점유율, 가격 결정, 신제품 개발에 대한 압력 등 많은 것을 추측할

수 있다. 하위 사업 부문이 모기업의 전체적인 경영 성과에 미치지 못하면 모기업으로부터 압력을 받는 것은 당연한 일이다. 모기업이 꾸준히 재정 성과를 높여왔다면 하위 사업 부문은 그러한 성과에 오점을 남기는 일은 가급적 시도하지 않을 것이다.

- 모기업의 전반적인 목표는 어떤 것인가? 이에 비추어 모기업이 사업 부문에 요구할만한 사항은 어떤 것인가?
- 모기업의 전반적인 경영전략의 측면에서 볼 때 특정 사업 부문에 부여하는 전략적인 중요성은 어느 정도인가? 모기업은 그 사업 부문을 주력 사업으로 보는가, 아니면 주변 사업으로 보는가? 그 사업 부문은 모기업의 여러 사업 영역 중 어디에 적합한가? 이 사업 영역이 성장 가능성 면에서 모기업의 미래에 중요한 역할을 한다고 보는가? 아니면 이미 성숙되거나 안정된 사업으로서 현금 창출의 역할을 하고 있는가? 특정 사업 부문에 부여된 전략적 중요성은 그 사업 부문이 정한 목표 달성에 큰 영향을 미치는데, 이러한 전략적 중요성에 대한 평가는 뒤에서 다시 언급하겠다.
- 모기업이 이 사업에 뛰어든 이유는 무엇인가? 과잉 설비나 수직 통합의 필요성 때문인가? 아니면 유통 경로의 활용이나 마케팅 확장을 위해서인가? 이와 같은 요인은 모기업이 그 사업의 기여도를 인식하는 방법이나 그 사업 부문의 전략적 태도와 행위에 가할 압력을 추측할 수 있게 한다.
- 그 사업 부문과 모기업의 다른 사업 영역 간의 관계는 경제적으로

어떻게 연결되어 있는가? 수직적으로 통합되어 있는가? 상호 보완적인 관계인가? 연구 개발에 함께 참여하는가? 독립적인 회사로 활동하는 사업 부문에 모기업이 제공하는 특별 요건은 무엇을 의미하는가? 예를 들어 설비의 공동 사용은 결국 그 사업 부문이 다른 자회사의 과잉 설비를 흡수하거나 총비용의 부분적인 부담을 져야함을 의미하는 것이다. 또 사업 부문이 모기업 내 다른 사업부의 보조적인 기능을 한다면 그것은 모기업이 다른 사업 영역에서 이윤을 얻겠다고 결정한 것이다. 기업 내 다른 사업 부문과의 상관성을 파악하게 되면 여러 방향으로 얽힌 보조금 지급 형태에 대해서도 알 수 있다.

- 최고 경영진이 기업 전체에 대해 지니고 있는 가치나 신념은 어떠한 것인가? 그들은 모든 사업 영역에서 기술적 우위를 추구하고 있는가? 일정한 생산 수준을 유지하고 해고를 기피함으로써 노조의 저항 없이 기업 정책을 실행하길 바라는가? 이러한 기업 전반의 가치관과 믿음은 사업 부문에도 영향을 미친다.
- 모기업이 여러 사업 부문에 적용하려고 하는 본원적 전략이 있는가? 그리고 그 전략을 특정 사업 부문에도 적용하려 하는가? 빅펜은 필기용품, 라이터, 팬티스타킹, 면도날 등과 같은 일회성 제품 판매에 공통적으로 낮은 가격, 표준화, 대량 생산, 집중적인 광고 등의 경쟁전략을 택하고 있다. 헤인즈(Haynes)는 팬티스타킹을 생산하는 레그스(L'eggs)의 전략을 화장품과 남성용 속옷, 양말 등의

다양한 사업에 적용하였다.

- 경영 성과 및 요구 사항과 전반적인 전략이 모기업 내의 다른 사업 부문과 동일하다면, 경쟁 대상이 되는 사업 부문에는 어떤 형태의 판매 목표와 투자 수익상의 장애 요인, 자본상의 제약이 가해지는가? 기업이 목표하는 실적을 고려할 때, 기업의 자본 증식을 위해 기업 내의 다른 사업 부문과 성공적으로 경쟁할 수 있을 것인가? 모기업의 관심이나 지원을 집중적으로 받을 만큼 사업 부문의 잠재적인 규모가 큰가? 아니면 별다른 관심을 받지 못한 채 방치되어 있는가? 모기업의 다른 사업 부문에 필요한 투자 상황은 어떠한가? 여러 사업 부문에 대한 모기업의 우선순위는 어떠하며, 경쟁 대상이 되는 사업 부문에는 배당 지급 후에 남은 여유 자금 중 어느 정도가 지급될 것인가?

- 모기업의 사업 다각화 계획은 어떤 내용인가? 모기업이 다른 영역으로 경영을 다각화할 계획을 수립하고 있는가? 그렇다면 많은 자금이 필요할 것이고, 이에 따라 경쟁 대상이 되는 사업 부문에 대한 비중이 드러날 것이다. 또한 모기업은 시너지 효과의 기회를 제공함으로써 사업 부문을 후원하고 강화하는 방향으로 나아가고 있는가? 레이놀드(Reynold)는 델몬트를 인수한 후, 그 유통 조직을 활용하여 식품 사업부에 큰 활력을 주었다.

- 경쟁 모기업의 조직 구조를 통해 경쟁 대상 사업 부문의 상대적인 지위나 입장 및 목표 등을 파악하는 데 어떤 단서를 얻을 수 있는

가? 그 경쟁 사업 부문은 모기업의 사장이나 부사장에게 직접 보고하는가? 아니면 모기업의 일부 조직에 불과한가? 모기업의 유망한 인물이 그 사업 부문을 담당하는가? 아니면 정년퇴직이 임박한 인물이 커리어의 마지막 단계로 그 사업 부문을 맡았는가? 조직의 관계를 살펴보는 것은 실제적인 전략이나 수립될 전략의 파악에 중요한 단서를 준다. 예를 들어 전기 제품 사업부가 전기 제품 담당 상무 아래 있다면 개별 사업부로 독립되어 있는 경우보다 전략 수정이 훨씬 용이할 것이다. 그러나 보고 관계에서 어떤 단서를 얻었다고 해서 그것만을 가지고 판단해서는 안 된다. 보고 체계와 같은 조직 관계는 대개 형식적인 경우가 많은 만큼, 다른 단서와 비교해서 종합적으로 판단을 내리는 것이 중요하다.

- 전체 기업 조직에서 사업부 담당 임원진은 어떤 형태의 통제와 보수를 받는가? 그리고 평가의 빈도는 어떠하며, 급여 대비 상여금 비율은 어느 정도인가? 상여금은 무엇을 바탕으로 지급되는가? 주식 소유권이 있는가? 이런 질문은 사업부의 목표와 활동을 뚜렷하게 파악하는 지표가 된다.

- 어떤 성향의 경영진이 요직에 배치되는가? 이는 모기업의 최고 경영진이 어떤 형태의 전략적 활동을 권장하고 있는지, 또한 사업부 임원진의 목표는 무엇인지 유추하는 단서가 될 것이다. 경영진의 사업 부문을 이동하는 인사 교류 기간은 어느 정도인가? 이를 알면 모기업이 위험 부담이 있는 전략과 안전을 추구하는 전략 간의 균

형을 맞추려는 방법이나 기간의 범위에 대한 답을 얻을 수 있다.
- 모기업은 필요한 인력을 어디에서 충원하는가? 현 경영진은 내부에서 발탁되었는가(과거의 전략을 고수한다는 것을 의미한다) 아니면 다른 사업부나 기업 외부에서 영입되었는가? 현 부장은 어느 부서 출신인가(최고 경영진이 중점을 두고 싶어 하는 전략적 주안점을 의미한다)?
- 기업 전체가 사업 부문에 영향을 미칠 수 있는 독점 금지법 같은 사회적 제약과 규제에 민감성을 보이는가?
- 모기업이나 특정 CEO가 사업 부문에 정서적 애착을 느끼고 있는가? 사업 부문이 모기업의 초창기 사업 중의 하나인가? 과거에 사업 부문을 담당했던 사람이 현재 모기업 최고 경영자의 자리에 올라 있는가? 현재 최고 경영자가 사업 부분을 사들였거나 키워왔는가? 사업 부문의 어떤 계획이나 조치를 취할 때, 그 CEO의 지위가 발휘되고 있는가? 이러한 관계는 사업 부문에 모아지는 관심이나 지원이 이루어지는 부분을 가늠할 수 있는 단서가 된다. 이러한 관계는 또한 어떤 형태의 철수 장벽이 있을지 알려주기도 한다.

- 포트폴리오 분석과 경쟁사의 목표

경쟁 대상이 경영 다각화를 이룬 기업의 사업 부문일 때는 모기업이 영위하는 사업 영역을 분석해 앞서 제기한 여러 가지 질문 중 일부에 대한 답을 얻을 수 있다. 모기업은 자기 사업 부문을 통해 전체 기업의 목표를 성취하는 경우가 많으므로 모기업의 포트폴리오를 분석하는 것이 곧 그 경쟁사를 분석하는 셈이 된다. 경쟁사의 포트폴리오를 분석하는 방법으로 가장 효과적인 것은 바로 경쟁사가 사용하는 분석법을 그대로 활용하는 것이다.

- 모기업은 어떤 기준을 이용해 사업 영역을 분류하는가? 개별 사업 영역은 어떻게 분류되는가?
- 기업 내에서 캐시 카우(cash cow) 역할을 하는 사업은 무엇인가?
- 좋은 실적이 기대되는 사업과 매각을 고려해야 할 사업은 무엇인가?
- 다른 사업 부문의 성과 변동 충격을 흡수하는 안정적인 사업은 무엇인가?
- 다른 주력 사업의 방어적 기능을 담당하는 사업은 무엇인가?
- 모기업이 집중적으로 자원을 투입하고 시장 배치를 신경 쓰는 주력 사업은 무엇인가?
- 기업 전체에 가장 큰 영향을 미치는 사업 부문은 무엇인가? 이런 사업 부문의 경영 성과는 모기업의 매출액, 현금 흐름, 안정성, 원가 등에도 영향을 미치며 곧 기업 전체의 경영 성과에 반영된다. 따라서 이러한 사업 부문은 적극적인 보호를 받게 된다.

경쟁 사업 부문이 목표로 하는 경영 성과-투자 수익률, 시장점유율, 현금 유동성 등-를 달성하기 위해 어떤 노력을 기울일지, 시장에서의 입지를 유지하기 위해 얼마나 치열한 경쟁을 해 나갈 것인지 그리고 전략적인 전환을 시도할 가능성은 있는지, 이 모든 것을 파악하기 위해서 모기업의 포트폴리오 분석을 이용할 수 있다.

- 경쟁사의 목표와 전략적으로 유리한 입지

전략을 수립하는 방법의 하나로 경쟁사를 위협하지 않으면서도 시장에서 목표를 달성할 수 있는 입지를 모색할 수 있다. 경쟁사의 목표를 잘 파악한다면 아마도 별다른 충돌 없이 서로가 만족할 만한 위치를 발견할 수도 있을 것이다. 물론 쉽지 않다. 기존 기업들이 모두 상당한 성과를 내고 있는 시장에서는 신규 진입의 유혹이 크기 때문에 더욱 힘들 것이다. 대부분의 경우 기업은 자사의 목표를 달성하기 위해 경쟁사를 압박하고 회유한다. 그러기 위해서 자사가 가진 강점을 이용해 기존 경쟁사들과 신생 업체들로부터 보호막이 될 수 있는 적절한 전략을 찾아야 한다.

경쟁사의 목표를 분석하는 것이 중요한 이유는 이를 통해 경쟁사가 목표를 달성을 위해 필요로 하는 능력을 파악하고, 바로 그 점을 공략해 치열한 경쟁을 애초에 차단하는 전략적 조치를 취할 수 있기 때문이다. 경쟁사의 포트폴리오를 분석해 보면, 그 회사의 모기업이 키우려고 하는 캐시 카우 부문과 성장성이 좋은 사업 부문을 구분할 수 있게 된다. 캐시 카우 부문과의 경쟁은, 모기업의 현금 흐름을 위협하지 않는 것이라면 대체로 입지를 확보하는 것이 가능한 편이다. 그러나 경쟁 대상이 만일 모기업의 강력한 지원을 받고 있거나 강한 애착을 받는 사업인 경우에는 치열한 대결이 벌어질 것을 각오해야 한다. 또한 안정된 매출액이 기대되는 사업이 도전을 받게 되면 모기업은 이윤을 희생하는 한이 있더라도 적극적인 대응책을 강구하게 될 것이다. 그러나 시장점유율은 건드리지 않으면서 이윤만을 증가시키려는 조치에는 앞의 경우보다 한층 더 약한 대응을 보일 것이다. 이것들은 〈그림3-1〉에 제시된 경쟁자의 행동에 대한 질문을 목표 분석을 통해 알아내는 일부 예시에 불과하다.

■ 추정

경쟁사 분석의 두 번째 핵심적인 요소는 개별 경쟁사들의 가정적 판단을 밝혀내는 것이다. 이것은 크게 2개의 범주로 나눌 수 있다.

- 경쟁사의 '자사'에 대한 가정적 판단
- 경쟁사가 '활동하고 있는 산업과 그 산업 내의 다른 기업들'에 대한 가정적 판단

모든 기업은 자사가 처한 상황에 대한 여러 가정적 판단에 따라 운영 방식을 정한다. 어떤 기업은 스스로를 사회적인 의식이나 감각을 가졌으며, 활동하고 있는 산업 내에서 주도적인 역할을 하고 있다고 판단할지도 모른다. 혹은 원가 우위를 확보하고 있다거나 가장 뛰어난 영업 능력을 갖춘 기업이라고 여길지도 모른다. 자사에 대한 이 같은 판단은 기업의 활동 방식이나 기업 내·외부의 사태의 대응 방식에도 영향을 미친다.

예를 들어 원가 우위를 확보하고 있다고 생각하는 기업은 그 지위를 유지하기 위해 가격 인하 등의 방법을 동원할 것이다.

기업이 스스로에게 내리는 가정적 판단이 항상 정확한 것은 아니다. 시장에서 가장 큰 고객 충성도를 얻고 있다고 믿는 기업이 있다고 해보자. 그 기업의 판단이 틀렸다는 것을 알게 된 경쟁 업체가 파격적인 가격 인하를 실시해 시장에서 그 기업의 위치를 잠식하려는 시도를 한다. 이러한 경쟁 업체의 도발에도 시장점유율 유지에 자신이 있다고 믿고 있는 기업은 별다른 대응 조치를 하지 않는다. 현실을 깨달았을 때는 이미 경쟁 업체에 시장점유율을 빼앗긴 뒤다. 이렇게 정확하지 않은 가정적 판단을 하게 되면 경쟁 업체에게 그 허점을 이용할 수 있는 전략적 수단을 제공하게 되는 꼴이 된다.

모든 기업은 스스로를 인식하고 판단하듯이 자신들이 활동하고 있는 산업이나 그 산업 내의 다른 경쟁사들에 대해서도 똑같이 가정적 판단을 내리고 그것에 근거해서 운영 방침을 정한다. 물론 이 역시 언제나 정확하지는 않다. 거버 프로덕트(Gerber Product)는 1950년대 이래 출산율이 계속 상승할 것이라고 판단했지만, 실제 출산율은 꾸준히 하락하다가 1979년에야 비로소 상승세로 돌아섰다. 이 외에도 경쟁사들의 지속력이나 자원, 기술 등에 대한 과대평가나 과소평가의 사례도 무수히 많다.

이렇게 잘못된 가정적 판단을 살펴보면, 주변 상황에 대한 경영자들의 인식에 여러 가지 맹점이나 편견이 포함되어 있음을 알 수 있다. 흐려진 판단력은 기업이 사태의 심각성(예를 들어 전략적인 움직임)을 전혀 깨닫지 못하거나, 잘못 인식하거나, 또는 뒤늦게서야 파악하게끔 만든다. 기업이 이러한 맹점을 찾아내 미리 제거한다면 즉각적인 보복을 불러올 가능성이 낮은 조치와 보복을 불러온다 하더라도 별 효과가 없는 조치를 가려내는 데 도움이 될 것이다.

다음의 질문들은 기업들이 내리는 가정적 판단과 감정에 휘둘리거나 비현실적인 판단을 내리는 영역을 밝혀내는 데 도움이 될 것이다.

- (경쟁사는) 원가, 품질, 정교한 기술력, 그 밖의 핵심적인 사업 측면에서 자신들의 상대적 위치를 어떻게 파악하는 것으로 보이는가? 기업 공개 보고서, 경영진과 영업 부서의 주장, 그 밖의 다른 지표를 근거로 판단한 것인가? 자신들의 강점과 약점이 무엇이라고 생각하는가? 이러한 판단은 정확한가?
- 특정 제품이나 제품 디자인에 대한 접근 방식, 품질 개선 의욕, 공장 입지, 판매 방식, 유통 체계 등과 같은 영업 방침에 대해 강한 '역사적·정서적 공감대'를 가지고 있는가? 그중 어느 것에 강한 집착을 보이는가?
- 기업 내·외부의 상황을 인식하고 이에 중요성을 부여하는 방법에 영향을 미치는 어떤 문화적·지역적·민족적인 요소가 있는가? 예를 들어 독일 기업들은 단위 원가나 마케팅을 희생하는 경우가 있더라도 생산과 품질 개선에 주력하는 경우가 많다.
- 상황 판단이나 인식에 영향을 미칠 만큼 제도화된 '조직상의 가치

관이나 규범'이 있는가? 창업자의 신조가 아직까지 영향을 미치고 있는가?

- 그들의 제품에 대한 미래 수요와 업계 동향의 중요성에 대해 어떻게 생각하고 있는 것으로 보이는가? 수요에 대한 근거 없는 불확실성으로 시설 확장을 주저하거나 그 반대의 이유로 시설 확장을 단행할 가능성은 없는가? 업계의 특정한 동향의 중요성을 잘못 평가할 가능성은 없는가? 실제로는 그런 추세를 보이고 있지 않음에도 특정 산업이 집중화되고 있다고 믿고 있지는 않은가? 이러한 판단은 전략적인 허점의 원인이 될 것이다.

- 다른 '경쟁사들'의 목표나 능력을 어떻게 판단하고 있는가? 과대평가하거나 과소평가하고 있지는 않은가?

- 새로운 시장에 적합하지 않은 업계의 관습이나 전통적인 주먹구구식 방법, 또는 산업 내의 일반적인 접근 방식을 그대로 믿고 있는가? 이러한 관습의 예로 '모든 기업은 완벽한 생산 라인을 갖추어야 한다.' '고객들은 무가치한 것으로써 가치 있는 것을 교환한다.' '이런 사업에서는 원료 공급원을 장악해야 한다.' '공장의 분산화가 가장 효율적인 생산 시스템이다.' '기업에는 대규모 거래상이 필요하다.' 등이 있다. 더 이상 이러한 관습이 유효하지 않는 상황을 파악하게 되면, 경쟁사가 취하는 보복 조치의 시기 적절함과 효과 면에서 유리한 입장에 놓이게 될 것이다.

- 경쟁사의 가정적 판단은 그 기업의 현재 전략에 반영될 뿐만 아니

라 미묘하게 영향을 받을 수도 있다. 기업은 업계의 새로운 정황을 기업의 과거와 현재의 상황에 한정된 시각으로 판단하는 경향이 있기 때문에 객관성을 지니기 어렵다.

- 맹점이나 인습을 감지하는 중요성

다음의 경우는 경쟁사들이 지닌 맹점을 파악하는 일이 얼마나 중요한 것인지를 단적으로 보여준다. 밀러는 가족 경영 형태가 흔한 양조업계에서 다른 양조 회사들과 달리 인습에 얽매이지 않았다. 밀러는 7온스(ounce)들이 라이트 맥주와 자체 생산한 뢰벤브로이(lowenbrau) 맥주를 미켈롭(michelob: 대표적인 고급맥주)보다 25퍼센트나 인상된 가격으로 시판했다. 대부분의 양조 회사들은 이를 비웃었지만, 밀러가 시장점유율을 크게 높이자 마지못해 밀러의 방식을 따랐다.

시대에 뒤떨어진 낡은 인습을 파악하고 활용함으로써 큰 이득을 얻은 또 다른 사례가 있다. 파라마운트 영화사(Paramount Pictures)에 방송 네트워크 회사의 경영진 출신 중역 2명이 영입되었다. 그들은 영화 산업의 고질적인 인습이나 기준을 과감하게 없애고, 제작될 영화를 사전 판매하거나 수많은 영화관에서 동시 개봉하는 등의 방법으로 시장점유율을 크게 높였다.

■ 목표와 가정의 지표 역할을 하는 사업 경력

기업의 사업 경력은 기업이 특정 사업과 관련해 세운 목표와 가정적 판단을 파악하게 해주는 훌륭한 도구가 된다. 다음의 질문들은 사업 경력을 검토하는 데 필요한 몇 가지 방법을 제시해줄 것이다.

- 기업의 현재 재무 실적과 시장점유율이 직전 분기(分期) 대비 어떤 상태인가? 이 질문은 기업의 미래 목표를 파악하는 데 도움이 될 것이다. 특히 과거의 훌륭한 경영 성과가 기업에 자극이 되는 뚜렷한 가시적 지표 역할을 해낸다면, 미래 목표를 파악하는 데 더욱 좋은 자료가 된다. 기업은 항상 그 지표를 염두에 두고 과거의 경영 성과를 회복하려고 노력할 것이다.
- 과거 시장 활용 경력은 어떠한가? 어느 분야에서 실패를 한 경험이 있는가? 또 이러한 실패 경험 때문에 다시는 그 분야에 발을 들여놓으려 하지 않는가? 과거에 큰 실패를 한 경험 때문에 그 분야에 다시 진입하는 것에 두려움을 품게 되었다면, 이런 생각은 의외로 오래 지속되면서 큰 압박을 가하게 된다. 특히 성공한 기업이라는 평판을 듣던 기업이 한 번 큰 실패를 하고 나면 이와 같은 침체 상태에 빠지기 쉽다. 페더레이티드(Federated) 백화점은 큰 실패 후 7년간의 침체를 겪고서야 다시 소매업에 발을 들여놓을 수 있었다.
- 어떤 분야에서 각광을 받거나 큰 성공을 거두었는가? 신제품 판매인가, 혁신적인 마케팅 방법인가? 아니면 그 밖의 다른 요인인가? 기업은 해당 부문에 있어서는 과감한 선제 조치를 취하거나 도전

에 나설 충분한 자신감을 얻었을 것이다.
- 과거의 특정한 전략적 조치나 산업 내의 사태에 어떤 반응을 보였는가? 합리적으로 대응했는가, 아니면 감상적으로 대응했는가? 신속한 대응이었는가, 아니면 더딘 대응이었는가? 또 어떤 접근 방식을 취했는가? 어떤 형태의 사태에 빈약한 대응을 보였으며, 그 이유는 무엇인가?

■ 경영자들의 경력과 자문 관계

기업의 여러 목표나 가정적 판단, 앞으로 취할 만한 조치를 예시해주는 또 다른 주요 지표로는 경영진의 출신 배경과 그들의 경력 그리고 그들이 거둔 개인적인 성공이나 실패 등이 있다.

- CEO의 경력은 기업의 방향 설정과 사업에 대한 목표를 어떻게 인식하고 있는지 가늠할 수 있는 중요한 척도가 된다. 전략적 방향을 정할 때 어디에 더 중점을 두는지는 재무 관리 부문에서 경력을 쌓은 경영자와 마케팅이나 생산 부문에서 경력을 쌓은 경영자가 서로 다른 견해를 보일 것이다. 폴라로이드(Polaroid)의 에드윈 랜드(Edwin Land)가 전략적 문제 해결 방안으로 철저한 기술 혁신을 내세운 것이나, 또 맥기(McGee)가 걸프(Gulf) 석유 회사에서 에너지 관련 사업에 원가 절감 전략으로 대응한 것이 그러한 예라 하겠다.
- CEO가 과거에 개인적인 성공을 거두었거나 실패했던 전략의 형

태는 그의 가정적 판단이나 목표, 또는 앞으로 취할 조치를 예상해 볼 수 있는 두 번째 단서라 할 수 있다. 예를 들어 과거 CEO가 당면했던 문제를 경비 절감을 통해 성공적으로 해결했다면, 다음에도 그러한 방안을 채택할 가능성이 높다.

· CEO의 경력 중 중요시해야 할 또 다른 부분은 현재와는 다른 부문에 종사한 경험이 유무다. 또한 그 부문에서는 어떠한 전략적 접근 방식을 채택했는가를 알아보는 것도 중요하다. 예를 들어 1960년대에 제이 아이 케이스(J. I. Case) 사장으로 취임했던 마크 로잇먼(Marc Roijtman)은 과거 활동했던 산업 장비 사업에서 성공을 거둔 바 있는 판매 전략을 영농 장비 사업에 그대로 적용했다. 알 제이 레이놀즈(R J. Reynolds)는 소비자용 포장 식품 회사와 화장품 회사에서 유능한 인재를 영입하여 최고 경영진을 보강하였는데, 그들은 자신들의 경영 활동 경험을 바탕으로 특유의 제품 관리 방식과 업무 체계를 과감하게 도입했다. 또한 소매 산업에서 활동한 배경과 경험이 있는 소비자 신용(HFC, Household Finance) 분야의 CEO는 소매 산업 분야에서 다진 자신의 경력을 HFC의 강력한 기반으로 활용했다. 그는 소비자 신용 붐에 편승하기보다는 소매 산업 쪽으로 진출하여 경영 다각화에 자원을 투입했다. 그러나 그가 은퇴하고 소비자 금융 사업부에서 승진한 사람이 새로운 CEO가 되자 사업 방향은 다시 바뀌었다. 이런 식으로 과거에 성공을 거둔 경험이 있는 사업 부문으로 방향을 돌리려는 경향은 경영자가 법무 법

인이나 컨설팅 회사, 또는 다른 기업 출신인 경우 쉽게 찾아볼 수 있다. 그들의 이력이 반영된 시각이나 문제 해결 방식은 경쟁사에 확산될 수도 있다.

· CEO는 극심한 경기 침체, 심각한 에너지난, 통화 변동에 따른 막대한 손실과 같은 중대한 사태에 큰 영향을 받는다. 이러한 변화는 광범위한 분야에서 CEO의 시각에 영향을 미쳐 전략적 선택을 바꾸기도 한다.

· CEO들의 시각은 그들이 쓴 글이나 평소의 언행, 전문 분야의 경력, 특허 경력, 그들이 빈번하게 접촉하는 다른 기업들(예를 들면 사외이사로서 참여하는 기업 등), 외부 활동 그리고 그 밖의 다른 여러 요소들을 통해서도 알 수 있다.

· 경영 관리에 대한 자문을 제공하는 컨설팅 회사, 광고 대행사, 투자 은행, 그 밖의 자문 담당자도 중요한 단서가 될 수 있다. 다른 경쟁사들도 이런 자문을 받고 있는가? 그들은 어떤 자문을 받아 왔는가? 그들이 이용하는 자문 회사의 자문 방식은 이론적인가, 실제적인가? 경쟁사에 자문을 제공하는 담당자의 신원을 밝혀내 그들의 성향을 면밀하게 파악하는 것도 기업의 향후 전략적 변화를 예측하는 자료가 된다.

■ 현행 전략

경쟁사 분석의 세 번째 구성 요인은 개별 경쟁사의 현행 전략을 파악하여 분석 보고서를 작성하는 일이다. 경쟁사의 전략은 경영 활동을 담당하는 개별 사업부의 핵심적인 운영 방침과 각 부서의 상관성을 모색하는

제품	• 사용자의 관점에서 본 개별 시장 부문에서의 제품 평판 • 깊이 있고 폭 넓은 제품 라인
거래 및 유통	• 유통 경로의 범위와 질적 수준 • 유통 경로 관계의 강점 • 유통 경로에 대한 서비스 능력
마케팅과 판매	• 마케팅 믹스(marketing mix)의 개별 측면에서 발휘되는 기술 • 시장 조사와 신제품 개발 기술 • 판매원들의 훈련과 그들의 숙련도
운용	• 제조 원가 우위-규모의 경제, 학습 곡선, 설비의 현대화 등 • 설비의 기술적 고도화 • 설비의 신축성 • 독점적인 노하우, 특허권 또는 원가상의 이점 • 시설 확장, 품질 관리, 공작 기계 관리상의 기능 • 인건비와 수송비를 포함한 입지 조건 • 인력을 관리하는 기업 풍토, 노동조합 조직 상황 • 원자재 확보 및 원자재 비용 • 수직 계열화 수준
연구 및 엔지니어링	• 특허권 및 저작권 • 연구 개발을 추진하는 자체적 능력(제품 연구, 공정 연구, 기초 연구, 개발, 모방 등) • 창의성, 성실성, 신뢰성, 우수성의 측면에서 평가된 연구 개발원의 자질 • 외부에 있는 연구원 및 기술자에 대한 접근 형태(공급자, 구매자 및 하청업자 등)
총 비용	• 전반적인 관련 비용 • 다른 사업 부문과 공동으로 분담하는 비용이나 공동으로 벌이는 활동 • 원가상의 유리한 위치 확보를 위해 핵심적인 역할을 하는 규모의 경제나 다른 요인들
재무 관리 상의 강점	• 현금의 흐름 • 단기 및 장기 차입 능력 • 가까운 시일 내 이루어질 증자 능력 • 증권 유통, 자본 조달, 신용 판매, 재고, 미수금 처리 등을 포함한 재무 관리 능력

조직	• 조직 내 가치 기준의 통합성과 목적의 명확성 • 최근의 여러 가지 요구로 인한 조직의 과도한 부담 • 조직과 전략의 일관성
일반적인 경영 관리 능력	• CEO의 리더십 역량과 동기 부여 능력 • 특정 부서나 사업 부문 간의 조정 능력(예를 들면 제조와 연구 부문의 조정 등) • 경영자의 연령, 훈련 정도 및 경영 방침 • 경영 관리의 강도 • 경영 관리의 신축성과 융통성
기업 포트 폴리오	• 모든 사업 부문의 계획된 활동 전환을 뒷받침할 수 있는 모기업의 재정 및 자원 지원력 • 사업 부문의 강점을 보강할 수 있는 모기업의 능력
기타	• 정부 기관의 특별 대우를 받거나 정부 기관과 쉽게 접촉할 수 있는 능력 • 임직원의 이직률

〈표 3-1〉 경쟁사의 강점·약점 분야

데 가장 유용한 수단이 된다. 이러한 전략은 외부로 드러날 수도 있고 그렇지 않을 수도 있으며, 또 언제나 일정한 형태를 취하는 것도 아니다.

경쟁사의 전략을 알아내는 원칙에 대해서는 이 책을 시작하면서 논의한 바 있다.

■ 능력

경쟁사 분석의 마지막 단계는 개별 경쟁사의 능력을 현실적으로 평가하는 일이다. 경쟁사가 설정한 목표와 가정적 판단, 현행 전략은 기업의 전략적 반응이나 대응의 가능성과 강도, 타이밍, 특성 등에 영향을 미칠 것이다.

기업이 지닌 강점과 약점은 전략적 조치를 취하거나, 다른 기업의 전략적 조치에 대응하는 능력은 물론 산업 내·외부에서 벌어지는 사태를 처리하는 능력을 좌우하게 된다.

경쟁사의 강점과 약점은 비교적 뚜렷하게 드러나기 때문에 여기서는 길게 다루지 않겠다. 넓은 의미에서 이를 평가하려면 1장에서 설명한 5가지 경쟁 요인을 고려하여 그 기업의 입장을 검토해야 할 것이다. 이 부분은 7장에서 다시 논의하겠다. 좁은 의미로는, 다음 〈표 3-1〉에 제시된 질문을 통해 핵심적인 사업 분야에서의 경쟁사의 강점과 약점을 파악할 수 있을 것이다. 여기에 부차적, 종합적인 질문을 추가한다면 더욱 유용하게 활용할 수 있을 것이다.

- **핵심 능력**
  - 경쟁사의 능력은 개별 부서에서 어떻게 발휘되는가? 가장 뛰어난 능력을 지닌 부문과 가장 취약한 부문은 어디인가?
  - 경쟁사는 어떤 방법으로 전략의 일관성을 검증하는가?
  - 경쟁사가 성장 단계에서 이러한 능력들에 변화가 일어날 가능성이 있는가? 그러한 능력이 시간이 경과함에 따라 강화되는가, 아니면 약화되는가?

- **성장력**
  - 경쟁사의 능력은 그 기업이 성장함에 따라 강화되는가, 아니면 약화되는가? 그러한 능력상의 변화는 어느 부문에서 일어날 것인가?

- 인력, 기술, 생산 설비 면에서 성장을 도모할 수 있는 경쟁사의 능력은 어떠한가?
- 재무적인 측면에서 경쟁사의 '지속적인 성장'이란 무엇인가? 듀퐁(Du Pont)의 분석법에 따르면 그 기업은 성장 능력이 있는가? 시장 점유율을 높일 수 있는가? 외부 자본 조달은 그 기업의 지속적인 성장과 단기적인 재무 실적을 올리는데 얼마나 민감하게 영향을 미치는가?

- 신속한 대응력

다른 기업의 움직임에 즉각 대응하거나 또는 발 빠른 공세를 취할 경쟁사의 능력은 어느 정도인가? 이러한 능력에 영향을 미치는 요인은 다음과 같다.

- 용도가 결정되지 않은 사내 잉여금
- 예비 차입 능력
- 잉여 생산력
- 출시를 준비 중인 신제품

- 변화에 대한 적응력

- 경쟁사의 고정비 대 변동비의 비율은 어떠한가? 여유 자금의 비율은? 이런 부분들은 변화에 대응해 취할 조치들에 영향을 미칠 것이다.
- 경쟁사는 개별 부서의 여건 변화에 어떻게 적응하고 대응하는가?

다음과 같은 새로운 여건에 적응할 수 있는가?

-원가 경쟁

-더욱 복잡해진 제품 라인의 관리

-신제품의 추가

-고객 서비스 경쟁

-마케팅 활동의 확대 및 강화

· 경쟁사는 다음과 같은 외부 사태에 대응할 수 있는가?

-높은 인플레이션의 지속

-현재의 공장 설비를 쓸모없게 만드는 기술적 변화

-경기 침체

-임금 상승

-정부 규제

· 경쟁사는 사업 규모의 축소나 활동 포기를 뜻대로 할 수 없게 만드는 철수 장벽을 가지고 있는가?

지속적 성장 = (자산 회전율) X (세금 공제 후 매출 이익) X (자산/부채) X (부채/자본) X (소득 유보분)

· 경쟁사는 모기업의 다른 사업 부문과 생산 설비, 판매 인력 및 그 밖의 시설이나 인원을 공동으로 활용하고 있는가? 자원을 공동으

로 활용하는 것은 자칫 주변의 변화에 적응할 수 있는 능력을 제약하거나 원가 관리를 저해할 수도 있다.

- 지속력
- 경쟁사가 수익이나 현금의 흐름에 압박을 가할 수 있는 장기전을 지속할 수 있는 능력은 어느 정도인가? 이는 다음과 같은 요인을 검토해 보면 알 수 있다.
-현금 보유율
-경영진의 의견 일치
-장기간에 걸친 재무 목표
-증권 시장의 낮은 압력

4가지 조성 요인의 통합: 경쟁사의 대응 수준

경쟁사의 미래 목표와 가정적 판단, 현행 전략 및 능력에 대한 분석이 마무리 되었다면, 그 기업이 앞으로 취할 대응 조치의 방향을 대략 가늠할 수 있을 것이다. 경쟁사의 대응 수준을 파악하는 데는 다음과 같은 질문을 하는 것이 도움이 된다.

■ 공격적 조치

첫 번째 단계로 경쟁사가 어떤 전략적 변화를 시도할 것인지 예측한다.

• **현재의 상황에 대한 만족 |** 경쟁사와 모기업의 목표와 현재의 상황을 비교해볼 때, 그 기업이 전략적인 변화를 시도할 가능성이 있는가?

• **가능성 높은 조치 |** 경쟁사의 목표나 가정적 판단, 능력을 현재의 상황과 관련해서 볼 때, 앞으로 어떤 부분에서 전략적인 변화가 일어날 가능성이 큰가? 이러한 부분을 살펴보면 그 기업이 미래의 상황에 어떤 판단을 내릴지 그림이 그려진다. 자사가 강점이라고 믿는 부분과 라이벌 기업의 취약점을 파악해 어떻게 경쟁해 나갈지도 추측할 수 있다. 뿐만 아니라 최고 경영진이 그 사업 분야에 가지고 있는 선입견과 바람직한 사업 분야는 무엇인지, 그 분야에서 취약한 경쟁 대상은 누구라고 생각하는지 파악할 수도 있다.

• **조치의 강도와 중요성 |** 경쟁사의 여러 목표와 능력을 분석한 결과로 기업이 취할 조치의 강도를 예상할 수 있다. 그 결과는 또한 기업이 그 조치를 통해 얻을 수 있는 것이 무엇인지 평가하는 데도 중요한 자료가 된다. 예를 들어 경쟁사가 다른 사업부와 원가를 분담하는 조치를 통해 상대적 원가 우위에 커다란 변화를 가져올 수 있다면, 이는 마케팅을 늘리는

것보다 훨씬 중요한 조치라고 할 수 있다. 이에 힘입어 그 기업이 얻을 수 있는 예상 수익과 기업의 목표를 함께 분석한다면 그 기업이 앞으로 저항에 부딪혀도 얼마나 진지하게 전략적인 조치를 지속할 수 있을지 예상할 수 있을 것이다.

■ 방어 능력

경쟁사의 대응 수준을 파악하는 두 번째 단계는 기업이 취할 수 있는 실현 가능한 전략적 조치와 실제로 일어날 가능성이 있는 산업 및 경영 환경의 변화를 리스트로 만드는 일이다. 이러한 리스트는 다음과 같은 기준을 바탕으로 경쟁사의 방어 능력을 결정하는 평가 자료로 활용할 수 있다.

• **취약성** | 경쟁사는 어떤 전략적 조치에 타격을 받기 쉬운가? 또한 정부적인 차원, 거시 경제적 차원, 산업적 차원에서 일어날 수 있는 사태에 취약한가? 전략적 조치를 취한 쪽에서 오히려 역효과를 얻는 경우는 어떤 것인가? 엄청난 자금이 들기 때문에 경쟁사가 도저히 시행할 수 없는 보복적인 대응책으로는 어떤 것이 있는가?

• **도발** | 경쟁사의 목표나 위치를 위협해서 큰 비용이 들더라도 보복적인 대응에 나설 수밖에 없도록 만드는 조치나 사건에는 어떤 것이 있는가? 대부분의 기업에는 위협에 강한 반응을 보이는 지극히 민감한 사업 부문이 있다. 이처럼 민감한 사업 부문에는 대개 강력한 목표나 심리적인

사태	해당 사태에 대한 경쟁사의 취약성	해당 사태가 경쟁사의 보복을 유발하는 정도	해당 사태에 대해 경쟁사가 취할 보복조치의 효율성
자회사의 실행 가능한 전략적 조치 (다음과 같은 대안을 열거할 수 있다.) • 제품 라인의 확보 • 품질과 서비스 개선 • 가격 인하와 비용 경쟁			
일어날 수 있는 주변 환경이나 산업상의 변화(다음과 같은 변화요인을 열거할 수 있다) • 원자재 비용의 대폭 상승 • 판매량 감소 • 구매자의 원가 의식 증대			

〈표 3-2〉 경쟁사의 방어 능력에 대한 분석표

애착이 얽혀있다. 가급적 이런 사업 부문은 피해야 할 것이다.

• **보복적 대응의 효율성** | 경쟁사의 목표나 가정적 판단, 현행 전략 능력 등으로 미루어볼 때, 그 기업이 즉각적이고 효율적인 대응을 보이는 데 방해가 되는 조치나 사건은 어떤 것들인가? 경쟁사가 대항하거나 모방하려고 해도 별다른 성과를 거두지 못할 것이 예상되는 부문에서는 어떤 조치를 취해야 하는가?

〈표 3-2〉는 경쟁사의 방어 능력을 분석하는 간단한 도구다. 이 표의 왼쪽 열을 우선 살펴보자. 상단에는 어떤 기업이 취할 수 있는 실행 가능

한 전략적 조치를, 하단에는 일어날 수 있는 주변 환경이나 산업상의 변화(기업이 취할 만한 조치도 포함)를 기재한다. 그 다음 이러한 조치나 변화를 윗줄에 기재된 내용과 대비해 판단한다. 이런 식으로 도식화해보면 기업의 약점을 노출시키는 산업 및 환경 변화에 강력한 조치를 신속하게 취할 수 있는 방법을 찾아내는 데 도움이 될 것이다(경쟁적 조치를 선택하는 문제에 대해서는 5장에서 자세하게 다루겠다).

■ 최적의 전장(戰場) 선택

어떤 기업의 특정 조치에 경쟁사가 보복을 가할 것이라고 가정한다면, 다음 단계의 전략적 과정은 그 경쟁사와 대립할 최적의 전장을 선택하는 일이다. 이 단계가 기업의 대응 수준을 파악하는 세 번째 단계다. 최적의 전장이란 경쟁 업체가 제대로 대비하지 못해서 경쟁을 벌이기에 가장 약한 시장이나 전략의 차원을 말한다. 또는 원가에 바탕을 둔 제품 라인 중 최상의 제품이나 최하의 제품을 중심으로 경쟁을 벌일 수도 있다.

가장 이상적인 방법은 경쟁 대상자들이 현재의 여건에 발목이 잡혀 대응할 수 없는 전략을 찾아내는 것이다. 지금까지 기업 전략을 연구한 경험에 비추어볼 때, 어떤 조치는 그를 단행하는 기업에는 별다른 어려움이나 희생을 요구하지 않으면서 이를 따르는 경쟁사들에게는 엄청난 대가를 치르게 한다. 폴저스 커피(Folgers Coffee)가 가격을 내려 맥스웰 하우스(Maxwell House)가 장악하고 있던 동부 지역 시장을 공략했을 때, 맥스웰 하우스는 동일한 가격 인하 대응으로 엄청난 희생을 치렀다.

경쟁사 분석에서 이끌어낼 수 있는 또 하나의 중요한 전략은 경쟁사가 복잡한 동기를 갖거나 책정한 목표가 충돌하는 상황을 조성하는 것이다. 이러한 전략은 경쟁사가 전략 조치에 효과적인 보복책을 강구하더라도, 이 보복책은 경쟁사를 더욱 궁지로 몰아넣는 결과를 낳는다. IBM이 경쟁사의 미니컴퓨터 사업이 가하는 위협을 자사의 미니컴퓨터 사업부로 대응할 경우, IBM의 대형 컴퓨터 부문의 성장은 쇠퇴하면서 미니컴퓨터 사업으로 변환하는 촉진을 가져올 수 있다. 경쟁사들로 하여금 여러 목표가 상충하는 상황에 빠져들게 하는 것도 시장을 선점하고 있는 안정된 기업을 공략하는 매우 효과적인 전략이 될 수 있다. 소규모 기업이나 신생 기업은 산업 내에서 시행되는 기존 전략에 얽매이지 않는 경우가 많은데, 그런 점을 이용해 기존 전략의 이해에 얽혀 있는 기업을 궁지로 몰아넣는 전략을 찾아낸다면 큰 이득을 얻을 수 있을 것이다.

실제로는 복잡한 동기 때문에 기업이 완전히 속수무책이 되거나 무너지는 일이 흔하지는 않다. 그러나 이런 상황이 온다면 〈표3-2〉에서 제시한 질문을 토대로 가장 유리한 입장에서 경쟁을 벌일 수 있는 전략적 조치를 찾아낼 수 있을 것이다. 따라서 경쟁사의 목표와 가정적 판단을 파악하면 그 기업의 효과적인 보복책을 회피하고, 아울러 자사의 독특한 능력이 발휘될 수 있는 전장을 선택할 수 있게 된다.

경쟁사 분석과 산업 예측

기존 또는 잠재적 경쟁사를 면밀히 분석하면 미래의 산업 여건을 예측하는 중요한 자료로 활용할 수 있다. 개별 경쟁사가 취할 수 있는 조치와 변화에 대응하는 능력을 파악해서 요약하면 다음과 같은 질문들에 해답을 얻을 수 있을 것이다.

- 유망한 경쟁사들이 취하는 조치들의 상호 작용은 무엇을 의미하는가?
- 기업들의 전략이 어느 한 곳에 집중되면서 상충할 가능성이 있는가?
- 기업들이 그 산업의 예측 성장률에 견줄만한 지속적인 성장률을 보이고 있는가, 아니면 실제 성장률과 예측 성장률의 격차가 신규 진입을 불러올 것인가?
- 예상되는 조치들이 결합하여 산업 구조에 영향을 미칠 것인가?

경쟁사 정보 관리 시스템의 필요성

경쟁사에 관한 이 모든 의문을 해소하는 데는 상당히 많은 자료가 필요하다. 정보와 자료를 수집할 수 있는 원천은 매우 다양하다. 공개적으로 제출하는 보고서, 경영진이 증권 분석가들에게 밝힌 기업 실태, 경제 신문, 판매 사원, 경쟁 관계에 있는 여러 업체들에 공통적인 고객이나 공급처, 제품 검사, 자체 기술진의 평가, 퇴사한 임직원들로부터 수집한 정보 등이 모두 해당된다(자료 수집 원천에 대한 내용은 부록B에 자세히 나와 있다). 완벽한 경쟁사 분석을 뒷받침할 만한 방대한 자료를 한 번의 집중적인 노력으로 수집한다는 것은 거의 불가능하다. 애매한 사실에 판단의 기준을 제공해주는 이런 자료들은 대량 입수할 수 있는 것이 아니라 대개 조금씩 입수되는 경우가 많다. 따라서 경쟁사가 처한 상황을 포괄적으로 파악하기 위해서는 이러한 자료들을 일정 기간 동안 꾸준히 수집해서 분석해야 할 것이다.

정밀한 경쟁사 분석에 필요한 자료는 열심히 수집하는 것만으로는 부족하다. 애써 모은 자료를 효율적으로 이용하기 위해서는 경쟁사 정보 관리 시스템과 같은 조직적인 구조가 필요하다. 이 시스템은 특정 기업이 활동하고 있는 산업, 임직원의 역량 그리고 경영진의 관심이나 필요에 따라 다양한 형태를 취할 수 있다.

〈그림 3-2〉는 경쟁사 정밀 분석에 필요한 자료를 정리하는 데 반드시 필요한 역할을 보여주고, 또 개별 역할의 수행 방법을 대체하는 선택방안을 일부 제시해주고 있다. 이러한 모든 역할을 한 사람이 맡아 효과적으로 처리하는 기업은 드물다. 현장 자료와 문헌 자료가 너무도 방대한데다 이런 자료들을 한 사람이 능률적인 방법으로 편집, 분류, 요약, 통보하는 일은 매우 벅차서 보통은 많은 직원들이 여기에 참여하고 있다.

기업에 따라 이러한 역할을 수행하는 조직 편성 방법은 매우 다양하다. 어떤 기업은 기획부의 한 파트로 경쟁사 분석 부서를 만들어 이 모든 역할을 담당하게 하는 한편, 다른 기업은 경쟁사 정보 조정 책임자를 두어

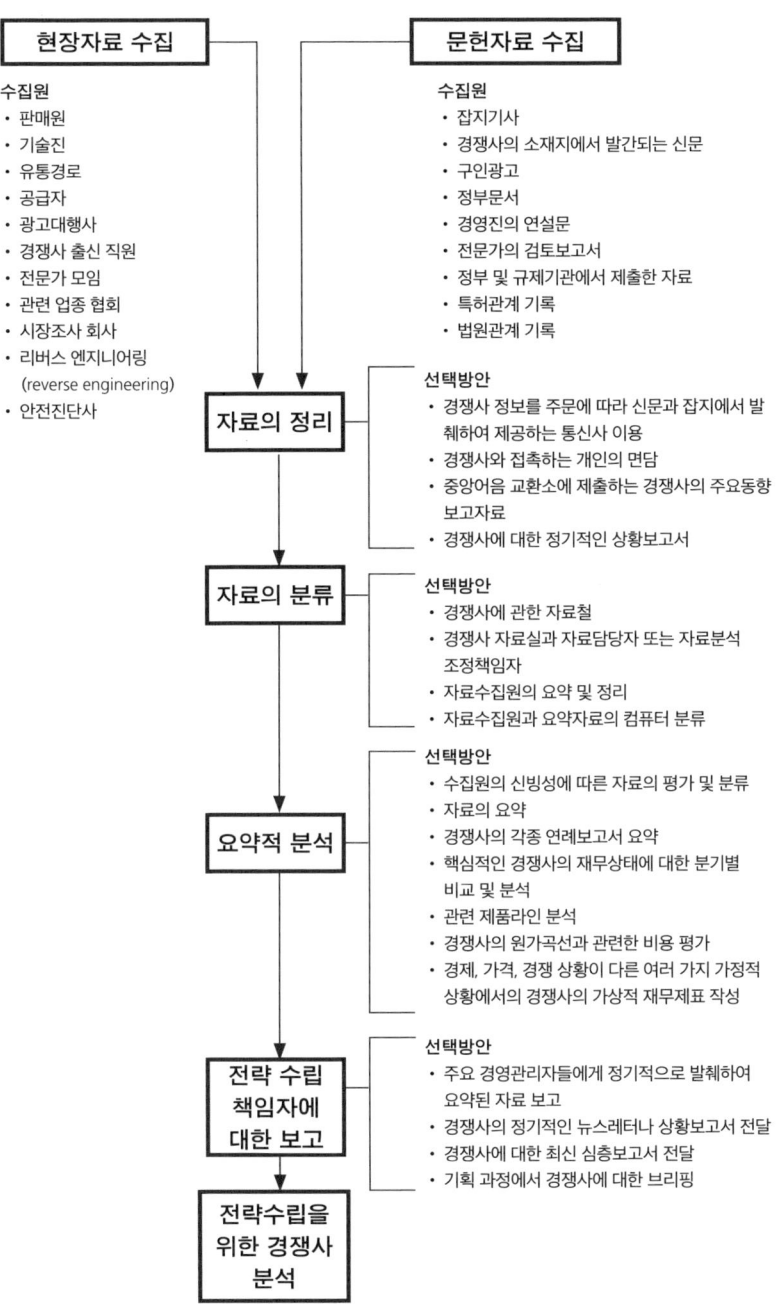

<그림 3-2> 경쟁사 정보관리 시스템의 기능

자료의 편집·분류·통보 역할을 담당하게 한다. 혹은 전략 담당자가 모든 일을 도맡아 비공식적으로 처리하기도 한다. 그러나 경쟁사 분석에 대한 책임의 한계를 명확하게 규정하지 않는 경우가 많다. 경쟁사 분석을 위한 자료 수집에 정답이 있는 것은 아니지만, 자료 수집의 필요성을 적극적으로 인지하지 못할 경우 유용한 정보를 상당수 잃게 될 것이다. 최고 경영진은 기획 과정의 일환으로 경쟁사의 정밀 분석 활동을 촉진시킬 수 있다. 최소한 한 명의 경영자가 책임을 지고 정보 수집 활동의 구심점 역할을 맡아야 한다.

〈그림 3-2〉처럼 자료 수집의 개별적인 역할도 여러 가지 다양한 방법으로 수행될 수 있다. 제시된 선택 방안은 정밀성과 완벽성을 기할 수 있는 수준을 충족시켜줄 것이다. 소규모 기업은 복잡한 접근 방식을 시도할 만한 자원이나 인원이 부족할 것이다. 유력한 경쟁사를 제대로 파악할 수 있는지의 여부에 따라 성패가 좌우되는 기업에서는 복잡한 접근 방식을 그대로 따라야 할지도 모른다. 경쟁사를 분석한 수준이 아무리 뛰어나도 그 정보를 제대로 전달하지 못하면 자료 수집에 들인 시간과 노력은 그야말로 헛수고가 된다. 따라서 전략 수립에 자료가 제대로 활용될 수 있도록 간략하게 정리해서 최고 경영진에 보고하는 독창적인 방법이 반드시 필요하다.

경쟁사에 관한 정보 수집 담당 기구가 어떤 형태이든 간에, 그 기구가 공식 조직으로 자료 정리와 문서화 과정을 함께 처리하고 있다면 여러 가지 이점이 있다. 잡다한 자료는 자칫 잃어버리기 쉽고, 그렇게 되면 이런 자료를 통해서 얻을 수 있는 이득도 사라질 수 있기 때문이다. 경쟁사 분석이 매우 중요한 작업인 만큼 정보 수집과 관련한 담당 기구의 배치 또한 적당히 처리해서는 안 될 것이다.

4장

시장 신호

시장 신호(market signal)란 기업이 기업 자체의 의도나 동기, 목표 또는 내부 상황을 직·간접적으로 드러내는 활동을 말한다. 기업이 시장 신호를 드러내는 방법은 무수히 많다. 어떤 신호는 허세에 불과하고, 어떤 신호는 경고를 의미한다. 또 어떤 신호는 기업 활동의 진지한 약속일 수도 있다. 여러 가지 시장 신호는 시장에서 행해지는 간접적인 의사소통 수단이라 할 수 있는데, 대체적으로 경쟁사 분석과 전략 수립에 도움이 되는 정보들이 담겨 있다.

따라서 시장 신호를 정확하게 파악하는 일은 경쟁전략 수립에 매우 중요하며, 경쟁사 분석 과정에서 필수적인 보충 작업이다(3장). 경쟁사의 신호를 정확하게 파악하는 일은 5장에서 다루게 될 효과적인 경쟁 조치에도 중요한 역할을 한다. 신호를 정확하게 판단하기 위해서는 기본적인 경쟁사 분석, 즉 경쟁사의 미래 목표, 시장과 자사에 대한 가정적 판단, 현행 전략, 능력 등을 파악하는 작업이 반드시 선행되어야 한다. 시장 신호는 간접적인 기업 분석 방법으로, 경쟁사가 처한 상황 중 이미 드러난 행동을 대상으로 한다는 점에서 특히 섬세하게 판단해야 한다. 이처럼 시장 신호의 판독은 미묘한 부분이 많은 만큼, 상대방의 행위와 3장에서 언급한 경쟁사 분석 결과를 대조하는 작업을 병행해야 할 것이다.

시장 신호의 유형

시장 신호는 상반된 2가지 기능을 한다. 기업의 동기나 의도, 목표 등을 숨김없이 드러내는 동시에 단순한 허세의 메시지도 실린다. 허세는 다른 기업들로 하여금 시장 신호를 잘못 판단하게 하여, 신호를 보낸 쪽에 유리한 행동을 취하게 하려는 의도에서 나오는 것이다. 어떤 신호가 허세고 어떤 것이 진짜인지 구별하려면 그 기업에 대한 신중한 판단이 필요하다.

시장 신호는 이와 관련된 특정 기업의 행위와 사용되는 수단에 따라 다양한 형태를 보인다. 따라서 각각 다른 형태의 시장 신호를 논의할 때는 신호의 진의 여부를 어떻게 구별해야 하는지 또 허세의 사용 방식이 어떠한지를 중점적으로 생각해야 한다.

시장 신호의 대표적인 형태를 소개하면 다음과 같다.

■ 행동이나 조치의 사전 공표

사전 공표의 형태, 성격, 타이밍은 모두 강력한 시장 신호다. 사전 공표는 가령 특정 기업이 공장을 세우겠다든가, 가격을 인상 또는 인하하겠다든가 등의 행동을 '취하거나 취하지 않겠다'고 공식적으로 밝히는 것이다. 그러나 모든 공표가 실행으로 이어지는 것은 아니다. 사전에 한 공표가 실제로는 실행되지 않을 수도 있다. 가령 추후 다른 공표를 함으로써 앞의 공표 내용을 백지화할 수도 있고, 또 우물쭈물하다가 실행에 옮기지 못하는 경우도 생길 수 있다. 이러한 특성 때문에 사전 공표는 시장 신호로서의 가치가 한층 더 무거워진다.

일반적으로 사전 공표는 여러 가지 시장 신호 역할을 한다. 첫 번째로 사전 공표는 '시장을 선점하기 위해' 어떤 조치를 취하겠다는 태도를 명백하게 밝히는 의도로 사용된다. 어떤 기업이 해당 산업에서 예상되는 수요 증대를 충족시키기에 충분한 규모의 새로운 설비 확장 계획을 공표했다면, 그 의도는 다른 기업들의 시설 확장 계획을 단념시키려는 데 있다고 보아야 할 것이다. 왜냐하면 다른 기업들마저 생산 설비를 확장한다면 이 산업에는 설비 과잉 현상이 빚어질 것이기 때문이다. 또한 시장 출시 준비를 갖추기 훨씬 전부터 신제품을 홍보해서 구매자들로 하여금 경쟁사의 제품을 사지 않고 자사의 신제품 출시를 기다리게 만들기도 한다. 이는 IBM이 사용하던 전술로 유명하다. 또 다른 예로 버키(Berkey)는 경쟁사의 제품 판매를 억제하기 위해, 생산에 훨씬 앞서 새로운 카메라 제품을 소개했다는 이유로 코닥(Eastman Kodak)을 반독점법 위반 혐의로 제소하기도 했다.

두 번째로 사전 공표는 어떤 기업이 계획된 조치를 취할 경우, 자신들도 그게 걸맞는 대응을 하겠다는 '위협'의 의미를 지닌다. A가 경쟁사인 B의 가격 인하 의도(또는 B가 그런 의도를 공표했을 때)를 알고 있다면, A는 B보다 더 큰 폭의 가격 인하를 단행하겠다고 공표할 수 있다. 그렇게 되면 B는 계획했던 가격 인하를 주저하게 될지도 모른다. 왜냐하면 B는 A가 기꺼이 가격 경쟁에 뛰어들 것임을 알기 때문이다.

세 번째로 사전 공표는 반드시 실행할 필요가 없다는 점을 이용해 '경쟁사의 의중을 떠보려는' 술책으로 쓰인다. 가령 A가 경쟁사들의 반응을 살펴보기 위해 새로운 품질 보증 프로그램을 실시하겠다고 공표했다 하자. 만약 다른 기업들이 예측한 대로 반응을 보인다면 A는 공표한 대로 프로그램을 실행할 것이다. 그러나 경쟁사들이 예상과는 달리 노골적인 불쾌감을 드러내거나 A와 약간 다른 형태의 보증 프로그램을 실시한다고 발표하면, A는 계획을 취소하거나 또는 경쟁사가 발표한 보증 계획에 상응하는 형태로 당초의 계획을 수정할 것이다.

사전 공표의 네 번째 역할은 위협과 관련이 있다. 사전 공표는 그 산업의 경쟁 상황의 전개에 대한 '만족이나 불쾌감을 전하는' 수단이 되기도 한다. 경쟁사의 조치에 합치되는 활동 계획을 공표한다면 이는 만족의 표시가 되겠지만, 응징적인 조치나 전혀 다른 방법을 택하겠다고 공표한다면 이는 불쾌감을 드러내는 것이라 볼 수 있다.

다섯 번째이자 가장 흔한 사전 공표의 형태는, 앞으로 취할 전략적 조정의 '도발성을 최소화하기 위한' 유화적 조치로써 이용하는 것이다. 이러한 성격의 사전 공표는 전략상의 조정이 불러올 수 있는 달갑지 않은 보복 조치와 불필요한 경쟁을 피하기 위함이다. 가령 A가 가격을 인하, 조정할 필요가 있다고 결정했다고 하자. A는 가격 인하를 단행하기에 훨씬 앞서 이러한 계획을 공표하고 또 원가 변동으로 이 정책이 충분히 타당성이 있는 것임을 설득한다. A의 움직임을 시장 점유 확대 의도로 오인할 수 있었던 경쟁사인 B에게 이를 인식시켜 적극적인 보복 조치를 취하지 않게 하려는 것이다.

이러한 형태의 사전 공표는 주로 필요한 전략의 조정이 공격적인 성향을 띠지 않을 때 이용된다. 그러나 오히려 경쟁사에 안도감을 심어줌으로써 공격적인 조치의 실행을 원활하게 하려는 기만적인 술책으로 이용될 때도 있다. 이처럼 특정 신호가 양날의 칼로 이용되는 경우도 많이 있다.

여섯 번째로 사전 공표는 '동시다발적인 움직임으로 큰 희생을 치르는 사태를 미연에 방지하기 위한 수단'으로 이용되기도 한다. 가령 시설 확장과 같은 부분에서 여러 기업이 한꺼번에 공장 설비를 증가하면 설비 과잉 현상이 빚어질 것이다. 이를 방지하기 위해 기업이 시설 확장 계획을 사전에 공표하면, 경쟁사가 확장 시기를 조정함으로써 설비 과잉 사태를 최소화할 수 있을 것이다.

사전 공표의 마지막 기능은 주가 상승이나 기업에 대한 평판을 개선하기 위해 '금융계를 대상으로 한 과시'의 수단으로 이용되는 것이다. 이러한 공표는 기업의 상황을 좋게 포장해 가능한 한 각광을 받으려는 홍보의 목적에서 비롯되는 경우가 많다. 이러한 성격의 공표가 경쟁사에 자칫 잘못 전달되면 갈등을 일으킬 수도 있다.

사전 공표는 특정 조치에 대한 '기업 내부의 지지'를 얻어내려는 목적으로 이용될 때도 있다. 일단 어떤 조치를 외부에 공표해버리면, 그 조치의 타당성 여부를 둘러싼 내부의 논란을 잠재울 수 있다. 주로 재무적인 목표를 외부에 공표해서 내부의 지지를 모으는 경우가 많다.

이상의 논의에서 알 수 있듯이 모든 경쟁이 돈 한 푼 들이지 않고 사전 공표를 통해서만 전개될 수도 있다. 컴퓨터 메모리 생산 업체들 간에 벌어진 일련의 공표전은 이 같은 사례를 여실히 보여준다. 사건은 텍사스 인스트루먼츠(Texas Instruments)가 2년 후에 선보일 램(RAM) 메모리의 가격을 사전 공표하면서 시작됐다. 그로부터 일주일 후, 바우마르(Bowmar)가 이보다 싼 가격을 발표했다. 3주 후에는 모토로라가 더욱 가격을 낮췄다. 다시 2주 후, 처음 사전 공표를 했던 텍사스 인스트루먼츠가 모토로라가 제시한 가격의 절반 값으로 제품을 판매하겠다고 재선언했다. 그러자 다른 기업들은 모두 램 메모리 생산을 포기하기로 결정했다. 텍사스 인스트루먼츠는 대규모 투자를 하기도 전에 경쟁에서 승자가 되었다. 이처럼 사전 공표를 주고받다가 경쟁을 끝냄으로써 시장을 교란하거나 계획의 도입, 수정 및 철회와 같은 번잡한 경쟁을 치르지 않고서도 가격 인하폭이나 거래처를 상대로 한 리베이트 계획 등이 해결될 수 있는 것이다.

기업의 사전 공표 의도가 시장 선점인지 유화적 동기인지 구별하기란 쉽지 않다. 이를 위해서는 우선 사전 공표를 한 기업이 얻을 수 있는 지속적인 이득이 어떠한 것인지 분석해야 한다. 만약 지속적인 이득이 예상된다면, 해당 기업의 사전 공표 목적은 시장 선점일 가능성이 높다.

반면 지속적으로 얻는 이득이 없거나 사전 공표보다는 기습적인 실행에서 더 큰 이득을 얻을 수 있을 것으로 판단된다면, 이는 유화적인 동기가 작용했다고 볼 수 있다. 사전 공표의 내용이 다른 기업들에게 큰 타격을 주지 않는 조치인 경우도 같은 맥락일 확률이 높다. 사전 공표의 동기를 파악하기 위해서는 타이밍도 하나의 중요한 단서가 된다. 공표의 시기가 계획된 조치의 실행 시기보다 훨씬 앞서 있을 때는 유화적인 동기로 볼 수 있다. 그러나 사전 공표의 동기를 판단하는 것은 정확성을 기해야 하는 중요한 문제이므로 모두 일반화하기는 어렵다.

한 가지 분명한 것은 사전 공표가 미리 계획된 허세일 가능성도 높다는 점이다. 사전에 공표했다고 해서 그 계획이 항상 실행되리란 법은 없다. 앞서 설명한 바와 같이 사전 공표는 여러 가지 상황에서 경쟁사에 위협을 가하기 위한 수단이 되기도 한다. 경쟁사를 후퇴하게 만들고 계획을 축소하게 하거나 선수치지 못하게 하는 목적으로 활용되는 것이다. 어떤 기업이 경쟁 업체가 공표한 시설 확장 계획을 취소시키기 위해 대규모 공장을 신축하겠다고 공표했다고 하자. 이 기업으로서는 경쟁 업체의 시설 확장 계획을 취소시키지 않으면 그 산업 내에서 점유하고 있는 자사의 생산 비율을 유지할 수 없다. 이 때문에 자사의 대규모 공장 신축이 산업 내에 엄청난 생산 설비 과잉 현상을 초래할 것을 계산하고 이 같은 허세를 부리는 것이다. 그러나 이런 허세가 당초 의도한 효과를 가져오지 못하면 기업은 적지 않은 부담을 지게 된다. 처음부터 공장을 신축할 생각이 없었기 때문이다. 위협적인 공표가 실행되는지 아니면 허세로 끝나는지에 대한 문제는 추후 다른 공표를 할 때, 또는 그 기업의 신뢰성에 치명적인 영향을 미친다. 극단적인 경우, 기만적인 사전 공표는 경쟁 관계에 있는 기업들로 하여금 실제가 아닌 위협에 대처할 준비를 갖추는 데 막대한 자원을 낭비하게 만드는 허세로도 이용될 수 있다.

사전 공표는 다양한 형태의 매체를 통해 이루어진다. 보도 자료나 경영진의 연설 또는 기자 회견 등이 모두 사전 공표의 매체 수단에 포함된다. 그래서 매체의 선택이 공표의 저의를 파악하는 단서가 될 수 있다. 공표의 형태가 공식적일수록 그만큼 전달하려는 의도가 확실하게, 또 의도하는 대상들에 폭넓게 알려지기를 바라는 것으로 볼 수 있다. 공표를 전달하는 수단은 그 공표를 주목하는 대상에도 영향을 미친다.

만약 업계 전문지에 어떤 내용을 공표한다면 경쟁사나 다른 기업들에게만 알려질 가능성이 높다. 따라서 업계 전문지에 공표하는 것과 일반인을 대상으로 하는 경제지에 공표하는 것은 함축된 의도가 서로 다르다고 볼 수 있다. 보다 광범위한 대상을 두고 하는 사전 공표는 어떤 조치를 취하겠다는 공개적인 태도를 나타내는 한 방법이다. 이처럼 입장의 표명이 공개성을 보일 경우, 경쟁사들은 그 기업이 공표한 조치를 철회하기 어려운 것으로 인식하고, 이는 자연스럽게 경쟁적인 조치를 억제하는 효과를 발휘한다.

■ 결과나 조치의 사후 공표

기업들은 공장 설비 확장이나 매출 지표, 그 밖의 성과나 조치를 사후에 공표(또는 확인)하기도 한다. 이러한 사후 공표는 하지 않았더라면 모르고 넘어갈 가능성이 높은 정보를 담고 있다. 그렇기 때문에 이 정보를 어느 정도까지 공개하는지, 또 그 공표에 어느 정도의 의외성이 있는지에 따라 상당한 시장 신호를 암시하고 있을 수 있다. 사후 공표는 다른 기업들이 공개된 내용에 주목하게 함으로써 그들의 행동에 영향을 주기 위함이다.

사전 공표와 마찬가지로 사후 공표 또한 사실과 다르거나 왜곡된 것일 수 있다. 물론 이러한 경우가 일반적인 것은 아니지만 회계 감사를 받지 않았거나 증권 거래 위원회(SEC)의 심사 절차 및 의무 규정을 제대로 지키지 않은 시장점유율 같은 자료 중에 이런 왜곡된 공표가 많다. 기업들은 특정 자료가 상대 기업의 오판을 불러올 수 있다는 걸 알면서도 그것이 자사에게 유리하게 작용한다면 공표하는 경우가 종종 있다.

예를 들면 어떤 제품의 매출 지표를 과장 발표해서 시장점유율을 높이려는 경우가 그렇다. 또 다른 예는 신축 공장의 생산 능력을 과장해서 실제로는 2차 증설이 필요함에도 마치 1차 공사에서 시설 용량을 전부 갖춘 것처럼 공표하는 것이다.

이러한 사후 공표의 과장과 오도를 간파할 수 있다면 경쟁사의 목표나 실제적인 경쟁 능력을 파악하는 중요한 신호가 될 것이다.

■ **경쟁의 전반적인 문제에 대한 기업의 공개적 논의**

기업이 산업의 전반적인 문제에 대한 견해를 밝히는 일은 흔하다.

그들은 수요 예측이나 가격 동향, 미래의 생산시설 증가 추세, 원자재 가격 상승과 같은 외부의 중요한 변화에 대한 스스로의 입장을 드러낸다. 이러한 견해 속에도 신호들이 담겨 있다. 기업이 밝히는 견해는 곧 산업에 대한 기업의 추정적 전망이며, 실제로 기업은 이를 바탕으로 전략을 세운다. 그래서 이러한 견해 표명에는 다른 기업들도 자신들과 동일한 전망의 범위 안에서 활동하게 하려는 의도가 포함되어 있다. 그렇게 함으로써 불필요한 경쟁을 줄이려는 것이다. 가격 통제를 호소하는 의미를 담은 기업의 의사는 이렇게 전해질 수도 있다. "가격 경쟁이 아직도 치열하게 전개되고 있습니다. 우리 산업은 지금 경쟁에 따른 불필요한 비용을 소비자에게 전가하고 있는 것이 아닌지 반성해야 합니다." 또는 "지금 우리 산업이 당면한 문제점은 현재의 가격 구조가 우리의 장기적인 성장 능력과 높은 생산력을 가로막고 있음을 일부 기업들이 제대로 인식하지 못하고 있다는 것입니다."

이 밖에 산업 상황에 대한 논의에는 무절제한 시설 확장이나 과도한 광고 경쟁, 주요 고객과의 거래 관행 파괴, 그 외 자제가 필요한 여러 가지 행위 등을 하지 말자는 호소가 은연중에 담겨 있는 경우도 있다. 아울러 다른 기업들이 '제대로' 행동할 때 자신들도 이에 협력하겠다는 의미도 담겨 있다.

물론 이렇게 견해를 밝히는 기업은 자사의 입장에 유리한 형태로 상황을 해석하려 할 수 있다. 가격이 떨어지기를 바라는 기업은 산업 상황도 그렇게 해석해서 경쟁사들의 가격이 지나치게 높은 것처럼 여기게 만들 것이다. 사실 경쟁사들은 가격 수준을 유지하는 것이 더 나은 데도 말이다. 이러한 태도 속에는 자사의 견해를 주시하는 기업들이 같은 입장에서 산업 상황을 인식하고 서로의 이해를 절충하자는 뜻이 내포되어 있다.

기업들은 이 외에도 경쟁사의 움직임을 직접 언급하기도 한다. "최근 거래처에 대한 여신 확대는 이러저러한 이유로 적절하지 못하다."라는 식이다. 이러한 비판적 견해는 어떤 조치에 대한 만족이나 불만을 나타내는 것이지만 여기에도 함정은 있다. 공표의 경우와 마찬가지로 견해를 밝히는 것도 표면적으로 드러난 것과 본래의 의도가 다를 수 있기 때문이다. 경쟁사의 행동이 바람직하지 못한 것처럼 보이게 함으로써 자신들의 입장을 강화하는 경우가 그렇다.

또 다른 경우로는 기업들이 경쟁사의 이름이나 특정 산업 전체를 언급하여 칭찬하는 일이다. 종합 병원의 경영에서 그런 예를 찾아볼 수 있다. 이런 칭찬은 대개 기업 간의 긴장을 완화시키거나 바람직하지 못한 관행을 종식하기 위한 유화적인 제스처로 볼 수 있다. 모든 기업들이 고객 집단이나 금융계를 포함한 그 산업 전체의 이미지에 영향을 받는 산업 분야에서 특히 이런 경우를 흔히 볼 수 있다.

■ 자체적인 조치에 대한 경쟁사의 논의와 설명

기업은 자사의 행동이나 조치를 공개 석상이나 토론회장에서 논의하는 경우가 종종 있다. 물론 이런 자리에서는 그들의 발언이 다른 기업들에 직접 전달될 가능성이 많다. 일반적으로 기업이 고객들이나 유통업자들과 함께 참석하는 공개 토론은 그 내용이 산업 전체에 알려지게 된다.

　기업이 의식적이건 무의식적이건 기업 자체의 조치를 설명하거나 토론에 부치는 일은 최소한 다음과 같은 3가지 의도가 있다고 볼 수 있다. 첫째는 다른 기업들도 그 조치의 타당성을 인정하게 하여 따르게 하거나, 그 조치가 다른 기업을 자극하고 도발하기 위한 것이 아니라는 것을 알리려는 시도다. 두 번째는 선취적인 행동으로서 이용되는 것이다. 신제품을 출시하거나 새로운 시장에 뛰어드는 기업들이 기자들과 만나 그 계획이 실행되기까지 얼마나 큰 희생과 난관을 겪었는지 계속 늘어놓는다면, 과연 그 의도는 무엇일까? 이렇게 고생한 이야기가 가장 먼저 언론에 알려지면 이를 접한 다른 기업들이 선뜻 같은 사업에 뛰어들 엄두를 내지 못할 것이라는 계산이 깔려 있는 것이다. 세 번째는 확고한 결의를 알리려는 시도로 이용되는 것이다. 새로운 분야에 진출하기 위해 막대한 자원을 투입했고 장기적인 추진 계획을 수립했음을 강조함으로써 그 기업이 끝까지 버틸 것이라는 인식을 준다.

■ 실행 가능했던 일과 관련된 경쟁사의 전술

　기업이 실행 가능했던 일과 비교해 실제로 선택된 가격이나 광고 활동 수준, 특정 제품의 특성이나 시설 확장 규모 등은 모두 그러한 조치를 선택한 동기를 파악하는 데 중요한 신호가 된다. 선택된 전략적 변수가 다른 기업에 실제로 가할 수 있는 최악의 범위에 이르렀다면 이는 강력한 공격적 신호라 하겠다. 그러나 선택된 변수가 실제로 가할 수 있는 수준보다

약하다면(이를테면 경쟁사들이 납득할 수 있는 가격보다 높은 경우) 이는 유화적인 신호일 가능성이 많다. 기업이 엄격한 의미에서 기업 자체의 이익에 부합하지 않는 형태로 행동할 때에도 역시 유화적인 신호로 간주할 수 있다.

■ 전략 변경의 초기 실행 방법

기업은 신제품을 출시할 때 처음에 주변 시장이나 경쟁 업체의 주요 고객을 대상으로 처음부터 적극적인 판매 활동을 벌일 수 있다. 만약 제품 가격을 변경해야 한다면, 대표 상품을 첫 대상으로 삼을 수도 있고, 또 인지도가 낮은 제품이나 시장 부문부터 변경하려 할 수도 있다. 또 통상적인 조정기에 어떤 조치를 취할 수도 있고, 의도적으로 그렇지 않은 시기를 선택할 수도 있다. 기업이 전략을 변경한 의도는 실행 방법에 따라 다르다. 즉 그 의도가 경쟁사를 불리한 상황에 몰아넣으려는 것인지, 아니면 산업 전체에 최선의 이익이 되도록 하려는 것인지를 구별할 수 있는 것이다. 다른 경우와 마찬가지로 전략 변경도 허세를 부리려는 동기가 작용할 수 있다.

■ 과거 목표로부터의 일탈

어떤 업계의 기업이 지금까지 항상 최고급 제품만을 생산해오다가 갑자기 품질이 훨씬 떨어지는 제품을 내놓는다면, 이는 그 기업이 목표나 가정적 판단을 재정립하려는 중요한 움직임으로 볼 수 있다. 다른 전략 부문에서 나타나는 일탈 현상도 동일한 의미로 해석할 수 있다. 이런 현상이 나타날 때 시장 신호를 분석하는 담당자나 경쟁사 분석 담당자는 특히 비상한 관심을 가지고 주시해야한다.

■ 업계의 관례로부터의 일탈

업계의 관례로부터 벗어나려는 움직임은 보통 공격적인 신호로 볼 수 있다. 할인 판매가 전혀 없었던 산업에서 제품을 할인해서 팔거나 또는 완전히 생소한 지역이나 나라에 공장을 건설하는 일 등이 그 예다.

■ 교차적 우회 전략

어떤 기업이 '한 산업' 부문에서 취한 경쟁 조치에, 경쟁사가 '다른 산업' 부문에서 그에 영향을 미치는 대응 조치를 취할 때, 이런 상황을 '교차적 우회 전략(the cross-parry)'이라고 한다. 이런 상황은 기업들이 여러 지역에서 경쟁을 벌이거나 또는 완전히 중복되지 않은 다양한 제품 라인을 가질 때 종종 일어난다. 동부 지역에 본거지를 둔 기업이 서부 지역으로 진출하면, 서부 지역을 본거지로 둔 기업은 동부 지역 시장으로 사업 영역을 넓혀 들어온다. 이와 같은 상황이 커피 산업에서 벌어진 적이 있었다. 맥스웰 하우스는 오래전부터 동부 지역을, 폴저스 커피는 서부 지역을 장악하고 있었다. 폴저스 커피가 프록터 앤 갬블(Procter and Gamble)에 매각되면서 이 회사는 적극적인 마케팅 활동을 벌여 동부 시장으로 파고들기 시작했다. 그러자 맥스웰 하우스는 가격 인하와 함께 폴저스 커피가 높은 점유율을 차지하고 있는 서부 시장에 마케팅 비용을 대폭 투입해 이에 맞섰다. 또 다른 사례를 중장비 산업의 경우에서도 찾아볼 수 있다. 1950년대 후반 존 디어(John Deere)는 캐터필러와 유사한 전략으로 건설 기계 산업에 진출했다가 나중에 캐터필러의 주력 시장에 더욱 적극적으로 파고들었다. 그렇게 되자 업계에서는 존 디어가 캐터필러보다 우세를 보이며, 존 디어가 곧 영농 기계 산업에 뛰어들 계획을 세우고 있다는 소문이 나돌기도 했다.

교차적 우회 전략은 방어하는 입장에 놓인 기업이 선제 조치에 직접 대응하지 않고 간접적으로 대처하는 전략 방법이다. 간접적인 대응으로 쟁탈 대상이 된 시장에서 서로 치고받는 파괴적인 상황은 초래하지 않으면서, 상대방에게 불만을 뚜렷하게 표시하고 동시에 나중에는 심각한 보복 조치를 취할 것이라는 위협을 가할 수 있다.

만약 교차적 우회 전략이 선제 조치를 취한 기업의 핵심 부문을 담당하는 시장에서 벌어진다면 이는 심각한 경고로 받아들여질 수 있다. 그러나 반대로 그다지 비중이 높지 않은 시장이라면, 이는 단지 앞으로 다가올 사태에 대한 경고이자 상대방의 성급한 역대응을 유발하지 않겠다는 희망적인 신호로 볼 수 있다. 그러나 비중이 높지 않은 시장에서도 만일 선제 조치를 취한 기업이 후퇴하지 않는다면 더욱 위협적인 우회 전략으로 공격 수위를 높이겠다는 신호로 해석할 수도 있다.

시장점유율이 서로 상당한 차이가 있을 때, 교차적 우회 전략은 경쟁사 제어에 매우 효과적이다. 예를 들어 A가 시장점유율이 훨씬 높은 B를 대상으로 가격 인하를 단행했다고 가정해보자. B가 A의 대응에 맞서 가격 인하를 똑같이 실시한다면 오히려 시장점유율 때문에 막대한 손해를 감수해야 한다.

이 모든 분석을 살펴보면 교차성을 띤 시장(cross-market)에서는 시장점유율이 낮을 때 오히려 유용한 잠재적 저지력을 발휘함을 알 수 있다.

■ 대항 브랜드

교차적 우회 전략과 관련된 다른 신호 형태로 대항 브랜드(the fighting brand)가 있다. 다른 기업으로부터 위협을 받고 있거나 그럴 가능성이 있는 기업은 위협의 근원을 처단하거나 위협하는 효과가 있는 브랜드(단순히 그런 의도에서 만들어졌건 아니건 간에)를 내놓을 수 있다. 1970년대 중반 코카콜라는 자신들의 시장을 잠식해오는 '닥터 페퍼(Dr. Pepper)'라는 브랜드에 대항하여 맛이 아주 비슷한 '미스터 핍(Mr. Pibb)'이라는 새로운 브랜드를 출시했다. 또 맥스웰 하우스는 폴저스 커피가 점유율 증대를 노리는 시장에 맛의 특성이나 포장이 폴저스 커피의 제품과 흡사한 '호라이즌(Horizon)' 이라는 브랜드의 제품을 내놓았다. 대항 브랜드는 경고나 억제 의도 또는 상대방의 경쟁적 공세를 꺾기 위한 타격으로 이용하려는 의도로 이용된다. 또 심각한 공격이 예상되는 경우, 공격을 받기 전에 일종의 경고용으로 출시되는 경우도 종종 있다. 대항 브랜드는 보다 큰 캠페인의 일환으로 공격 무기로 이용되기도 한다.

■ 독점 금지법 소송

한 기업이 경쟁사를 독점 금지법 위반 혐의로 소송을 건다면, 이것은 불만의 표시이거나 경우에 따라 그 기업을 괴롭히는 수단이거나 지연 전술로 이용하고 있는 것으로 볼 수 있다. 소송은 그런 점에서 교차적 우회 전략과 흡사하다. 기업의 소송은 언제라도 취하할 수 있는 만큼 이는 불만을 온건한 형태로 표현한 것이라 하겠다. 가령 "이번에 귀사가 너무 지나친 행동을 했으니 한 걸음 물러나는 것이 좋겠다. 그렇지 않으면 시장에서 정면 대결을 벌이는 위험 부담이 따를 것이다."라는 온건한 경고로 볼 수 있다. 만약 중소기업이 대기업을 상대로 소송했다고 하면, 그것은 상대방을 긴장하게 해 소송이 진행 중인 기간만이라도 공격적인 조치를 취하지 못하게 하려는 수단일 수 있다. 법적 조사를 받고 있다고 느끼는 기업은 제대로 능력을 발휘하지 못하거나 무력하게 될 가능성이 있기 때문이다.

반대로 대기업이 중소기업을 독점 금지법 위반 혐의로 소송을 걸었다면 그것은 그 기업을 궁지로 몰아넣으려는 의도임이 분명하다. 소송에 맞서 소요되는 비용은 규모가 작은 기업에는 큰 부담이 될 뿐만 아니라 장기화될수록 시장 경쟁에 쏟아야 할 관심이 소송에 쏠리게 된다. 이 경우 소송은 대기업이 중소기업을 상대로 시장 점유에 너무 과욕을 부렸다는 경고를 전달하는 수단이 되기도 한다. 이러한 경고 수단에는 별다른 위험 부담이 없다. 피소된 중소기업이 소송의 진의를 제대로 파악하지 못하는 기미를 보이면 여러 가지 법적 절차를 통해 소송을 진행, 장기화함으로써 피소된 기업에 소송 비용을 가중시킬 수도 있다.

시장 신호 확인에 활용되는 기업 관행

기업이 지금까지 공표한 내용과 실제적인 조치 사이에 어떤 차이가 있는지 또는 다른 여러 가지 형태의 잠재적 신호와 뒤이어 나타난 결과 간에 어떤 관계가 있는지를 연구하면, 시장 신호를 정확하게 판단할 수 있는 능력을 크게 향상할 수 있다. 기업이 과거에 어떤 전략적 전환을 시도하기 전에 무심코 내보이던 신호들을 파악하는 것은 그 기업 특유의 무의식적 신호를 가려내는 데 도움이 될 것이다.

제품에 어떤 변화를 주기 전에 항상 영업 사원들의 특정한 활동이 두드러지게 나타나지 않았는가? 전국 판매 조직망 회의를 소집한 후에 새로운 제품이 나오지 않았는가? 신제품을 내놓기 전에 기존 제품 라인의 가격 변동이 있지 않았는가? 시설 활용이 일정한 수준에 이르렀을 때 시설 확장을 공표하지 않았는가?

물론 이런 신호를 해석하다 보면 과거의 관례에서 벗어날 가능성은 언제나 존재한다. 그러나 경쟁사 분석이 완벽하게 이루어져 있다면 그러한 일탈을 일어나게 한 경제적·조직적인 사유 또한 파악할 수 있을 것이다.

시장 신호에 대한 과도한 관심이 왜 역기능을 야기하게 되는가?

시장 신호를 판단하는 일에는 미묘한 측면이 많기 때문에, 시장 신호에 대한 지나친 관심이 오히려 비생산적인 혼란을 불러온다고 생각하는 사람들이 있다. 그들은 경쟁사의 말과 행동을 추측하느라 혼란스러워하는 것보다는 시간과 관심을 오로지 경쟁에 집중하는 것이 더 효율적이라고 주장한다.

그러나 만약 최고 경영진이 시장 신호에만 관심을 기울여 경영 관리나 전략적 우위 확보와 같은 중요한 업무를 소홀히 하는 사태가 벌어진다 하더라도, 귀중한 정보원을 포기하는 어리석은 선택을 해서는 안 된다. 전략 수립에는 경쟁사와 그들의 동기에 대한 명시적이면서 암시적인 가정이 내포되어 있다. 기업은 시장 신호를 통해 경쟁 대상에 대한 많은 정보를 얻을 수 있으며, 이에 따라 자연히 전략 수립의 기초가 되는 가정적 판단의 질적 수준을 향상할 수 있다. 따라서 시장 신호를 무시한다는 것은 곧 경쟁사를 무시하는 일이다.

5장

경쟁적 조치

　거의 모든 산업에서 경쟁 관계에 있는 기업들은 상호 의존적이다. 즉 서로의 행동이나 조치에 영향을 받고, 또 다시 그 조치에 대응하는 경향을 보인다. 경제학자들이 흔히 '과점(寡占)'이라고 부르는 상황에서 특정 기업의 경쟁적 조치는 경쟁 대상 기업들의 반응에 따라 어느 정도 그 결과가 좌우된다. 경쟁사들이 '바람직하지 않거나 상도(商道)에 어긋난다.'는 반응을 보이면 대개 '적절한' 전략적 조치일지라도 실패로 끝나는 경우가 종종 있다. 따라서 경쟁사들의 암묵적 동의나 대응이 있어야만 전략적 조치의 성공을 보장할 수 있다.

　과점 상태에서는 기업들이 딜레마에 빠지는 경우가 종종 있다. 즉 산업 전체(또는 그 하위에 있는 몇몇 기업군)의 이익을 추구하면 경쟁적인 대응을 유발하지 않을 것이므로 치열한 경쟁을 피할 수 있지만 기업이 추구하는 이익이나 시장 점유는 포기해야 한다. 반대로 자사의 이익을 우선시 하는 전략을 택할 경우 보복 조치가 뒤따르거나 치열한 경쟁전으로 확대되는 위험이 생길 것이다.

이 상황은 게임 이론에 등장하는 '죄수의 딜레마'와 흡사하다. 감옥에 갇혀 있는 두 명의 죄수는 서로의 죄를 밀고하거나 아니면 묵비권을 행사하는 양자택일의 상황에 놓여 있다. 양쪽이 입을 다물고 있으면 두 사람은 같이 자유의 몸이 된다. 양쪽 모두 입을 열어 밀고하면 둘 다 형을 받게 된다. 그러나 어느 한 쪽이 밀고하고 다른 한 쪽이 입을 다물고 있으면, 밀고한 쪽은 자유의 몸이 될 뿐만 아니라 그 대가로 상당한 보상금을 받게 된다. 두 죄수에게 가장 이상적인 결과는 서로를 믿고 끝까지 묵비권을 행사하는 것이다. 그러나 자신의 이익만을 생각하거나, 상대방이 배신할 것 같은 불안함에 밀고하고 싶은 유혹을 한층 강하게 느낄 것이다. 이와 같은 상황을 과점 상태에 비유하면, 기업들이 상호 협력적일 때는 전체 기업들에 적절한 이익이 돌아갈 것이다. 그러나 어느 한 기업이 자사의 이익만을 도모하려는 전략적 조치를 취하고 이에 다른 기업들이 효과적으로 대응할 수 없다면 그 기업은 독점적 이득을 얻을 수 있다. 이와 반대로 다른 경쟁사들이 적극적인 보복책을 강구하여 이에 맞선다면, 결국 산업 내 모든 기업들은 더 안 좋은 상황에 빠지게 될 것이다.

이 장에서는 이러한 환경에서 경쟁적 조치를 취할 때 적용되는 몇 가지 원리를 설명하겠다. 현재 상황을 개선하려는 공격적인 조치와 바람직하지 못한 행위를 막는 방어적인 조치를 모두 포함된다. 우선, 1장에서 설명한 내용을 바탕으로 특정 산업에서 경쟁적 조치를 유발하는 일반적인 가능성, 즉 공격적이거나 방어적인 조치를 취하게 만드는 배경적 요인들을 살펴보겠다. 그 다음으로 위협적이지 않거나 협력적인 조치, 위협적인 조치 그리고 억제 의도를 지닌 조치 등을 포함한 다양한 형태의 조치를 알아보고, 이를 택할 때 고려해야 할 몇 가지 중요한 요인들을 검토해보겠다. 이러한 것들을 살펴봄으로써 경쟁적 조치 선택에 있어 기업의 확고한 신념이 얼마나 중요한 역할을 하는지 알게 될 것이다. 끝으로 기업이 산업 내의 협력을 촉진하기 위해 접근할 수 있는 몇 가지 방법을 간단히 살펴보겠다.

5장에서 설명할 내용은 1장 외에도, 3장에서 언급된 기본적인 경쟁사 분석의 원칙과 4장에서 설명한 시장 신호와 관련되어 있다. 경쟁사 분석은 공격적·방어적 조치에 반드시 선행되어야 할 조건이며, 시장 신호는 경쟁사를 파악하고 또 경쟁적 조치를 실행하는 데 직접 활용할 수 있는 유용한 수단이다.

산업의 불안정성-경쟁전(戰)의 유발 가능성

공격적이거나 방어적인 조치를 검토하는 기업은 산업 자체나 산업 내 전반적인 여건의 불안정성이 어느 정도인지를 먼저 확인해야 한다. 즉 경쟁 조치가 광범위한 경쟁전을 일으킬 정도로 산업 상황이 불안정한지를 파악해야 하는 것이다. 이에 따라 어떤 산업은 다른 산업들에 비해 절제된 행동이 요구될 것이다. 1장에서 설명한 것처럼 특정 산업의 기본적인 구조에 따라 경쟁적 대결의 강도, 또는 경쟁을 회피하거나 협력적 결과를 이끌어낼 수 있는 정도가 달라진다. 경쟁사의 수가 많고 기업들 간의 상대적인 힘이 대등할수록, 제품이 표준화될수록, 고정비나 다른 여건상 시설 유휴 현상을 막아야 할 필요성이 높을수록 그리고 산업의 성장 속도가 완만할수록 기업이 자사의 이익만을 추구하려고 할 가능성은 그만큼 높아진다. 이런 상황에서는 기업이 은밀하고 점진적인 가격 인하와 같은 조치(두 죄수의 경우에서 나타나는 밀고 행위와 같은)를 취하기가 쉬운데, 그런 행위는 보복이 거듭되는 악순환을 불러와 결국 이윤폭을 떨어뜨린다.

마찬가지로 경쟁사의 목표와 시각이 더욱 다양하고 어긋날수록, 특정 사업에 걸린 전략적 이해가 클수록, 또 기업들이 활동하고 있는 시장이 덜 분할될수록 서로의 움직임을 제대로 파악하고 협동적인 성과를 지속하기는 그만큼 어려워진다. 대체로 이러한 여건들이 치열한 경쟁 상황을 만들고 있다면 공격적인 조치든 방어적인 조치든 모두 위험 부담은 더 커진다.

이 밖에 다른 상황들도 경쟁의 유발 가능성을 높이거나 낮출 수 있다. 기업 간의 경쟁이 오랫동안 지속되거나 '상호 작용이 연속성을 지니고 있을 때'는 그 산업의 안정성을 촉진할 수 있다. 왜냐하면 장기간의 경쟁이나 연속적인 상호 작용이 신뢰(즉 경쟁사들이 서로를 파산하게 하지 않을 것이라는 믿음)를 두텁게 하고, 더 나아가 경쟁사의 반응 양상을 보다 정확하게 예측할 수 있게 해주기 때문이다. 이와 반대로 연속성이 없으면 경쟁 유발의 가능성은 높아질 것이다. 상호 작용의 연속성은 경쟁사군이 얼마나 안정되어 있느냐에 따라 좌우될 뿐만 아니라 그 기업들을 움직이는 경영진의 안정성 여부에도 영향을 받게 된다.

　　기업들의 상호 작용이 하나 이상의 경쟁 영역을 대상으로 하는 소위 '경쟁 영역의 복합화'도 그 산업에서 일어나는 경쟁의 결과를 안정적인 방향으로 이끌 수 있다. 예를 들어 두 기업이 미국과 유럽 시장에서 경쟁을 벌이고 있는 경우, 한 기업이 미국 시장에서 우세를 보이더라도 그렇지 못한 다른 기업은 유럽 시장에서 우세를 보임으로써 미국 시장에서의 열세를 상쇄할 수 있다. 그렇지 않고 두 기업이 미국이나 유럽 중 어느 한 시장에서만 경쟁을 벌인다면 한쪽의 시장점유율 증대는 다른 쪽의 점유율 감소를 의미하게 되므로 이는 다시 치열한 경쟁을 불러일으키게 된다. 따라서 경쟁 시장이 복수일 때는 한 시장에서 공격을 당했다 하더라도 그 시장에서 정면 대결을 하지 않고 다른 시장에서 만회하거나 응징을 가할 수 있다. 합작 투자나 공동 참여를 통한 '상호 연결'도 경쟁사들이 서로에 관한 정보를 완벽하게 공유하며 협동한다는 점에서 산업 내의 안정성을 증진한다. 서로에 관한 정보를 빠짐없이 입수할 수 있다면, 불필요한 대응에 노력을 쏟거나 분별없는 전략적 조치를 취하지 않아도 되기 때문에 산업 구조의 안정화에 기여하게 된다.

　　산업 구조는 기업들의 입지에 영향을 미칠 뿐만 아니라 기업들이 적극적인 조치를 취하게 만드는 압박감의 정도, 기업들 간의 이해 충돌을 야기하는 정도에도 영향을 준다. 따라서 산업 구조는 경쟁적 조치를 일어나게 하는 기본 범위를 결정한다. 그러나 산업 구조 자체가 시장에서 벌어지는 모든 상황을 지배하는 것은 아니다. 경쟁은 개별 경쟁사가 처한 특수한 상황에 의해서도 좌우된다. '경쟁사 분석'은 바로 이러한 상황에서 산업의 불안정성과 경쟁 조치를 유발하는 일반적인 배경을 평가하는 수단이다. 따라서 3장에서 설명한 여러 가지 분석 방법을 이용해서 개별 경쟁사가 취할 수 있는 조치나 그러한 조치로 가해지는 위협 그리고 개별 경쟁사가 자사를 효과적으로 방어할 수 있는 능력 등을 검토할 수 있을 것이다. 이러한 분석은 경쟁사에 대한 억제 전략을 찾는 일이나, 또 어느 부문에서 어떤 방법으로 공격적인 조치를 취할 것인지 결정하기 위해 반드시 선행되어야 할 작업이다. 여기서는 일단 그러한 분석 작업이 완료되었다고 가정하기로 한다.

산업의 불안정성을 평가하는 마지막 요소는 기업 간에 시장에서 이루어지는 정보 흐름(information flow)의 성격을 파악하는 것이다 여기에는 산업 상황에 대한 경쟁사들의 공통적인 인식도와 시장 신호를 통해 경쟁사의 의도를 효과적으로 전달할 수 있는 능력 등이 포함된다. 이 장에서 다룰 핵심적인 주제가 바로 이 정보의 흐름이다.

경쟁적 조치

과점 상태에서는 경쟁사의 행동에 직접적인 영향을 받기 때문에 장기전이나 심각한 경쟁을 유발하지 않는 조치나, 아울러 자사의 이익을 최대한 도모할 수 있는 조치를 찾아내는 것이 바람직하다고 하겠다. 다시 말해 불안정한 상황이나 값비싼 희생이 따르는 경쟁을 일으켜 모두가 불행한 결과를 초래하는 조치는 피하되, 그런 상황에서도 이익 면에서 다른 기업들을 능가할 수 있는 목표를 세워야 하는 것이다.

노골적인 방법 하나를 제시하자면 우세한 자원과 능력을 이용해 경쟁사의 보복 조치에 과감하게 대응하면서 자사에 이익이 되는 결과를 '강압적으로' 이끌어내는 방법이 있는데, 이런 방법을 '폭력적인 접근 방식'이라 부른다. 이 방법은 특정 기업이 뚜렷한 우세를 확보하고 있을 때만 가능하며, 또 우세를 계속 지켜나감으로써 다른 기업들이 잘못된 판단으로 무모한 경쟁을 하는 것을 막을 수 있어 안정된 상황을 유지해나갈 수 있다.

일부 기업은 경쟁적 조치를 폭력적인 게임으로 인식하기도 한다. 이런 기업은 경쟁 대상 기업을 공격하기 위해 온갖 자원을 총동원한다. 기업이 자체의 강점과 약점(3장)을 정확하게 파악하고 있으면, 그 기업이 맞게 될 기회와 외부의 위협을 판단하는 데 도움이 된다. 그러나 아무리 우세한 자원으로 밀어붙인다고 해도, 경쟁사가 완강하게 대응(또는 필사적이거나 무분별한 대응)하거나 추구하는 목표가 크게 다르면 기업이 원하는 좋은 결과를 얻기 어렵다. 더구나 뚜렷한 강점을 가진 기업이라 하더라도, 모든 기업이 저마다 전략적인 우위를 확보하려는 상황에서는 그러한 강점이 항상 위력을 발휘하는 것은 아니다. 이 경우, 경쟁이 소모전의 양상을 띠고 있을 때는 승자와 패자 모두 값비싼 대가를 치러야 하므로 소모전은 피하는 것이 상책이다.

경쟁적 조치는 교묘한 술책이 필요한 게임이다. 이런 게임에서는 동원할 수 있는 자원이나 힘이 많건 적건 간에 이익을 극대화할 수 있는 경쟁적 조치를 선택하고 전개해나가야 할 것이다. 따라서 과점 상태에서는 우세하다고 해서 함부로 폭력적인 조치를 취하기보다는 폭력적인 조치와 교묘한 술책을 적절하게 배합·활용하는 것이 최선의 방법이다.

■ 협동적 조치 또는 위협적 측면이 없는 조치

경쟁사의 목표를 위협하지 않는 조치는 자사의 입장을 개선하는 출발점으로서의 전략이라고 할 수 있다. 3장에서 설명한 기본 구조를 이용해 경쟁사의 목표와 가정적 판단을 철저하게 분석하면, 경쟁사의 경영 성과를 위축시키거나 그들의 목표를 크게 위협하지 않으면서 자사의 이윤(또는 시장점유율)을 증대할 수 있는 경쟁적 조치가 어떠한 것인지 알 수 있게 된다. 그러한 경쟁적 조치는 다음과 같은 3가지 형태로 나눌 수 있다.

- 경쟁사가 추종하지 않더라도, 행동을 취한 기업과 경쟁사의 입장이 다같이 향상되는 조치
- 많은 경쟁사들이 보조를 맞출 때만이 행동을 취한 기업과 경쟁사의 입장이 다같이 향상되는 조치
- 경쟁사가 보조를 맞추지 않음으로 해서 행동을 취한 기업의 입장이 향상되는 조치

첫 번째 경우는 위험 부담이 가장 적은 조치다. 그러나 이 경우에도 반대의 가능성을 배제할 수는 없다. 즉 산업의 전반적인 흐름에 어울리지 않는 엉뚱한 광고 활동이나 가격 구조를 선택해 자사는 물론 경쟁사들의 경영 성과에까지 부정적인 영향을 미치는 경우다. 이런 경우는 과거에 미흡한 전략을 선택했던 경험으로 인해서 나타날 수 있다.

두 번째 경우는 더 흔하게 볼 수 있는 경쟁적 조치다. 대부분의 산업에서 어떤 특정 기업의 조치를 모든 기업이 추종할 때 전체 기업의 입장이 개선되는 경우가 있다. 예를 들어 한 기업의 조치에 따라 모든 기업이 보증 기간을 2년에서 1년으로 단축하는 경우를 가정해보자. 그 산업의 총체적인 수요가 단축 조치에 영향을 받지 않는다고 한다면, 이 조치는 모든 기업의 원가를 절감시켜 수익성이 증가할 것이다. 또 다른 예로 원가 절감이 가격까지 조정하는 경우도 있다. 그러나 이런 조치의 문제점은 모든 기업이 이를 추종하지 않을 수도 있다는 점이다. 이런 조치가 대부분의 기업의 입장을 강화시켜주는 것은 분명하지만, 이를 따르는 것이 적절하지 않은 기업도 있기 때문이다. 예를 들어 고객들의 가장 큰 신뢰를 받는 제품을 생산하는 기업은 보증 기간이 단축될 경우 경쟁상의 유리한 입장을 잃게 될 것이다. 경쟁사가 이런 조치를 따르지 않을 가능성은 또 있다. 다른 기업들이 모두 추종할 것이라는 가정 하에 자신들은 이에 호응하지 않음으로써 유리한 입장에 올라설 수 있다는 계산이 작용할 때다.

두 번째 유형의 조치를 선택할 때는 다음의 두 가지 단계를 반드시 거쳐야 한다.

-그 조치가 개별 기업과 유력한 경쟁사에 어떤 영향을 미칠 것인지 평가할 것
　-경쟁사가 추종에 따른 혜택보다 이탈에서 기대되는 이득을 추구하도록 만드는 유인의 크기를 평가할 것

　다른 경쟁사들이 추종해야만 성공을 거둘 수 있는 경쟁적 조치는 결국 다른 기업들이 추종하지 않을 때는 실패할 확률이 높아진다는 의미가 된다. 이때는 쉽게 취소할 수 있거나 대체와 수정이 쉬운 조치를 선택하면 위험을 줄일 수 있다. 그러나 이러한 조치도 이를 따르지 않기로 결정한 기업이 결국엔 매우 유리한 입장에 놓이게 될 때는 상당한 위험 부담이 따른다.
　세 번째 유형의 조치를 선택할 때는 경쟁사의 특정한 목표와 가정적 판단을 면밀히 분석해 경쟁사가 대응의 필요성을 느끼지 않는 경쟁적 조치를 찾아내야 한다. 경쟁사가 수출 대상으로 중남미 시장에는 그다지 비중을 두지 않고 대신 캐나다에 집중적인 노력을 기울이고 있다면, 다른 기업이 중남미 시장에 진출한다고 해도 이 경쟁사는 아무런 관심도 가지지 않을 것이다.
　이와 유사하게 위협적인 측면이 없는 것으로 판단되는 경쟁적 조치로는 다음과 같은 것들이 있다.

　- 어떤 조정이나 조치가 주로 기업 내부의 문제점이기 때문에 이를

경쟁사가 제대로 인식조차 못 하는 경우

　- 경쟁사들이 산업과 경쟁사에 대한 나름의 인식이나 가정적 판단으로 인해 경쟁적 조치를 신경쓰지 않는 경우

　- 경쟁사 자체의 기준에 미루어볼 때 어떤 경쟁적 조치가 그들의 경영 성과에 거의 아무런 손해를 주지 않는 경우

　경쟁적 조치의 여러 가지 특성이 결합된 사례로 1950년대 초 시계 산업에 뛰어든 타이맥스의 경우를 예로 들 수 있다. 타이맥스의 진출 전략은 보석 장식이 없는 매우 값싼 시계를 생산하는 것이었다. 타이맥스의 시계는 고장이 나면 수리하는 것보다 새로 사는 것이 나을 정도로 저렴했다. 판매 장소도 당시 시계를 판매하던 보석 가게 대신, 잡화를 파는 약국 등을 택해 관행을 탈피했다. 당시 시계 산업을 주름잡고 있던 스위스는 값비싼 고급 시계를 일종의 정밀 기계로 보석 가게에서만 팔고 있었다. 타이맥스가 시계 산업에 뛰어든 1950년대 초는 스위스 시계가 계속 세계 시장점유율을 높이고 있던 때였다. 따라서 스위스 시계 산업은 그들과 성격이 전혀 다른 타이맥스의 제품을 경쟁 대상으로 인식하지 않았다. 타이맥스 시계는 스위스 시계의 고급품 이미지에도, 또 보석 가게를 통해 판매하는 그들의 시장 경로나 값비싼 시계를 생산한다는 입장에도 아무런 위협을 가하지 않았다. 타이맥스는 스위스 시계의 판매량을 잠식하지 않으면서 1차적인 수요를 창출했다. 더구나 스위스 시계는 판매량이 계속 늘어나고 있어서 타이맥스의 진출은 아무런 영향을 미치지 못했다. 이에 따라

타이맥스는 스위스 시계 산업의 주목을 받지 않으면서 값싼 시계 시장에 튼튼한 발판을 마련할 수 있었다.

모든 기업의 입장을 개선시키는 조치를 실행할 때는 경쟁사로 하여금 그 조치가 위협적인 것이 아님을 이해하도록 해야 한다. 이러한 유형의 조치는 산업의 여건 변화로 새로운 적응이 필요할 때 빈번하게 나타난다. 그러나 실제로는 위협적인 조치가 아님에도 이 3가지 유형의 조치가 공격적인 조치로 잘못 인식될 위험이 있다는 점을 유의해야 한다.

기업은 이 같은 오판을 피하기 위해 여러 가지 방법을 활용할 수 있다(물론 완벽하게 방지하지는 못한다). 우선 사전 공표나 그 조치에 대해 공개적·적극적으로 설명함으로써 자사의 선의의 의도를 전달할 수 있다. 예를 들어 원가 상승으로 가격의 인상이 불가피하다는 점을 인터뷰를 통해 밝히면, 자사의 진의를 전하는 데 도움이 될 것이다. 그럼에도 불구하고 산업 전체를 위한 조치에 보조를 맞추지 않는 기업이 있다면, 그 기업의 고객을 겨냥한 광고 활동이나 판매 활동을 통해 응징할 수도 있을 것이다. 다른 기업의 오판 위험을 줄일 수 있는 또 다른 방법은 그 산업의 전통적인 선도 기업에 의존하는 것이다. 일부 산업에서는 새로운 상황 변화에 항상 주도적으로 대응하는 기업이 있다. 이런 경우 선도 기업이 어떤 조치를 취하면 나머지 기업들도 기다리고 있다가 그대로 따른다. 또 다른 방법은 가격이나 다른 결정에 따르는 변수를 소비자 물가 지수 같은 공식적인 지수에 연결지어 결정하는 것이다. 이 경우 가격 조정 같은 조치에 대해 오해가 생기지 않을 뿐만 아니라 다른 기업들의 호응도 함께 불러올 수 있다.

이후에 다루게 될 중심점 이론 또한 조정 메커니즘으로 이용할 수 있다.

■ 위협적인 조치

기업의 입지를 큰 폭으로 개선할 수 있는 많은 조치들이 경쟁자들에겐 그대로 위협이 된다. 이는 과점 상태의 본질이기도 하다. 따라서 어떤 조치를 성공적으로 이끌려면 그 조치에 대한 보복적인 대응책을 예측하고 이를 제어하는 것이 관건이 된다. 보복적인 대응책이 신속하고 효과적일 경우, 먼저 조치를 취한 쪽이 아무런 이득을 얻지 못하거나 심지어는 그 전보다 더욱 불리한 상황에 놓이게 될 수도 있다. 만약 보복 대응책이 매우 격렬하게 전개된다면 조치를 취하기 전보다 훨씬 곤란한 상황에 빠지게 될 것이다.

그러므로 위협적인 조치를 고려하고 있을 때는 다음과 같은 문제들을 반드시 점검해봐야 한다.

- 보복의 가능성은 어느 정도인가?
- 보복 대응책이 얼마나 신속하게 나타날 것인가?
- 보복 대응책의 잠재적인 효율성은 어느 정도인가?
- 보복의 완강함은 어느 정도인가?(여기서 완강함이란 경쟁사가 스스로를 희생해가면서까지 맹렬한 보복을 가하려는 의지를 말한다.)
- 경쟁사의 보복 대응책에 대비할 수 있는가?

3장에서 이미 경쟁사 분석 체계를 통해 다양하게 논의되었으므로 본 장에서는 공격적인 보복의 시간 차이에 대해 설명하고자 한다. 이와 같은 공격적인 전략은 반대로 방어적인 전략을 개발하는 데 도움이 된다(보복에 영향을 주는 부분에 대해서는 본 장의 '공약(commitment)' 절에서 논의할 것이다).

- 보복의 지체

어느 기업이든 경쟁사가 효과적인 보복 대응책을 취하기까지 최대한 많은 시간이 소요되는 조치를 취하고자 할 것이다. 이와 반대로 방어하는 입장에 있는 기업은 공격적인 조치에 즉각적이면서도 효과적인 보복 대응책을 가할 수 있다는 점을 상대가 믿어주기를 바랄 것이다. 보복의 지체는 다음과 같은 4가지 기본적인 원인에서 비롯된다.

- 인식에 따른 지체
- 보복 조치의 준비에 따른 지체
- 보복의 정확한 대상을 찾지 못하는 데 따르는 지체(이런 경우에는 단기적인 희생이나 손실이 늘어나게 된다.)
- 목표의 충돌이나 동기의 혼란에 따른 지체

첫 번째로 인식에 따른 지체는 경쟁사가 초기의 전략적 조치를 재빨리 인식하지 못하는 데서 빚어진다. 인식이 늦어지는 이유는 그 조치가 비밀리에 진행되거나, 경쟁사의 관심권 밖에서 은밀히 모습을 드러내기 때문이다(예를 들면 소규모 고객이나 외국 고객을 대상으로 하는 경우). 기업은 이처럼 비밀스럽게 전략적 조치를 추진함으로써 경쟁사가 효과적인 보복 대응책을 찾기도 전에 새로운 능력을 강화할 수 있다. 핵심적인 기업의 조치를 즉각 포착하지 못하는 것은 자사의 목표나 시장 인식의 문제에서 비롯되기도 한다. 이에 대한 구체적인 사례가 앞서 소개한 타이맥스의 경우다. 타이맥스가 스위스 시계 산업과 미국 시계 제조사들의 판매 시장을 잠식하기 시작한 이후에도 한동안 여전히 형편없는 제품으로 인식되어 전혀 보복의 대상이 되지 않았다.

기업이 전략적 조치를 취하는 영역과 거리가 먼 영역에서 새로운 제품을 내놓거나 다른 조치를 취하는 식의 '견제 전술'에 말려들어 인식에 따른 지체가 연장되는 경우도 있다. 이때 방어하는 입장에 놓인 기업이 경쟁사 추적 시스템을 활용해 현장에서 뛰는 영업 사원이나 유통 조직을 통해 끊임없이 자료를 수집한다면 지체 기간을 단축할 수 있을 것이다. 이런 식으로 상대 기업을 면밀히 추적·감시한다면 공격적인 조치를 사전에 인지할 수 있다. 기업이 보통 사전에 계약을 체결해야 하는 광고 지면 확보나 설비 인도 등의 상황은 주의 깊은 관찰을 통해 미리 포착할 수 있다. 경쟁사 추적 시스템을 통해 이러한 사실이 다른 기업들에게도 알려지면 억제 효과는 더욱 커질 것이다.

두 번째로 보복 조치를 준비하는 데 걸리는 지체는 전략적 조치의 종류에 따라 달라진다. 가격 인하에 대한 보복 조치는 즉각 단행할 수 있지만, 제품의 변경에 대응하기 위한 방어적 연구 활동이나 경쟁사의 공장 신설에 대응하는 현대식 설비 도입 및 가동에는 긴 시간이 필요하다. 새로운 자동차 모델을 생산하려면 기획 과정까지 포함해 3년 정도가 걸리고 철강 생산을 위해 거대한 현대식 용광로를 세우거나 제지 공장을 신축하는 데에는 3년에서 5년이라는 물리적 시간이 필요하다.

보복 조치를 준비하느라 지체되는 시간은 선제 조치를 취한 기업의 행동에 영향을 받는다. 가령 공격적인 선제 조치를 하는 기업은 경쟁사가 효과적인 보복 대응책을 준비하는 데 많은 시간이 소요되는 조치를 선택할 수 있다. 이런 때는 의도된 지체 기간에 보복 대응책을 마련하는 기업의 내부적인 취약점까지 겹쳐 지연되는 기간이 더 길어지기도 한다. 그러나 방어하는 입장에 놓인 기업이 보통 때는 사용하지 않는 보복 수단까지 동원한다면, 지체 시간을 줄일 수도 있다. 예를 들면 개발이 완료되었지만 아직 공개하지 않은 신제품을 이때 출시하거나, 나중에 발주 취소 배상금을 지불하는 한이 있더라도 새로운 장비를 주문하는 일 등이다.

보복 조치의 정확한 대상을 찾지 못해 빚어지는 지체는 고장난 트랜지스터 하나를 갈아 끼우기 위해 TV를 모조리 분해해야 하는 어려움과 유사하다. 규모가 큰 기업이 소규모 기업의 공격적 조치에 대응해야 할 경우, 보복 조치가 경쟁 대상이 되는 일정한 고객이나 시장에 국한되지 않고 모든 고객들에게 일반화되어야 하는 경우가 특히 그렇다. 소규모 기업의 가격 인하 조치에 대응하기 위해 규모가 큰 기업이 모든 고객들을 대상으로 가격 할인 조치를 취한다면 그 손실은 소규모 기업보다 훨씬 커진다. 만약 어떤 기업이 대응 조치를 취하는 쪽보다 훨씬 희생이 적은 선제 조치를 찾아낼 수 있다면, 그 기업은 경쟁사의 보복상의 지연뿐만 아니라 때로는 보복 조치 자체를 완전히 억제할 수도 있다.

목표의 충돌이나 동기의 혼란에 따른 지체는 경쟁적인 상호 작용 연구에 광범위하게 적용될 수 있다. 3장에서 소개된 것처럼 이런 상황은 어떤 기업이 경쟁사의 사업 중 일부 영역을 위협하는 조치를 취했을 때, 경쟁사가 이에 대항해서 즉각적으로 강력한 보복 조치를 취하면서 자사의 다른 사업 부문에도 손상을 입히는 경우다. 이런 상황은 보복 조치의 지체와 효율성의 감소를 유발하고 나아가 보복 대응책 자체를 봉쇄하기까지 한다. 보복 조치가 더욱 지체되는 이유는 목표의 충돌과 같은 내부적인 문제를 해소하는 데 별도의 시간이 걸리기 때문이다.

경쟁사가 상충하는 목표로 딜레마에 빠진 상황을 놓치지 않고 이용해 성공을 거둔 기업들이 많이 있다. 앞서 언급한 타이맥스가 좋은 예다. 타이맥스는 전통적인 시계 판매점인 보석 가게 대신 잡화를 함께 취급하는 약국을 통해 시계를 판매했고, 또 수리할 필요가 없을 정도로 저렴한 가격과 시계는 신분을 표시하는 장식품이 아니라 옷과 같은 필수품이라는 메시지를 지속적으로 전달했다.

타이맥스 시계가 불티나게 팔리면서 마침내 스위스 시계 산업의 재정 목표와 성장 목표를 위협하게 되었지만, 이에 직접적인 보복을 가하기에는 너무도 큰 딜레마에 빠져 있었다. 스위스 시계 제조사들은 기존 판매망인 보석점들과 큰 이해관계로 얽혀 있었고 스위스제 시계가 보석이 박힌 정밀 제품이라는 이미지를 구축하는 데 그동안 막대한 투자를 해왔다. 타이맥스에 대한 적극적인 보복 조치는 곧 타이맥스의 주장이나 전략이 옳았음을 입증하는 셈이 되고, 스위스제 시계를 판매하는 보석점들 간의 협력을 위협하며, 결과적으로 스위스제 시계 제품의 이미지에 손상을 입히게 될 것이었다. 이러한 딜레마로 스위스 시계 산업은 끝내 타이맥스에 보복 조치를 취하지 못했다.

딜레마로 성패가 갈린 비슷한 사례는 또 있다. 폭스바겐과 아메리칸 모터스(American Motors)는 스타일 변화가 거의 없는 기본 모델 그대로 자동차를 계속 생산하는 전략을 택함으로써, 그들과는 다른 전략을 택했던 미국의 3대 자동차 메이커-GM, 포드, 크라이슬러-에 스위스 시계 산업과 유사한 딜레마를 안겨 주었다. 그들의 전략은 품질을 계속 높이고 모델을 자주 바꾸는 것이었기 때문이다. 빅펜은 일회용 면도기를 시장에 출시해 질레트를 곤경에 빠뜨렸다. 그러나 질레트가 대응 조치를 취할 경우, 질레트의 다양한 면도기 제품군에서 일부 제품 판매량이 감소될 위험이 있었기 때문에 선뜻 보복 조치를 취할 수 없었다. 물론 빅펜에겐 해당되지 않는 문제였다. 마지막 사례로 IBM은 대형 컴퓨터 판매에 영향을 미칠 것을 우려해 미니컴퓨터 사업에 선뜻 뛰어들지 못했다.

보복의 지체를 통해 이득을 볼 수 있는 전략적 조치를 찾아내거나 보복의 지체를 극대화하는 조치를 시행하는 것은 경쟁적인 상호 작용의 핵심 원리라고 할 수 있다. 그러나 보복 조치를 무조건 늦추는 것을 능사로 삼아서는 안 된다. 느리지만 강력한 효과를 가진 보복 조치가 신속하지만 효과적이지 못한 보복 조치보다 선제 조치를 취한 기업에 더 큰 타격을 가할 수도 있다. 따라서 어떤 전략적 선제 조치를 취할 때는 보복 조치의 지체와 보복 대응책의 효율성 및 효과를 잘 비교하여 균형을 맞추어야 할 것이다.

■ 방어적 조치

지금까지는 공격적 조치에 대해서 설명했다. 그러나 경쟁사의 조치를 억제하거나 그 조치로부터 자사를 방어하는 문제도 공격 못지않게 중요하다. 물론 방어적 조치는 공격적 조치와는 반대의 형태를 취한다. 훌륭한 방어적 조치란, 경쟁사로 하여금 앞서 설명한 분석 작업을 끝낸 후나 실제로 공격적 조치를 시도한 후 그 조치가 적합하지 못한 것이었다는 결론을 내리게 만드는 상황을 조성하는 것이다. 공격적인 조치와 마찬가지로 방어적인 조치 또한 경쟁사들이 경쟁을 벌인 후 곧 후퇴하도록 만들어야만 효과를 거둘 수 있다. 그러나 가장 효과적인 방어조치는 '경쟁 자체를 방지하는 것'이다.

공격적인 조치를 사전에 막기 위해서는 경쟁사로 하여금 공격에 대한 확실한 보복 조치가 가해질 것이란 점과 또 그 보복 조치가 상당히 위력적일 것이라는 점을 믿게 해야만 한다. 이러한 효과를 거둘 수 있는 몇 가지 방법은 앞에서 설명했으며, 그 밖의 다른 방법들은 아래에 이어질 '공약'에 대한 일반화된 개념을 설명하면서 소개하겠다.

경쟁사의 조치를 사전에 막을 수 없다 하더라도 이를 방어할 다른 방법은 여러 가지가 있다.

- 방어의 한 형태로서의 응징

어떤 기업이 취한 공격적 조치에 상대 기업이 즉시 확실한 보복을 가한다면 이런 응징을 받은 기업은 앞으로도 비슷한 공격 행위에 언제나 응당한 보복이 있을 것을 예상하게 될 것이다. 이때 응징 조치의 효과를 더욱 높이려면 공격적인 조치를 먼저 취한 기업이 확실한 보복의 대상이라는 점을 분명하게 전달하면 된다. 이와 반대로 응징 조치가 보편적인 대상에 작용할 경우(예를 들어 가격 인하 조치를 취한 기업에 대한 보복으로 그 기업의 고객만을 대상으로 하는 것이 아니라 모든 고객을 대상으로 가격 인하 조치를 시행해야 하는 경우)에는 응징 행위에 따르는 대가는 커지고 효력은 오히려 감소할 가능성이 높다.

또한 보복적 대응이 공격적 선제 조치를 취한 기업에만 집중되지 않고 다른 기업들에도 영향을 미치면 자칫 연쇄적인 보복 조치를 불러올 위험이 있다. 이러한 상황은 오히려 사태를 더욱 악화시킬 것이다.

- 거부

어떤 기업이 취한 조치를 방어하는 방법으로 '거부'하는 것도 있다. 이것은 공격 조치를 취한 기업이 목표를 달성할 적절한 기반이 없고, 현재 상태가 유지될 것이라는 예측을 함으로써 그 기업이 취한 행동을 거부해 철수하게 만드는 것이다. 예를 들어 신생 기업은 성장률이나 시장점유율, 투자 수익률 등에 대해 일정한 목표를 설정하고, 이를 달성하는 기간도 정해놓는다. 만약 신규 기업이 설정한 목표가 거부당하고 이를 성취하는 데 장기간이 걸린다는 확신을 갖게 만들면, 결국 그 기업은 철수하거나 당초의 계획을 축소하게 될 것이다. 거부하는 방법에는 치열한 가격 경쟁, 연구 활동에 대한 막대한 투자 등이 포함된다. 시험 출시 단계의 신제품을 공격하는 것도 앞으로 대결할 용의를 사전 예고하는 효과적인 방법이 되는데, 이 방법을 이용하면 나중에 본격적으로 신제품이 출시될 때를 기다려 대응하는 것보다 비용이 덜 들게 된다.

또 다른 방법은 특별 계약을 통해 고객들에게 필요한 물품을 대량 구매하여 재고로 쌓아놓도록 함으로써 신제품의 수요를 거의 없애 시장 진출의 단기 비용을 높이는 것이다. 기업이 시장에서 위협을 받을 때는 단기간 동안에는 큰 희생을 치르는 한이 있더라도 위협을 가하는 경쟁사의 기반을 무너뜨리는 것이 효과적이다. 그러나 이러한 전략을 채택할 때는 경쟁사의 실행 목표와 자세한 내용을 정확하게 추적하여 판단해야 한다.

이런 사례로 디지털 시계 사업에서 철수한 질레트의 경우가 있다. 질레트는 시험 출시 단계에서 상당한 시장을 점유했다고 판단했지만 결국 철수했다. 기술 개발에 소요되는 막대한 비용과 다른 사업 부문에 비해 낮은 수익률이 그 이유였다. 텍사스 인스트루먼츠는 그동안 디지털 시계 사업에서 적극적인 가격 책정과 신속한 기술 개발 전략을 실행해왔는데, 이런 점이 질레트의 철수 결정에 큰 영향을 미쳤던 것으로 보인다.

공약(commitment)

공격적 또는 방어적 경쟁 조치를 계획하고 실행하는 데 가장 중요시해야 할 점은 공약(commitment)이라고 할 수 있다. 공약은 공격적 조치에 대한 보복의 가능성이나 신속성, 강도 등을 확실하게 드러낼 수 있을 뿐만 아니라, 방어적 전략을 세우는 데 기본적인 토대가 된다.

공약은 또한 기업이 그들의 입장이나 경쟁 대상이 처한 상황을 인식하는 형태에 영향을 미칠 수도 있다. 확고한 공약은 기업의 능력과 의도를 명료하게 전달하는 커뮤니케이션(communication)의 기본 형태라 하겠다. 기업은 때때로 다른 기업의 의도와 경쟁 능력의 정도를 제대로 알지 못하는 경우가 있다. 만약 다른 기업의 공약이 제대로 전달된다면 잘못된 판단을 할 가능성이 줄어들고, 그에 따라 각 기업은 새로운 판단에 근거하여 합리적인 전략을 모색함으로써 필요없는 경쟁을 피할 수 있다. 만약 기업이 특정 조치를 단호하게 격퇴하겠다는 공약을 명확하게 표명한다면, 경쟁사는 전략을 수립할 때, 이러한 반응을 가능성으로서가 아니라 명확한 사실로 받아들일 것이다. 따라서 경쟁사가 선제 조치를 취할 가능성은 줄어들게 된다. 경쟁적인 상호 작용에서는 시장에서 차지하는 자사의 유리한 입장을 극대화하는 형태로 공약을 활용한다.

경쟁 상황에서 이루어지는 3가지 주요 공약은 다음과 같다. 이 3가지는 각각 다른 유형의 억제 조치로 이용된다.

- 기업이 현재 취하고 있는 조치를 분명히 고수할 것이라는 공약
- 경쟁사가 어떤 조치를 취하면 보복을 취하고, 또 이에 계속 대응 해 나갈 것이라는 공약
- 기업이 아무런 조치를 취하지 않거나, 이미 취한 어떤 조치를 포기 하겠다는 공약

기업이 현재 취하고 있거나 앞으로 취할 어떤 전략적 조치를 계속 고수할 것임을 경쟁사가 확실하게 인식할 수 있다면, 경쟁사는 그와 같은 상황에 대항하는 것을 포기하려 할 것이다. 따라서 그 기업에 대한 보복 조치나 후퇴를 강요하기 위한 자원의 동원을 단념할 가능성은 커진다. 이런 점에서 공약은 '보복 조치를 억제할 수 있는' 조치인 셈이다. 기업이 어떤 조치를 실행하겠다는 의도를 확고하고 완강하게 드러내면 드러낼수록 소기의 성과를 얻을 가능성은 그만큼 커진다. 그 기업이 상대하기 벅찬 존재로 인식된다면 경쟁사가 섣불리 보복 조치를 취하기는 어려울 것이다. 보복 조치를 취할 경우 그 기업은 자사의 새로운 위치를 지키기 위해 대응 조치를 취할 것이고, 이에 따라 보복의 악순환은 계속될 것이기 때문이다.

두 번째 형태는 경쟁사가 취할지도 모르는 선제 조치를 억제하려는 목적에서 행하는 공약이다. 기업이 경쟁 업체의 공격적 조치에 대해 강력한 보복을 가할 것임을 확실하게 인식하게 한다면, 경쟁사는 어떤 조치를 취해보았자 실익이 없을 것이라는 판단을 하게 될 것이다. 이런 점에서 공약은 위협적인 조치를 취하지 못하도록 억제하는 기능이 있다. 경쟁사가

위협적인 조치를 취할 경우, 끈질기고 맹렬한 보복 조치가 발생할 것이고, 이는 곧 관련 기업 모두의 이익을 크게 손상시킬 가능성이 있음을 보다 분명하게 밝힌다면 그들이 먼저 조치를 취할 가능성은 그만큼 줄어들 것이다. 이런 상황은 가령 강도가 "꼼짝 말고 가지고 있는 돈을 다 내놔!"라고 했는데, 반쯤 미친 듯이 보이는 상대가 "내 돈을 빼앗으면 이 폭탄을 터뜨려 너도 죽고 나도 죽는다." 하고 오히려 거꾸로 위협하는 상황과 비슷하다고 할 수 있다.

공약의 세 번째 형태는 신뢰를 조성하는 것이다. 이런 형태의 공약은 경쟁을 단계적으로 축소하는 기능을 한다. 예를 들어 기업이 경쟁사의 가격 인상 조치를 이용해 경쟁사의 시장을 잠식하려 하지않고, 대신 그 조치에 따라 함께 가격을 인상할 것임을 드러낸다면 치열한 가격 경쟁을 막는 데 도움이 될 것이다.

공약의 설득력은 그 공약이 얼마나 구속력이 있고 확고한지에 달려 있다. 공약의 가치는 억제력을 발휘할 때 나타나고 그 가치는 공약이 준수될 것이라고 경쟁사가 확실하게 믿을 때 더욱 커진다. 그러나 공교롭게도 공약이 억제 효과를 발휘하지 못할 경우에는 공약을 한 기업이 난처한 입장에 빠지게 된다. 이때는 당초의 공약을 취소함으로써 추후 겪게 될 신뢰성의 약화와, 공약을 그대로 실행할 경우 치르게 될 대가를 잘 비교해서 결정을 내려야 한다.

공약의 내용 만큼 시기도 중요하다. 시기적으로 먼저 공약을 하는 기업은 다른 기업들로 하여금 자사의 행위를 기정사실로 받아들이게 하기 때문에, 결과를 자사에 유리한 방향으로 이끌어갈 수 있다. 특히 다른 기업들이 그 기업에 대한 대응 형태를 그대로 따르지는 않지만, 기본적으로는 안정적인 결과를 얻고자 할 때 더 효과적인 수단이 된다. 그러나 두 기업이 서로 유리한 입장을 차지하기 위해 치열한 경쟁을 벌이고, 또 기업들의 이해관계가 집중되어 있지 않고 광범위하게 분산되어 있을 때는 공약을 먼저 하는 기업이 오히려 불리할 수 있다.

■ 공약의 전달

어떤 조치를 추구하기 위한 것이든, 또는 경쟁자의 조치에 대항하기 위한 것이든 공약은 여러 가지 표현 방법과 전달 수단을 통해 이루어진다. 공약의 신뢰성을 뒷받침할 수 있는 요소로 다음과 같은 것들이 있다.

- 표명한 공약을 즉각 실행할 수 있는 자산이나 자원 또는 방법
- 과거의 실천 사례를 포함, 공약을 반드시 실행하겠다는 의지
- 공약을 철회할 수 없는 상황, 또는 철회하지 않을 것이라는 도덕적 결의
- 공약에서 언급한 내용을 준수할 수 있는지 여부를 감지할 수 있는 능력

공약의 의지를 제대로 전달하기 위해서는 이를 이행하는 장치가 분명 필요하다. 공약이 제대로 전달되면 승산이 없어 보이는 기업에 대항해

경쟁하는 일은 좀처럼 일어나지 않을 것이다. 공약의 실행을 뒷받침하는 가시적인 자산(visible assets)으로는 잉여 준비 자금이나 잉여 생산 능력, 대규모 영업 조직, 광범위한 조사 연구 능력, 경쟁사가 다른 사업 부문에서 벌이는 소규모 사업(보복 조치에 활용할 수 있는), 대항 브랜드 등이 있다. 이보다 가시성이 덜한 자산으로는 개발이 완료되었지만 아직 출하되지 않은 신제품 등이 있는데, 이런 신제품은 경쟁사의 주요 시장에서 직접 대항할 수 있는 자산으로 '응징 장치'에 속한다. 응징 장치란 경쟁사가 자사에 바람직하지 못한 조치를 취했을 때 그 기업을 응징하는 데 동원되는 자원을 말한다. 위에서 밝힌 자원들은 효과적인 응징 장치로 활용될 수 있다.

공약의 실행을 뒷받침하는 자산을 강화하는 것은 공약을 구축해 나가는 데 중요한 기능을 한다. 그러나 자산만으로 모든 것이 해결되는 것은 아니다. 경쟁사가 그 기업의 자산 소유 사실을 알아야만 억제 효과를 발휘할 수 있다. 확실한 방법은 아예 공표를 해서 산업 내에 널리 알리거나, 기사화하는 것이다. 가시성이 높은 자원은 경쟁사가 잘못 판단하거나 인식하지 못할 위험이 거의 없기 때문에 억제 효과가 가장 크다.

표명한 공약을 분명히 이행하겠다는 의사 또한 그것이 경쟁사에 전달되어야만 신뢰성을 지니게 된다. 이를 위해서 행동의 일관성을 유지하는 것이 좋은 방법이다. 기업들은 주로 특정 기업의 과거 행적을 통해 그 기업의 반응이 얼마나 끈질기고 강력할 것인지 가늠하기 때문에 만약 과거의 행위가 뚜렷한 일관성을 지니고 있다면(심지어 사소한 문제까지도) 앞으로의 의지를 피력하는 데도 설득력 있는 신호가 될 것이다. 공약을 실천

하겠다는 명확한 의지는 보복상의 시간 차이를 줄일 수 있는 뚜렷한 조치로 더욱 부각될 수 있다. 이 밖에 공표를 하거나 의도적으로 누설하는 방법도 공약의 실행 의지를 전달하는 방법이 된다. 그러나 이런 방법은 보통 과거의 행위까지는 전달하지 못하는 경우가 많다.

공약을 실행하겠다는 의지를 전달하는 매우 효과적인 방법은 공약의 철회를 어렵고 값비싼 희생을 치러야만 하게끔 만드는 것이다. 만약 특정 공급자나 구매자와 장기 계약을 체결한 사실이 알려지게 되면, 시장에 뛰어들어 끝까지 버티는 데 장기적인 이해관계가 성립됨을 알리는 셈이 된다. 또한 공장을 빌려 쓰는 것이 아니라 사들인다든가, 단순한 조립 생산업체가 아니라 완벽한 체제를 갖춘 생산업체로 시장에 뛰어드는 것도 마찬가지 효과를 거둘 수 있다. 경쟁사의 공격적인 조치에 대한 보복 공약은 소매상이나 고객들에게 서면이나 구두로 가격 인하를 약정하거나, 경쟁사에 상응한 품질의 제품 공급을 보장하거나, 또는 광고 지원을 약속하는 등의 형태로 취소가 불가능하게 할 수 있다.

산업계나 금융계에 공개 보고를 통한 공약을 하거나 시장점유율 목표를 공표하는 것, 그 밖의 다른 여러 가지 방법도 공약을 철회하는 것을 힘들게 만든다. 경쟁 업체가 이런 상황을 인식한다면 상대 기업이 공약을 실행하지 못하게 만드는 것을 단념하게 될 것이다.

이런 관점에서 볼 때, 기업이 자사의 공약을 무분별하게 남발할 가능성이 높을수록 그 기업을 다룰 때는 그만큼 신중을 기해야 한다. 과거의 행태나 송사, 공개 보고 등을 통해 상대의 무분별을 가늠할 수 있다. 경쟁사는 특정 기업의 진실성을 모든 경영 활동 부문에서 확인할 수 있다. 공급자나 고객, 유통 경로 등에서 밝힌 내용이나 공표한 내용을 살펴보면, 그 기업이 특정 사업 부문에 뛰어든 경우나 끝까지 공약한 내용을 고수하겠다는 태도가 얼마나 진지한 것인지 파악할 수 있다.

공약의 전달에 늘 막강한 자원의 뒷받침이 필요한 것은 아니다. 높은 시장점유율이나 다양한 제품 라인을 가지고 있는 기업은 앞서 설명한 것과 같이 경쟁사의 조치에 대한 대응과 기존 목표가 상충하는 일이 비일비재하다. 그러나 소규모 기업은 선제 조치를 취하거나 다른 기업의 조치에 대응하면 보통 잃는 것보다 얻는 것이 많다. 이런 기업이 가격 인하 조치를 취하면 그 영향은 소규모 기업보다 판매량이 많은 경쟁사에 더 큰 영향을 미칠 수 있다. 소규모 기업은 자사의 위협을 실행에 옮길 자원이 부족하다 해도 무모하거나 끈질긴 조치를 취함으로써 이러한 약점을 보충할 수 있다.

끝으로 공약의 준수 여부를 감지할 수 있는 능력은 보복 공약의 효과를 높이는 데 중요한 역할을 한다. 만약 어떤 기업이 들키지 않고 자사의 공약을 기만하는 행위를 할 수 있다고 믿는다면, 실제로 그렇게 하려는 유혹을 받을 것이다. 그러나 그렇게 은밀히 진행되는 행위, 예를 들어 가격이나 품질 조정 또는 앞으로 출시할 신제품 등을 즉시 감지하는 능력을 보이는 기업이 그에 대한 보복 대응을 하겠다고 공약한다면, 그 공약은 더욱 신빙성을 가지게 된다. 판매 모니터링 시스템, 고객과의 면담, 유통업자와의 인터뷰를 통해 높은 감지 확률을 전달할 수 있다. 여기서 한 가지 주의해야 할 사실은 구매자가 할인 혜택을 노려서 있지도 않은 가격 인하 조치를 거짓 전달하는 것과 같은 일이 발생할 수 있다는 점이다. 이런 일은 정보의 흐름이 원활하지 못하거나 공급자가 구매자의 주장을 확인할 수 없을 때 시장의 안정성을 저해할 가능성이 많다.

정맥 주사 용액, 혈액 용기, 그 밖의 일회용 의료 제품 시장에서 벌어지는 경쟁전의 양상은 공약과 관련된 흥미로운 사례를 보여준다. 의료 제품 시장에 유력한 기반을 두고 있는 백스터(Baxter: 매출액 8억 달러)는 정맥 주사 용액을 담는 새로운 용기를 개발한 아메리칸 호스피탈 서플라이(American Hospital Supply: 매출액 15억 달러)의 맥고(McGaw) 사업부의 도전을 받게 되었다. 미국 식품의약국(FDA)이 1977년 11월까지 맥고가 개발한 새로운 용기를 승인하지 않았음에도 불구하고 백스터는 이 신제품의 출하를 저지하겠다는 공약을 전달하기 위한 조치에 착수한 것으로 알려졌다. 뒤이어 병원 구매 담당자들로부터 가격 경쟁이 가열되고 있다는 이야기가 흘러나왔다. 백스터는 여러 제품에 대해 대폭적인 할인 판매를 실시했으며, 특히 맥고가 신장세를 보이는 시장에서는 더욱 치열한 가격 경쟁이 벌어졌다. 백스터는 그때까지 연구에 막대한 투자를 해왔고 1970년대 초반에 다른 경쟁사가 시장에 진입할 때마다 치열한 가격 인하 공세를 취해왔다. 이런 점에 비추어볼 때 백스터가 맥고의 도전에 대처하는 강경한 의지는 충분히 전달된 것으로 보인다.

■ **신뢰를 조성하는 공약**

지금까지는 어떤 조치를 고수하거나 보복의 뜻이 담긴 공약을 중점적으로 설명했다. 그러나 기업이 다른 기업에 손상을 끼치는 조치를 취하지 않겠다거나, 공격을 종식시키겠다는 의도를 밝히는 바람직한 공약도 있다. 이러한 공약은 비교적 너그러워 보이지만 경쟁사는 이런 회유책에도 방심하지 않는다. 특히 과거에 그 기업으로부터 타격을 받은 적이 있는 기업은 이런 공약을 더욱 의심한다. 경쟁사가 방심한 틈을 타 기습적인 조치를 취함으로써 치명타를 입히고 결정적 우위를 차지하려는 전략이 아닌지 경계심을 품는 것이다. 그렇다면 화해나 신뢰의 의도를 가진 공약은 어떤 형태로 전달해야 하는가?

실제로 나타날 수 있는 방법은 매우 다양하지만, 기본적으로는 앞서 설명한 공약의 원리가 그대로 적용된다. 신뢰를 전할 수 있는 설득력 있는 방법은 그 기업이 자사의 성과를 일부 축소함으로써 경쟁사에 이익이 되도록 증명해 보이는 것이다. GE는 터빈 발전기 사업의 격심한 가격 인하 경쟁을 피하기 위해 경기 하강 국면에서는 시장 점유를 일부 양보했다가 경기 상승 국면에서 다시 되찾는 전략을 취했다.

중심점(focal points)

과점 상태의 산업이 불안정한 것은 최종 성과에 대한 경쟁사들의 기대가 모두 크기 때문이다. 기업들이 저마다 다른 기대를 품고 있다면 교묘한 술책이 끊임없이 이어질 것이고, 이것은 보다 격렬한 경쟁을 불러올 것이다. 토머스 셸링(Thomas Schelling)의 게임 이론을 토대로 설명하자면, 이와 같은 상황에서 어떤 성과를 얻는 데 중요한 역할을 하는 것이 '중심점', 즉 경쟁 과정에서 개별 기업의 기대를 집중시킬 수 있는 어떤 뚜렷한 귀착점을 찾아내는 것임을 알 수 있다. 그러한 중심점이 효력을 발휘하려면 경쟁사들이 공격적인 조치와 대응 조치가 난무하는 곤란하고 불안정한 상황을 피하고, 안정적인 결과를 성취하는 데 공동 노력을 기울여야 하는 필요성과 의욕을 지니고 있는지의 여부가 중요하다.

중심점은 논리적으로 타당한 가격 지표, 일정한 이윤율을 바탕으로 한 가격 결정 방식, 균형을 이룬 시장 점유 분할, 비공식적인 지역별 또는 고객별 시장 분할 등의 형태를 취할 수 있다. 기업들의 경쟁이 조정을 거치다보면 결국에는 이러한 중심점으로 정착되어 그 지점이 자연스럽게 고착점이 된다는 것이 바로 중심점 이론이다.

중심점 개념은 경쟁적인 측면에서 다음과 같은 3가지 의미를 지닌다. 첫째, 경쟁사들은 가능한 한 빨리 바람직한 중심점을 찾아내도록 노력해야 한다. 중심점을 빨리 찾으면 찾을수록 이를 모색하는 과정에서 소요되는 여러 가지 희생을 그만큼 줄일 수 있다. 둘째, 중심점을 찾아내려면 가격 구조와 그 밖의 의사 결정상의 변수를 단순화해야 한다. 가령 표준 등급제를 도입한다거나 제품의 표준화로 제품 라인을 단순하게 만들 수 있다. 셋째, 특정 기업에 가장 적합한 형태의 중심점이 만들어지기 위해서는 그 기업이 원하는 방향으로 게임을 유도해나가야 한다. 절대 가격이 아닌 평방피트당 가격으로 표시하는 방법을 업계 기준으로 만들거나 그 기업에 유리한 중심점이 자연스럽게 나타나는 것처럼 보일 수 있게 전략적 조치의 순서를 조정하는 것 등이 그런 것이다.

정보와 기밀 유지의 문제점

　수많은 경제 신문과 기업의 각종 보고 자료 제출 의무가 강화되면서, 기업은 자사에 관한 정보를 점차 많이 공개하지 않을 수 없는 상황에 놓이게 되었다. 그중 일부는 법적인 요건에 따르는 불가피한 것도 있지만, 상당수는 연례 보고서에 실린 문장이나 인터뷰, 연설 또는 비공식적으로 기업의 정보가 공개되거나 유출된 경우이다. 기업 정보는 대개 증권 시장에서 비롯된 관심, 경영자의 자만심, 직원들의 실수 또는 단순한 부주의 등으로 유출된다.

　앞서 설명한 것과 같이 정보는 공격적인 조치나 방어적인 조치에 모두 중요한 역할을 한다. 때로는 정보를 선택적으로 유출하는 것이 시장 신호나 공약을 전달하는 데 매우 유용할 수 있다. 앞으로의 계획이나 의도가 사전에 누설되어 경쟁사의 대응 전략 수립을 쉽게 해주는 경우도 있다. 예를 들어 생산이 임박한 신제품의 정보가 상세하게 유출되면, 경쟁사는 모든 자원을 그 제품에 집중해 대응할 수 있다. 반면 신제품의 정보가 모호하면 경쟁사는 여러 가지 방어 전략을 갖추어야 한다. 신제품이 어떤 형태로 나타나는지에 따라 반응도 달라져야 하기 때문이다.

정보의 선택적인 유출은 경쟁적인 조치 방식에 매우 중요한 자원 역할을 한다. 따라서 어떠한 내용이든 기업 정보의 공개는 경쟁전략의 필수 요소로 이용되어야만 할 것이다.

6장

구매자와 공급자에 대한 전략

이 장에서는 구매자 선택, 즉 목표로 삼는 고객이나 고객 집단의 선택을 위한 산업 구조 분석의 몇 가지 문제점을 제기하고 검토해보기로 하겠다. 아울러 구매 전략에 필요한 구조적 분석이 의미하는 몇 가지 사항도 살펴보겠다. 구매자와 공급자에 대한 정책은 지금까지 주로 운용상의 문제들에 집중하는, 즉 지나치게 협의적으로 고찰되는 경우가 많았다. 그러나 기업이 구매자와 공급자에 대한 광범위한 전략상의 문제들에 관심을 기울이게 되면, 경쟁적 위치를 개선할 수 있을 뿐만 아니라 구매자나 공급자들이 행사하는 영향력에 취약한 부분도 개선할 수 있다.

구매자 선택

대부분의 산업에서 생산하는 제품은 어느 한 구매자가 아닌 일정한 범위 내의 다수의 구매자들에게 판매된다. 구매자 집단이 발휘하는 교섭력은 종합하면 5가지 경쟁 요인 중의 하나가 되어 특정 산업의 잠재 수익성을 좌우한다. 1장에서는 특정 산업의 구매자 집단이 전체로서 강력한 영향력을 발휘하게 만드는 구조적 여건에 대해서 설명했다.

구매자 집단이 구조적인 면에서 동질성을 지니고 있는 경우는 매우 드물다. 생산재 산업은 매우 다양한 사업을 경영하는 구매자들에게 제품을 판매하기 때문에 그 제품이 사용되는 형태도 각각의 구매자에 따라 다를 수 있다. 구매량이나 구매품이 생산 공정에서 차지하는 비중도 구매자에 따라 큰 차이를 드러낸다. 소비재를 구매자까지 확장되면 경우의 수는 헤아릴 수도 없다. 구매량이나 소득 수준, 교육 정도, 그 밖의 다른 많은 면에서 큰 차이가 난다.

구매자들은 요구하는 바도 서로 다르다. 즉 구매자에 따라 요구하는 서비스의 수준이나 희망하는 품질과 내구성 그리고 판매나 제품 표시에 필요한 정보 등은 천차만별이다. 이 같은 구매상의 서로 다른 요구가 구매자들이 지니는 구조적 교섭력의 차이를 만드는 한 가지 요인이 된다.

구매자들은 구조적 입지뿐만 아니라 잠재적인 성장력과 이에 따른 구매량의 증대 가능성에서도 차이를 드러낸다. 가령 사양기에 접어든 흑백 TV 제조사보다 급성장하는 미니컴퓨터 산업의 디지털 이퀴프먼트(Digital Equipment) 같은 기업에 부품을 판매하는 것이 향후 판매량 증대 가능성에서 훨씬 유망할 것이다.

개별 구매자에 대한 부대 비용도 차이가 날 수 있다. 예를 들어 전자 부품을 판매·공급하는 데 있어서는 소량 발주 기업에 공급하는 것이 대량 발주 기업에 공급하는 것보다 훨씬 많은 비용(판매량에 대비된 비용)이 든다. 왜냐하면 수주를 처리하는 부대 비용(사무 처리나 그 밖에 물품을 인도하기까지 여러 가지 절차나 취급에 따라 발생하는 비용)은 수주량에 관계없이 대체적으로 고정되어 있기 때문이다.

이러한 이질성은 '구매자 선택(목표 구매자의 선택)'이 중요한 전략적 변수 역할을 하도록 만든다. 일반적으로 기업은 선택의 범위 내에서 가능한 한 자사에 가장 유리한 구매자에게 제품이나 서비스를 판매해야 한다. 구매자 선택은 기업의 성장률에 큰 영향을 미치고, 또 구매자들의 대항력을 극소화할 수도 있다. 성숙한 산업, 제품 차별화 그리고 기술 혁신에 의한 진입장벽을 계속 유지하기가 어려운 산업에서는 구조적 요인에 관심을 기울이는 구매자 선택이 특히 중요한 전략적 변수가 된다.

다음은 구매자 선택에 대한 몇 가지 개념을 설명하겠다. 먼저 기업에 득이 되거나 '바람직한' 구매자가 어떤 특성을 지니고 있는지 살펴본 다음 구매자 선택과 관련된 몇 가지 전략적 문제를 다루기로 하겠다. 여기서 한 가지 중요한 점은 기업이 자사에 유리한 구매자를 찾을 수 있을 뿐만 아니라 그러한 구매자를 '만들' 수도 있다는 것이다.

■ 구매자 선택과 전략의 기본 구조

전략적인 관점에서 구매자의 특성을 측정하기 위한 기준은 다음과 같은 4가지를 들 수 있다.

- 구매 요구 vs 기업의 여러 가지 능력
- 성장 잠재력
- 구조적 입지: 고유한 교섭력과 이를 가격 인하 요구에 활용하려는 성향
- 부대 비용

어떤 기업이 구매자의 상이한 요구 충족에 특화된 능력이 있다면, 이러한 구매 요구의 차이점은 전략의 주요 방향이 될 수 있다. 만약 다른 조건은 동일한 상황에서 상대적으로 구매자의 요구를 가장 잘 충족시킬 수 있다면, 이 기업은 경쟁적으로 우위를 차지하게 될 것이다. 전략 수립 과정에서 구매자의 잠재적인 성장력을 고려하는 것은 너무나 당연한 일이다. 그것이 크면 클수록 그 기업 제품의 구매량이 늘어날 가능성도 그만큼 높기 때문이다.

구매자의 구조적 상황을 전략적 분석 대상으로 삼을 때는 2가지 형태로 나누어 살펴보는 것이 좋다. 내재적인 교섭력이란 구매자가 그들이 가진 영향력과 이용 가능한 대체재를 고려해 판매자들에게 행사할 수 있는 잠재적인 힘을 말한다. 그러나 이러한 수단이나 힘은 '행사될 수도, 행사되지 않을 수도' 있다. 왜냐하면 구매자마다 판매자의 마진을 축소하기 위한 교섭력의 행사 성향이 서로 다르기 때문이다. 어떤 구매자는 많은 물량을 사들이면서도 가격에 크게 신경을 쓰지 않는다. 내재적인 교섭력과 이 성향은 모두 전략적으로 매우 중요하다. 행사하지 않는다고 해서 교섭

력이 무조건 사라지는 것은 아니며, 산업의 진전에 따라 언제라도 수면 위로 나타날 수 있는 잠재적 위험 요인으로 보아야 할 것이다. 가격에 신경을 쓰지 않던 구매자도 만일 자신이 참여하는 산업이 성숙해서 더 이상 성장 여지가 없어지거나 일부 대체재가 구매자의 마진을 압박할 경우에는 갑자기 구매 가격에 민감한 반응을 보일 수도 있다.

전략적 관점에서 구매자의 주요 특성을 판단하는 마지막 기준은 특정 구매자에게 제품을 판매·공급하는 데 드는 부대 비용이다. 제품 가격 이외의 비용이 되려 많이 든다면, 해당 제품을 선호하는 구매자라 하더라도 그 매력은 크게 떨어질 것이다. 선호하는 요인에서 기대할 수 있던 만족도가 부대 비용 부담으로 상쇄되기 때문이다.

4가지 기준이 반드시 동일한 방향으로 함께 작용하는 것은 아니다. 성장 잠재력이 가장 큰 구매자가 (반드시 그렇지는 않다 하더라도) 교섭력이 가장 큰 구매자이거나 그러한 힘을 가장 무자비하게 행사하는 구매자일 수도 있다. 또는 교섭력이 거의 없고 가격에 별로 신경을 쓰지 않는 구매자가 판매자에게 많은 부대 비용의 부담을 안겨주어, 오히려 가격에 신경을 쓰는 구매자보다 못할 수도 있다. 또 수주 처리에는 가장 적합한 구매자가 다른 기준에서는 모두 적합하지 않은 경우도 있다. 따라서 최선의 목표 구매자를 선택할 때는 4가지 기준을 비교하고 그 결과를 기업의 목표에 견주어본 후에 최종적인 결정을 내려야 할 것이다.

위의 4가지 기준으로 구매자의 유형을 평가하는 것은, 곧 산업 구조 및 경쟁 분석의 개념을 구매자의 상황에 적용하는 것이다. 이러한 개념의 몇 가지 요인들을 살펴보겠다.

■ 구매 요구에 대한 기업의 역량

구매자의 특정한 요구를 기업의 능력 수준에서 맞추는 것은 당연하다. 이를 통해 기업은 다른 경쟁자들에 비해 구매자에게 제품을 공급하는 부대 비용을 최소화할 수 있다. 기업이 높은 기술력과 신제품 개발 능력을 가지고 있다면, 고객의 다양성에 가장 큰 역점을 두고 있는 구매자에게 가장 높은 상대적 우위를 차지하게 될 것이다. 또는 경쟁사에 비해 보다 능률적인 물류 시스템을 운영하고 있다면, 그러한 우위는 원가를 매우 중요시하거나 제품 인도까지의 물류 과정이 몹시 복잡한 상황인 구매자에게 극대화될 것이다.

특정 구매자의 구매 요구를 분석하는 것은 구매 결정에 관련되는 모든 요인과 구매 거래(출하, 인도, 주문처리 등) 과정에 관련된 요인들을 확인하는 것과 같다. 그리고 이를 바탕으로 개별 구매자나 구매자 집단이 전체 구매자 중에서 각각 어느 정도의 비중을 차지하는지 가려낼 수 있을 것이다. 또 이와 관련된 기업 자체의 능력은 3장에서 제시된 경쟁사 분석 수단을 바탕으로 평가할 수 있을 것이다.

■ 구매자의 성장 잠재력

특정 산업 내에서 구매자의 성장 잠재력은 다음과 같은 3가지 직접적인 조건에 의해 좌우된다.

· 구매자가 참여하는 산업의 성장률
· 구매자의 주요 시장 부문의 성장률
· 산업이나 주요 시장 부문에서 구매자의 점유율 변동 상태

구매자가 속한 산업의 성장률은, 대체재에 대응하는 그 산업의 능력이나 그 구매자에게서 제품을 사들이는 구매자 집단의 성장력 등 여러 가지 요인에 의해서 좌우된다(장기적인 산업 성장을 좌우하는 광범위한 요인에 대해서는 산업의 진화를 다루는 8장에서 다시 자세하게 설명하겠다).

특정 산업 내에서도 시장 영역에 따라 성장률이 다를 수 있다. 따라서 구매자의 성장 잠재력은 구매자가 현재 주력하고 있거나, 앞으로 주력할 가능성이 있는 판매 시장이 어떤 영역인지에 따라서도 부분적인 영향을 받는다. 특정 시장 영역의 성장 잠재력을 평가하려면, 그 산업의 성장 잠재력을 평가할 때 사용되는 분석 방법을 그대로 활용해야 한다.

구매자가 산업이나 특정 시장 영역에서 차지하는 시장점유율은 성장 분석의 세 번째 대상이 다. 구매자의 현재 시장점유율과 앞으로의 시장점유율 증감 가능성은 모두 구매자의 경쟁 상황에 대한 함수 역할을 한다. 이러한 상태를 평가하기 위해서는 앞서 설명한 것과 같이, 현재와 미래의 산업 구조 전개 방향과 경쟁사 분석을 필요로 한다.

이상의 3가지 요인이 모두 구매자의 성장 잠재력을 좌우한다. 특정 구매자가 시장점유율을 높일 수 있는 우세한 입장이라면, 그 산업이 성숙 또는 사양 산업이라 하더라도 뚜렷한 성장세로 이끌 가능성이 많다.

일반 가계 구매자들의 잠재 수요 성장률은 다음과 같은 요인에 의해 결정된다.

- 인구 통계적 요인
- 구매량

첫 번째, 인구 통계적 요인은 특정 소비자 영역의 미래 규모를 결정한다. 교육 수준이 높은 25세 이상의 소비자 수가 급속하게 늘어나는 경우가 이에 해당된다. 소득이나 교육, 결혼, 연령 등에 대한 계층 분석도 인구 통계적 접근 방법을 이용할 수 있다.

두 번째로 특정 소비자 계층이 구매할 제품의 수량도 성장 전망을 결정한다. 구매량은 대체재의 존재 여부나 기본적인 요구를 변화시키는 사회적 추세 등과 같은 요인들에 의해서도 좌우된다(생산재에 대한 수요와 마찬가지로 소비재에 대한 장기적인 수요를 결정하는 기본 요인은 8장에서 자세하게 설명하겠다).

■ 구매자의 내재적인 교섭력

특정 구매자나 구매자 영역의 교섭력을 결정하는 요인은 1장에서 설명한 산업 전체의 구매자 집단의 교섭력을 결정하는 요인과 유사하다. 여기서는 다른 구매자들에 비해 상대적으로 교섭력이 약한 구매자를 밝혀내는 기준을 제시하겠다. 교섭력이 약한 구매자는 구매자를 선택하는 입장에서 바람직한 대상이 된다.

- **판매자의 판매량에 비해 상대적으로 소량을 구매하는 구매자** | 소량 구매자는 가격 할인이나 운송비 포함과 같은 특혜를 요구하기 어렵다. 판매자의 고정비 비율이 높을 때는 구매량이 구매자의 교섭력에 매우 큰 영향을 미치게 된다.

- **적당한 대체 공급원이 없는 구매자** | 구매자의 요구가 특이해서 그에 적합한 대체 공급원이 거의 없으면 구매자의 협상 수단은 제한된다. 구매자가 완제품의 설계상 특별한 정밀성이 요구되는 부품을 필요로 한다면, 그런 부품을 공급할 수 있는 판매자는 그리 많지 않을 것이다. 이것을 기준으로 했을 때 바람직한 구매자란 특정 판매자에 한정된 특유한 제품을 필요로 하는 구매자라 할 수 있다. 통신 장비 산업에서 흔히 볼 수 있듯이, 적당한 대체 공급원 또한 판매자에게 필요한 규정 준수를 확인하기 위해서 시행하는 여러 종류의 시험 또는 현장 테스트로 제한될 수 있다.

- **쇼핑이나 거래 또는 흥정에 많은 비용이 드는 구매자** | 다른 가격을 제시하는 판매자를 찾아 나서거나 흥정하는 일, 또는 거래하는 일에 특별히 어려움을 느끼는 구매자는 교섭력이 약하게 마련이다. 새로운 제품이나 새로운 공급자를 물색하는 비용이 많이 들면 구매자는 자연스럽게 기존 공급자에 의존하게 될 것이다. 특히 구매자가 외딴 지역에 있을 때 그런 곤란을 겪을 가능성이 높다.

- **후방 통합 수단의 위협 가능성이 낮은 구매자** | 후방 통합을 실행할 만한 여건이 안되는 구매자는 중요한 흥정 수단을 상실하게 되는 셈이다. 보통 이러한 능력은 구매자들에 따라 큰 차이가 있다. 예를 들어 수많은 황산 구매자들 중에는 비료 제조 회사나 석유 회사와 같은 대규모 수요자만이 후방 통합이 가능할 수도 있다. 그 밖의 다른 황산 구매자들은 이런 능력이 없기 때문에 교섭력이 약하다(특정 구매자가 후방 통합을 실행할 가능성이 있는지의 여부를 결정하는 요인들은 14장에서 자세히 다루도록 하겠다).

- **공급 대상자의 전환에 따른 고정비 부담이 높은 구매자** | 일부 구매자들은 그들이 처한 상황 때문에 전환 비용이 매우 많이 들기도 한다. 예를 들어 제품의 규격을 특정 공급자의 물품에 맞췄거나 또는 특정 공급자의 설비 사양을 익히는 데 많은 투자를 했을 경우가 그런 예다.

전환 비용의 주요 원인으로는 다음과 같은 것이 있다.

- 새로운 공급자 제품에 맞추기 위한 제품 수정 비용
- 새로운 공급자 제품의 대체 적격성을 확인하기 위한 검사 비용
- 종업원을 재훈련 비용
- 새로운 공급자의 제품을 사용하는 데 필요한 보조 설비(공구, 실험 장비 등)의 도입 비용
- 새로운 물류 시스템의 구축 비용
- 기존 거래 관계를 단절하는 데 따르는 심리적 부담

전환 비용에 부담감을 느끼는 정도 또한 구매자들마다 서로 다르다. 그리고 전환 비용은 판매자에게도 부담이 될 수 있다. 구매자를 바꾸는 데 드는 고정비를 감당해야 하기 때문이다. 이런 경우는 구매자의 교섭력이 커진다.

■ 구매자의 가격 민감도

개별 구매자들은 판매자의 마진을 축소시키기 위한 교섭력을 발휘하는 데도 큰 차이를 드러낸다. 구매자가 가격에 전혀 신경을 쓰지 않거나 가격보다 제품의 성능이나 특성에 더 관심을 기울인다고 하면, 판매자의 입장에서는 선호할 가능성이 높다. 개별 구매자들의 가격 민감도를 결정하는 조건은 1장에서 설명한 구매자 집단 전체의 가격 민감도를 좌우하는 조건과 유사하다.

가격에 신경을 쓰지 않는 구매자는 대개 다음과 같은 범주에 든다.

• **구매 대상품이 구매자의 생산비나 구매 예산에서 큰 비중을 차지하지 않는 경우** | 구매 대상품이 비교적 값싼 품목이라면 그보다 더 저렴한 제품을 사거나 흥정으로 얻는 이익이 아무래도 미비할 것이다. 여기서 주목해야 할 점은 관련 가격이 구매 제품의 기간별 총가격을 의미하는 것이지 단위 원가가 아니라는 점이다. 단위 원가가 낮더라도 구매량이 많아지면 그 품목은 매우 비용이 큰 항목이 될 수 있다. 구매자들은 아무래도 비용이 많이 드는 항목에 관심을 기울이기 쉽다. 생산재 구매자의 경우도 마찬가

지다. 비용이 많이 드는 품목에 대해서는 구매 전문 담당자나 중역이 구매를 담당하고, 그 밖의 품목들은 일반 구매 사원이 담당한다. 소비자들도 보통 단위 원가 자체가 낮은 물건을 조금이라도 더 싸게 사려고 돌아다니거나 제품을 비교하려는 수고를 하지 않는다. 이 때문에 구매를 결정하는 기준이 가격보다는 쇼핑의 편의성에 치우치게 된다.

- **구매품에 생긴 결함이 생산 원가에 큰 영향을 미치는 경우** | 제품이 결함이 있거나 기대에 미치지 못해 큰 손실을 본 구매자는 구매품의 가격보다 제품의 품질을 더욱 중요하게 생각하여, 값이 비싸더라도 좋은 제품을 구매하려 할 것이다. 또 사용해본 제품의 품질이 만족스러웠다면 계속 그 제품을 사용하려 할 것이다. 이런 경우는 전기 제품 산업에서 흔히 볼 수 있다. 가령 전기 조절 장치를 생산 기계에 활용하려는 구매자는 일반적인 용도로 그것을 사용하려는 구매자보다 가격에 덜 민감할 것이다. 이 장치가 고장을 일으킨다면 비싼 생산 설비의 일부가 가동을 멈추게 되고, 그렇게 되면 많은 직원들의 작업이 중단될지도 모르기 때문이다. 만약 이 조절 장치를 생산 공정 전반에 활용하는 경우에는, 그 제품의 고장이 생산 시스템 전체를 마비시켜 엄청난 손해를 입게 될 수도 있다.

- **제품의 효능으로 절감 효과가 크거나 성능이 개선된 경우** | 구매품이 시간과 경비를 절감해주거나 구매자의 제품 성능을 개선해주는 경우에도 가격 민감도는 낮다. 투자 은행가들의 자문 서비스로 주식 가격의 정확한

평가나 매입 대상 기업의 정확한 자산 평가, 또는 기업 문제의 해결 방법 등을 알 수 있다면 시간과 경비를 절약하는 데 큰 도움이 될 것이다. 특히 가격 결정에 어려움을 겪고 있거나, 당면한 문제의 해결 여부에 큰 이해관계가 얽힌 구매자는 비용을 더 지불하더라도 최선의 자문 서비스를 받고자 할 것이다. 또 다른 사례로 해저 유전 탐사의 경우를 들 수 있다. 슐룸베르거(Schlumberger) 같은 기업들은 고도의 전자 기술을 활용하여 암반층 내의 석유 매장지를 탐사한다. 석유 시추 회사들은 경비를 절감하기 위해 이런 기업의 도움으로 정확한 매장지를 찾는다. 특히 깊고 먼 바다에 있는 유전처럼 까다롭고 비용이 많이 드는 시추 작업은 잘못될 경우 막대한 경비를 낭비하기 때문에 탐사비에 드는 비용을 아끼려 들지 않을 것이다. 이 외에도 시간에 맞춘 배송 서비스나 집으로 찾아오는 픽업 서비스 등 다양한 형태로 구매자의 시간과 비용을 절약해주는 서비스가 있다. 구매자들은 이런 제품이나 서비스가 결국 자신의 비용 절감과 성능의 효과로 되돌아오는 경우, 기꺼이 비용을 지불할 것이다. 처방약과 전자 기기 등이 이런 제품에 포함 된다.

- **구매품이 고품질 전략을 취하는 구매자의 품질 향상 노력에 기여한다고 인식되는 경우** | 경쟁전략으로 품질 고급화를 추구하는 구매자는 생산 공정에 투입되는 물품의 가격에 크게 신경 쓰지 않을 것이다. 구매품으로 그들 제품의 성능을 향상시키거나 또는 구매품의 브랜드가 고품질 전략을 뒷받침할 만한 가치를 가지고 있다고 인식되는 경우가 그렇다. 이런

이유로 고가의 기계류를 생산하는 구매자들은 값을 더 치르더라도 유명한 브랜드의 전기 모터나 발전기를 구매하려 한다.

• **구매품이 고객의 요구에 적합하거나 차별화된 다양성을 갖추고 있는 경우** | 구매자가 자신의 요구에 알맞게 고안·제작된 제품을 원할 때는 값이 비싸더라도 그 제품을 구매하려 할 것이다. 이런 상황에서는 구매자가 특정하거나 한정된 공급자에게서만 제품을 구매할 수 있기 때문에 가격을 흥정하는 것은 거의 불가능하다. 구매자들은 특정한 요구를 충족하는 제품이 그만한 값어치를 해야 한다는데 이의를 제기하지 않을 것이다. 이런 전략으로 성공을 거둔 좋은 사례로 일리노이즈 공구사(Illinois Tool Works)를 들 수 있는데, 이 회사는 고객들의 특수한 요구에 알맞게 잠금 장치를 다양한 형태로 제작하여 높은 마진과 고객들의 충성도 얻었다.

그러나 협상력이 강한 구매자 중에는 특별 요구나 맞춤 제작을 바라면서도 판매자가 원하는 가격은 지불하려 하지 않는 경우가 있다. 판매자에게는 가장 골치 아픈 구매자라 할 수 있다.

• **구매자의 수익성이 높은 경우** | 수익성이 높은 구매자는 수익성이 낮은 구매자보다 구매품의 가격에 신경을 덜 쓰는 경향이 있다. 그러나 구매품이 주요 비용 항목일 경우에는 수익성이 높다 하더라도 가격에 민감하다. 수익성이 높은 구매자는 거래나 흥정에 그만큼 뛰어나기 때문에 높은 수익을 올리는 것이라고도 말할 수 있겠으나, 실제로는 가격보다 다

른 부분에서 적극적인 능력을 발휘한 결과라고 할 수 있다.

- **구매자가 구매품에 대한 정보가 어둡거나 구매품의 원가 내역을 파악하지 못하는 경우** | 구매자가 구매품의 원가나 수요 상황 또는 대체재의 평가 기준 등을 잘 모를 때는 이런 내용을 잘 아는 구매자보다 가격에 둔감하다. 만약 구매자가 수요 상황이나 공급자의 원가 내역 등을 자세하게 파악하고 있다면 가격 흥정에 적극적으로 나설 것이다. 특히 원자재를 대량 구매하는 구매자들에게서 이런 사례를 쉽게 찾아볼 수 있다. 그러나 정보가 어두운 구매자는 주관적 요소에 좌우되기 쉽고 공급자의 마진을 어느 정도까지 축소할 수 있는지 명확한 판단을 내리지 못한다. 그러나 아무리 정보를 파악하는 데 형편없다 하더라도 경쟁 관계에 있는 제품의 차이를 구분할 수 없을 정도로 모르는 구매자가 되는 것은 곤란하다.

- **실제적인 구매 결정 담당자에 대한 동기가 세부적으로 규정되어 있지 않은 경우** | 구매자의 가격 민감도는 구매자 조직 내 담당자의 구매 동기에도 부분적으로 좌우되는데, 이런 상황은 구매자에 따라 큰 차이를 보인다. 구매 담당자가 싼 가격으로 물품을 구입해서 원가 절감에 기여하면 인센티브를 지급 받는 구조나, 장기적인 생산성 상승을 위해 공장장이 직접 구매 문제에 개입하는 경우도 있다. 누가 구매 결정을 담당하는지는 기업의 규모 등 여러 요인들에 좌우된다. 기업에 따라 구매 담당자 대신 공장장 또는 수석 부사장이 그 역할을 하기도 한다. 소비재를 구매하

는 경우는 가족 구성원의 형태가 구매 물품을 결정짓는 변수로 작용하기도 한다. 구매자마다 각기 다른 구매 동기를 가지고 있을 수 있으며 동기가 원가 절감에 집중되어 있지 않은 경우에는 구매 가격에 대한 민감도가 한결 약화된다.

가격 민감도를 약화시키는 여러 요인들은 동시에 작용할 가능성이 많다. 예를 들어 레터링 아트(lettering artwork)와 그림을 고속 전사하는 장치인 레트라세트(letraset)의 구매자는 대부분 건축가와 상업 미술가들이다. 그들에게는 레터링 비용은 실제 수작업에 소요되는 시간에 비한다면 미비할 뿐 아니라, 또 멋진 레터링은 그들의 설계나 도안 작품의 전체적인 인상을 돋보이게 하는 데 큰 역할을 한다. 건축가와 상업 미술가들은 다양한 서체를 그때그때 필요에 따라 즉시 사용할 수 있는지를 제일 중요시하기 때문에 이에 소요되는 비용을 당연한 것으로 여길 것이다. 따라서 레트라세트의 수요층은 가격에 크게 구애받지 않는 사람들이고 그래서 레트라세트는 높은 수익을 얻을 수 있었다.

지금까지 설명한 요소들은 대량 구매자가 반드시 가격에 민감하지는 않다는 점을 보여준다. 예를 들어 건설 장비를 집중적으로 사용하면서 다른 장비들도 다루는 대량 구매자가 필요한 모든 장비를 한 공급자에게서 구매하려고 한다면 가격 외의 다른 요소가 그런 구매 행위에 작용을 하는 것이다. 이런 경우는 비싸더라도 믿을 만한 제품을 하나의 공급처에서 구매해야 부품을 쉽게 갈아 끼울 수 있고, A/S를 잘 받을 수 있으며, 장비를 지속적으로 사용할 수 있다는 장점이 있다. 이와 반대로 소규모 하청 업자들은 구매하는 장비도 얼마 되지 않을 뿐더러 그 장비만을 집중적으로 사용하지도 않는다. 따라서 부품 교체나 A/S의 필요성 때문에 단일 공급자에게 의존하는 일이 별로 없다. 또한 그들에게는 장비 하나하나가 주요 비용 항목이기 때문에 장비 가격에 훨씬 신경을 많이 쓴다.

■ 구매자에 대한 공급자의 부대 비용

구매자에게 판매하는 물품을 공급하는 데 따르는 부대 비용은 다음과 같은 여러 요인에 의해 구매자별로 큰 차이가 난다.

- 발주 규모
- 직접 판매 vs 유통 업자를 통한 간접 판매
- 수주에서 인도까지 소요되는 기간(lead time)
- 기획 및 물류와 연관된 발주 상태의 지속성
- 출하 비용
- 판매 비용
- 주문 생산(customization)과 수정의 필요성

구매자에 대한 부대 비용은 뚜렷하게 드러나지 않는 것이 많고, 일부는 포착하기조차 어려운 경우도 있다. 이러한 경비는 간접 비용 속에 포함되어 잘 드러나지 않을 수 있다. 다양한 형태의 구매자들에 대한 부대

비용을 정확히 밝혀내기 위해서는 특별한 검토가 필요하다.

■ 구매자 선택과 전략

앞서 설명했듯이 구매자들이 4가지 측면에서 서로 다르다는 것은, 곧 구매자를 선택하는 것이 극히 중요한 전략적 변수가 될 수 있음을 의미하는 것이다. 모든 기업들이 구매자를 임의로 선택할 수 있는 유리한 위치에 있는 것도 아니고, 구매자들이 4가지 측면에 따라 확연한 차이를 보이는 것도 아니다. 그럼에도 여전히 많은 경우에 구매자 선택의 옵션이 있다.

구매자 선택에서 기본이 되는 전략적 원칙은 앞서 설명한 기준을 바탕으로 가능한 한 가장 적합한 구매자들을 찾아내 그들에게 제품을 판매하는 것이라 하겠다. 구매자 선택의 4가지 기준은 특정한 구매자의 유인이라는 면에서 서로 모순될 수도 있다. 성장 잠재력이 가장 큰 구매자는 가장 강한 교섭력을 지니고 있으면서 동시에 구매 가격에 가장 민감한 구매자일 수도 있다. 따라서 최선의 구매자 선택은 경쟁사와 대비된 그 기업의 능력과 4가지 기준 사이에서 균형을 맞추어야 한다.

기업에 따라 구매자를 선택하는 상황은 서로 다르다. 고도의 제품 차별화를 이룩한 기업은 다른 경쟁사들과는 달리 유리한 입장에서 구매자들에게 제품을 판매할 수 있을 것이다. 구매자의 내재적인 교섭력 또한 기업에 따라 다른 양상을 보일 수 있다. 한 가지 예를 든다면 대기업이나 다양하고 독특한 제품을 생산하는 기업은 소규모 기업에 비해 구매자의 내재적인 교섭력에 영향을 덜 받을 것이다. 끝으로 구매자의 요구에 부응하는 측면에서도 기업마다 능력이 다를 수 있다. 따라서 제품을 판매하는 데 있어 가장 유리한 구매자는 어떤 면에서 개별 기업이 처한 위치나 상황에 따라 달라진다.

구매자 선택과 관련된 그 밖의 전략적인 측면은 다음과 같은 여러 가지가 있다.

• **제품 원가가 낮은 기업은 구매 가격에 민감한 유력한 구매자들과 거래하면서도 이익을 얻을 수 있다** | 기업이 낮은 원가로 제품을 생산한다면, 구매자가 아무리 강력한 교섭력을 가지고 있고 또 가격에 민감하다 하더라도 그 산업 내에서 평균 이상의 이익을 얻을 수 있다. 그러한 기업은 경쟁사와 동일한 가격을 받는다 해도 여전히 많은 수익을 얻을 수 있기 때문이다. 그러나 일부 사업 부문에서는 이런 입장이 손상되는 일면도 있다. 대량 판매를 해야만 원가 우위를 달성할 수 있는 기업은 형편없는 구매자들에게도 제품을 판매해야 할 경우가 있기 때문이다.

• **원가 우위나 제품 차별화를 이룩하지 못한 기업이 평균 이상의 수익을 얻으려면 구매자를 선택해야만 한다** | 원가 우위를 확보하지 못한 기업은 가격에 민감하지 않은 구매자들에게 판매하기 위한 노력을 집중해야만 그 산업 내에서 평균 이상의 수익을 올릴 수 있다. 그런 방향으로 판매 노력을 집중하기 위해서는 일부 판매 기회를 의도적으로 포기해야만 한다. 원가 우위도 없이 판매량을 증대시키려 한다면 그 기업은 점점 불리한 구매

자들과 거래하게 되기 때문에 비참한 결과를 맞기 쉽다. 이 원칙은 2장에서 설명한 본원적 전략의 결론을 뒷받침해주는 것이다. 즉 원가 우위를 성취할 수 없는 기업은 영향력 있는 구매자들에게 판매하다가 어중간한 상태에 빠지는 일이 없도록 주의해야 한다.

- **바람직한 구매자는 전략을 통해 만들어질 수 있다(또는 구매자의 속성이 개선될 수 있다)** | 기업은 구매자의 특성에 영향을 미침으로써 유리한 거래를 유도할 수 있다. 예를 들어 구매자를 설득하여 자사의 제품을 구매자의 제품에 사용하도록 설계를 변경하게 하거나, 다양한 주문 목록을 갖추거나, 구매 업체의 직원 훈련을 도울 수도 있다. 이는 모두 '전환 비용'을 높이는 전략이다. 이에 더해 구매 결정권자를 가격에 까다로운 사람 대신에 가격에 덜 민감한 사람으로 교체하는 방법도 있다. 또 제품이나 서비스의 질을 높여 특정한 형태의 구매자들에게 잠재적인 비용 절감의 혜택을 안겨줄 수도 있다. 그 밖의 다른 조치들을 활용함으로써 기업에 유리한 방향으로 구매자의 속성을 바꿀 수도 있다.

이러한 분석에 비추어볼 때, 기업에 유리한 구매자를 만들어내는 것도 전략 수립의 일환으로 간주될 수 있음을 알 수 있다. 기업에 유리한 구매자들을 만들되, 어느 기업에나 유리한 구매자가 아닌 특정 기업에만 한정되는 바람직한 구매자를 만들어내는 것이 전략상 유리하다.

- **구매자 선택의 기반은 확대될 수 있다** | 바람직한 구매자를 만드는

한 가지 접근법은 구매자 선택의 기반을 넓히는 것인데, 이 방법은 매우 중요한 것이므로 별도로 설명할 필요가 있다. 이 기반을 구매 가격으로부터 분리해 기업이 독특한 능력을 갖추고 있거나 전환 비용이 소요되는 방향으로 이끌어가는 것이 이상적이다.

구매자 선택을 넓히는 데에는 2가지 근본적인 방법이 있다. 하나는 기업이 구매자에게 제공하는 부가가치를 증대시키는 것으로 다음과 같다.

- 고객의 요구에 부응하는 서비스 제공
- 기술적인 지원 제공
- 신용 제공이나 신속한 인도(引渡)
- 제품의 새로운 특성 창출

부가가치의 증대는 선택의 잠재적 기반이 되는 속성들을 확대시킨다. 이것은 상품 그 자체인 제품을 차별화될 수 있는 어떤 것으로 변형하게 할 수도 있다는 의미다.

두 번째 방법은 구매자 선택의 기반을 확대하는 첫 번째 방법과 관련이 있으면서도 독특한 방법을 추구한다. 제품과 서비스가 제공하는 내용 자체에 변동이 없음에도 불구하고 제품의 기능에 대한 구매자의 판단을 재정립하게 하는 것이다. 즉 구매자로 하여금 구매 제품의 가치 속에는 구매 가격뿐만 아니라 다음과 같은 추가적인 원가나 요인들이 포함되어 있음을 인식하게 하는 것이다.

- 재판매할 수 있는 가치
- 유지비와 제품 수명 기간 중의 비가동 시간
- 연료비
- 수익 창출 능력
- 설치 및 부착 비용

구매자가 이러한 요소들이 그 제품의 실제적인 총원가나 가치에 포함되어 있다고 인식하게 만들 수 있다면, 기업은 그 제품의 성능이 우수하며 따라서 값이 비싸더라도 그만한 가치가 있다는 고객 충성도를 구축하게 된다. 물론 그 기업은 소비자의 기대에 부응할 수 있도록 제품의 우수성을 뒷받침할 수 있어야 하며, 또 실제로 경쟁사에 비해 어느 정도는 더 뛰어나야 한다. 그렇지 못할 경우에는 높은 잠재적 이익은 금방 사라지고 말 것이다. 구매자 선택의 기반을 확대하려면 효과적인 마케팅과 소비자 기대에 부응할 수 있는 제품 개발이 겸비되어야 한다. GE는 이러한 전략을 이용하여 대형 터빈 발전기 산업 부문에서 수십 년 동안 지속적으로 성공할 수 있었다.

- **비용이 많이 드는 구매자를 배제할 수 있다** | 투자 수익률을 증대시키기 위해 가장 흔하게 이용되는 전략이 비용이 많이 드는 구매자를 고객층에서 배제하는 것이다. 보통 한 산업이 성장 국면에 놓여 있을 때 수지 타산이 맞지 않는 고객들(marginal customers)이 급증하는데, 특히 이런 상황

에서는 비용이 많이 드는 구매자를 배제하는 것이 더욱 효과적이다.

개별 구매자들에 대한 서비스 비용이 면밀하게 검토되는 일이 거의 없기 때문에 비용이 많이 드는 구매자를 배제하면 효과적인 결과를 가져올 수 있다. 그러나 구매자에게는 단순한 서비스 비용 외에도 다른 장점이 있다는 점을 인식해야 할 것이다. 예를 들어 비용이 많이 드는 구매자들은 가격에 거의 신경을 쓰지 않기 때문에 가격 인상 조치에 순응하기가 쉽다. 따라서 그들에 대한 서비스 비용을 확인할 수 있다면 그러한 비용을 충당하고도 남는 가격을 제시할 때 수익을 얻을 수 있을 것이다. 비용이 많이 드는 구매자라도 규모의 경제나 그 밖의 다른 전략적 목적에 요구되는 기업의 성장에 크게 공헌할 수 있다. 따라서 비용이 많이 드는 고객들을 배제하는 문제는 구매자를 유인하는 4가지 요소를 면밀하게 검토해서 결정해야 할 것이다.

- **구매자의 특성은 시간에 따라 변할 수 있다** | 구매자의 특성을 결정하는 요인들 중 어떤 요인은 시간이 경과함에 따라 변할 수도 있다. 예를 들어 산업이 성숙함에 따라 구매자들의 이익이 압박을 받고 구매 능력이 숙달되기 때문에 구매자들은 자연스럽게 구매 가격에 예민해진다. 이런 때 전략적인 관점에서 그 특성이 약해질 것으로 예상되는 구매자들을 대상으로 전략을 세워서는 안된다. 반대로 앞으로 기업에 유리한 구매자가 될 것으로 예상되는 구매자 집단을 빨리 포착하는 것이 중요한 전략적 기회가 된다. 만약 이 구매자들의 전환 비용이 크지 않고, 또 관심을 기울이

는 경쟁사들이 별로 없다면 이들에게 파고드는 일은 그만큼 수월해질 것이다. 일단 파고든 다음에는 전략적인 조치를 취해 다른 경쟁사들이 파고들 수 없도록 전환 비용을 높일 수 있다.

- **전략적인 조치를 취할 때는 전환 비용을 고려 대상으로 삼아야 한다** |

전환 비용의 잠재적 중요성을 감안하여 모든 전략적 조치가 전환 비용에 어떤 영향을 미칠 것인지 충분히 감안해야 한다. 예를 들어 전환 비용이 높게 형성되어 있으면 구매자 입장에서는 다른 제품으로 대체하는 것보다 이미 구매한 제품의 질을 높이거나 구매량을 늘리는 것이 훨씬 이득이다. 만약 기업이 이렇게 판단한 구매자에게 제품을 판매하려 한다면, 이에 부응해 제품의 품질을 향상시킴으로써 큰 이익을 얻을 수 있을 것이다. 물론 이때 품질이 향상된 제품은 대체 대상으로 고려되는 경쟁사의 신제품에 비해 적정한 가격 수준을 유지해야 한다.

구매 전략

1장에서 설명한 공급자의 교섭력 분석과 위에서 설명한 구매자 선별 원칙을 뒤집어 적용한 것을 결부해서 판단하면 구매 전략을 수립하는 데 도움이 된다. 구매 전략이나 절차, 조직 등에는 이 책의 연구 범위를 벗어나는 측면도 많이 있지만, 일부 문제는 산업 구조의 기본 체계를 이용해서 분석하고 검토한 다음 유용하게 활용할 수 있을 것이다. 구매자의 관점에서 구매 전략의 핵심이 되는 문제들을 살펴보면 다음과 같은 것들이 있다.

- 전반적인 공급자의 안정성과 경쟁력
- 수직 통합 최적의 정도
- 적격한 공급자에 대한 구매 분산 및 할당
- 선정된 공급자에게 행사할 수 있는 최대한의 교섭력 창출

첫 번째 문제는 공급자의 안정성과 경쟁력이다. 전략적인 측면에서 볼 때 제품과 서비스는 경쟁적인 위치를 유지 또는 강화하려는 공급자에게서 구매하는 것이 바람직하다. 이 같은 점을 고려한다면 기업은 품질이나 가격 면에서 적절하고 우수한 자원을 구매하여 자사의 경쟁력을 확고하게 다질 수 있다. 또한 기업의 요구를 계속 충족시킬 수 있는 공급자를 선정하면 공급자를 전환하는 데 드는 비용을 최소화할 수 있다. 이 책에서 논의되는 산업 구조 및 경쟁사 분석은 특정 기업의 공급자들이 이러한 측면에서 잘 해나가도록 만드는 방법을 규명하는 데 활용될 수 있다.

두 번째 문제인 수직 통합은 14장에서 다루기로 하겠다. 특히 수직 통합을 결정을 위한 전략적 고려 요인을 자세히 살펴보겠다. 기업이 외부에서 구매할 품목을 결정했다고 하면, 문제는 최선의 협상 위치를 만들기 위해 품목을 '어떤 방법으로 구매할 것인지'에 달려 있다고 할 수 있다.

공급자에게 구매품을 적절하게 배분하고 교섭력을 키워나가는 것이

세 번째와 네 번째 문제인데, 이를 위해서는 산업 구조 분석으로 관심을 다시 돌릴 필요가 있다. 1장에서는 다음과 같은 여건들이 특정 품목의 공급자 위치를 강화시켜주는 요인으로 다뤄졌다.

- 특정 공급자에 대한 집중적인 구매
- 판매량의 상당 부분을 특정 고객에게 의존하지 않는 상태
- 고객이 직면한 전환 비용
- 독특한 제품이나 뚜렷하게 차별화된 제품(대체 공급원이 거의 없는 제품을 말함)
- 전방 통합을 실행하겠다는 위협

이 장의 앞에서 설명한 구매자 선택의 분석 결과를 보면, 이 밖에도 구매자에 대한 공급자의 힘을 강화해주는 여건들이 많이 있음을 알 수 있다.

- 구매자가 후방 통합을 실행하겠다는 가능성 높은 위협을 가하지 못하는 경우
- 구매자가 정보나 쇼핑, 협상 등에 드는 경비가 많은 경우

따라서 구매 활동의 목표는 공급자의 협상 능력 강화 요인을 상쇄하거나 극복하는 수단을 찾아내는 데 있다. 어떤 경우에는 공급자의 교섭력

이 산업의 경제적 측면과 깊이 얽혀 있어 개별 기업이 도저히 영향을 미칠 수 없을 때도 있다. 그러나 많은 경우 전략적인 대응으로 그러한 능력을 약화시킬 수 있다.

• **분산 구매** | 특정 품목을 여러 대체 공급자들로부터 분산해서 구매하면 구매 기업의 협상 입장을 보다 강화할 수 있을 것이다. 그러나 분산의 규모가 적어도 개별 공급자가 그 판매량의 상실에 신경을 쓸 정도는 되어야 한다. 따라서 공급자들을 너무 광범위하게 분산해 개별 공급자에 대한 구매량이 적어지면 협상력 강화에 도움이 되지 못한다. 반대로 한 공급자에게서 전량을 구매하게 되면 공급자가 전환 비용을 형성하거나 그 기업에게 영향력을 행사할 수 있는 기회를 주는 셈이 된다. 다만 대량 구매에 따르는 할인 혜택을 얻어낼 수 있는 능력이 있다면 그것을 기업의 협상력으로 이용할 수 있고 아울러 공급자의 규모의 경제와도 연관된다. 구매 기업은 이런 여러 요인들을 잘 조율해 공급자가 가능한 한 자신들에게 의존하도록 만들고 전환 비용이라는 덫에 걸리지 않으면서 최대한의 할인 혜택을 얻어낼 수 있는 상황을 조성해야 한다.

• **전환 비용의 회피** | 구조적인 관점에서 바람직한 구매 전략이란 전환 비용을 피하는 것이다. 전환 비용을 야기하는 요인에 대해서는 앞서 설명했지만, 그 밖에도 설명하기 어려운 미묘한 요인들이 있다. 전환 비용을 회피한다는 것은 곧 공급자의 기술적 지원에 지나치게 의존하려는 유

혹을 물리치거나, 공급자의 제품에 대한 뚜렷한 판단도 없이 제품 공급이나 제품의 기술 적용에 무분별하게 휘말려드는 일을 회피하는 것을 의미한다. 이러한 방침을 지켜나가기 위해서는 한동안 대체 공급자의 제품을 구매하거나, 특정 공급자에게 묶이는 보조 설비의 투자를 거부하거나, 무엇보다도 직원들의 전문적인 훈련 과정을 필요로 하는 공급자의 제품을 구매하지 않는 노력이 필요하다.

• **대체 공급원 지원** | 개발 계약을 통한 자금 지원이나 구매 계약의 형태로 대체공급원의 진출을 촉진하는 것도 필요한 활동이다. 일부 구매자들은 실제로 새로운 공급원에 투자하거나 외국 기업을 설득해서 사업에 뛰어들도록 하기도 한다. 새로운 공급자들이 적절한 공급원이 되도록 원가를 최소한으로 낮추는 활동을 지원하는 것도 바람직한 일이라 하겠다. 그 밖에 구매 담당자들로 하여금 새로운 공급자를 적극 물색하도록 하거나, 새로운 공급자들의 제품 실험 비용을 지원하는 등 대체 공급원 확보 활동은 여러 가지가 있다.

• **표준화 촉진** | 기업들이 생산 자재를 구입하는 산업의 표준화를 촉진한다면 모두가 큰 이득을 얻을 수 있다. 산업 표준화는 공급자들의 제품 차별화를 억제하는 데 도움이 될 뿐만 아니라, 전환 비용의 형성을 저지하는 데도 도움이 될 것이다.

- **후방 통합의 실행이라는 위협적 여건 조성** | 구매 기업이 실제로 후방 통합을 실행할 의사가 있건 없건 간에, 그러한 위협이 신빙성을 지닐 때는 그만큼 교섭력의 강화에 도움이 된다. 위협적 조치를 공표할 수도 있지만 내부적인 검토 작업을 의도적으로 누설하거나 컨설턴트, 또는 엔지니어링 기업의 도움을 받아 통합을 위한 비상 계획을 수립하는 것으로 외부에 알릴 수 있다.

- **부분 통합의 활용** | 구매 기업이 특정 구매품을 외부에서 일부 또는 다수를 구매하면서 동시에 부분 통합을 통한 자체 생산 활동을 벌여나간다면 그 기업의 교섭력은 크게 강화될 것이다(이런 과정에 대해서는 1장에서도 잠시 언급했지만 자세한 설명은 14장에서 다루겠다).

이 모든 접근법의 목적은 장기적으로 구매 원가를 낮추는 것이다. 그러나 이 방법들 중 일부는 원가 상승을 초래한다는 사실도 분명히 알아두어야 한다. 대체 공급원을 유지하거나 전환 비용에 대응하는 활동에는 단기적이라면 회피할 수 있는 비용들이 소요된다. 그러나 그러한 소요 비용의 궁극적 목적이 그 기업의 교섭력을 강화하는 것이기 때문에 그에 따라 장기적으로 원가 투입 비용이 든다.

위 내용을 요약하면 다음과 같다 첫째, 앞에서 설명한 것과 같이 단기적인 원가 절감 지향은 잠재적 가치가 있는 구매 전략을 약화시킨다. 따라서 이러한 상황은 반드시 피해야 한다. 둘째, 구매 전략에 따르는 부가적인 비용은 공급자들의 교섭력을 약화시킨다는 장기적인 이점이 있으나 이는 반드시 비교 후 검토해야 할 부분이다. 마지막으로, 여러 공급원으로부터 구매를 할 경우 가격이 저마다 다를 수 있으므로 기업은 장기 교섭력을 손상하지 않는다는 전제 하에 가장 낮은 가격의 공급자와 거래하는 것이 좋다.

7장

산업 내부의 구조적 분석

1장에서 설명한 산업 구조 분석은 특정 산업에서 벌어지는 경쟁의 본질과 근본적인 이익 잠재력을 결정하는 5가지 주요 경쟁 요인의 근원과 강도를 규명하는 데 바탕을 두었다. 지금까지는 분석의 초점을 산업 전체에 맞추었는데, 이에 따른 분석 결과는 경쟁전략과 관련된 많은 문제를 제기해주었다. 이 중 일부는 이미 앞 장에서 설명했다. 그러나 분명히 밝혀두지만, 산업 구조 분석은 산업 전체에 초점을 맞추어 분석하는 것보다 훨씬 심층적으로 활용될 수 있다.

많은 분야에서 생산 라인의 폭이나 수직 통합의 정도 등에 따라 다른 경쟁전략을 채택해 시장점유율에서 큰 차이를 드러내고 있는 기업들이 상당수 있다. 또한 어떤 기업은 투자 수익률 면에서 다른 기업들을 계속 앞서고 있다. 예를 들어 IBM의 수익률은 다른 컴퓨터 제조사들의 수익률을 계속 앞질러왔다. GM은 포드나 크라이슬러 및 AMC의 경영 성과를 꾸준하게 앞서왔다. 다른 산업에서도 이러한 사례는 충분히 찾아볼 수 있다. 가령 금속 캔 산업에서는 크라운 코크 앤 실(Crown Cork and Seal)과 내

셔널 캔(National Can)이, 화장품 산업 부문에서는 에스티로더(Estee Lauder)가 각각 자신들보다 규모가 더 큰 기업들의 경영 성과를 압도해왔다.

5가지 경쟁 요인은 특정 산업 내의 모든 기업들이 경쟁을 벌이는 배경이 된다. 그러나 어떤 기업이 다른 기업들보다 계속 높은 수익을 올리고 있다면 그 사실이 그 기업의 전략적 입장과 어떤 연관성을 지니고 있는지 확인해 보지 않을 수 없다. 아울러 마케팅, 비용 절감, 경영 관리, 조직 등의 능력 차이가 그들의 전략적 입장 및 궁극적인 경영 성과와 어떤 관련이 있는지 파악해야 한다.

이 장에서는 구조적 분석의 개념을 확대해 동일 산업 내에서 활동하는 기업들 간의 경영 성과의 차이를 설명하고, 아울러 경쟁전략의 선택에 지침이 될 수 있는 기본 체계를 설명하겠다. 이것 또한 2장에서 설명한 본원적 전략의 개념을 토대로 구축한 다음 더 자세히 다룰 것이다. 산업 전체뿐만 아니라 산업 내부에도 적용되는 구조적 분석은 전략 수립의 분석 수단으로 유용하게 활용될 수 있을 것이다.

경쟁전략의 여러 차원

특정 산업 내에서 경쟁을 벌이는 기업들의 전략은 여러 가지 측면에서 차이를 보인다. 그중에서도 특히 다음과 같은 점이 다르다.

- **전문화** | 기업이 생산 라인의 폭이나 목표로 삼는 고객 부문이나 지역 시장 등의 측면에서 활동과 노력을 집중하는 정도
- **브랜드 아이덴티티** (BI, 브랜드 이미지 통일) | 기업이 주로 가격이나 그 밖의 다른 변수에 바탕을 둔 경쟁보다는 자사의 브랜드 정체성을 통한 경쟁력 강화를 추구하는 정도. 브랜드 아이덴티티는 광고, 판매원, 그 밖의 여러 가지 수단을 통해 달성할 수 있다.
- **푸시**(push) **vs 풀**(pull) | 최종 소비자에 대한 직접적인 브랜드 인지도를 개발하고자 하는 정도 vs 제품 판매에 있어서 유통 경로의 지원을 추구하는 정도
- **유통망의 선택** | 기업 소유의 유통망에서 전문적인 판로, 광범위한 일반 판로에 이르기까지 다양한 유통망 중 어느 하나를 선택하는 문제
- **제품의 품질** | 원료, 내구성, 특징 등으로 판단되는 품질 수준
- **기술적 우위** | 기술적 우위 전략을 추구할 것인지 아니면 모방이나 추종을 할 것인지의 여부. 한 가지 지적해야 할 점은 기술적인 우위를 확보하고 있다고 해서 반드시 최고의 제품을 생산하는 것은 아니라는 사실이다. 고의적으로 최고의 품질을 생산하는 것을 기피하는 경우도 있는 만큼 품질과 기술적 우위가 반드시 일치하는 것이 아니라는 점을 염두에 둘 필요가 있다.
- **수직 통합** | 전방 통합 또는 후방 통합의 수준에 반영된 부가가치의 정도. 고정된 구조나 자체적인 서비스 조직망을 갖추고 있는지의

여부도 포함된다.

- **비용 우위** | 기업이 비용을 최소한으로 줄일 수 있는 설비 투자를 통해 제조와 유통 과정에서의 비용 절감을 추구하는 정도
- **서비스** | 기업이 기술적 지원이나 자체적인 서비스 조직 또는 신용 판매와 같은 보조적인 서비스를 제품과 함께 제공할 수 있는 정도. 이는 수직 통합의 일부로 간주할 수 있으나 엄밀한 분석을 위해 따로 분리하는 것이 좋다.
- **가격 정책** | 시장에서 차지하는 상대적인 가격의 위치, 가격의 위치는 비용 우위나 품질과 같은 다른 변수와도 연관되지만, 가격 자체는 별도로 다루어야 할 중요한 전략적 변수다.
- **영향력** | 기업이 가지고 있는 재무 능력이나 경영상의 영향력
- **모기업과의 관계** | 사업 부문이 모기업과의 관계에서 요구받는 활동 양상. 기업은 고도의 경영 다각화를 이루고 있는 복합 기업의 사업 부문일 수도 있고, 특정 사업부의 수직 계열의 한 구성 단위이거나 관련 사업 집합체의 일부일 수도 있으며, 또 외국 기업의 자회사일 수도 있다. 모기업과의 관계가 어떤 특성을 지니고 있는지에 따라 기업의 경영 관리 목표나 활용할 수 있는 자원 규모 등에 영향을 미치며, 또 1장에서 설명한 것과 같이 다른 사업 부문과 공유하는 활동이나 영업 기능을 결정하기도 한다.
- **자국이나 진출 대상국 정부와의 관계** | 글로벌 산업 분야에서 활동하는 기업이 자국 정부나 진출한 대상국 정부와 맺고 있거나 영향

을 받는 관계. 자국 정부는 그 기업에 자원을 지원하거나 반대로 활동을 규제함으로써 기업의 활동과 목표에 영향을 미칠 수 있다. 진출 대상국 정부도 마찬가지의 역할을 한다.

개별 전략적 차원에 대해서는 기업에 따라 세부적인 내용이 다르게 나타날 수 있으며, 좀 더 면밀한 분석을 위해서는 다른 요소들이 추가로 고려될 수 있다. 핵심은 이러한 전략적 분석을 통해 기업이 현재 처한 위치를 전체적인 관점에서 파악할 수 있다는 점이다.

특정한 차원에서 드러나는 전략적 차이는 산업에 따라 달라진다. 예를 들어 암모늄 비료와 같은 원자재 산업에서는 어느 기업도 뚜렷한 브랜드 아이덴티티의 효과를 누릴 수 없고, 품질 또한 거의 차이가 나지 않는다. 그러나 후방 통합이나 소비자에게 제공하는 서비스의 정도, 전방 통합, 상대적인 비용상의 위치 그리고 모기업과의 관계 등에서는 기업마다 큰 차이를 드러낸다.

전략적 차원은 상호 연관성을 지닌다. 텍사스 인스트루먼츠와 같이 가격이 비교적 낮은 제품을 생산하는 기업은, 보통 원가 우위에 있고 품질 또한 꽤 괜찮은 수준인 제품을 생산한다. 그러한 기업은 원가 우위를 성취하기 위해 높은 수준의 수직 통합을 이룩했을 가능성이 높다. 이와 같은 사례에서 알 수 있듯이 특정 기업의 전략적 차원은 대부분 내부적으로 일관성이 있다. 특정 산업에서 활동하는 기업들은 서로 다르긴 해도 저마다 일관성 있는 전략적 차원의 결합 형태를 띠고 있다.

전략 집단

　산업 구조 분석은 모든 주요 경쟁사들의 전략을 전략적 차원에 따라 특징 짓는 것에서부터 출발한다. 이 방법을 통해 산업 내의 모든 기업을 '전략 집단'으로 분류할 수 있다. 전략 집단이란 특정 산업 내에서 동일한 전략을 추구하는 기업군을 뜻한다. 특정 산업의 모든 기업이 기본적으로 동일한 전략을 추구한다면, 그 산업에는 오직 하나의 전략 집단만이 존재하는 셈이다. 이와 반대로 모든 기업이 저마다 다른 전략을 추구해서 개별 기업이 별도의 전략 집단이 되는 극단적인 경우도 생각해볼 수 있다.

　그러나 보통은 산업 내에서 근본적인 전략적 차이를 드러내는 몇 개의 전략 집단이 존재하는 것이 일반적이다. 예를 들어 대형 가전 산업에서는 폭넓은 제품 라인과 전국적인 광고 활동, 광범위한 통합, 독점적인 유통 및 서비스 조직망 등으로 특징되는 하나의 전략 집단(GE가 대표적이다)이 있는가 하면, 메이텍(Maytag)처럼 고품질의 고가품을 선별적인 유통망을 통해 선보이는 데 집중하는 전문 제조업체의 전략 집단이 있고, 로퍼(Roper) 또는 디자인 앤 매뉴팩처링(Design and Manufacturing)과 같이 광고 활동 없이 자사 브랜드(private label)에 납품하는 상품을 생산하는 전략 집단도 있다. 이 밖에 한두 개의 전략 집단이 더 있을 수도 있다.

　전략 집단을 명확하게 구분하려면 전략적 차원에 모기업과의 관계가 반드시 포함되어야 한다. 예를 들어 암모늄 비료 산업에는 석유 회사의 사업부로 활동하는 기업이 있는가 하면, 화학 회사의 사업부나 농업 협동조합의 일부 조직, 또는 독립적인 기업 단위일 수도 있다. 모기업과의 관계는 또 다른 차원에서 다른 기업과의 차이점을 만들어내기도 한다. 예를 들면 석유 회사의 질소 비료 사업부는 회사의 다른 사업부들과 비슷한 전략을 추구한다. 이용 가능한 자원 및 회사의 다른 강점들, 경영 철학 등의 측면에서 모기업과 많은 관련이 있기 때문이다. 이와 똑같은 논리가 기업들이 자국 정부나 진출 대상국 정부와 맺는 상이한 관계에도 적용될 수 있다. 관계를 맺는 양상에 따라 유사한 전략을 추구하는 기업군으로 나뉘기 때문에 이것 또한 전략 집단을 구별하는 요소가 된다.

전략 집단은 제품이나 마케팅 접근 방식에서 차이를 드러내는 경우가 종종 있지만 항상 그런 것은 아니다. 제분, 화학제품 제조, 제당 산업 부문에서 전략 집단의 제품은 동일하지만, 제조 과정, 물류, 수직 통합 방식 등에서는 차이가 있다. 또 기업들은 동일한 전략을 추구하면서도 모기업이나 진출 대상국 정부와의 관계에서 서로 다른 양상을 보이기도 한다.

이 같은 관계는 기업들의 목표에 적지 않은 영향을 미친다. 따라서 전략 집단을 단순히 시장점유나 전략적 측면에서 서로 비슷한 집단이라고 단정짓기는 어렵다. 그보다는 전략적 태도라는 보다 넓은 개념에 기초하여 전략 집단의 성격을 규정해야 할 것이다.

전략 집단이 형성되는 원인 또한 매우 다양하다. 예를 들면 기업들의 기본적인 강약점이나 사업 진출 시기 또는 지금까지 경험한 여러 가지 사태 등의 차이에 의해 개별적인 전략 집단이 형성된다(이 점에 대해서는 이 장의 뒷부분에서 자세히 설명하겠다). 그러나 일단 전략 집단이 형성되면 그 집단 내에 포함된 기업들은 포괄적인 전략 외에도 여러 가지 면에서 서로 상당히 유사한 면이 나타난다. 동일 집단 내의 기업들은 시장점유율도 비슷한 수준을 보이고, 외부의 사태나 산업 내 경쟁적 조치에 대응하는 형태도 비슷한 모습을 보이기 쉽다. 이러한 특성은 분석 도구로서 전략 집단 지도(the strategic group map)를 이용하는 데 중요한 기능을 한다.

특정 산업 내에 형성되어 있는 전략 집단은 〈그림 7-1〉과 같은 전략 집단 지도로 나타낼 수 있다. 이 그림은 평면에서 이차원으로 표현할 수밖에 없기 때문에 나타낼 수 있는 축의 수가 한정적이다. 그래서 애널리스트는 전략 집단 지도를 구성하는 몇 개의 중요한 전략적 차원만을 선택해야 한다. 차후의 분석을 위해서는 각 전략 집단에 포함된 기업들의 총체적인 시장점유율을 원의 크기로 표시하는 것이 좋다.

전략 집단은 구조적 분석을 돕기 위한 하나의 분석 도구이다. 전략 집단은 산업을 전체적으로 보는 것과 각 기업을 개별적으로 파악하는 것 중간에 위치한 기준 체계라 하겠다. 궁극적으로 모든 기업은 저마다 독특한 특성을 지니고 있기 때문에, 기업을 전략 집단으로 구분하는 것은 어느 정도의 전략적 차이를 중요시하느냐 하는 판단의 문제가 불가피하게 제기된다. 이러한 판단은 반드시 구조적 분석과 관련이 있다. 기업 간의 전략적 차이가 개별 기업들의 구조적 위치에 큰 영향을 미친다면, 전략 집단별로 구분되는 차이점은 반드시 인식되어야 할 것이다(전략 집단 지도의 작성과 그것을 분석 도구로 사용하는 문제에 대한 실질적인 고려 요인들은 추후 다시 설명하겠다).

한 산업에 하나의 전략 집단만이 있는 특이한 경우는 1장에서 설명

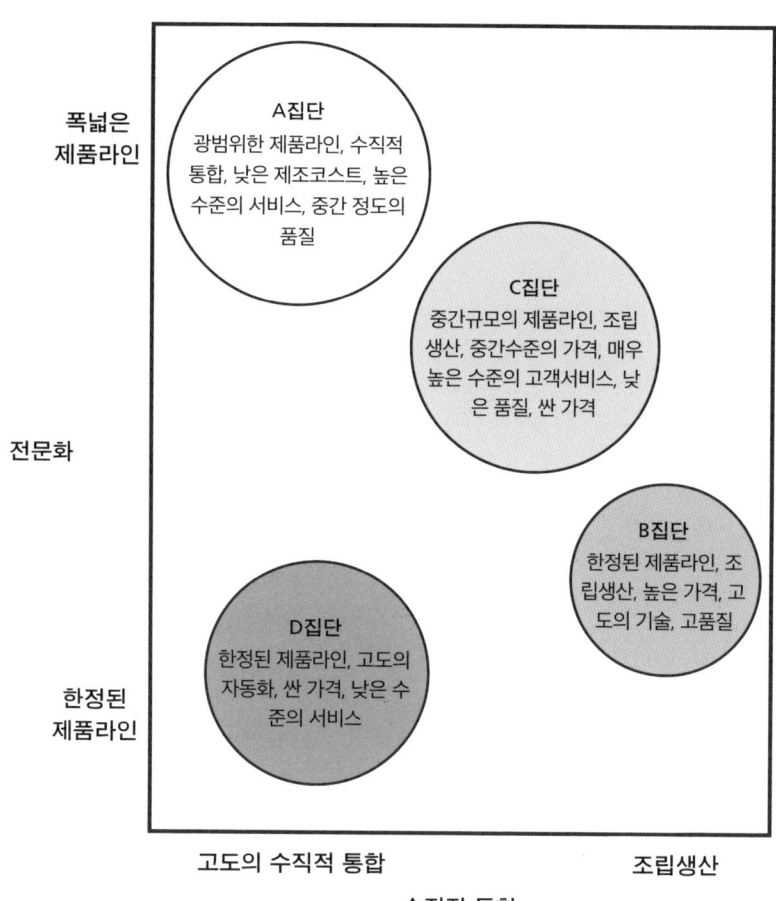

<그림 7-1> 가상 산업에서의 전략집단 지도

한 구조적 분석 방법을 이용하여 완벽하게 분석할 수 있다. 이런 산업 구조 속에서는 모든 기업의 잠재적인 수익성이 동일한 수준을 보일 것이다.

다만 장기적으로 산업 내 개별 기업들의 실제적인 수익성의 차이는 같은 전략을 '실행하는 능력'의 차이에서만 비롯될 것이다. 그러나 그 산업 내에 복수의 전략 집단이 존재한다면 이 분석은 복잡해진다. 서로 다른 전략 집단에 속해 있는 기업들의 잠재적인 이윤은, 전략 수행의 능력과는 별개로 5가지 주요 경쟁 요인이 개별 전략 집단에 동일한 영향을 미치지 않음으로 인해 뚜렷한 차이를 보이는 경우가 있다.

■ 전략 집단과 이동 장벽

지금까지 진입장벽은 새로운 기업이 특정 산업에 진출하는 것을 억제하는 산업의 특징으로 여겨졌다. 이제까지 확인한 주요 진입장벽 요인들로는 규모의 경제, 제품 차별화, 전환 비용, 원가 우위, 유통 경로에 대한 접근성, 소요 자본, 정부 정책 등이 있다. 이 중에는 산업 내의 모든 기업들을 보호하는 하는 요인들도 있기는 하지만 전반적인 진입장벽은 신생 기업이 속하고자 하는 특정 전략 집단에 의해 좌우된다. 전자제품 산업에 진출하려고 하는 어떤 기업이 전국적인 브랜드 인지도와 광범위한 제품 라인, 수직 통합을 이룬 기업들의 전략 집단에 파고드는 것이 브랜드 인지도도 제대로 없는 한정된 제품 라인의 조립 생산을 위주로 하는 기업들의 전략 집단에 파고드는 것보다 훨씬 어려울 것은 분명하다.

전략상의 차이는 제품 차별화나 규모의 경제성취도, 소요 자본, 그 밖의 다른 진입장벽 요인들의 차이를 반영할 수도 있다. 예를 들어 생산 과정에 규모의 경제로 구축된 진입장벽이 있다면, 이것은 대규모 공장과 광범위한 수직 통합을 갖춘 기업들로 구성된 전략 집단을 보호하는 데 중요한 의미를 지닐 것이다. 또 유통 과정에 규모의 경제가 요구된다면, 이는 독점적 유통 조직을 가진 전략 집단에 진입장벽 역할을 할 것이다. 또한 축적된 경험을 통한 원가 우위가 중요시되는 산업에서는 풍부한 경험을 갖춘 전략 집단의 일원이 되는 데 원가 우위가 진입장벽이 될 것이다. 이 같은 상황은 그 밖의 다른 진입장벽 요인들도 마찬가지다.

모기업과 맺고 있는 관계의 차이도 진입장벽에 영향을 미칠 수 있다. 예를 들어 모기업과 수직적 관계를 맺고 있는 기업들로 이루어진 전략 집단은 독립 기업들로 이루어진 전략 집단보다 잠재적인 진입 기업에 보복할 수 있는 재원이나 원료 확보 면에서 한층 유리한 입장에 놓여있다. 또한 모기업의 다른 사업부와 유통망을 공동으로 사용함으로써 규모의 경제를 이루고 있는 기업은 그렇지 못한 다른 기업에 비해 더욱 두터운 진입장벽을 쌓을 수 있다.

진입장벽이 목표로 삼는 전략 집단에 의해 좌우되기도 한다. 즉 진입장벽은 산업 외부에서 진입하는 기업들로부터 그 전략 집단 소속 기업들을 보호해줄 뿐만 아니라 산업 내부의 한 전략 집단에서 다른 전략 집단으로 옮겨가는 기업에 대해서도 장벽의 기능을 한다. 예를 들어 한정된 제품 라인과 브랜드 인지도도 없는 조립 생산 위주의 전략 집단에서 광범위한 제품 라인과 전국적인 브랜드 인지도를 가진 전략 집단으로 이동하는 기업은 신규 진입과 다름없는 많은 어려움을 겪게 될 것이다. 특정 전략과의 경쟁에서 빚어지는 진입장벽 요인들은 규모의 경제, 제품 차별화, 전환 비용, 소요 자본, 뚜렷한 원가 우위 또는 유통 경로에 대한 접근성 등에 영향을 미치기 때문에, 그 전략을 채택하는 다른 기업들에게 많은 비용 부담을 안겨준다. 따라서 새로운 전략으로 전환하는 데 소모되는 비용이 전략의 전환으로 기대되는 이득을 완전히 제거해버릴 수도 있다.

이와 같이 진입장벽을 유발하는 기본적인 경제적 요인들이 그대로 이동 장벽, 즉 기업이 한 전략적 위치에서 다른 전략적 위치로 이동하는 것을 억제하는 요소로 작용할 수 있다. 산업 외부에서 그 산업의 특정 전략 집단으로 이동하는 것은 넓은 의미의 진입장벽에서 볼 때 연속되는 진입장벽 극복의 한 과정일 수도 있다.

특정 산업 내의 일부 기업들이 다른 기업들보다 계속 높은 수익을 얻는 가장 큰 이유가 바로 이동 장벽에 있다. 전략 집단에 따라 이동 장벽의 높이도 저마다 다르다. 이로 인해 일부 기업들은 다른 기업들보다 유리한 입장을 계속 지켜나갈 수 있다. 따라서 이동 장벽이 높은 전략 집단에 속한 기업은 이동 장벽이 낮은 전략 집단에 속한 기업보다 이윤 잠재력이 크다고 할 수 있다. 이러한 장벽은 또 모든 전략이 동일한 성과를 얻지 못함에도 불구하고 기업들이 계속 다른 전략을 가지고 경쟁을 벌이는 이유를 설명해준다. 그렇다면 왜 기업들은 성공적인 전략을 즉시 모방하지 않는가? 만일 이동 장벽이 없다면 기업들이 다른 기업의 성공적인 전략을 바로 추종할 것이고 그에 따라 모든 기업은 성공적인 전략을 잘 실행해나갈 수 있는 능력의 차이만 제외하고 수익성은 균등해지는 방향으로 나아갈 것이다. 예를 들어 이동 장벽과 같은 억제적 요인이 없다면 콘트롤 데이터

(Control Data)나 허니웰(Honeywell) 같은 컴퓨터 제조사들은 원가 우위와 뛰어난 서비스 및 유통 조직망을 갖춘 IBM의 전략을 당장 채택할 수 있을 것이다. 그러나 이동 장벽이 있음으로 해서 IBM 같은 일부 기업들이 규모의 경제, 뚜렷한 원가 우위 등을 통해 다른 기업들보다 유리한 입장에서 체계적 이점을 맛보고 있는 것이다. 이러한 체계적 우위는 단순한 실행 방법의 개선만으로 이루어지는 것이 아니라 산업의 구조적 변화를 야기하는 전략적 돌파구를 마련해야만 극복할 수 있다. 끝으로 이동 장벽이 있음으로 해서 특정 산업 내 일부 전략 집단에 속한 기업들의 시장점유율은 매우 안정적으로 유지될 수 있다. 또한 다른 전략 집단에서는 기업들의 빠른 진입과 진출, 또는 직종의 전환이 일어날 수도 있다.

　　진입장벽과 마찬가지로 이동 장벽 또한 변할 수 있다. 이러한 변화 때문에(제조 공정의 자본 집적도가 더욱 고도화되는 경우) 기업은 간혹 기존의 전략 집단에서 벗어나 새로운 전략 집단으로 이동함으로써 전략 집단의 양상을 변화시킨다. 이동 장벽은 기업의 전략 선택에 의해서도 영향을 받을 수 있다. 예를 들어 제품 차별화가 이루어지지 않은 산업에서 활동하는 기업이 집중적인 광고 투자를 통해 브랜드 인지도를 높임으로써-닭고기 산업에서 퍼듀(Perdue)의 경우- 이동 장벽이 높은 새로운 전략 집단을 만들 수 있다. 또는 더 큰 규모의 경제를 가진 새로운 제조 공정을 도입하려는 시도-버섯 재배 산업에서 캐슬 앤 쿡(Castle and Cooke)과 랄스톤 퓨리너(Ralston Purina)의 경우-를 할 수도 있다. 그러나 이동 장벽을 쌓는 투자는 일반적으로 위험 부담이 크며, 또 어느 정도 장기적인 수익성을 위해 단기적인 수익을 포기해야만 한다.

이동 장벽을 극복하는 데 따르는 희생도 기업에 따라 다르다. 각 기업의 현재 전략적 위치나 축적된 기술과 자원에 따라 어떤 기업은 큰 부담 없이 이동 장벽을 극복할 수 있는 반면, 다른 기업은 막대한 희생을 강요당하기도 한다. 한편, 경영 다각화를 이룬 기업은 사업부들 사이에 영업 활동이나 기능을 공동으로 활용할 수 있는 기회가 있기 때문에 이동 장벽을 낮출 수 있다. (새로운 산업으로의 진출을 결정하는 데 이러한 요인들이 어떤 관련성을 지니는지에 대해서는 16장에서 자세히 설명하겠다).

산업 내부의 구조적 분석을 위해 특정 산업의 전략 집단 지도를 작성했다면 이제 두 번째 단계로 개별 전략 집단을 보호하는 이동 장벽의 높이와 구성을 평가하는 작업에 착수할 수 있다.

■ 이동 장벽과 전략 집단 형성

전략 집단이 형성되고 변화하는 이유에는 여러 가지가 있다. 첫 번째, 기업은 기술이나 자원에서 차이를 개발하여 제각기 다른 전략을 선택한다. 유리한 여건에서 출발한 기업은 산업이 성장함에 따라 다른 기업들보다 더 일찍 높은 이동 장벽의 보호를 받는 전략 집단으로 나아갈 수 있다. 두 번째, 기업들이 목표나 위험에 대처하는 태도는 서로 다르다. 일부 기업들은 다른 기업들보다 이동 장벽을 구축하기 위해 위험을 무릅쓰고서라도 투자를 하는 성향이 있다. 모기업과 맺고 있는 관계가 서로 다른 사업 부문들은(가령 수직 관계나 독립적인 형태) 추구하는 목표가 다를 수 있고,

이는 나아가 전략상의 차이를 가져오기도 한다.

특정 산업이 지금까지 성장해온 역사적 과정도 기업 간 전략의 차이의 발전 과정과 맥을 같이 한다. 일부 산업에서는 선도 기업이 후발 기업보다 특정 전략 집단으로 접근하기까지 많은 희생을 치른다. 규모의 경제, 제품 차별화, 그 밖의 요인에서 비롯되는 이동 장벽은 기업의 투자 내지는 외부 환경의 결과로 변할 수 있다. 이동 장벽의 변화란, 먼저 진출한 기업이 나중에 진출한 기업보다 매우 다양한 전략을 추구하게 된다는 것을 의미한다. 그 중 일부 전략은 후발 기업이 시도할 수 없는 것들이다. 일단 결정된 투자 중에는 철회나 번복이 어려운 경우가 많은데, 이런 점에서 먼저 진출한 기업은 늦게 진출한 기업과는 달리 앞선 사례가 없어 유리한 전략을 채택하지 못하는 경우도 있다.

한 가지 더 관련된 점을 짚어보자면 특정 산업의 발전 과정이 기업의 형태에 따라 진입 시기를 결정하는 선택으로 이어진다는 것이다. 가령 나중에 진출하는 기업은 그 산업의 일부 불확실한 측면들이 해소될 때까지 관망하면서 기다릴 수 있을 만한 재원을 지닌 기업인 반면, 재원이 빈약한 기업들은 진출에 필요한 자본비가 높지 않을 때, 일단 그 산업에 뛰어들 수밖에 없을 것이다.

산업 구조의 변화는 새로운 전략 집단의 형성을 촉진하거나 집단의 동질화에 영향을 미칠 수 있다. 산업의 총 규모가 늘어나면 적극적인 기업은 수직 통합이나 독점적인 유통 경로, 자체적인 서비스 등을 포함하는 전략에 점차 접근해나갈 수 있고, 그에 따라 새로운 전략 집단의 형성이 촉진된다. 또한 기술적 변화나 구매자 행위의 변화로 인해 산업 경계가 바뀌게 되면 완전 새로운 전략 집단이 전면에 등장할 수도 있다. 이와 반대로 산업이 성숙되면서 광범위한 제품 라인을 지닌 제조업체의 서비스 능력이나 안전성에 대한 구매자 욕구가 감소하게 되면, 이동 장벽을 낮추는 작용을 해 결국 전략 집단의 수가 줄어들 수 있다. 이러한 요인들의 작용으로 전략 집단의 형성 형태와 산업 내 기업들의 이윤율 분포 형태가 세월이 흐름에 따라 변화하리라고 기대할 수 있다.

■ 전략 집단과 교섭력

전략 집단에 따라 서로 다른 이동 장벽의 보호를 받는 것과 마찬가지로 공급자와 구매자에 대한 교섭력 또한 전략 집단별로 다르다. 1장에서 설명한 교섭력의 강화나 약화를 유발하는 요인들을 살펴보면, 이 요인들이 어느 정도는 특정 기업이 채택한 전략과 연관 있음이 분명하게 드러난다. 예를 들어 HP(Hewlett-Packard)는 전자계산기 산업 분야에서 우수한 품질과 기술적 우위에 중점을 두고 전문적 수요자들에게 초점을 맞추는 전략 집단에 속해 있다. 이러한 전략이 HP의 잠재적인 시장점유율을 일부 제한할지는 모르지만, 제품의 정밀성을 요구하지 않는 일반 시장에서 표준 제품을 판매하는 기업보다는 가격 민감도나 교섭력이 약한 구매자들과 거래하는 셈이다. 이러한 경우를 1장에서 설명한 용어로 표현한다면 일반 경쟁 제품에 비해 HP의 제품이 뚜렷한 차별화를 보이며, HP 제품 구매자들은 제품의 품질을 더 중요시한다는 점을 알 수 있다. 또 제품의 가격은 구매자의 예산이나 그 제품에서 기대하는 효능의 가치에 비하면 대단하지 않은 것이라고 할 수 있다.

전략 집단별로 공급자에 대한 교섭력에 차이가 드러난다는 사실은 시어스(Sears)에서 그 사례를 찾아볼 수 있다. 시어스처럼 광범위한 제품을 취급하는 전국 규모의 백화점 체인은 많은 제품을 구매할 뿐만 아니라 구매품을 자체 생산하는 후방 통합을 할 수 있다는 위협을 언제든지 가할 수 있기 때문에, 특정 지역에 국한된 단일 백화점보다 공급자에 대한 교섭력이 훨씬 막강하다.

위 사례에서 제시된 것처럼 전략 집단은 공급자와 구매자에 대한 교섭력에 있어서 다음과 같은 2가지 이유를 바탕으로 한 차이가 있다. 즉 그 집단이 어떤 전략을 취하고 있는지에 따라 '공통적인' 공급자나 구매자에 대한 취약성에 차이가 나타난다는 점과, 또 그 집단이 취하고 있는 전략에 따라 교섭력의 크기가 다른 공급자나 구매자와 거래를 하게 된다는 점이다. 상대적인 교섭력이 얼마나 달라질 수 있는지는 산업마다 다르다. 일부 산업에서는 모든 전략 집단이 공급자와 구매자에 대해 기본적으로 동일한 입장을 취하기도 한다.

그럼 이제 세 번째 단계로 넘어가 산업 내의 개별 전략 집단이 공급자와 구매자에 대해 가지고 있는 상대적인 교섭력을 평가해 볼 것이다.

■ 전략 집단과 대체재의 위협

전략 집단이 제품 라인의 서로 다른 부분에 집중하고 있다면, 서로 다른 고객을 상대하는 데 집중한다면, 다른 품질이나 기술적 고도화의 수준에 집중한다면, 그들이 대체재의 경쟁 위험에 노출되는 정도 또한 다르다고 할 수 있다. 전략 집단이 모두 같은 산업에 속해 있다고 하더라도 대체재에 대한 취약성의 정도에 있어서는 뚜렷한 차이가 난다.

소형 컴퓨터 회사가 직장인들에게 초점을 맞춰 다양한 기능을 가진 소프트웨어가 포함된 초소형 컴퓨터를 판매한다면, 반복적인 공정 관리용으로 구매하는 산업 내 수요자들에게 판매하는 회사보다 대체재의 위협을 덜 받을 것이다. 또는 채굴 비용이 저렴한 광산을 소유하고 있는 기업은, 채굴 비용이 높아 주로 고객에 대한 서비스 강화에 전략적 초점을 맞추는 기업보다 원가 우위를 바탕으로 대체재의 위협을 덜 받을 수 있다.

따라서 산업 내부의 구조적 분석에 관한 네 번째 단계는 대체재에 대한 개별 전략 집단의 상대적인 위치를 평가하는 일이 될 것이다.

■ 전략 집단과 기업 간의 경쟁

특정 산업 내에 하나 이상의 전략 집단이 있다는 것은 그 산업 내부에서 가격이나 광고, 서비스 및 그 밖의 변수들을 중심으로 경쟁이 벌어지고 있음을 의미한다. 경쟁 강도를 결정하는 구조적 특성 중 일부는 산업 내의 모든 기업에 적용되기 때문에 전략 집단 간의 상호 작용에 대한 배경이 된다. 그러나 대체로 복수의 전략 집단이 존재한다는 것은 산업 내의 모든 기업들이 직면한 경쟁 세력이 동등하지 않다는 것을 의미한다.

따라서 산업 내의 전반적인 경쟁 수준은 복수의 전략 집단이 존재한다는 사실에 많은 영향을 받는다는 점을 유의해야 한다. 복수의 전략 집단이 있으면 일반적으로 경쟁적 대결은 강화된다. 전략 집단이 여러 개 있다는 것은 그만큼 산업 내에서 활동하는 기업들 간에 다양성과 불균형이 크게 나타난다는 것을 의미하기 때문이다. 전략이나 외부 환경의 차이는 위험 부담이나 가격 수준, 품질 수준 등에 대한 기업들의 태도에도 차이가 있음을 보여준다. 이러한 차이 때문에 기업들이 서로의 의도를 파악하고 대응하는 과정이 복잡하게 얽히게 되고, 따라서 경쟁전을 벌일 가능성도 그만큼 커진다. 전략 집단 지도가 복잡하게 구성된 산업은 전략 집단의 수가 적은 산업보다 전체적인 경쟁 강도가 더욱 높아지는 경향을 보인다. 여러 연구 조사 결과는 이러한 점을 입증해준다.

그러나 전략상의 차이가 산업 내의 경쟁에 모두 동일한 비중으로 영향을 미치는 것은 아니다. 경쟁 과정 또한 대칭적이지 않다. 기업들마다 전략 집단이 취하는 가격 인하 조치나 그 밖의 경쟁 조치에 피해를 입는 정도가 다르다. 특정 산업 내의 전략 집단이 판매 경쟁 과정에서 어느 정도의 상호작용을 미치는지 결정하는 요인은 다음과 같은 4가지가 있다.

- 전략 집단 간 시장의 상호 의존성이나 목표로 삼는 고객들이 중복되는 정도
- 각 전략 집단이 이루고 있는 제품 차별화
- 전략 집단의 수와 개별 전략 집단의 상대적인 규모
- 전략 집단이 추구하는 전략상의 차이와 범위가 나뉘는 정도

전략 집단 간의 경쟁에서 가장 중요한 영향을 미치는 요인은 시장의 상호 의존성, 즉 서로 다른 전략 집단이 동일한 고객을 상대로 경쟁을 벌이거나 또는 전혀 다른 시장 영역에서 고객을 두고 벌이는 경쟁의 정도다. 시장에 대한 전략 집단 간의 상호 의존성이 높을 때는 전략상의 차이가 가장 치열한 경쟁을 유발한다. 비료 산업에서는 농부들이 모든 전략 집단의 고객이 된다. 이와는 달리 전략 집단이 서로 전혀 다른 시장 영역을 판매 목표로 삼을 때는 비료 산업에서처럼 동일한 시장을 겨냥하는 경우보다 서로에 대한 관심이나 미치는 영향이 훨씬 약화된다. 즉 전략 집단들이 판매 대상으로 삼는 고객이 뚜렷할수록, 경쟁 양상은 전략 집단들이 마치 서로 다른 산업에 종사하고 있는 것처럼 더 치열해진다.

전략 집단 간의 경쟁에 영향을 미치는 두 번째 주요 요인은 전략 집단들이 자신의 전략에 따라 이룬 제품 차별화의 정도다. 서로 다른 전략을 써서 고객들이 선호하는 브랜드가 뚜렷하게 구분되면, 무엇이든 상관없이 구매할 수 있는 경우보다 경쟁은 훨씬 약화될 것이다.

더 많은 전략 집단이 생기고 그들 모두가 비슷한 시장점유율을 보일 때, 다른 요인이 동일하다면 전략의 차이가 불균형할수록 경쟁의 강도는 높아진다. 많은 전략 집단이 존재한다는 것은 그만큼 그 산업이 다양성을 가지고 있으며, 결국 어떤 전략 집단이 가격 인하나 그 밖의 정책으로 다른 전략 집단들을 공격해 치열한 경쟁전을 벌일 가능성이 높다는 뜻이다. 그러나 전략 집단이 규모 면에서 큰 차이를 드러낼 경우에는 (예를 들어 한 전략 집단은 소규모 집단이고, 다른 전략 집단은 그 산업에서 큰 비중을 차지하는 경우) 양자

간에 전략상의 차이가 있다 하더라도 상호 간 경쟁 방식에 별 다른 영향을 미치지 못한다. 왜냐하면 소규모 전략 집단이 취하는 조치가 대규모 전략 집단에 영향을 미칠 가능성이 희박하기 때문이다.

네 번째 요인은 개별 전략 집단이 핵심적인 변수에서 나타나는 전략의 차이가 얼마나 다른지를 보여준다. 핵심적인 변수란 가령 브랜드 인지도나 비용상의 입지, 기술의 우위성, 그 밖에 모기업이나 정부와의 관계와 같은 외부 여건 등을 말한다. 다른 요인들은 대등하다는 전제하에 만약 전략 집단 간 전략의 차이가 두드러지게 나타난다고 하면, 경쟁 방법에 대한 기업들의 생각이나 입장이 각기 달라, 서로의 행위에 대한 잘못된 이해나 대응 때문에 경쟁을 피하기란 쉽지 않다.

예를 들어 암모늄 비료 산업에 참여한 석유 회사나 화학 회사, 협동조합 또는 각각의 기업은 저마다 추구하는 목표나 제약을 받는 요인이 다르다. 협동조합의 경우, 전반적으로 좋지 않은 산업 상황에서도 세제상의 혜택이나 특수한 동기가 발동하여 시설 확장을 시도할 수 있다. 실제로 석유 회사는 1960년대에 여러 가지 이유로 협동조합과 똑같은 조치를 취했다.

이 4가지 요인들은 서로 상관성을 지니면서 특정 산업 내 전략 집단 간의 판매 경쟁의 양상을 좌우한다. 예를 들어 대등한 균형을 이루고 있는 여러 전략 집단이 뚜렷하게 다른 전략을 추구하면서 동일한 고객을 상대로 경쟁을 벌일 때, 변동성이 가장 심한 경쟁 상황이 조성되면서 치열한 경쟁으로 이어질 가능성이 많다. 이와 반대로 몇 안 되는 규모가 큰 전략 집단이 별다른 차이가 없는 전략을 추구하면서 뚜렷하게 다른 고객을 상대로 경쟁을 벌인다면, 경쟁 상황은 안정적인(또한 수익성이 높은) 양상을 보일 가능성이 많다.

위에서 설명한 요인들을 바탕으로 했을 때 특정 전략 집단은 다른 전략 집단으로부터 경쟁적 도전을 받게 된다. 이 전략 집단은 우선 상호 의존적 시장을 공유하는 다른 전략 집단으로부터 도전을 받게 될 것이다. 이러한 경쟁의 변동성은 앞서 설명한 여건에 따라 좌우된다.

특정 전략 집단이 다른 전략 집단으로부터 도전을 받기 가장 쉬운 상황은 그 전략 집단이 동일 시장에서 다른 전략 집단의 제품과 유사한 제품으로 경쟁을 벌이거나, 전략 집단들의 규모가 대체로 비슷하거나 또는 판매 전략이 전략 집단마다 서로 다를 경우다. 이런 여건에서는 안정적인 경쟁 상황을 이끌어가기가 매우 어렵기 때문에, 한 전략 집단이 먼저 경쟁 조치를 취하면 치열한 경쟁전으로 확산될 가능성이 많다.

그러나 전략 집단이 높은 시장점유율을 차지하고 있거나, 다른 전략 집단이 겨냥하지 않는 시장 영역을 판매 목표로 삼고 있거나, 또는 높은 수준의 제품 차별화를 달성했다면 다른 전략 집단의 경쟁적 대결에도 안정적인 상태를 유지할 수 있을 것이다. 전략 집단이 다른 전략 집단의 경쟁 도전을 받지 않으면서 수익률을 계속 유지하려면 이동 장벽을 높이 쌓아 다른 기업들이 전략적 전환을 통해 파고들 수 없도록 만들어야 한다.

이처럼 전략 집단은 산업 '내부'의 경쟁 양상에도 영향을 미친다. 이 과정을 살펴보려면 〈그림7-2〉에 제시된 전략 집단 지도를 참고할 수 있다. 이 그림은 가로 축을 전략 집단의 목표 고객 시장으로 표시해서 시장

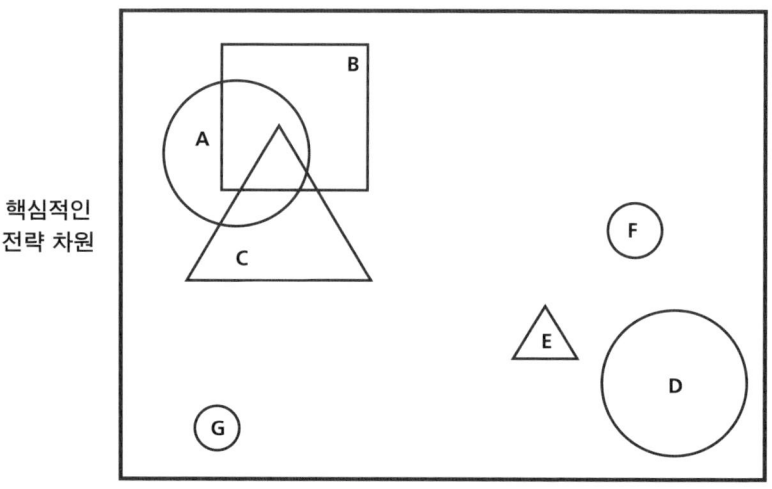

〈그림 7-2〉전략집단 지도와 전략집단 간의 경쟁

의 상호 의존성을 측정하려 한 점 외에는 〈그림 7-1〉과 유사하다. 이 그림의 세로 축에는 산업 내의 주요 전략 차원을 표시했다. 알파벳으로 표시한 도형은 전략 집단을 나타내고, 도형의 크기는 전략 집단에 속한 기업들의 총체적인 시장점유율을 나타낸다. 또 도형의 모양은 전반적인 전략적 형태와 차이를 의미한다. 앞서 설명한 분석 결과를 적용해보면 D집단은 A집단보다 산업 내의 경쟁적 대결의 영향을 훨씬 덜 받는다. A집단은 대체로 규모가 비슷하고 서로 상이한 전략을 구사하면서 기본적으로 동일한 고객 시장을 겨냥하고 있는 B집단, C집단과 경쟁을 벌이고 있다. 이 세 집단에 속해 있는 기업들은 끊임없는 경쟁전을 벌일 것이다. 한편 D집단은 A,B,C집단과는 다른 시장 영역에서 경쟁을 벌이고 있다. 경쟁의 대상이 되는 집단으로는 규모가 작고 유사한 전략을 추구하는 E집단과 F집단이 있을 뿐이다(이 두 집단은 전문 제품 생산 집단으로 동그라미 집단이 쓰는 전략을 따르거나 그와 유사한 변종 전략을 채택한다).

이와 같이 산업 내부의 구조적 분석을 위한 다섯 번째 단계는 전략 집단 간의 상호 의존적인 시장 양상 그리고 다른 전략 집단이 일으킬 경쟁전에 얼마나 취약한지 평가하는 것이다.

전략 집단과 기업의 수익성

지금까지는 전략적인 차이를 드러내는 집단들이 산업 내에서 작용하는 개별 또는 모든 경쟁 요인에 따라 변할 수 있다는 사실을 알아보았다. 이제는 특정 산업 내 개별 기업들의 판매 능력과 이에 따른 수익 잠재력을 결정하는 요소들은 무엇이며, 또 이러한 요인들이 전략적 선택과 어떤 관련이 있는지에 대한 의문에 해답을 제시할 수 있게 되었다.

앞서 설명한 개념들을 바탕으로 기업의 수익성을 결정하는 기본적 요인들을 살펴보면 다음과 같다.

- 산업의 일반적인 특성

5가지 경쟁 요인의 강도를 결정하고, 모든 기업들에 동등하게 영향을 미치는 산업 전체의 구조적 요소를 말한다. 이러한 요소 중에는 그 산업의 수요 증가율, 전반적인 제품 차별화의 잠재성, 공급자 산업의 구조, 기술적 측면 등 산업 내 모든 기업들의 전반적인 경쟁 배경을 형성하는 요소들이 포함된다.

- 전략 집단의 특성
- 기업이 속한 전략 집단을 보호하는 이동 장벽의 높이
- 전략 집단이 구매자와 공급자에게 행사할 수 있는 교섭력
- 전략 집단에 대항하는 대체재의 취약성
- 전략 집단이 다른 전략 집단과의 경쟁에 휩쓸려 들어갈 가능성

- 전략 집단 내부에서 차지하는 기업의 입지
- 전략 집단 내부에서의 경쟁 정도
- 전략 집단 내부에서 차지하는 상대적인 규모
- 전략 집단에 진입하는 데 따르는 희생
- 운용적인 측면에서 선택한 전략을 집행 또는 실행할 수 있는 능력

산업 전반에 걸친 시장 구조의 특성은 그 산업 내 모든 기업들의 잠재적인 수익을 증감시키지만, 그렇다고 산업 내에서 추구되는 모든 전략이 동일한 잠재적 수익을 낳는 것은 아니다. 특정 전략 집단을 방어해주는 이동 장벽이 높을수록 그 집단이 공급자와 구매자에게 행사할 수 있는

교섭력은 커지고, 대체재에 대한 취약성은 그만큼 줄어든다. 또 다른 전략 집단의 경쟁에 휘말려 영향을 받는 정도도 약해지며, 이에 따라 전략 집단 내 기업들의 평균적인 수익 잠재력은 그만큼 커지게 된다. 따라서 기업의 성공 여부를 결정짓는 두 번째 범주의 요인은 산업 내에서 차지하는 전략 집단의 입지다.

기업의 수익성을 결정짓는 세 번째 범주의 요인은 전략 집단 내에서 특정 기업이 차지하는 입지를 말하는 것으로, 이 문제는 지금까지 거의 논의된 바 없다. 전략 집단 내의 기업 입지에 영향을 미치는 주요 요인에는 여러 가지가 있다. 첫 번째는 집단 내에서 벌어지는 경쟁의 정도다. 이 같은 경쟁은 그 전략 집단이 가진 잠재적 수익을 잠식해버릴 수도 있으므로 중요하게 다뤄야 한다. 전략 집단에 속한 기업들이 많을 때 이러한 경쟁이 벌어질 가능성이 높다.

두 번째는 동일한 전략을 추구한다고 해서 모든 기업들이 구조적으로 동등한 상황에 놓여 있는 것이 아니라는 점이다. 기업의 구조적인 입지는 특히 그 전략 집단 내 다른 기업들과 대비되는 상대적인 규모에 영향을 받기 쉽다. 만약 규모의 경제가 크게 작용해서 전략 집단 내의 총체적인 시장점유율 범위 안의 일부 기업의 비용이 계속 낮아지고 있다고 한다면, 시장점유율 비율이 상대적으로 낮은 기업들은 수익 잠재력이 낮아질 것이다. 예를 들어 포드와 GM은 유사한 전략을 추구하고 있어 같은 전략 집단으로 분류할 수 있지만, 기업 규모가 더 큰 GM은 추구하는 전략 속에 내재된 경제성 덕분에 더 큰 이득을 얻을 수 있다. 반면 포드는 연구 개발이나 모델 변경에 따른 비용 면에서 규모의 경제를 이루지 못했기 때문에 GM과 같은 이득을 얻을 수 없었다. 포드와 같은 기업들은 규모와 관련된 이동 장벽을 극복하고 전략 집단에 들어갈 수는 있으나, 그 집단의 큰 기업에 맞서 상대적인 비용상의 불리함을 면하지 못하게 된다.

전략 집단 내 기업의 위치는 그 전략 집단에 들어가기 위한 진입 비용에도 영향을 받는다. 특정 전략 집단에 들어가는 과정에서 활용할 수 있는 기술과 자원은 집단 내의 다른 기업에 비해 상대적으로 유리하게도 또 불리하게도 작용할 수 있다. 진입에 활용하는 기술이나 자원 중 일부는 기업이 다른 산업에서 누리던 입지에 바탕을 둔 것이거나 같은 산업 내 다른 전략 집단에서 거둔 성공을 기반으로 한 것이다. 존 디어(John Deere)는 영농 장비 부문에서 이룬 성과를 기반으로 건설 장비 산업 분야에 있는 거의 모든 전략 집단에 수월하게 들어갈 수 있었다. 또한 프록터 앤 갬블(Procter and Gamble)의 차민(Cahrmin) 사업부는 과거에 쌓았던 기술적 업적과 모기업이 자랑하는 유통 조직의 강점을 활용, 전국적인 브랜드 인지도를 확보한 화장지 산업의 전략 집단에 무리 없이 파고들었다.

특정 전략 집단에 대한 진입 비용은 진입 시기에 따라서도 영향을 받을 수 있다. 어떤 산업에서 후발 업체는 그 전략 집단 내에서 기반을 다지는 데 더욱 많은 비용이 든다(예를 들어 그 집단 내 다른 기업들 수준으로 브랜드 인지도를 올리는 데 많은 비용이 들거나, 다른 기업들이 이미 차지해버린 유리한 유통 경로를 물색하는 데 많은 비용이 소요되는 경우).

그러나 정반대도 있다. 즉 후발 기업이 최신 설비나 기술을 도입함으로써 전략 집단 내의 기존 기업들보다 유리한 입장에 놓이게 되는 것이다. 따라서 진입 시기의 차이는 축적된 경험과 특정 전략 집단 내 기업들 간의 지속적인 수익성의 차이로 해석될 수 있다.

전략 집단 내 기업의 입지를 분석하는 데 있어서 고려되어야 할 마지막 요인은 기업의 실행력이다. 동일한 전략을 추구하고(즉, 동일 전략 집단에 속해 있고) 또 앞서 설명한 다른 여건들이 모두 동일하다 하더라도, 모든 기업들이 반드시 동등한 수준의 수익을 올리는 것은 아니다. 일부 기업들은 경영 활동을 조직하고 관리하는 면에서 뛰어난 성과를 거두고, 또 어떤 기업들은 같은 예산으로 창의적인 광고 활동을 전개하는 데 성과를 보인다. 동일한 연구 개발 투자로 획기적인 기술적 성과를 이루는 면에서 다른 기업들보다 뛰어난 기업도 있다. 이런 종류의 능력이나 수완은 이동 장벽이나 앞서 설명한 그 밖의 요인들이 주는 구조적인 이점은 아니지만, 비교적 지속적으로 누릴 수 있는 안정된 이점이라 하겠다. 따라서 실행력이 뛰어난 기업은 전략 집단 내의 다른 기업들보다 수익성이 높아질 것이다.

이와 같은 요인들이 결합하여 개별 기업의 미래 수익성을 결정하고 동시에 시장점유율도 예상할 수 있다. 어떤 기업이 자신이 유리한 여건을 갖춘 산업에, 그 산업 내의 유리한 전략 집단에 그리고 그 전략 집단 내에서 강력한 입지를 마련했다면 최상의 수익성을 누리게 될 것이다. 신생 기업은 진입장벽 때문에 그 산업의 장점을 허물어트리지 못할 것이고, 또 그 장점은 다시 이동 장벽의 보호를 받아 유지될 것이다. 전략 집단 내에서 누리는 기업의 탄탄한 입지는 기업의 전통 및 기술과 자원이 복합적으로 어우러져 갖춰진 것이다.

이상 잠재적 수익을 증대시킬 수 있는 여러 가지 형태의 전략을 살펴보았다. 성공적인 전략은 다양한 형태의 이동 장벽이나 경쟁 요인에 대응하는 접근법에 바탕을 두고 있다. 2장에서 설명한 3가지 본원적 전략은 이러한 접근법이 얼마나 크고 다양한 차이를 드러내는지 보여주고 있다. 본원적 전략 또한 3가지로 한정되는 것이 아니라 다양하게 변형될 수 있다. 많은 기업들이 전략적 입지의 결정 요인으로 비용상의 입지를 가장 중요시한다. 물론 비용도 진입장벽이나 이동 장벽을 쌓는 하나의 접근 방식이지만, 그 밖에도 여러 가지 접근 방식이 있다.

기업의 수익성을 결정짓는 요인들이 서로 영향을 미친다는 점을 고려하면 특정 기업의 잠재 수익률은 시장과 상호 의존적이고 이동 장벽이 높은 전략 집단 사이에서 전개되는 경쟁 결과에 큰 영향을 받게 됨을 알 수 있다. 이동 장벽이 높은 전략 집단은 그 집단 내부의 경쟁이 지나치게 치열하지 않는 한 이동 장벽이 낮은 전략 집단보다 잠재 수익률이 더 크다. 그러나 어느 전략 집단 내부의 경쟁이 치열하게 벌어져 판매 가격과 이윤이 함께 떨어지게 된다면, 이동 장벽이 낮고 또 그 전략 집단과 상호 의존적인 관계에 놓인 다른 전략 집단의 수익성도 함께 떨어지는 결과를 가져올 수 있다. 가격을 인하하면 또는 광고나 경쟁 형태로 비용이 상승하면) 그 영향은 판매 시장의 상호 의존성에 따라 이동 장벽이 낮은 전략 집단으로 확산되고, 또 이 집단에 속한 기업들이 대응 조치를 할 수밖에 없는 상황에 처하면서 그 기업들의 이윤마저 떨어지게 될 것이다. 이런 점은 전략 집단을 선택하는 과정에서 반드시 고려되어야 할 위험 요소라 하겠다.

청량음료 산업에서 좋은 사례를 찾아볼 수 있다. 만약 코카콜라와 펩시가 가격 경쟁이나 광고 경쟁을 벌인다면 그들의 이윤은 감소하겠지만, 그 감소폭은 동일한 고객을 상대로 경쟁을 벌이는 지역 기반의 또는 지방의 소규모 음료 회사들보다는 적을 것이다. 즉 코카콜라나 펩시 또는 높은 이동 장벽의 보호를 받는 그 밖의 대규모 기업들이 경쟁을 벌이면, 지방의 소규모 회사들은 이윤이 감소할 뿐만 아니라 상대적인 시장점유율에도 타격을 받게 된다.

■ 대기업이 중소기업보다 수익성이 높은가?

최대의 시장점유율이 최상의 수익률을 가져다 준다는 전략에 대해 많은 논란이 있었다. 앞의 분석 결과에 따르면 이러한 전략이 사실인지 여부가 주변 여건에 의해 좌우된다는 점을 알 수 있다. 특정 산업 내의 대기업이 중소기업보다 이동 장벽이 높은 전략 집단 속에서 경쟁을 벌이더라도 공급자나 구매자들보다 더 강력한 영향력이 있고, 또 다른 집단들과의 경쟁에도 훨씬 앞서 있다면, 그 대기업은 분명 중소기업보다 수익성이 더 높을 것이다. 양조나 화장품 및 TV 제조 산업처럼 생산, 유통, 서비스, 전국 규모의 광고 활동 등에서 규모의 경제가 뚜렷하게 나타나는 부문에서는 보통 대기업이 중소기업보다 수익률이 더 높다. 만약 생산, 유통 및 그 밖의 영역에서 규모의 경제가 크지 않다고 한다면 중소기업은 전문화 전략을 통해 대기업보다 더 높은 제품 차별화나 기술적 선진화, 특정 제품에 대한 우수한 서비스 체계를 갖출 수 있을 것이다. 그리고 이와 같은 산업에서는 중소기업이 규모가 크고 폭넓은 제품 라인을 갖춘 대기업보다 수익성이 더 높을 것이다(여성 의류나 카펫 산업 등).

시장점유율이 낮은 기업이 점유율이 높은 기업보다 수익률이 더 좋다는 주장이 종종 나오기도 하는데, 이런 경우는 산업 간의 경계를 명확하게 구분하지 못해 발생하는 오해다. 시장점유율이 수익성을 좌우하는 가장 큰 요인이라고 주장하는 사람들은, 시장을 협의적인 의미로 해석해서 중소기업이 특정한 전문 시장 영역에서 제품 라인이 다양한 대기업보다 높은 시장점유율을 차지한다고 주장한다. 그러나 이 경우, 폭넓은 제품 라인을 가진 대기업이 가장 높은 수익을 올리는 시장마저 협의의 의미로 파악하게 된다. 대기업이 전문적으로 세분화된 모든 시장에서 반드시 가장 높은 점유율을 차지하지는 못한다 하더라도, 시장 전체를 놓고 보면 최고의 점유율을 차지하는 경우가 흔하다. 시장점유율이 낮은 기업이 전문화된 특수한 시장에서 높은 수익을 올리고 있다면 다음과 같은 의문이 제기될 수 있다. 즉 기업은 어떤 상황에서 방대한 제품 라인을 가진 기업이 이룬 규모의 경제와 제품 차별화에 영향을 받지 않으면서 전문화 전략(즉, 단 하나의 전략적 선택 방안만을 취하는 것)을 택할 수 있는가? 또 전체적인 시장점유율이 큰 영향을 미치지 않는 산업 상황이란 어떤 것인가? 이러한 의문에 대한 해답은 앞서 설명한 이동 장벽의 구조적 특성 및 기업 특유의 특성에 좌우되기 때문에 산업마다 다르다.

중소기업이 대기업보다 수익률이 훨씬 높은 산업 부문(4% 이상)	중소기업이 대기업보다 수익률이 높은 산업 부문(0.5~4% 정도)	대기업이 중소기업보다 수익률이 높은 산업 부문(2.5~4% 정도)	대기업이 중소기업보다 훨씬 높은 산업 부문(4% 이상)
• 육류 제품 산업 • 주류 산업 • 정기간행물 산업 • 카펫 산업 • 가죽 제품 산업 • 광학, 의료 및 안과 재료 산업	• 제당 산업 • 담배(궐련 제외) 산업 • 섬유 산업 • 여성 의류 산업 • 남성 의류 산업 • 신발류 산업 • 도자기 및 관련 제품산업 • 전기 조명 장치 산업 • 장난감 및 스포츠 용품	• 낙농 산업 • 곡물 산업 • 맥주 산업 • 제약 산업 • 보석 산업	• 와인 산업 • 청량음료 산업 • 비누 제조 산업 • 향수, 화장품 및 화장실 제품 산업 • 페인트 산업 • 식기, 수동식 공구 및 일반 철물 산업 • 가정용품 산업 • 라디오, TV 제조 산업 • 사진용품 산업

⟨표 7-1⟩ 산업 선도 기업과 추종 기업의 상대적인 수익률

경험에 따르면 시장점유율의 높고 낮음이 수익성과 관련되는 것 역시 산업에 따라 다르다는 점을 알 수 있다. ⟨표 7-1⟩은 산업 총판매량의 최소한 30퍼센트 이상을 차지하는 대기업의 자기 자본 이익률(rate of return on equity)을 같은 산업 내의 중소기업의 수익률과 비교한 것이다(자산 규모가 50만 달러 이하인 소규모 기업은 제외했다). 놀라운 점은 38개 중 15개 산업 부문에서 중소기업이 대기업보다 더 높은 수익을 올렸다는 사실이다. 대기업의 수익률이 오히려 낮은 산업은 일반적으로 규모의 경제가 크지 않거나 아니면 전혀 발휘되지 못하거나(의류, 신발류, 도자기, 육류, 카펫 산업 등), 시장이 고도로 세분화된 경우다(광학, 의료 및 안과 재료, 주류, 정기 간행물, 장난감 및 스포츠 용품 산업 등). 이와 반대로 대기업이 중소기업보다 높은 수익률을 보

이는 산업은 일반적으로 대규모 광고 활동이 필요한 부문이거나(비누, 향수, 청량음료, 곡물, 식기 산업 등) 연구 개발비가 많이 지출되거나, 또는 생산 부문에서 규모의 경제가 요구되는 경우다(라디오 및 TV 제조, 제약, 사진용품 산업 등). 이러한 결과는 예상을 크게 벗어나지 않는다.

■ 전략 집단과 비용상의 위치

전략 수립과 관련해 최근 두드러지게 나타나고 있는 또 다른 관점은 비용상의 입지가 경쟁전략을 수립하는 데 있어 유일하게 지속가능한 요소라는 점이다. 이러한 관점에 따르면 최적의 원가 우위를 확보한 기업은 다른 전략 집단이 기반으로 삼는 전략, 즉 제품 차별화나 기술, 서비스 등의 영역을 언제나 침범할 수 있다는 것이다.

그러나 이런 관점은 원가 우위를 유지하는 일이 결코 쉬운 일이 아니라는 사실만을 제외하고는 잘못된 판단이다. 2장에서 설명한 바와 같이 대부분의 산업은 여러 가지 방법으로 이동 장벽을 만들거나 견고한 구조적 기반을 다진다. 이처럼 전략이 다르다보면 운영 정책들이 보통 차이가 나고 자주 충돌하기도 한다. 기업이 한 가지 전략의 효율성을 극대화하려 다보면 다른 전략에서 요구되는 효율성은 높이기가 어렵다. 전략 집단 내부에서 원가 우위를 차지하는 것은 매우 중요하지만, 그렇다고 원가 우위가 반드시 중요하거나 유일한 경쟁 방법은 아니다. 전반적인 원가 우위를 성취할 때는 제품 차별화나 기술, 서비스 등 다른 전략 집단이 경쟁전략의 바탕으로 삼는 부분들은 희생되는 경우가 많다.

그러나 원가 우위가 아닌 다른 전략을 기반으로 삼고 있는 집단은 전반적인 원가 우위를 추구하는 집단과의 비용 차이에 끊임없는 주의를 기울여야 한다. 이 차이가 너무 현격해지면 구매자들은 품질이나 서비스, 기술, 그 밖의 부분이 뒤떨어지더라도 값싼 제품 쪽으로 이끌리기 쉽다. 이런 면에서 전략 집단 간의 상대적인 비용상의 입지는 중요한 전략적 변수 기능을 한다.

전략 수립과 관련된 문제들

경쟁전략을 수립한다는 것은 특정한 산업 내에서 '어느 전략 집단에 들어갈 것인가' 하는 문제로 볼 수 있다. 이 같은 선택의 대상은 잠재적 이윤과 진입 비용을 맞바꿔야 하는 기존 전략 집단일 수도 있고, 또 스스로 만들어내야 하는 전혀 새로운 전략 집단일 수도 있다. 산업 내부의 구조적 분석은 특정 기업의 특수한 전략적 입지 설정의 성공을 결정짓는 요인들을 밝히기 위함이다.

서론에서 언급한 것과 같이 전략 수립을 위한 가장 일반적인 지침은 기업의 장단점, 특히 기업의 두드러진 능력이 기업 환경의 기회와 위험 요인에 알맞게 발휘되도록 하는 것이다. 산업 내부의 구조적 분석의 원칙은 기업의 장단점이나 두드러진 능력 그리고 그 산업이 제공하는 기회나 위험이 어떠한 것인지 훨씬 구체적이고 명확하게 밝혀줄 것이다. 기업의 장

장점	단점
• 기업이 속한 전략 집단을 보호해주는 이동 장벽을 쌓는 요인들 • 기업이 속한 집단이 구매자 및 공급자들과 협상하는 힘을 강화해주는 요인들 • 다른 기업들의 경쟁적 대결의 영향으로부터 기업이 속한 집단을 보호하는 요인들 • 집단 내의 다른 기업들에 비해 상대적으로 큰 기업 규모 • 다른 기업들보다 전략 집단에 대한 진입 비용이 적게 드는 요인들 • 경쟁사들에 비해 상대적으로 강한 전략 실행력 • 이동 장벽을 극복하게 해주고 보다 바람직한 전략 집단으로 나아가게 해주는 자원과 기술	• 소속된 전략 집단을 보호해주는 이동 장벽을 오히려 낮게 만드는 요인들 • 기업이 속한 집단이 구매자 및 공급자들과 협상하는 힘을 약화시키는 요인들 • 다른 기업들의 경쟁적 대결의 영향에 소속 전략 집단을 쉽게 노출시키는 요인들 • 집단 내의 다른 기업들에 비해 상대적으로 작은 기업 규모 • 다른 기업들보다 전략 집단에 대한 진입 비용이 많이 들게 하는 요인들 • 경쟁사들에 비해 상대적으로 약한 전략 실행력 • 이동 장벽을 극복하게 해주고 보다 바람직한 전략 집단으로 나아가게 해주는 자원과 기술의 부족

〈표 7-1〉 기업의 장점과 단점 비교

점과 단점은 다음과 같은 것들이 있다.

예를 들어 특정 전략 집단의 이동 장벽이 폭넓은 제품 라인이나 독점적 기술, 축적된 경험에 의한 비용의 이점에 바탕을 두고 있다면, 이러한 이동 장벽의 원천은 소속 기업의 주요한 강점을 반영하고 있는 것이다. 또 특정 산업 내에서 가장 유리한 위치에 있는 전략 집단이 독점적인 유통 및 서비스 조직을 통한 규모의 경제에 바탕을 두고 있다면, 이러한 요인을 갖추지 못한 기업은 바로 그 요인이 핵심적인 약점으로 작용할 것이다. 구조적 분석은 경쟁사들과 비교해서 특정 기업의 장단점을 체계적으로 규명할 수 있는 기본 틀을 제시한다. 이러한 장단점은 고정된 것이 아니라 산업이 발전하면서 전략 집단의 상대적인 위치가 재편성되거나 또는 기업들이 그들의 구조적 기반을 바꾸기 위해 기술 혁신이나 대규모 투자를 할 때 변할 수 있다.

기업의 장단점을 파악하게 해주는 이 같은 기본 체계는 구조상의 형태와 실행상의 형태라는, 근본적으로 다른 2가지 형태를 보여준다. 구조적 장단점은 이동 장벽이나 상대적인 교섭력의 결정 요인과 같은 산업 구조의 기본적인 특성과 연관되는 것이다. 구조적 장단점은 상대적으로 안정적이며 극복하기 어렵다. 반면, 기업의 전략 집행 능력에 바탕을 둔 실행상의 장단점은 인력 및 관리 능력과 연관된다. 따라서 반드시 그렇지는 않다 하더라도 실행상의 장단점은 상대적으로 지속력이 부족하다. 어떤 경우에서건 2가지 형태의 장단점은 전략 분석에서 뚜렷하게 구분해야 한다.

기업이 활동하고 있는 산업 내에서 맞게 되는 '전략적 기회'들은 이러한 개념들을 이용할 경우 더욱 구체화할 수 있다. 기회는 다음과 같은 여러 가지 형태로 나눌 수 있다.

- 새로운 전략 집단의 형성
- 보다 유리한 기반을 갖춘 전략 집단으로의 이동
- 소속 전략 집단의 구조적 기반이나 그 집단 내에서 차지하는 기업 자체의 입지 강화
- 새로운 전략 집단으로 이동하여 그 집단의 구조적 기반을 강화

전략적 기회 중에서 가장 큰 강점을 가지는 것은 새로운 전략 집단을 형성하는 것이다. 기술적 변화나 산업 구조의 발전이 완전히 새로운 전략 집단의 형성을 가능하게 하는 경우가 종종 있다. 그러한 자극적 유인이 없을 때라도 선견지명이 있는 기업은 다른 기업이 인식하지 못하는 새롭고 유리한 전략 집단의 형성 기회를 포착할 수 있다. 아메리칸 모터스는 1950년대 중반에 독특한 판매 기반을 지닌 소형차를 개발하여 포드, GM, 크라이슬러 등 미국 3대 자동차 제조사에 대한 현저한 열세를 극복하기도 했다. 또 타이맥스는 새로운 생산 방식과 유통 및 판매 방법을 결합해 값싸고 품질 좋은 시계를 생산하여 큰 성공을 거두었다. 헤인즈(Hanes)는 양말 산업에서 레그스 전략(L'eggs strategy)으로 완전히 새로운 전략 집단을 만들었다. 선견지명이 쉬운 것은 아니지만, 구조적 분석을 이용하면 가장 높은 보상을 기대할 수 있는 새로운 변화의 영역으로 생각을 전환할 수 있을 것이다.

전략적 기회의 두 번째 형태는 산업 내에서 보다 유리한 기반을 가진 전략 집단을 선택해서 들어가는 것이다.

전략적 기회의 세 번째 형태는 소속 전략 집단의 구조적 기반이나 그 집단 내에서 자신들의 입지를 호전시키는 투자나 조정 가능성을 말한다. 가령 이동 장벽을 높이거나 대체재에 대한 입지를 강화하거나, 판매 능력을 강화하는 것 등이 그것이다. 그러한 투자나 조정은 새롭고 보다 나은 전략 집단의 형성 기회로도 활용할 수 있다.

전략적 호기의 마지막 형태는 다른 전략 집단으로 들어가 그 집단의 이동 장벽을 높이거나 집단의 기반을 강화하는 것이다. 산업의 구조적 진화는 이러한 변화를 야기하고, 나아가 전략 집단 속에서 기업의 입장을 강화해주는 훌륭한 가능성을 열어준다.

기업이 활동하고 있는 산업 내에서 당면하게 되는 여러 가지 위험 또한 동일한 개념들을 이용하여 밝혀낼 수 있다.

- 다른 기업들이 소속 전략 집단에 파고들 위험
- 소속 전략 집단의 이동 장벽을 낮추고, 구매자 및 공급자에 대한 협상력과 대체재에 대한 상대적 입지를 약화시키고, 보다 큰 경쟁적 대결에 노출되는 위험
- 이동 장벽의 강화를 통해 기업의 입장을 공고하게 하기 위한 투자에 수반되는 위험
- 보다 바람직한 전략 집단으로 들어가기 위한 이동 장벽 극복 노력이나 전혀 새로운 전략 집단을 만들려는 노력에 수반되는 위험

첫 번째와 두 번째 위험은 기업의 현재 입지에 가해지는 위험이나 아무런 대응을 하지 못하는 데 따르는 위험으로 볼 수 있으며, 특히 두 번째 위험은 기회의 추구를 방해하는 위험 요인이 될 수 있다.

기업의 전략 선택이나 소속되고자 하는 전략 집단의 선택에는 이러한 모든 요인들이 상관성을 가진다. 상당수의 전략적 돌파구는 산업 구조의 변화를 통해 일어난다. 구조적 분석은 산업 구조와 연결된 기업의 현재

전략적 입지가 시장에서의 성과로 바뀌는 방법을 보여준다. 산업 구조가 변하지 않는다면, 다른 전략 집단으로 이동하면서 이동 장벽을 극복하는 데 소요되는 비용이 그 전략 집단으로 이동해서 얻을 수 있는 혜택을 완전히 상쇄할 것이다. 그러나 구조적으로 유리한 전혀 새로운 전략적 입지를 포착할 수 있거나 산업의 발전으로 이동 부담이 낮아졌을 때 전략적 위치를 바꾼다면, 진정한 의미의 큰 경영 성과를 얻을 수 있을 것이다.

2장에서 설명한 3가지 형태의 본원적 전략은 성공적으로 전략적 입지를 구축하기 위한 일관성 있는 접근 방식을 제시해주었다. 이러한 접근법들은 특정 산업의 경제적 상황에 따라 성공의 여부가 판가름 나는 다양한 종류의 전략 집단이라고 볼 수 있다. 이 장에서는 본원적 전략의 분석에 보다 풍부한 예시를 더하려고 노력했다. 이 장의 분석 결과를 바탕으로 할 때 본원적 전략은 그 형태는 다르다하더라도 이동 장벽(구매자, 공급자, 대체재에 유리한 입장)과 경쟁적 대결로부터 방어막을 구축하는 것에 기초하고 있음이 분명하다. 따라서 구조적 분석을 산업 내부로 확대한 것은, 본원적 전략의 개념을 보다 명확하고 실행적인 형태로 구체화한 한 방법이라고 하겠다.

분석 도구로서의 전략 집단 지도

이제 분석 도구로 활용할 수 있는 전략 집단 지도에 대한 논의로 다시 돌아가 보자. 전략 집단 지도는 특정 산업 내의 경쟁 상황을 보여주고, 산업의 변화와 또 이러한 추세가 그 산업에 어떤 영향을 미치는지 살펴볼 수 있는 매우 유용한 도구다.

전략 집단을 도식화할 때 가로축과 세로축의 전략적 변수는 반드시 전문 분석가들이 선정해야 한다. 그렇게 했을 때 얻을 수 있는 몇 가지 유용한 결과는 다음과 같다. 첫째, 양축으로 사용할 가장 좋은 전략적 변수들은 대상이 되는 산업의 '핵심적인 이동 장벽을 결정하는' 것이어야 한다. 예를 들어 청량음료 산업에서는 브랜드 인지도와 유통 경로가 핵심적인 이동 장벽의 요소가 되는데, 이 2가지가 전략 집단 지도의 양 축으로 이용되어야 한다는 것이다. 둘째, 전략 집단 지도를 만들 때는 같은 방향으로 작용하지 않는 전략적 변수들을 양 축으로 선정해야 한다. 만약 제품 차별화를 달성한 기업이 동시에 폭넓은 제품 라인까지 가지고 있다면, 이 두 변수는 전략 집단 지도의 축으로 적합하지 않다. 그보다는 그 산업의 전략적 결합의 다양성을 반영하는 변수들을 선택해야 할 것이다. 셋째, 양축의 변수로 연속적이거나 변화가 없는 변수만을 선택할 필요는 없다. 기계톱 산업에서는 목표가 되는 유통 경로가 대리점, 도매상, 또는 PL 제품(private label: 유통 업체의 브랜드로 판매되는 제품)의 판매상들이다. 일부 기업들은 이 중 어느 하나를 유통 경로로, 다른 기업들은 복수나 전부를 유통 경로로 삼고자 할 것이다. 대리점은 판매 전략이라는 측면에서 PL 제품의 판매상들과 대척점에 있으며 도매상은 이 둘의 중간쯤 되는 위치에 있다. 전략 집단 지도에서는 기업을 〈그림 7-3〉처럼 배치하는 것이 기업의 전략

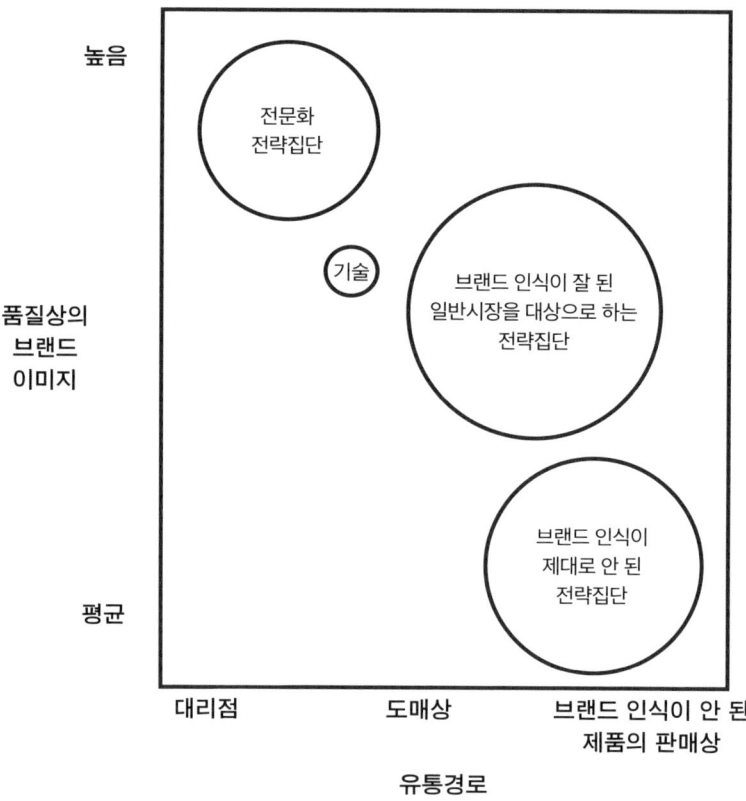

<그림 7-3> 미국 기계톱 산업의 전략 집단 지도

적 특색을 드러내는 데 가장 효과적이다. 기업의 위치는 이들이 활용하는 유통 경로를 반영한다.

이처럼 여러 가지 전략적 차원들을 다양하게 결합해 몇 가지 전략 집단 지도를 작성할 수 있는데, 여러 개의 전략 집단 지도를 만들어 놓으면 분석가들이 핵심적인 경쟁 이슈를 파악하는 데 도움이 될 것이다. 전략 집단 지도는 경쟁 관계의 진단에 도움이 되는 도구라 할 수 있으며, 접근 방법도 한 가지만 있는 것은 아니다.

특정 산업의 전략 집단 지도를 작성하면, 다음과 같은 여러 가지 분석 단계를 조명해볼 수 있다.

• **이동 장벽의 확인** | 다른 전략 집단의 경쟁적인 공격으로부터 개별 전략 집단을 보호해주는 이동 장벽을 확인할 수 있다. 〈그림 7-3〉처럼 고품질 제품과 대리점 판매를 중심으로 하는 전략 집단의 이동 장벽은 기술과 브랜드 이미지, 대리점 조직망이다. 한편 PL 전략 집단은 규모의 경제, 축적된 경험 그리고 PL 제품 소비자들과의 관계가 이동 장벽으로 작용한다. 이러한 분석은 다양한 전략 집단에 대한 위험 요인과 기업 간의 전략적 입지의 변화를 예측하는 데 매우 유용하다.

• **주변 전략 집단의 확인** | 이 장의 앞부분에서 설명한 구조적 분석은 전략적 기반이 확고하지 않은 주변 전략 집단을 드러내준다. 이러한 전략 집단은 철수나 다른 전략 집단으로의 이동을 시도할 가능성이 많다.

• **전략적 이동 방향의 도식화** | 전략 집단 지도의 가장 유용한 기능은 기업의 전략이 이동하거나 산업의 전반적인 관점에서 바뀌는 방향을 도표화하는 데 있다. 이는 아주 간단한 작업으로, 전략 집단 내·외의 특정

기업이 움직여가는 방향 쪽으로 화살표를 그리면 된다. 모든 전략 집단의 전략적 이동 방향을 표시해보면, 어떤 기업이 다른 기업 및 집단과 전략적인 분리 현상을 보이는지 알 수 있다. 이처럼 전략적으로 유리한 점이 특히 목표한 시장 영역에서 두드러지게 나타난다면 그 산업 내의 경쟁 상태 안정에 도움이 될 것이다. 이러한 도표는 또한 어느 방향으로 전략적 위치가 집중되는지 보여준다. 이러한 집중화 현상은 매우 불안정한 상황을 조성할 가능성이 많기 때문에 피하는 것이 좋다.

- **전반적인 추세 파악** | 특정 산업의 전반적인 추세를 감안하면서 전략 집단 지도를 분석해보면 여러 가지 사실을 파악할 수 있다. 전반적인 추세가 일부 전략 집단의 활력을 앗아가고 있는가? 특정 전략 집단 내의 기업들은 어느 방향으로 이동하고 있는가? 이러한 추세로 일부 전략 집단이 쌓아놓은 이동 장벽은 더 높아질 것인가? 이러한 추세로 전략 집단은 특정한 전략적 차원에 따라 별개의 전략 집단으로 나뉠 것인가? 이러한 모든 요소들은 산업 진화에 대한 예측을 가능하게 해준다.

- **반응에 대한 예측** | 전략 집단 지도는 산업이 어떤 사태에 대해 보이는 반응을 예측하는 데에도 이용할 수 있다. 특정 전략 집단 내의 기업들은 그들의 전략적 유사성을 고려하여 장애 요인이나 추세에 대칭적으로 반응하는 성향이 있기 때문이다.

산업의 진화

산업 구조 분석은 산업 내부에서 작용하는 경쟁 요인을 이해하기 위해 필요한 체계를 제공한다. 앞에서 설명했듯이 경쟁 요인은 경쟁전략 개발에 결정적인 역할을 한다. 한 가지 분명한 사실은 산업 구조는 변화하며 그 변화는 종종 근본적인 방식으로 일어난다는 것이다. 이러한 변화의 사례로 미국 양조 산업은 진입장벽과 집중화의 정도가 현저하게 높아졌으며, 또 아세틸렌 생산업은 대체재의 등장으로 심각한 압박을 받았다.

산업의 진화는 전략 수립에 절대적으로 중요하다. 산업의 진화에 따라 특정 산업이 가진 투자 기회의 기본적 매력이 커지기도 작아지기도 하며, 이에 맞춰 산업 내의 기업들의 전략을 수정하기도 한다. 산업의 진화 과정을 파악하거나 또 앞으로의 변화를 예측할 수 있다는 것은 매우 중요한 일이다. 왜냐하면 변화의 필요성이 한층 부각됨에 따라 전략적인 대응 비용은 증가하고, 또 가장 먼저 변화를 포착하고 이에 대응하는 전략을 먼저 세우는 기업이 가장 큰 이득을 얻을 수 있기 때문이다. 2차 대전 직후 영농 기계 산업의 구조는 크게 변했고 기업의 지원과 신용을 받는 강력한 독점적 판매망의 중요성이 크게 높아졌다. 이러한 변화를 재빨리 알아차린 기업은 판매 조직을 뜻대로 선택할 수 있었다.

이 장에서는 특정 산업의 진화 과정을 예측하고, 그 과정이 경쟁전략 수립에 미치는 중요성을 인식하는 데 도움이 되는 분석 도구를 제시하겠다. 우선 산업 진화 과정을 분석하기 위해 기본이 되는 몇 가지 개념을 설명한 다음 산업 변화의 바탕에 있는 추진력을 밝히고, 끝으로 진화 과정에서 나타나는 몇 가지 중요한 경제적 관계와 이와 관련된 전략적 의미를 살펴보겠다.

산업 진화의 기본개념

산업 진화의 분석은 1장에서 다룬 구조적 분석의 기본 체계를 출발점으로 삼아야 한다. 산업 변화는 그 변화가 5가지 경쟁 요인의 핵심에 영향을 미칠 것으로 보일 때 전략적 중요성을 지닌다. 그렇지 않을 때는 전술적 의미에서만 중요하다. 산업의 진화를 분석하는 가장 간단한 접근 방식은 다음과 같은 질문을 제기하는 것이다. 그 산업에서 개별 구조적 요소들에 영향을 미치는 어떤 변화가 일어나고 있는가? 예를 들어 그 산업에서 이동 장벽의 증감을 암시하는 어떤 추세가 있는가? 구매자나 공급자에 대한 상대적인 능력이 강화 또는 약화되고 있는가? 개별 경쟁 요인과 그 바탕에 깔린 경제적 원인들에 이 같은 의문을 제기하면 산업의 진화와 관련된 중요한 문제들의 윤곽이 드러나게 될 것이다.

이와 같은 구체적 접근 방식을 출발점으로 삼는다 하더라도 그것만으로 충분한 것은 아니다. 현재 벌어지고 있는 산업의 변화가 어떤 것인지도 명확하게 파악하지 못하는 경우가 많은데, 하물며 앞으로 벌어질지 모르는 변화를 예측한다는 것은 더욱 어려운 일이기 때문이다. 산업의 진화를 예측하는 것이 얼마나 중요한 일인지 감안한다면, 앞으로 예상되는 산업 변화의 패턴을 예측하는 데 도움이 될 몇 가지 분석 기법을 알아두는 것이 좋을 것이다.

■ 제품 수명 주기 이론

제품 수명 주기(product life cycle) 이론은 산업 진화의 경로를 예측하는 데 활용되는 기본적인 개념이다. 이 가설의 내용은 〈그림 8-1〉에 예시된 것처럼 산업이 몇 개의 국면이나 단계(도입기·성장기·성숙기·쇠퇴기)를 거친다는 것이다. 이러한 단계들은 산업 매출액 성장률의 변곡점으로 구분할 수 있다. 산업의 성장은 혁신과 신제품의 확산 과정으로 S자형 곡선의 형태를 띠게 된다. 산업 성장의 도입 국면이 평면과 다름없는 완만한 곡선을 보이는 것은 구매자의 무관심을 극복하고, 신제품을 구매하도록 자극하는 일이 매우 어렵다는 사실을 보여주는 것이다. 점차 제품의 우수성이 입증되어 많은 구매자들이 몰려들게 되면서 성장기를 맞는다. 그 다음이 제품의 잠재적 구매자들까지 모두 모여들어 시장이 포화 상태에 이르면 급격한 성장세는 중단되고, 관련 구매자 집단의 기본적인 수준으로 안정적인 성장률을 보이게 된다. 이것이 성숙기다. 그리고 새로운 대체재가 등장하면서 성장은 끝을 맺는다.

산업이 자체의 수명 주기를 거치는 동안 경쟁의 특성도 바뀐다. 〈표 8-1〉을 보면 산업이 수명 주기를 거치는 동안 어떻게 변화하며, 또 그 변화가 전략에 어떤 영향을 미치는지 알 수 있다.

제품 수명 주기 이론은 다음과 같은 몇 가지 지점에서 타당성 있는 비판을 받아왔다.

- 각 단계의 기간은 산업에 따라 광범위한 차이를 보이고, 또 산업이 어느 단계에 놓여 있는지 명확하지 않다. 이런 문제점 때문에 계획을 세울 때 사용하는 도구로 적합한지 의문이다.
- 산업 성장이 언제나 S자형 패턴을 따르는 것은 아니다. 어떤 때는 성장기에서 성숙기를 거치지 않고 바로 쇠퇴기로 넘어가는 경우가 있는가 하면, 또 모터사이클 및 자전거 산업이나 라디오 방송처럼 쇠퇴기 이후에 다시 살아나는 경우도 있다. 어떤 산업에서는 도입기의 완만한 성장세를 건너뛰는 것처럼 보이기도 한다.
- 기업들은 제품 혁신과 기반 재정립, 제품 용도의 다양화 등으로 성장 곡선의 형태를 변형할 수도 있다. 만약 기업이 제품의 수명 주기를 마치 운명처럼 받아들인다면, 스스로 바람직하지 않은 방향을 알면서도 향해가는 셈이 된다.
- 제품 수명 주기의 각 단계가 결부된 경쟁의 성격은 산업에 따라 다

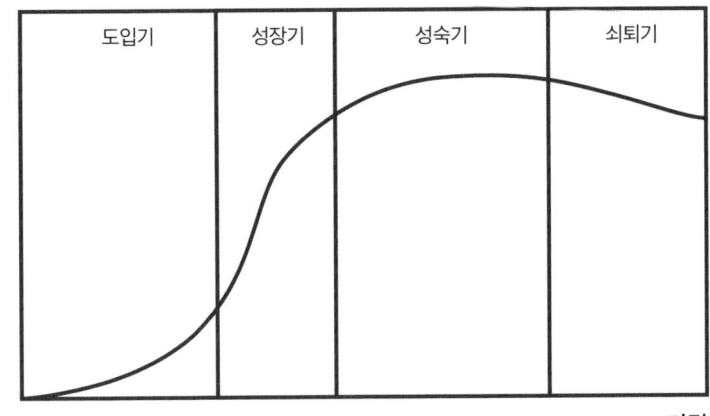

<그림 8-1> 제품 수명 주기의 4단계

르다. 일부 산업은 격심한 경쟁 집중 상태로부터 출발하여 그 상태가 그대로 지속된다. 또 현금 인출기 제조와 같은 산업에서는 상당 기간 집중적인 경쟁 상태를 보이다가 나중에는 약화되기도 한다. 또 다른 산업에서는 처음에 경쟁이 분산되어 있다가 나중에 일부는 통합·정리되고(자동차 산업의 경우), 다른 일부는 그 상태를 유지하기도 한다(전자 부품 유통 산업의 경우). 이처럼 다양한 패턴은 광고, 연구 개발비 지출, 가격 경쟁의 정도, 그 밖의 다른 산업 특성들에도 그대로 적용된다. 이처럼 제품 수명 주기 이론에서 전략적 의미를 찾으려는 노력은 그 유효성에 심각한 의문이 제기된다.

제품의 수명 주기를 산업 진화의 예측 변수로 볼 경우 나타나는 진짜 문제점은, 이것을 언제나 불변인 '하나'의 패턴으로만 본다는 것이다. 또한 산업 성장률을 제외하고는, 제품의 수명 주기와 관련한 경쟁상의 변화가 왜 발생하는지를 설명하는 기본적인 근거가 (거의) 없다는 것이다. 실제 산업 진화는 매우 다양한 경로로 일어나기 때문에 수명 주기 패턴이(비록 이것이 흔하거나 가장 일반적인 진화 패턴이라 하더라도) 언제나 옳은 것은 아니다. 제품 수명 주기 이론은 그 개념이 어느 때에 타당하고, 또 어느 때는 타당하지 못한지 명확하게 가려내지 못한다.

구분	도입기	성장기	성숙기	쇠퇴기
구매자 및 구매자 행동 양상	• 고소득 구매자 • 구매자의 무반응 • 구매자들에게 제품을 사용해보도록 적극 권장함	• 구매 집단 확대 • 소비자들이 제품의 품질 차이를 인정함	• 대량 판매 시장 • 포화 상태 • 반복 구매 • 브랜드를 기준으로 한 선호 구매가 원칙화됨	• 고객들의 제품 선택이 능숙해짐
제품 및 제품 변화	• 열등한 품질 • 제품 디자인과 개발이 중요해짐 • 다양한 제품 변형과 비표준화 • 빈번한 디자인 변경 • 기본 제품 디자인	• 제품의 기술적, 성능상의 차별화 • 복잡한 제품에서는 신뢰성이 관건 • 경쟁적인 제품 향상 • 우량 품질	• 월등한 품질 • 제품 차별화의 축소 • 표준화 • 제품 변화 속도가 완만해지는 대신 사소한 모델 변화가 늘어남 • 중고품의 신품 대체 현상이 두드러짐	• 제품 차별화가 거의 없어짐 • 품질의 균등성 상실
마케팅	• 판매량 대비 높은 광고비	• 광고비가 여전히 높은 수준이지만, 판매량에 대비 비율은 도입기에 비해 떨어짐	• 시장 세분화 • 수명 주기 연장을 위한 노력 • 제품 라인의 확대	• 판매량 대비 광고비와 기타 마케팅 비용 감소

마케팅	• 높은 마케팅 비용	• 의약품의 경우 처방 약품의 판매 촉진이 가장 두드러짐 • 비(非)기술 제품의 경우 광고와 유통 부문이 관건이 됨	• 서비스와 흥정이 일반화됨 • 제품 포장이 중시됨 • 판매량 대비 광고비의 감소 • 광고 경쟁 격화	
생산 및 유통	• 과잉 설비 • 짧은 생산 조업 시간 • 숙련 기술 함유분의 상승 • 높은 생산 원가 • 전문화된 유통 경로	• 과소 설비 • 대량 생산 체제로의 이동 • 유통 경로 확보를 위한 경쟁 • 대량 유통 경로	• 부분적인 설비 과잉 현상 • 설비 최적화 • 생산 공정의 안정성 증대 • 노동 숙련성의 요구 감소 • 안정된 기술을 이용한 생산 조업 시간의 연장 • 마진을 높이기 위해 제품 라인별로 유통 경로를 점진적으로 축소함 • 제품 라인 확대로 유통 비용 증대 • 대량 유통 경로	• 상당한 설비 과잉 현상 • 대량 생산 • 전문화된 유통 경로
연구 및 개발	• 생산 기술의 변경			
무역	• 약간의 수출	• 수출량 대폭 증대 • 수입량 거의 없음	• 수출량 감소 • 수입량 대폭 증가	• 수출량 전무(全無) • 수입량 대폭 증대
전반적인 전략	• 시장점유율을 증대하기 위한 최적기	• 가격이나 품질상의 이미지를 바꾸는 것이 실용적임	• 시장점유율을 증대할 만한 적기가 못됨	• 비용 통제가 관건임

전반적인 전략	• 연구 개발과 기술 부문이 관건이 됨	• 마케팅이 핵심적인 기능이 됨	• 특히 시장점유율이 낮은 기업에는 이 시기가 시장점유율 증대를 도모할 시기가 아님 • 경쟁적인 가격을 유지하는 것이 관건 • 가격이나 품질 이미지를 바꿀 만한 적기가 되지 못함 • 마케팅상의 효율성이 관건	
경쟁	• 경쟁사가 거의 없음	• 경쟁사들의 진출 • 다수의 경쟁사 • 많은 기업 합병과 도산 현상	• 가격 경쟁 재편성 • 개별 브랜드 (private-brand) 증가	• 철수 • 경쟁사 수의 대폭 축소
위험 부담	• 높은 위험 부담	• 성장률이 높아 위험을 부담할 수 있음	• 위험과 안정의 순환적 현상	
마진과 이윤	• 높은 가격과 높은 마진 • 낮은 마진율 • 개별 판매자의 가격 탄력성이 성숙기 정도만큼 높지 않음	• 높은 이윤율 • 최고의 이윤율 • 상당히 높은 가격 • 도입기보다는 가격 하락 • 불경기에 대항할 수 있음 • 기업 취득의 적기	• 가격 하락 • 이윤율 저하 • 마진 저하 • 거래상의 마진율 저하 • 시장점유율과 가격 구조의 안정성 증대 • 기업의 취득 적기가 되지 못하고 기업의 매도도 어려움 • 가격과 마진이 최저수준으로 떨어짐	• 가격과 마진 수준의 저하 • 가격 하락 • 쇠퇴기 후반에는 가격이 상승할 가능성이 있음

〈표 8-1〉 제품 수명 주기 이론에 의한 전략, 경쟁 및 성과의 변화

■ 산업 진화의 예측을 위한 기본 체계

산업 진화를 이끌어가는 실체가 무엇인지 알아보기 위해서는 실제로 진화의 과정을 살펴보는 것이 도움이 될 것이다. 다른 모든 진화와 마찬가지로 산업 또한 변화의 유인이나 압력을 받는 일부 요인들의 작용으로 진화를 거듭하게 된다. 이를 '진화 과정'이라 부른다. 모든 산업은 초기 구조, 즉 산업이 처음 등장할 때부터 존재하는 진입장벽이나 공급자 및 구매자의 영향력 등의 형태로 시작한다. 이러한 구조는 그 산업이 나중에 발전하는 과정에서 갖추게 될 전체적인 형태와는 거리가 먼 것이 보통이다(반드시 그런 것만은 아니다). 초기 구조는 그 산업의 기본적인 경제적·기술적 특성과 산업의 규모가 작아서 겪는 초기의 여러 제약 요인 그리고 초기에 진입한 기업의 기술과 자원 등이 결합되어 구축된 것이다. 규모의 경제에서 잠재적 가능성이 매우 큰 자동차 산업도 처음에는 생산량이 적었기 때문에 초기에는 노동 집약적이고 주문 생산의 형태로 출발했다.

산업은 진화 과정에 따라 '잠재적 구조'로 나아가게 되는데, 그 과정에서 잠재적 구조를 완전히 파악하는 일은 거의 불가능하다. 그러나 기본적인 기술이나 제품 특성, 현재와 잠재적 구매자의 특성 등이 산업 속에 내재해 있는 만큼 앞으로 형성될 가능성이 있는 산업 구조의 범위는 대체로 가늠해 볼 수 있다. 물론 그 구조는 연구 개발의 방향과 성공 여부, 마케팅 방식의 혁신과 같은 요인에 따라 달라진다.

대부분의 산업 진화에서는 산업 내의 기존 기업이나 신생 기업의 투자 결정이 중요한 역할을 한다는 점을 알아야 한다. 기업은 진화 과정에서 나타나는 압력이나 유인에 따라, 새로운 마케팅 방식이나 생산 설비 도입 등에 내재된 가능성을 활용하기 위해 투자에 나선다. 이에 따라 산업의 진입장벽이 바뀌게 되고, 또 공급자 및 구매자에 대응하는 상대적인 영향력도 변하게 된다. 또한 산업 내에서 활동하는 기업의 운(luck)이나 기술, 자원, 지향성 등이 실제로 산업이 밟게 될 진화 경로를 형성할 수 있다. 구조적 변화의 잠재성이 있다 하더라도 어떤 기업도 실현성이 있는 새로운 마케팅 방식을 발견하지 못할 경우에는 산업의 변화가 실제로 나타나지 않을 수도 있다. 또 어떤 기업도 완전 통합된 시설을 갖출만한 재원이 없거나 비용 문제를 깊이 있게 생각해보지 못할 경우에는 잠재적인 규모의 경제가 실현되지 못한다. 혁신이나 기술 발전 또는 특정 기업과 예상 진입 기업의 존재(와 보유 자원)가 산업의 진화에 지극히 중요한 영향을 미치는 만큼, 산업은 다양한 형태와 속도로 진화할 것이며, 때로는 운에 좌우되기도 하기 때문에 정확한 예측이 매우 어렵다.

산업 진화의 과정

기업의 초기 구조, 구조상의 잠재력, 특정 기업의 투자 결정 모두 산업 특유의 진화 요인이라고 할 수 있지만, 그중에서도 일반화할 수 있는 중요한 것들이 있다. 모든 산업에는 공통적이고 또 예측 가능한(또 상호 작용적인) 몇 가지 동적 과정이 있다. 물론 산업마다 그것이 나타나는 속도와 방향은 다를 수 있다. 이를 소개하면 다음과 같다.

- 성장의 장기적인 변화
- 구매자 집단의 변화
- 구매자의 학습
- 불확실성의 감소
- 독점적 지식의 확산
- 경험의 축적
- 규모의 팽창(혹은 축소)
- 투입 비용과 환율의 변화
- 제품 혁신
- 마케팅 혁신
- 공정 혁신
- 인접 산업의 구조적 변화
- 정부 정책의 변화
- 진입과 철수

다음은 각 진화 과정의 결정 인자와 다른 과정과의 연관성 그리고 전략적 의미에 특히 관심을 기울여 설명하겠다.

■ 성장의 장기적인 변화

산업 구조 변동의 가장 흔한 요인은 장기적인 산업 성장률의 변화다. 산업 성장은 그 산업의 경쟁 강도를 좌우하는 가장 중요한 변수로, 시장점유율 유지에 필요한 팽창 속도를 결정해서 수급 균형과 신생 기업에 대한 유인에 영향을 미친다.

장기적인 산업 성장률을 변화시키는 중요한 요인으로는 다음과 같은 5가지가 있다.

- 인구 통계적 요인

소비재에서는 인구 통계(demographics)의 변화가 특정 제품의 소비자 집단 규모와 또 이로 인한 수요 증가율을 결정하는 중요한 요인이다. 특정 제품의 잠재적 구매자 집단은 넓게는 가구 전체라고도 볼 수 있지만 대개는 특정한 연령층이나 소득 수준, 교육 수준, 지리적 위치 등으로 구분되는 구매자들로 구성된다. 인구가 증가하는 연령층과 소득 수준의 분포 그리고 인구 통계적 요인들의 변화 등은 수요의 변동과 직접적으로 연결된다. 이런 상황을 설명하는 가장 좋은 예로 출산율 감소로 미국의 유아용품 수요도 감소한 것을 들 수 있다. 반면 2차 대전 이후의 베이비 붐 세대가 지금 25~35세 연령 집단을 이루며 그들을 주 고객으로 하는 산업은 호황을 누리고 있다. 인구 통계적 요인의 변화는 음반과 제과 산업에도 잠재적인 문제점이 있음을 알게 해 준다. 음반이나 과자류는 전통적으로 20세 이전의 연령층에 집중적으로 판매되는데 출산율이 계속 떨어져 수요가 감소할 것으로 전망되기 때문이다.

인구 통계적 요인의 변화는 '소득 탄력성'에 의해서도 부분적으로 영향을 받는다. 즉 소득이 증가함에 따라 제품의 수요에 변화가 일어난다는 것이다. 어떤 상품의 경우(예를 들면 밍크 모피로 만든 골프 클럽 커버)는 소득과 관계없이 수요가 늘어나고, 또 어떤 상품의 경우 수요가 소득 증가분에 비례하지 못하거나 오히려 떨어지는 경우도 있다. 특정 산업의 제품이 둘 중 어디에 해당하는지 밝혀내는 일은 전략적인 관점에서 중요하다. 국내 시장이나 국제 시장에서 구매자의 일반적인 소득 수준이 변할 때, 이것이 산업의 장기적인 성장에 어떤 영향을 미칠 것인지 예측하는 데 매우 중요한 역할을 하기 때문이다. 때때로 산업은 제품 혁신을 통해 소득 탄력성의 규모 이상이나 이하로 제품을 변화시킬 수 있다. 하지만 그렇다고 해서 소득 탄력성의 영향이 반드시 예상된 결과로 이어지는 것은 아니다.

산업재의 경우는 인구 통계적 요인이 구매자 산업의 수명 주기에 영향을 주어 다시 생산재의 수요에 영향을 미친다. 즉 인구 통계적 요인은 완제품에 대한 소비자 수요에 영향을 미치고, 이는 완제품에 부품을 공급하는 산업들로 점차 확산된다.

기업은 제품 혁신이나 새로운 마케팅 방식, 부가적인 서비스 제공 등으로 제품에 대한 구매자 집단을 확대시킴으로써 인구 통계적 요인이 미치는 부정적 영향에 대처할 수 있다. 이 같은 접근 방법은 규모의 경제 수준을 높이거나 교섭력이 약한 다른 구매자 집단과 거래하는 방식으로 산업 구조에 영향을 미칠 수도 있다.

- 수요 추세

특정 산업의 제품 수요는 생활 방식이나 취향, 철학 또는 구매자들이 처한 사회적 상황의 변화에 의해 영향을 받는다. 예를 들어 1960년대 말과 1970년대 초 미국에서는 '자연'으로 돌아가자는 움직임과 여가 시간의 증가, 캐주얼 복장의 유행, 과거에 대한 향수 등 여러 가지 새로운 변화의 물결이 일어났다. 이러한 추세로 배낭과 청바지 같은 용품에 대한 수요가 폭발적으로 늘어났다. 교육계에서 일어난 '기본으로 돌아가자'는 운동은 독서와 작문의 표준화에 관련된 용품의 수요를 새롭게 만들어냈다. 또한 범죄 발생률의 증가, 여성의 사회적 역할 변화 그리고 건강에 대한 높은 관심 등의 사회적 상황에 따라 관련 제품의 수요가 증가하기도 하고 감퇴하기도 한다.

이 같은 수요 변화의 추세는 완제품에 대한 직접적인 수요뿐만 아니라 중간 산업 제품의 수요에도 간접적인 영향을 미친다. 욕구 변화의 추세는 특정 산업의 전체적인 수요는 물론, 그 산업의 특정 시장 영역에도 영향을 미친다. 욕구는 새롭게 만들어지기도 하지만 사회적 추세에 따라 더욱 강렬해지기도 한다. 절도 범죄가 크게 늘어나면서 경비원이나 자물쇠, 금고, 도난 경보기 등의 수요가 크게 늘어난 것이 알맞은 예다. 도난으로 인한 피해가 늘어남에 따라 이를 예방하기 위한 경비 지출이 충분한 가치를 지니게 된 것이다.

끝으로 정부의 규제 조치에 따라 제품의 수요도 늘어난다. 도박이 합법화되자 핀볼이나 슬롯머신의 수요가 크게 늘어난 것을 예로 들 수 있다.

- 대체재의 상대적 위치

제품의 수요는 대체재의 비용과 품질에 영향을 받는다. 대체재의 비용이 상대적으로 낮아지거나 구매자의 욕구를 충족시키는 기능이 개선되면 산업 성장에는 부정적인 영향을 미친다(또는 그 반대의 경우도 있다). 관현악단이나 다른 공연의 관람 수요를 라디오나 TV 쇼에 빼앗기거나, TV 광고료가 급상승하고 시청률이 높은 시간대의 활용이 점차 어려워지면서 오히려 잡지 광고 수요가 늘어나고 또 초콜릿과 청량음료 가격이 대체재보다 훨씬 비싸지면서 수요가 감소하는 경우가 그런 예이다.

기업이 성장의 장기적 변화를 예측하려면 자체의 제품과 더불어 구매자의 욕구를 충족시킬 수 있는 다른 대체재들도 찾아내야 한다. 그 다음 대체재의 비용과 품질에 영향을 미치는 기술적 추세나 다른 추세들을 기록해야 한다. 이렇게 기록한 추세를 기업이 활동하는 산업의 유사한 추세와 비교해보면 미래의 산업 성장을 예측할 수 있을 것이다. 이와 동시에 대체재에 우위를 안겨주는 결정적인 방법들을 밝혀냄으로써 이에 대응하는 전략 방안을 찾을 수 있다.

- 보완 제품의 상대적 위치 변화

구매자가 인식하는 제품의 비용과 품질은 그 제품의 보완 제품(complementary products)이나 공동으로 사용하는 제품의 비용, 품질 및 가용성에 달려 있다. 예를 들면 미국에서는 이동 주택(mobile house)을 주로 이동 주택 공원에 주차하는데, 이런 공원이 만성적인 부족 현상을 보임으로써 이동 주택의 수요를 제한했다. 대체재를 파악하는 것이 중요한 것처럼 보완 제품 또한 철저히 파악하고 광범위하게 검토해야 한다. 내구재를 현행 금리의 신용 판매 형태로 판매하면 신용 판매 자체가 보완 제품인 셈이다. 전문 기술자도 기술 제품의 보완제 역할을 한다(예를 들어 컴퓨터 프로그래머나 석탄 광산 기술자 등). 보완제의 비용, 가용성, 품질의 추세를 도표로 만들면 특정 산업 제품의 장기적인 성장성을 예측할 수 있다.

- 고객 집단에 대한 침투

높은 산업 성장률은 대개 반복 구매자보다는 새로운 고객층에 침투하여 그들을 대상으로 판매 활동을 강화한 결과다. 그러나 이런 침투 활동은 언젠가는 한계점에 도달하게 마련이다. 그 이후의 성장률은 대체 수요가 결정한다. 제품이나 마케팅 방식을 바꿔 새로운 고객을 끌어들인다면 구매자의 기반을 확대하거나 신속한 교체를 촉진할 수도 있다. 그러나 더 이상 높은 성장률은 기대할 수 없게 될 것이다.

잠재적인 구매자에까지 일단 침투하고 나면 산업의 판매 대상은 주로 반복 구매자에 한정된다. 반복 구매자에게 판매하는 것과 새로운 구매자에게 판매하는 것은 큰 차이가 있는데, 이 차이는 산업 구조에 많은 영향을 미친다. 반복 구매자에게 판매하면서 산업 성장을 이끌어나가려면 신속하게 제품을 교체하거나 1인당 소비량을 증대시키는 것이 관건이다. 교체는 구매자가 특정 제품의 외형과 기술, 디자인이 구식이라고 느끼면 일어나게 된다. 그렇기 때문에 시장 침투 이후의 성장 유지 전략은 이러한 요소들을 적절히 배합하는 정도에 따라 결정된다. 예를 들어 새로운 의류에 대한 수요는 매년 또는 계절마다 스타일을 바꾸는 식으로 교체를 촉진할 수 있다. 또 새로운 수요를 자극함으로써 포드를 앞질렀던 GM의 성공 사례도 있다. 기본 모델 자동차(검정색 자동차)의 판매가 포화 상태에 이르자 GM은 새로운 모델을 시장에 선보였고 결과는 성공적이었다. 이 일화는 제품 교체가 포화 상태의 시장에서도 얼마든지 신규 수요를 창출할 수 있다는 것을 보여준다.

침투가 끝나면 보통 산업 내 수요는 일정한 수준으로 안정되는데, 내구재의 경우는 일정 수준의 안정화가 아니라 수요의 격감을 보일 수도 있다. 대부분의 잠재적 고객들까지 제품을 구매하고 나면 그 제품의 내구성에 따라 상당한 기간 동안 새로 제품을 사들이는 일이 거의 없기 때문이다. 판매 침투가 신속하게 완결되면, 경우에 따라 몇 년씩 수요가 단절되다시피 하기도 한다. 판매 침투가 신속하게 완결되었던 제설용 자동차 산업을 살펴보면, 침투가 절정에 달했을 시기인 1970~1971년에는 매년 42만 5,000대가 팔렸지만, 1976~1977년에는 연간 12만 5,000~20만 대 수준으로 격감했다. 레크리에이션 차량의 경우도 이처럼 심하지는 않지만 비슷한 경향을 보였다. 침투 이전과 이후의 성장률 관계는 침투 완결까지의 진행 속도와 교체가 일어나기 전까지의 평균 소요 기간의 함수 관계로 볼 수 있는데, 이런 수치는 실제 계산이 가능하다.

내구재 판매량의 감소는 생산·유통 능력이 수요를 초과했다는 것을 뜻한다. 결국 이윤이 크게 떨어지면서 일부 기업들은 철수하게 된다. 내구재 수요의 또 다른 특징은 어떤 제품이 경기 순환에 민감함에도 불구하고 시장 침투로 성장이 가속화되면 그러한 순환성을 무색하게 만들 수 있다는 점이다. 따라서 침투에 근접하는 산업에서는 첫 번째 침체 국면을 맞게 되어 오버슈팅의 문제가 더욱 악화될 것이다.

- 제품 변화

성장을 유발하는 5가지 외적 요인들은 제품이 변하지 않는다는 전제에서 출발한 것이다. 그러나 산업이 제품을 혁신하면 새로운 욕구가 충족되고, 대체재에 대한 산업의 입장을 강화시켜주며, 또 값비싼 보완 제품의 필요성을 제거하거나 감소시킬 수 있다. 따라서 제품 혁신은 5가지 외적 요인들과 관련된 산업 환경을 개선하고, 이에 따라 산업 성장률도 증대될 수 있다. 제품 혁신은 모터사이클, 자전거, 기계톱 산업 등의 성장률을 가속화하는 데 중요한 역할을 했다.

■ 소비자 세분 시장의 변화

두 번째로 중요한 진화 과정은 산업이 대상으로 삼는 소비자 세분 시장(segments)의 변화다. 휴대용 전자계산기는 처음에는 과학자와 엔지니어에게 판매되다가 나중에는 학생과 직장인에게 팔리기 시작했다. 처음에는 군용기로 판매되던 경비행기도 나중에는 일반용이나 상업용으로도 팔렸다. 이런 사례를 통해 (넓은 의미의) 새로운 제품과 또 이를 판매하기 위한 새로운 마케팅 방법을 창안하면 기존 소비자 시장을 더 세분화 할 수 있는 가능성을 엿볼 수 있다. 그 가능성은 어느 소비자 세분 시장도 영속될 수 없다는 점에 바탕을 둔 것이다.

신규 소비자 세분 시장이 산업 진화에서 중요한 이유는, 새로운 구매자들의 욕구를 충족시켜(또는 한물간 세분 시장을 상대하는 데 필요한 조건을 제거함으로써) 산업 구조에 근본적인 영향을 미칠 수 있기 때문이다. 특정 제품의 초기 구매자들은 신용 거래와 현장 서비스를 요구하지 않지만, 나중에 구매하는 구매자들은 이런 서비스를 요구할지도 모른다. 만약 이런 서비스의 제공이 잠재적인 규모의 경제를 형성해 소요 자본을 증가시킨다면, 이는 곧 진입장벽을 크게 높이는 결과를 가져올 것이다.

1970년대 말 광학 문자 판독기(Optical Character Reader, OCR) 산업에서 일어난 변화가 그 좋은 예다. 이 산업의 주도적 기업인 레코니션 이큅먼트(Recognition Equipment)는 수표, 신용 카드, 우편물 등을 분류할 수 있는 값비싼 대형 판독기를 생산하고 있었다. 이 제품들은 모두 특별한 기술이 필요한 주문 생산 제품들이었다. 그러다 소매점의 계산대에서 사용할 수 있는 막대기형의 소형 제품이 개발되었다. 이 소형 제품은 방대한 잠재 시장을 개척할 수 있었다. 뿐만 아니라 표준화를 통해 대량 생산과 구매자들의 대량 매입 또한 가능했다. 이 같은 제품의 개발은 규모의 경제와 소요 자본 규모, 마케팅 방법, 그 밖에 산업 규모와 관련된 많은 측면을 변화시킬 것이다.

따라서 산업 진화의 분석에서는 모든 잠재적 소비자 세분 시장과 그 영역의 특성을 밝혀내는 과정을 반드시 포함해야 한다.

■ 구매자 학습

구매자는 반복적인 구매 활동을 통해 특정 제품과 그 사용법 그리고 경쟁 제품의 특성 등에 대해 많은 지식을 쌓아나간다. 이처럼 구매자의 수준이 높아지고 보다 많은 정보를 바탕으로 구매 활동을 벌이게 되면서, 모든 제품은 본래의 특성을 상실하고 점차 '일용품화' 되는 경향이 있다. 즉 시간이 경과함에 따라 자연스럽게 제품의 차별화가 약화되는 것이다. 구매자가 제품에 관해 많은 사실을 알게 되면 자연스럽게 품질 보증이나 서비스 및 성능 개선 등의 요구나 주문이 늘어난다.

그 한 가지 사례가 에어로졸 포장 산업이다. 에어로졸 포장이 소비재에 처음 활용된 것은 1950년대였다. 늘어나는 다양한 종류의 소비재 판매에 매우 중요한 역할을 했던 포장 산업은 기업에게는 무시하지 못할 수준의 비용 항목이었다. 에어로졸 포장이 활용되던 초기에는 소비재 판매업자들이 에어로졸 살포의 설계 방식이나 에어로졸에 내용물을 주입하는 방법 그리고 에어로졸 제품의 판매법 등을 잘 알지 못했다. 마침 그때 에어로졸 포장을 대행하는 하청 산업이 생겨났다. 그들은 소비재 판매업체들이 새로운 에어로졸 살포 방법을 찾아내고 생산에 관한 문제를 해결하는 데 큰 도움을 주었다. 그러나 시간이 경과하면서 소비재 판매 회사들이 에어로졸에 대해 많은 지식을 쌓고 자체적인 사용 방법 개발과 마케팅 계획을 세우기 시작했다. 일부 기업들은 후방 통합을 시도하기까지 했다. 이에 따라 에어로졸 대행 산업은 점차 서비스의 차별화를 지켜나가기가 어렵게 되었고, 결국 많은 기업들이 단순한 에어로졸 용기 공급자로 전락했다. 이로 인해 에어로졸 대행 산업의 이윤은 크게 축소되어 많은 기업들이 철수했다.

구매자의 학습 과정도 제품에 따라 다르다. 즉 구매의 중요성 정도나 구매자의 전문 지식에 따라 학습이 빠르게 이루어질 수도 늦게 이루어질 수도 있다. 영리하고 제품 정보에 관심이 많은(구매품이 중요하기 때문에) 구매자는 학습 과정이 빠르다.

구매자의 학습 체험을 상쇄시키려면 제품이나 판매 및 사용법을 바꾸어야 한다. 예를 들어 새로운 기능이나 첨가물, 또는 스타일이나 광고 내용을 바꾸는 것 등이 있다. 이러한 변화는 구매자들이 축적한 지식의 일부를 무효화해서 제품 차별화를 유지할 수 있는 가능성을 높인다. 이러한 가능성은 제품에 대해 잘 알지 못하는 새로운 구매자들을 대상으로 고객 기반을 확대함으로써 더욱 높아질 수 있다. 특히 제품에 대한 학습 과정이 완만하게 이루어지는 특징을 가진 고객들을 확보한다면 이 같은 효과는 더욱 커질 것이다.

■ 불확실성의 감소

산업 구조에 영향을 미치는 또 다른 형태의 학습은 불확실성의 감소다. 대부분의 새로운 산업은 초기에 여러 가지 불확실성에 휩싸인다. 즉 잠재적 시장 규모, 최적의 생산 체계, 잠재적 구매자의 성격과 그들에게 접근할 수 있는 최선의 방법 그리고 기술적 난관의 극복 가능성 여부 등이 모두 그 산업을 불확실하게 만든다. 이러한 불확실성 때문에 기업들은 여러 가지 전략으로 미래를 준비하는 다양한 대비책을 모색한다. 급속한 성장기에는 이러한 다양한 전략이 오랫동안 공존하기도 한다.

그러나 시간이 경과하면서 이러한 불확실성은 점차 사라진다. 기술의 실용성 여부가 드러나고 구매자 계층이 뚜렷하게 밝혀지면서 산업의 성장률을 통해 잠재적인 규모를 가늠할 수 있게 된다. 불확실성이 해소되는 것은 성공적인 전략을 모방하고 성과가 빈약한 전략을 포기하는 과정과 밀접한 관련이 있다.

불확실성이 감소되면 그 산업에는 새로운 형태의 진입 기업들이 들어오게 된다. 위험 부담이 줄어들면 성장 산업에서 흔히 볼 수 있는 신생 기업들보다 규모가 크고 안정적인 기존 기업들이 진출하려는 현상이 나타날 수 있다. 산업의 잠재력이 크고 기술적 장애들이 극복될 수 있다는 것이 분명해지면 규모가 큰 기업들은 진출할 만한 가치가 있다는 판단을 내린다. 레크리에이션 차량이나 비디오 게임, 태양열, 그 밖의 많은 산업들에서 이와 같은 판단이 실행에 옮겨졌다. 물론 이런 사례로 인해 산업에 새로운 불확실성이 야기될 수도 있지만, 구매자의 학습 과정과 마찬가지로 불확실성의 감소 과정 또한 기존의 의문점을 해소하는 기능을 가진다.

전략적으로 보면 불확실성의 감소와 모방 과정은 특정 기업이 불확실성에만 의존해서는 경쟁사나 신생 기업으로부터 오랫동안 보호를 받을 수 없다는 것을 말해준다. 이동 장벽 때문에 성공적인 전략의 모방은 쉽지 않을 때가 많다. 기업은 자사의 기반을 지키기 위해 모방 기업이나 신생 기업에 대한 전략적인 대비책을 마련해놓거나 초기의 전략적 대응이 적합하지 않았다면 즉시 접근법을 수정해야 한다.

■ 독점적 지식의 확산

특정 기업들이 개발한 제품이나 공정상의 기술은 시간이 경과함에 따라 그 독점성이 약화되는 경향이 있다. 기술은 세월이 흐르면서 점차 기성화되고 또 그에 관한 지식도 널리 퍼진다. 이러한 확산은 다양한 방법으로 일어난다. 첫째, 기업은 경쟁사의 독점적 생산 제품을 정밀 조사하거나 경쟁사의 규모, 위치, 조직, 그 외 경영 활동의 특징에 관한 정보를 입수함으로써 새로운 사실이나 지식을 학습한다. 또한 공급자나 유통업자, 구매자 등도 정보를 전달하는 매개 역할을 한다. 그들은 자신들의 목적을 위해(예를 들면 다른 강력한 공급자를 만들기 위해) 정보를 확산시키는 데 큰 관심을 기울인다. 둘째, 독점적인 지식은 외부의 공급자들이 생산한 자본재에 구체적으로 나타나면서 확산되기도 한다. 산업 내부의 기업이 스스로 자본재를 생산하거나 공급자에게 제공한 기술 정보를 철저하게 보호하지 않는 한, 돈을 써서라도 그 기술을 확보하려는 경쟁사들의 손에 쉽게 넘어갈 수 있을 것이다. 셋째, 기술자들이 이직함으로써 독점적 정보를 알게 되는 사람들이 늘어나고, 또 그들이 다른 기업에 정보를 직접 전달할 가능성도 많다. 창설 회사를 떠나 이직한 기술자들이 그 회사와 유사한 기업을 만드는 일이나 다른 회사로 스카우트되는 일도 흔하다. 마지막으로 기술 분야의 전문 인력은 컨설팅 회사, 공급업체, 공과 대학 등으로부터 계속 많이 배출되고 있다.

따라서 특허상의 보호가 없다면 독점적인 기술이나 정보의 이점은 사라지고 말 것이다. 물론 일부 기업들은 이런 사실을 받아들이기 힘들어 한다. 독점적인 정보나 전문 기술을 바탕으로 쌓은 이동 장벽은 시간이 경과함에 따라 허물어지게 마련이다. 왜냐하면 그런 이동 장벽은 다름 아닌 능력 있는 전문 인력이 부족해서 구축된 것인데 사실상 전문가들은 점점 늘어나고 있기 때문이다. 이러한 변화로 인해 경쟁사가 갑자기 도약할 수 있을 뿐만 아니라 공급자와 구매자가 수직 통합을 시도하기도 한결 수월해진다.

앞서 언급한 에어로졸 포장 산업을 다시 살펴보면, 시간이 경과하면서 에어로졸에 관한 새로운 기술은 점점 더 알려지게 되었다. 에어로졸 포장 산업은 효율적인 규모의 경제를 달성하는 데 필요한 생산량이 비교적 적었기 때문에 많은 대형 소비재 판매 회사들은 그들에게 매달리는 에어로졸 포장 대행사들을 상당수 거느릴 수 있었다. 그 후 기술 지식과 전문 기술자들이 점차 늘어나면서 많은 소비재 판매 회사들이 에어로졸 포장 산업을 실제로 수직·통합하거나 또는 통합하겠다는 위협을 가했다. 이런 상황의 변화로 에어로졸 포장 대행사들은 비상시에나 포장 일을 돕게 되는 등 협상에서 지극히 불리한 입장에 놓이게 되었다. 이에 따라 대행사들은 기술적 우위를 회복하기 위해 새로운 기술이나 응용 방법에 투자해야 했다. 그러나 이러한 전략도 점차 큰 난관에 부딪혀 대행사들의 입지는 시간이 지날수록 더욱 약화되었다.

독점 기술의 확산 속도는 산업에 따라 다르다. 기술 형태가 복잡하고 기술자의 전문성이 더욱 요구될수록, 또 필요한 연구원 수가 많고 연구 부문에서 규모의 경제가 클수록, 독점 기술의 확산 속도는 그만큼 느려진다. 이런 경우 독점 기술은 지속적인 이동 장벽을 제공하게 될 것이다.

독점 기술의 확산에 제동을 거는 중요한 요인은 특허상의 보호이다. 그러나 이러한 보호도 비슷한 발명품의 특허가 출원될 경우에는 큰 도움이 되지 못한다. 이때 연구 개발을 통해 새로운 독점 기술을 계속 보유한다면 기술 확산을 막을 수 있을 것이다. 새로운 기술이나 지식을 개발하는 것은 독점적 우위를 지켜나갈 수 있는 기간을 연장하는 방법이다. 그러나 지속적인 기술 혁신도 새로운 기술이 곧바로 확산되거나 기술 개발 기업에 대한 구매자들의 신뢰성이 높지 못할 경우에는 제대로 보답을 받지 못한다.

독점 기술로 쌓을 수 있는 2가지 형태의 이동 장벽이 〈그림 8-2〉에 나타나 있다. 초기에는 연구 부문의 규모의 경제가 두 산업 모두 대단치 않은 수준이었다. 그 이유는 초기의 조악한 기술 혁신이 소규모의 연구원만으로도 가능했기 때문이다. 이러한 현상은 미니컴퓨터, 반도체, 그 밖의 산업에서 흔한 사례들이다. 이런 산업에서는 독점적 기술이 초기에 제법 유용한 이동 장벽을 제공하지만 기술이 빨리 확산되면서 이동 장벽 또한 낮아지게 된다.

그림에서 A산업은 복잡한 기술 형태로 연구 부문에서 규모의 경제를 계속 높여나갔다. B산업에서는 지속적인 기술 혁신의 기회가 거의 없어 대규모 연구를 추진할 필요성이 없었다. 이에 따라 A산업에서는 독점

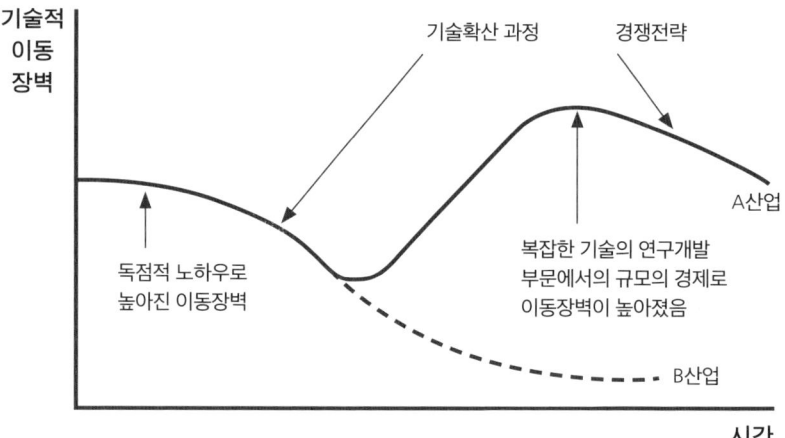

<그림 8-2> 기술적 이동장벽과 산업 진화의 유형

기술로 인한 이동 장벽이 초기 단계보다 높은 수준으로 급상승했다. 그러나 지속적인 기술 혁신의 기세가 약화되고 기술 확산 현상이 나타나면서 이동 장벽은 다시 낮아지기 시작했다. B산업에서는 독점적 기술로 쌓은 이동 장벽이 급속하게 낮아졌다. 이 때문에 A산업은 수익성이 높은 성숙 단계로 접어들었을 것이고, B산업은 이윤이 경쟁적인 수준 이하로 떨어지는 것을 막기 위해 다른 이동 장벽에 의존하게 되었을 것이다. 에어로졸 포장 산업의 경우는 기술의 성격상 진입장벽의 이차적인 강화가 불가능했다.

전략적인 관점에서 기술 지식의 확산은 다음과 같은 의미를 가진다. 즉 기존의 입지를 계속 유지하기 위해서는 1) 현재의 지식과 전문 기술자들을 보호해야 하고, 2) 기술 개발을 통해 계속 우위를 지켜나가야 하며,

또는 3) 다른 부문에서도 전략적 기반을 지탱해나가야 한다는 것이다. 기업이 기술적 이동 장벽에 크게 의존하고 있는 경우에는 기술 확산을 방지하는 전략적 위치를 지키는 것을 가장 우선으로 해야 할 것이다.

■ 경험의 축적

1장에서 기본적인 특성이 파악되었던 일부 산업에서는 제품의 생산, 유통, 마케팅에서 경험이 축적됨에 따라 단위당 비용이 하락한다는 점을 알아보았다. 학습 곡선이 경쟁 활동을 하는데 얼마나 큰 중요성을 지니는지는 경험을 축적한 기업이 다른 기업들보다 뚜렷하고 지속적인 우위를 확립할 수 있는지에 달려 있다. 만약 이러한 우위가 지속된다면 뒤처진 기업들은 선도 기업의 방식을 모방하거나 선도 기업이 개척한 새롭고 능률적인 설비를 도입한다 하더라도 그 격차를 좁히지 못할 것이다. 그러나 뒤처진 기업들이 비약적인 발전을 보인다면 선도 기업은 연구비나 개발비 또는 새로운 방식과 설비를 도입하는 데 따르는 부담으로 인해 불리한 입장에 놓이게 될 수도 있다. 독점 기술이 확산되는 경향은 어느 정도 학습 곡선과 어긋나는 형태로 작용한다.

경험을 독점적으로 소유할 수 있을 때, 그 경험은 산업 변화의 과정에서 강력한 힘이 된다. 만약 특정 기업이 빠르게 경험을 쌓아나가지 못한다면, 앞선 기업을 재빨리 모방하거나 비용 이외의 다른 분야에서 전략적 우위를 차지하기 위한 대비-예를 들자면 차별화 전략이나 집중화 전략-를 하지 않으면 안 된다.

■ 규모의 확장과 축소

성장 산업이란 곧 총체적인 규모가 늘어나는 산업을 말한다. 성장은 보통 그 산업 내 주력 기업들의 절대적인 규모가 커지면서 이루어지고, 또 개별 기업별로 보면 시장점유율이 늘어나는 기업들의 규모가 훨씬 빠르게 확대된다. 산업과 기업의 규모 확대는 산업 구조와 관련한 여러 가지 의미들을 내포하고 있다. 우선 규모 확대는 규모의 경제나 소요 자본 규모의 증대 등 활용 가능한 전략의 폭을 넓혀주는 경향이 있다. 예를 들어 규모가 큰 기업은 노동을 자본으로 대체하거나, 규모의 경제를 요구하는 생산 방식을 채택하거나, 독점적인 유통 경로와 서비스 조직망을 갖추거나, 전국을 대상으로 하는 광고 활동을 전개할 수 있다. 또한 규모가 늘어나면 외부 기업들이 그러한 변화를 가장 먼저 채택하여 매우 유리한 경쟁 기반을 지닌 채 산업에 진출할 수 있게 해준다.

규모의 확대가 산업 구조에 미치는 영향은 1960년대와 1970년대 초의 경비행기 산업에서 나타난 현상을 보면 잘 알 수 있다. 이 산업의 선두 기업인 세스나(Cessna)는 규모가 커짐에 따라 주문 생산 체제에서 준(準)양산 체제로 생산 과정을 전환했다. 이러한 전환을 통해 세스나는 비용의 우위를 차지하게 되었다. 그때 다른 경쟁사들은 대량 생산에 따른 규모의 경제라는 혜택을 누리지 못했다. 세스나의 두 유력한 경쟁사들도 자본 집약도가 높은 대량 생산 체제에 들어설 만큼 규모가 커진다면, 이 산업에 대한 진입장벽은 훨씬 높아질 것이다.

산업이 성장하면서 나타나는 또 다른 결과는 수직 통합 전략의 실현성이 더 높아진다는 점이다. 수직 통합이 강화되면 진입장벽은 그만큼 높아진다. 산업 규모가 확대되면 그 산업의 공급자와 구매자가 더 많은 제품을 판매하고 구매하게 된다. 개별 공급자나 구매자의 판매량 및 구매량이 늘어날수록, 전방 통합이나 후방 통합의 유혹은 그만큼 커질 것이다. 통합이 실행되는 여부와는 상관없이 공급자나 구매자의 협상 능력은 더욱 강화될 것이다.

산업 규모가 확대되면 새로운 기업들이 진출하고자 하는 유혹을 받기 쉽다. 만약 신생 기업이 이미 다른 분야에서 기반을 다진 대기업일 때는 기존 유력 기업들에게 큰 어려움을 안겨줄 것이다. 대기업이 어떤 시장에 뛰어들 때는 이미 상당한 절대적 규모(즉 진입에 따른 고정비를 부담할 수 있고 전반적인 판매고에 구체적인 기여를 할 수 있는 규모)를 이룩했을 경우가 많기 때문이다.

진입 대상 산업이 신생 산업일 경우도 마찬가지다. 신생 산업이라 하더라도 그 산업에 진입하고자 하는 대기업은 이미 기술과 자산 등 상당한 자원을 갖추고 있기 때문이다. 레크리에이션 차량 산업의 경우, 초기 진입 기업은 아예 새로운 기업이거나 레크리에이션 차량과 생산 공정이 비슷한 이동 주택 제조사의 소규모 사업부였다. 그러나 사업 규모가 커지면서 큰 영농 기구 회사나 자동차 회사들이 진출하기 시작했다. 이런 기업들은 기존 경영 활동에서 다진 기반을 통해 레크리에이션 차량 산업에서 경쟁을 벌일 만한 충분한 자원을 갖추고 있었지만, 중소기업들이 시장을 개척할 때까지 관망하고만 있다가 잠재적 시장 규모가 크다는 것이 확인된 후에야 뛰어들었다.

■ **진입 비용과 환율의 변화**

모든 산업은 생산, 유통, 마케팅 과정에 다양한 요소를 투입한다. 투입 요소의 비용이나 질이 변하면 산업 구조에 영향을 미칠 수 있다. 투입 비용이 변하는 종류로는 다음과 같은 것들이 있다.

- 임금(노동과 관련된 모든 비용)
- 자재비
- 자본비
- 통신비(미디어 광고비 포함)
- 운송비

가장 직접적인 영향을 미치는 것은 생산비(그리고 가격)의 상승과 하락으로, 수요에 직접적인 영향을 미친다. 예를 들어 영화 제작비가 크게 상승하면서 독립 제작 활동을 해온 제작자들은 재정이 튼튼한 영화사들에 비해 큰 곤란을 겪게 되었다. 더구나 1976년에 세법이 개정되어 세제상의 혜택이 제한되면서 상황은 더욱 악화되었고 독립 제작자들로부터의 주요 재원마저 끊기고 말았다.

임금이나 자본의 변화도 산업의 원가 곡선에 변화를 일으켜 규모의 경제나 노동의 자본 대체를 촉진시킨다. 업무용 전화나 배달을 담당하는 인건비가 크게 상승하면 많은 산업의 전략에 근본적인 영향을 미칠 수 있다. 통신비나 운송비의 변화도 생산 체계의 재편성을 촉진시켜 진입장벽에 영향을 미친다. 통신비가 상승하면 보다 효과적인 다른 광고 매체를 사용하게 되고(이에 따라 제품 차별성에 변화가 생기면), 유통 구조 또한 다른 형태로 바뀌게 된다. 운송비에 어떤 변화가 생기면 지역 시장의 경계 또한 바뀌고, 그에 따라 경쟁사의 수가 늘어나기도 줄어들기도 한다.

환율 변동도 산업 구조에 큰 영향을 미칠 수 있다. 1971년 이후 엔화나 유럽 통화에 대한 달러화의 가치가 떨어지면서 많은 산업에서 기업들의 위치나 기반에 큰 변화를 불러일으켰다.

■ 제품 혁신

다양한 형태의 기술 혁신은 산업 구조를 변화시킬 수 있는 주요 원천 중의 하나다. 제품 혁신도 그러한 혁신의 한 형태다. 제품 혁신은 판매 시장을 확대하고 그에 따라 산업 성장을 촉진시키거나 제품 차별성을 높일 수 있다. 이 같은 직접적인 영향 외에도 간접적으로도 많은 영향을 미친다. 가령 신속한 제품 소개 과정과 이와 연관된 높은 마케팅 비용은 그 자체가 이동 장벽 역할을 할 수 있다.

기술 혁신이 일어나기 위해서는 새로운 마케팅, 유통, 생산 방식이 필요하고 이것은 다시 규모의 경제나 다른 이동 장벽들을 변화시킨다. 또 뚜렷한 차이가 나는 제품 변화는 구매자들의 축적된 경험을 무효화함으로써 구매 행위에도 영향을 미치게 된다.

제품 혁신은 산업 내부와 외부 모두에서 일어날 수 있다. 컬러 TV는 흑백 TV 산업의 선두 주자였던 RCA가 앞장서서 개발했다. 그러나 휴대용 전자계산기는 전자 회사들이 개발한 것이지 기계식 계산기 회사들이 만든 것은 아니었다.

따라서 제품 혁신이 외부 기업에서 일어날 가능성도 예측할 수 있어야 한다. 많은 기술 혁신은 산업이 중요한 고객이거나 정보원인 영역에서 구매자와 공급자로부터 시작되어 수직으로 연결되어 있다.

제품 혁신이 산업 구조에 영향을 미친 사례로 디지털시계 산업이 있다. 디지털 시계는 대부분의 아날로그시계보다 생산 규모의 경제가 더 크다. 또한 디지털시계 산업에서 경쟁하려면 막대한 자본 투자와 아날로그시계 산업과는 전혀 다른 새로운 기술적 기반이 필요하다. 이에 따라 시계 산업의 이동 장벽과 그 밖의 다른 구조적 측면들도 급격히 변했다.

■ 마케팅 혁신

제품 혁신과 마찬가지로 마케팅 혁신도 수요 증대를 통해 산업 구조에 직접적인 영향을 미칠 수 있다. 광고 매체나 새로운 마케팅 주제 및 유통망 활용에 획기적인 변화를 시도하면 새로운 소비층을 찾아내거나 가격 민감성을 약화시켜 제품 차별성을 높일 수 있다. 예를 들어 영화사들은 TV에 영화를 광고하여 관람객을 크게 늘렸다. 새로운 유통 경로의 발견도 수요를 확대하거나 제품 차별성을 높일 수 있다. 마케팅의 효율성을 증대하는 혁신은 제품 가격을 인하하는 데도 큰 도움을 준다.

마케팅과 유통 부문의 혁신은 산업 구조의 다른 요인들에도 영향을 미친다. 새로운 형태의 마케팅은 규모의 경제의 크고 작음에 영향을 받기 때문에 결국 이동 장벽에도 영향을 미치는 셈이 된다. 예를 들어 와인을 판매하는데, 잡지가 아닌 TV에 광고를 한다면 그만큼 이동 장벽을 높이는 결과가 된다. 마케팅 혁신은 구매자에 대한 상대적인 힘의 변화를 가져올 수 있고, 고정비와 유동비의 균형에도 영향을 미쳐 경쟁의 양상이 급변하게 만들 수 있다.

■ 공정 혁신

산업 구조를 변화시킬 수 있는 혁신의 마지막 형태는 생산 공정이나 방식의 혁신이다. 생산 공정의 혁신은 자본 집약도를 높일 수도 낮출 수도 있고, 규모의 경제를 크게 할 수도 작게 할 수도 있으며, 고정비 비율을 변화시킬 수도 있고, 또 수직 통합의 정도를 높일 수도 낮출 수도 있는 동시에, 경험의 축적 과정에 영향을 미칠 수도 있다. 이 모든 것들이 산업 구조에 영향을 미친다. 규모의 경제를 높이거나 경험 곡선을 국내 시장 이상으로 확대하는 생산 공정 혁신은 산업을 세계적인 규모로 변모하게 할 수도 있다(13장 참조).

상호 영향을 미치는 여러 가지 진화 과정이 생산 공정의 변화를 유발한 사례는 1977년 컴퓨터 서비스 산업에 나타난 변화에서 찾아볼 수 있다. 컴퓨터 서비스 기업은 기업체, 교육 기관, 금융 기관 등을 포함한 광범위한 사용자들에게 컴퓨터 기능과 프로그램을 제공했다. 전통적으로 서비스 기업은 주로 소규모 기업에 회계나 급여 지급 같은 부문에서 간단한 컴퓨터 패키지서비스를 제공하는 지방이나 지역 단위의 사업체였다. 그러나 대체재인 미니컴퓨터가 등장하면서 소규모 조직까지 활용할 수 있을 정도로 컴퓨터 사용료가 저렴해지게 되었다. 이에 따라 보다 규모가 크거나 전국을 상대하는 서비스 기업의 등장을 촉진하는 요인들이 나타나기 시작했다. 첫째, 미니컴퓨터와는 뚜렷하게 구별되는 복잡한 프로그램이 개발되었다. 이러한 개발에는 많은 투자가 소요되었다. 투자 비용을 회수하기 위해서는 수많은 사용자들에게 확산되어야 했고 이로 인해 집중화가 촉진되었다. 둘째, 값싼 컴퓨터 서비스를 요구하는 압력이 컴퓨터의 효율적인 활용을 촉진시켰다. 이 때문에 전국을 상대로 하는 대규모 서비스 기업은 미국 내 시차를 이용하여 컴퓨터의 유휴 시간을 최대한 단축했다. 셋째, 컴퓨터 기술이 한층 복잡해지면서 최소한 단기적으로는 새로운 서비스 기업의 진입을 막는 기술적 장벽이 높아졌다.

산업 구조를 변화시키는 생산 공정의 혁신은 산업 내부는 물론 산업 외부에서도 이루어질 수 있다. 예를 들어 컴퓨터 시스템을 도입한 기계 공구나 설비 공급자들이 제작한 장비의 발전은 생산 규모의 경제를 높이게 된다. 1950년대에 섬유 유리 생산 기업들이 이룩한 혁신이 선박 산업에 이용되면서 유람선의 설계 및 건조의 어려운 점이 크게 줄어들었다. 이로 인해 유람선 건조 산업의 진입장벽이 낮아져 많은 기업들이 이 산업에 뛰어들었지만 결국 이윤 감소로 1960년에서 1962년 사이 상당수가 도산했다. 금속 용기 산업에서는 얇은 철강판을 판매하는 공급자들이 알루미늄 캔에 대항, 강철 캔을 보호하기 위해 많은 자원을 투입해서 철강판의 두께를 줄이고 값싼 제품을 생산하는 기술 혁신을 이룩했다. 이 같은 사례들은 기업이 기술적인 변화를 예측하는 시각을 산업 밖으로까지 확대해야 함을 보여준다.

■ 인접 산업의 구조적 변화

공급자와 구매자 산업의 구조가 다른 산업에 대한 교섭력에 영향을 미치기 때문에 이들의 산업 구조 변화 또한 다른 산업의 진화에 중요한 잠재적 영향을 미친다. 예를 들면 1960년대와 1970년대에 의류와 장비 소매 산업에서는 체인점이 크게 늘어났다. 체인점을 통해 소매 산업의 구조가 집중화 형태를 보이면서 공급업체에 대한 소매업자들의 교섭력이 강화되었다. 의류 제조사들은 소매업자들이 판매 시즌이 임박해서야 발주를 하고, 그 밖에 여러 가지 양보를 요구함에 따라 점점 어려움을 겪게 되었다. 의류 제조사들은 마케팅 및 판촉 전략을 수정하지 않을 수 없었고 이는 의류 제조의 집중화를 가져왔다. 소매업의 대량 판매 혁신은 다른 많은 산업(시계, 소형 가전, 화장품 산업 등)에도 비슷한 영향을 미쳤다.

인접 산업의 집중화나 수직 통합의 변화도 중요하지만 그 산업에서 일어나는 경쟁 방식의 미묘한 변화도 다른 산업의 진화에 중요한 영향을 미칠 수 있다. 예를 들어 1950년대와 1960년대 초에 음반 소매 산업은 점포 안에서 고객들이 음반을 들어보지 못하게 하는 규정을 만들었다. 이와 같은 작은 변화가 인접 산업에 적지 않은 영향을 준 것이 나중에 입증되었다. 고객들이 점포에서 음반을 들어볼 수 없게 되자 라디오에서 나오는 노래들이 음반 판매에 결정적인 역할을 하게 되었다. 한편 방송국에서는 광고료가 점차 청취율에 좌우되면서 방송 프로그램을 'Top 40' 등의 포맷으로 편성하게 되었다. 이로 인해 인기 순위 40위 내에 들지 않고서는 신곡이 방송 전파를 타기가 무척 어려워졌다. 소매 산업의 판매 형태 변화는 음반 산업이 대응해야 할 강력한 새로운 요소(즉 방송국)를 생성해 결국 전략적 전환을 필요로 하게 만들었다. 이에 따라 음반 산업은 신곡을 방송에 내보낼 수 있는 유일한 방법으로 방송국의 광고 시간을 사는 수밖에 없었다. 이것은 레코드 산업의 진입장벽을 높이는 결과를 낳았다. 인접 산업의 구조 변화를 예의주시해야 한다는 점은 곧 활동하고 있는 산업뿐만 아니라 공급자 산업과 구매자 산업의 구조적 진전에 대해서도 항상 정확한 진단과 그에 따른 대비책을 마련할 필요가 있음을 보여주는 것이다.

■ 정부 정책의 변화

정부는 산업 구조의 변화에 중요하고 실질적인 영향을 미친다. 즉 산업 진입이나 경쟁 관행, 수익성과 같은 핵심적인 변수들에 철저한 규제를 가함으로써 직접적인 영향을 미치는 것이다. 예를 들면 국민 건강 보험 법안 등은 개인 병원이나 임상 실험 산업의 잠재적 이윤에 근본적인 영향을 미칠 것이다. 정부 규제의 한 형태인 허가 요건은 보통 진입을 규제하기 때문에 기존 기업을 보호하는 진입장벽 역할을 한다.

정부의 가격 규제 변화도 산업 구조에 근본적인 영향을 미칠 수 있다. 그 한 예가 증권 거래의 법정 수수료가 협정 수수료로 바뀌면서 발생한 심각한 결과다. 증권사들은 법정 수수료라는 안정성 때문에 지금까지 경쟁의 초점을 수수료보다는 서비스와 연구 쪽에 집중했다. 이런 상황에서 법정 수수료제가 폐지되자 이제 경쟁은 수수료에 집중되어 많은 기업들이 파산이나 합병 등의 형태로 증권 산업에서 철수했다. 정부의 규제 조치는 또 국제적 무역 분쟁의 유발 가능성을 크게 높이거나 낮추기도 한다 (13장 참고).

직접성은 덜하지만 정부의 규제 조치가 산업 구조에 영향을 미치는 또 다른 형태로 품질이나 안전도, 환경오염, 관세, 또는 해외 투자에 대한 규제가 있다. 제품의 품질이나 환경오염 등에 대한 여러 가지 규제 조치는 비록 공공의 이익을 위해서는 바람직한 조치임에 틀림없지만 산업 구조의 측면에서는 소요 자본 규모를 증대시키고, 조사와 검사의 도입으로 규모의 경제를 확대하고, 산업 내 소규모 기업들의 기반을 약화시키고, 신규 진입을 억제하는 진입장벽을 높인다.

질적 규제의 한 사례는 보안 경비 산업에서 찾아볼 수 있다. 보안 서비스 회사들이 보낸 경호원들이 무기를 다루거나 침입자를 체포하는 능력이 미숙하다는 여론이 높아지자 경호원들에게 일정 기간 특별 훈련을 시키도록 법제화한 조치가 뒤따랐다. 이러한 의무 규정은 규모가 큰 보안 서비스 회사에는 별다른 부담이 되지 않지만, 규모가 작은 많은 회사들은 전반적인 비용 증대와 노련한 경호원 확보 경쟁 때문에 커다란 타격을 받을 수도 있는 것이다.

■ 진입과 철수

기업의 진입, 특히 다른 산업에서 기반을 다진 기업이 새로운 산업에 진입하면 그 산업의 구조는 영향을 받는다. 기업들이 다른 산업에 진입하는 이유는 그 산업에서 얻을 수 있는 성장과 이윤율이 진입에 따른 희생이나 비용(또는 이동 장벽을 극복하는 데 따르는 희생이나 비용)을 능가하리라고 판단하기 때문이다. 많은 산업을 대상으로 한 사례 연구 결과를 보면, 보통 특정 산업의 성장이 외부 기업의 진입을 유도하는 중요한 역할을 하고 있음을 알 수 있다. 외부 기업들은 그 산업의 성장세를 길게 보고 앞으로 상당한 이윤을 얻을 수 있으리라고 판단하지만 이러한 가정적 판단은 물론 빗나갈 때도 있다. 진입을 유도하는 또 다른 요인은 규제 조치의 변화나 제품 혁신 등 앞으로 성장의 기미가 뚜렷하게 나타날 때다. 에너지난이 심화되면서 태양열 난방 산업에 대한 연방 정부의 보조금 지급을 규정한 법안이 제출되자, 많은 기업들은 현재의 태양열 난방 수요가 보잘것없음에도 불구하고 그 산업에 뛰어들었다.

외부에서 기반을 다진 기업이 특정 산업에 진입(주식 매입이나 자체적인 개발 등에 의해)하여 그 산업의 구조적 변화를 촉진하는 원동력이 되는 경우가 흔히 있다. 이런 기업은 이미 다른 시장에서 쌓은 기술과 자원을 보유한 상태에서 진입하기 때문에 새로 진입한 산업의 경쟁 양상을 변화시킬 수 있다. 사실 이것이 진입 결정의 주요한 동기가 되는 경우도 많다. 이런 기술과 자원은 기존 기업들의 기술자원과는 다르기 때문에 진입 대상 산업의 구조를 변하게 할 가능성이 많다. 또한 다른 시장에서 활동하던 기업은 기존 기업들보다 산업 구조를 변화시킬 기회를 더욱 잘 인식할 수 있다. 진입 기업은 지금까지 실행해왔던 여러 전략에 아무런 구애를 받지 않으면서 경쟁에 활용할 수 있는 산업 외부의 기술적 변화를 더욱 상세하게 파악할 수 있기 때문이다.

한 가지 예를 들어보자. 1960년만 해도 미국 와인 산업은 고급 와인을 생산해서 지역 시장에 판매하는 소규모 가족 기업들로 이루어져 있었다. 그들은 광고나 판촉 활동도 벌이지 않았고 전국적인 판매망을 갖춘 기업도 아니었다. 대부분이 양질의 와인을 만들어내는 데 주력하고 있었고 이윤도 나름대로 괜찮았다. 그러나 1960년대 중반에 소비재 제품을 판매하는 대형 판매사들[예를 들어 휴블레인(Heublein)이나 유나이티드 브랜드(United Brands) 등]이 자체적인 개발이나 기존 기업을 매입하면서 와인 산업에 진출했다. 그들은 소비자에 대한 광고 및 판촉 활동에 막대한 자본을 들여 양질의 저렴한 와인 브랜드 이미지를 만들어내기 시작했다. 이 중 다른 주류를 생산하는 일부 기업들이 주류 판매점을 통한 전국적인 유통망이 있어서 와인 제품은 전국적으로 급속한 판매망을 갖출 수 있게 되었다. 와인 산업에서는 그때까지 새로운 제품이 선을 보이는 일이 거의 없었는데, 이때를 기점으로 품질이 약간 떨어지는 와인이 시장에 많이 나왔다. 사실 기존의 와인 양조 업체들은 품질상의 차등을 보이는 여러 가지 제품을 만드는 일을 경시하고, 오로지 와인의 품질 개발에만 매달려왔다. 그러나 이 시기의 와인 산업의 선두 기업들은 많은 수익을 얻었다. 이처럼 전혀 이질적인 기업들이 와인 산업에 뛰어들면서 산업 구조를 크게 바꾸어 놓았다. 기존 기업들은 그러한 변화를 촉진할 수 있는 기술이나 자원도 또 그럴 생각도 없었다.

철수도 진입과 마찬가지로 산업 구조 변화에 영향을 미친다. 활동하는 기업 수가 줄어들어 유력 기업들의 지배력이 강화되면 산업 구조는 개편되지 않을 수 없다. 기업이 활동하던 산업에서 철수하는 이유는 투자 수익률이 더 이상 자본 비용을 상회할 가능성이 없다고 판단되기 때문이다. 1장에서 설명한 대로 철수도 철수 장벽의 장애를 받는데, 이 때문에 철수 의도가 없는 보다 견실한 기업들의 입지까지 흔들리는 경우가 있다. 철수 장벽은 또 자칫 가격 경쟁이나 다른 경쟁 과열을 불러올 수도 있다. 철수 장벽은 구조 개편에 따른 산업의 집중화와 수익성 증대에도 장애 요인이 된다.

산업의 진화 과정은 산업의 변화를 예측하기 위한 하나의 도구다. 개별 진화 과정은 핵심적인 전략적 의문을 제기하는 기본 바탕이 된다. 예를 들어 정부 규제 조치의 변화가 산업 구조에 잠재적 영향을 미친다고 판단된다면, 기업은 다음과 같은 의문을 가져야 할 것이다. "정부가 산업 구조에 영향을 미칠 만한 조치를 취할 기미가 보이는가? 만약 그런 조치가 나온다면 그로 인한 산업 구조의 변화가 우리의 전략적 위치에 어떤 영향을 미칠 것이며, 이에 효과적으로 대처하기 위해서는 어떤 대비책을 강구해야 하는가?" 앞서 설명한 다른 진화 과정에 대해서도 동일한 의문을 제기해보아야 할 것이다. 반복해서 이런 의문을 제기하고 신중한 검토와 또 때로는 전략 기획 과정에서 공식화할 필요도 있다.

더구나 개별 진화 과정은 갖가지 전략적 신호나 중요한 전략적 정보들을 드러내는데, 기업은 이러한 정보나 신호를 바탕으로 기업 환경에서 일어나는 변화를 끊임없이 주시해야 한다. 이미 기반을 다진 기업이 새로운 산업으로 진입하거나, 대체재에 영향을 미치는 중요한 기술 개발 등은 기업의 전략적 입지를 책임지고 고수해야할 경영자들에게 적신호와 같은 것이다. 이러한 적신호가 보이면 그것이 산업에 어떤 영향을 미칠 것인지 분석하고 그에 따라 적절한 대응책을 찾아야 할 것이다.

끝으로 학습이나 경험 축적, 시장 규모의 증대, 그 밖의 몇 가지 진화 과정은 그 과정을 뚜렷하게 드러내지 않고 있을 때에도 작용하고 있다는 점에 주목해야 한다. 따라서 겉으로 드러나지 않은 과정에서 야기되는 구조적 변화에도 장기적으로 관심을 가져야 한다.

산업 진화에서 나타나는 중요한 상관성

산업은 어떤 형태로 변화할 것인가? 산업은 '상호 연관된 시스템'인 만큼 단편적으로 변화하지 않는다. 산업 구조의 한 요소에 변화가 일어나면 다른 요소에도 변화가 일어나기 쉽다. 예를 들어 마케팅 방법의 혁신으로 새로운 소비자 세분 시장을 개발한다면 이 시장에 제품을 공급하기 위한 생산 방식의 변화가 필요할 것이고 그에 따라 규모의 경제가 요구될 것이다. 규모의 경제를 가장 먼저 성취하는 기업은 후방 통합을 착수할 수 있고 또 이러한 후방 통합의 가능성은 공급자들에 대한 영향력을 증대시킬 것이다. 이처럼 한 가지 변화는 연쇄 작용으로 다른 많은 변화를 불러일으킨다.

한 가지 분명한 점은 산업의 진화가 어떤 한 가지 형태로만 이루어지지 않는다는 사실이다. 따라서 제품 수명 주기 이론처럼 한 가지 형태만을 가지고 논의되는 산업 진화론은 마땅히 배제되어야 한다. 산업 진화 과정은 몇 가지 특수한 상관성을 지니는데, 그 내용을 살펴보면 다음과 같다.

■ 산업의 통합성

산업은 시간이 경과함에 따라 일반적으로 통합되는 것으로 보이지만 이는 사실과 다르다. 예를 들면 미국의 115개 제조 산업을 대상으로 조사한 결과 이 중 19개 산업은 1963~1972년 사이 집중화가 2퍼센트 정도 강화되었고, 52개 산업은 반대로 2퍼센트 정도 약화되었다. 특정 산업 내에서 통합 현상이 일어날지의 여부는 산업의 구조적 요인들 간에 매우 중요한 상관성을 드러내는데, 이때는 경쟁적 대결·이동 장벽·철수 장벽 등이 작용한다.

• **산업의 집중화와 이동 장벽은 동시에 작용한다** | 이동 장벽이 높거나 앞으로 높아질 경우에는 거의 예외 없이 집중화 현상이 강화된다. 예를 들어 미국 와인 산업에서도 집중화 현상이 강화되었다. 대량 생산품 시장 영역에서는 앞서 설명한 전략적 변화 요인들 때문에 이동 장벽이 크게 높아

졌다(집중적인 광고 활동, 전국적인 유통망, 급속한 브랜드 혁신 등). 그 결과 규모가 큰 기업은 규모가 작은 기업보다 훨씬 앞서게 되었고, 이렇게 굳건해진 이동 장벽은 다른 기업의 도전을 막아주었다.

• 이동 장벽이 낮거나 낮아지면 집중화 현상이 발생하지 않는다 | 이동 장벽이 낮으면 기업이 철수하는 대신 다른 기업들이 진입하게 된다. 많은 기업들의 철수 사태가 경기 침체와 기타 일반적인 악조건 때문이라면 이때의 집중화 현상은 일시적이다. 즉 이윤율이나 판매량이 늘어날 것 같은 조짐을 보이면 또 다시 신생 기업들이 밀려들 것이기 때문이다. 따라서 산업이 성숙기에 이르렀을 때 나타나는 재편성 과정은 장기적으로 지속되는 통합화나 집중화가 아닐 경우도 많다.

• 철수 장벽은 통합 현상을 억제한다 | 평균 이하의 투자 수익률 때문에 철수하고 싶어도 철수 장벽이 높아 그대로 남아 있는 기업들이 많다. 이동 장벽이 비교적 높은 산업이라 하더라도 만약 철수 장벽 때문에 경영 성과가 빈약한 기업들이 그대로 남아 있다면, 선두 기업들은 집중화에 따른 이점을 거의 기대할 수 없을 것이다.

• 장기적인 이윤 잠재력은 미래의 산업 구조에 의해 좌우된다 | 산업의 초기 도약기(특히 초기 제품이 구매자들의 인정을 받은 이후)에는 이윤율이 높은 것이 일반적이다. 예를 들어 1960년대 후반에는 스키용품 판매량이 매년

20퍼센트 이상 늘어나 모든 기업들이 큰 이익을 얻었다. 그러나 산업 성장률이 일정 수준으로 고착되면 경쟁이 격화되면서 취약한 기업들이 무너지거나 철수하는 격동기를 맞게 된다. 이러한 조정기에는 그 산업 내의 모든 기업들이 재정적인 타격을 입게 된다. 잔류하는 기업들이 평균 이상의 이윤을 얻을 수 있는지의 여부는 이동 장벽의 높이와 그 밖의 다른 구조적 특성에 의해 좌우된다. 이동 장벽이 이미 높거나, 산업이 성숙되면서 이동 장벽이 높아지면 잔류 기업들은 성장률이 둔화된다 하더라도 견실한 경영 성과를 얻을 수 있을 것이다. 그러나 이동 장벽이 낮으면 성장률의 둔화는 곧 평균 이상의 수익이 종식됨을 의미한다. 따라서 성숙기에 접어든 산업은 구조적인 여건에 따라 성장기 수준의 이윤율을 올릴 수도 있고 그렇지 않을 수도 있다.

■ 산업 경계의 변화

산업의 구조적 변화가 산업 간의 경계를 변화시키는 경우도 있다. 1장에서 설명한 바와 같이 산업의 경계는 판단에 따라 주관적으로 설정한 것에 불과하다. 〈그림 8-3〉의 점선 부분이 이와 같은 특성을 나타내주고 있다.

산업의 진화는 이러한 경계를 변화시키는 강한 성향을 지니고 있다. 산업 내부의 혁신이나 대체재의 혁신 등은 많은 기업들을 직접적인 경쟁 관계에 놓이게 함으로써 산업 영역을 크게 확대한다. 예를 들어 목재 가격에 대한 운송비 비중이 크게 떨어지면서 목재 공급은 특정 대륙에 한정되

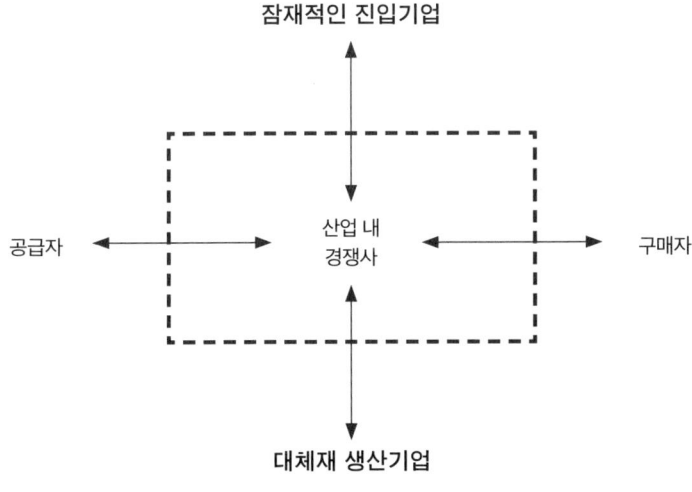

<그림 8-3> 산업 경계

지 않고 전 세계 시장으로 확대되었다. 여러 가지 기술 혁신으로 전자 감시 장치에 대한 신뢰가 높아지고 가격이 떨어지면서 이 산업은 경비 서비스 산업과 효율적인 경쟁을 벌일 수 있게 되었다. 구조적 변화가 공급자의 전방 통합을 용이하게 할 경우에는 공급자들이 유력한 경쟁자로 등장할 수도 있다. 마찬가지로 대량 구매를 하는 구매자들이 제조업의 강력한 경쟁자로 나타나기도 한다. 따라서 산업의 진화가 어떤 전략적 의미를 지니는지 분석할 때는 산업의 경계가 어떤 영향을 받는지도 감안해야 할 것이다.

■ 기업이 산업 구조에 미치는 영향

1장에서 간략하게 설명하고 또한 이 장에서 집중적으로 언급한 바와 같이 산업의 구조적 변화는 기업의 전략적 행위에 영향을 받는다. 산업 구조의 변화가 자사의 입지에 미치는 영향을 기업이 제대로 파악하고 있다면, 그 기업은 경쟁사의 전략적 변화에 대응하거나 스스로 전략을 전환하는 등의 방식으로 자사에 유리하게 산업 구조를 변화시키려고 노력할 것이다.

기업이 산업 구조 변화에 영향을 미칠 수 있는 또 다른 방법은 산업의 진화를 유발하는 외적 요인들을 주시하는 것이다. 기업은 그러한 요인들을 파악해서 자사의 전략적 위치에 알맞은 형태로 작용하게 할 수 있을 것이다. 예를 들어 특정 규제 조치를 변경하는 데 영향력을 행사한다든지 산업 외부에서 성취된 혁신을 그 기업과 라이선스 협정이나 다른 형태의 협약 체결 등을 통해 산업 내부로 확산시킬 수 있을 것이다. 또한 보완 제품의 공급이나 비용 개선을 위해 직접적인 지원이나 협회 결성, 또는 정부에 실정을 보고할 수도 있다. 그 밖에 구조적 변화를 유발하는 다른 중요한 요인들에도 여러 형태로 영향력을 발휘할 수 있다. 기업은 산업의 진화를 그저 단순한 기정사실로 받아들일 것이 아니라 적극적으로 받아들여 하나의 기회로 활용해야 한다.

2부
본원적 산업 환경

9장 | 세분화된 산업에서의 경쟁전략
10장 | 신생 산업에서의 경쟁전략
11장 | 산업 성숙기로의 전환
12장 | 사양 산업에서의 경쟁전략
13장 | 글로벌 산업에서의 경쟁

2부에서는 1부에서 제시한 경쟁전략 수립을 위한 분석 기법을 근거로 삼아 몇 가지 중요한 산업 환경 유형에서의 전략을 좀 더 상세하게 분석해보기로 하겠다. 산업 환경은 다음과 같은 몇 가지 중요한 차원에서 논의될 수 있다.

· 산업 집중도
· 산업 성숙도
· 글로벌 경쟁에 대한 노출

산업 환경은 그 유형별로 각각의 기본 전략이 크게 다르다. 2부에서는 이런 차원에서 몇 가지 일반적인 산업 환경의 유형을 선정하여 좀 더 깊이 있게 파헤쳐보고자 한다. 이 과정에서 산업 구조의 주요 특징, 전략의 핵심 문제, 특유의 전략적 대안 및 전략적 함정들이 확인될 것이다.

2부에서는 5가지 주요한 일반적 환경 유형을 선정해 소개할 것이다. 9장에서는 세분화된 산업, 즉 산업 집중도가 낮은 산업에서의 경쟁전략을 그리고 10장·11장·12장에서는 성숙 정도가 근본적으로 다른 산업에서의 경쟁전략을 논의할 것이다. 즉 10장은 신생 산업을, 11장은 도약 단계에서 성숙 단계로 접어든 산업을, 12장은 쇠퇴 단계에 접어든 산업 특유의 여러 문제에 대해 논의한다. 마지막으로 13장은 1980년대 이후 점차 지배적인 산업 환경으로 부각되고 있는 글로벌 산업에서의 전략 수립에 대해 논의할 것이다.

2부에서 살펴 볼 산업 환경은 전적으로 산업 구조라는 하나의 핵심적 차원을 기준으로 할 것이며 각 장의 내용을 통해 산업 구조가 경쟁전략과의 관계 속에서 가지는 의미를 더욱 발전시킬 것이다. 일부 장에서는 상호 배타적인-신생 산업이거나 쇠퇴 산업일 뿐 양자 모두일 수는 없는 산업 환경을 다루고 있지만 어떤 산업은 그렇지 않을 수도 있다. 일례로 글로벌 산업은 세분화된 상태에 있으면서 또한 성숙 단계로의 전환기에 놓여 있을 수도 있다.

먼저 관찰 대상으로 삼은 특정한 산업 환경을 2부에 제시된 기준에 맞추어 분류하는 일부터 시작해야 할 것이다. 다만 둘 이상으로 분류되는 산업에서 경쟁전략을 수립하는 문제는 산업 구조 각각의 중요한 측면에서 비롯되는 전략적 의미를 절충하는 것이다.

9장

세분화된 산업에서의 경쟁전략

세분화된 산업은 중요한 구조적 환경의 하나로 그 안에서 다수의 기업들이 경쟁한다. 세분화된 산업에서는 누구도 뚜렷한 시장점유율을 가지고 있지 않기 때문에 업계의 성과에 강력한 영향을 미칠 수 있을 만한 기업은 존재하지 않는다. 일반적으로 세분화된 산업에서는 개인이 주로 소유하는 중소기업이 그 주종을 이룬다. 세분화된 산업에 대해서는 정확한 정량적 정의가 있을 수 없으며, 산업 환경 유형의 전략적 문제들을 논의하는 데 그런 정의가 필요하지도 않을 것 같다. 이를 하나의 독특한 경쟁 환경으로 받아들이는 가장 큰 이유는 산업계 동향을 결정할 수 있을 만큼 강력한 영향력을 행사하는 시장 선도 기업이 없기 때문이다.

세분화된 산업은 미국에서건 다른 나라에서건 수많은 경제 분야에서 찾을 수 있으며, 그중에서도 다음과 같은 산업에서 특히 두드러진다.

· 서비스업
· 소매업

· 목재 및 금속 가공업

· 농작물

· 창조적 사업

　　컴퓨터 소프트웨어 및 TV 프로그램 같은 세분화된 산업이 차별성이 두드러지는 상품이라면 유조선 선박, 전자 부품 유통업, 알루미늄 조립업 같은 산업은 비차별화 상품이라 할 수 있을 것이다. 그리고 세분화된 산업은 태양열 산업 같은 첨단 기술 업종에서부터 고물상과 주류 소매업 같은 업종에 이르기까지 그 기술 수준이 매우 다양하다. 〈표 9-1〉은 1972년에 각 산업의 4대 기업 시장점유율이 40퍼센트에 미치지 못하는 미국의 제조업들을 나열한 것이다. 이 표에서는 제조 부문에 속하지 않거나, 단일 산업으로 간주하기에 문제가 있는 유통 및 서비스 같은 다수의 산업들은 제외했다. 그럼에도 불구하고 이 도표를 보면 세분화된 업종이 얼마나 넓게 분포되어 있는지 잘 알 수 있다.

　　이 장에서는 주요 산업 환경 유형으로 여겨지는 세분화된 산업 내에서 경쟁전략을 수립할 때 발생하는 특수한 문제점들을 살펴볼 것이다. 2부의 다른 장들과 마찬가지로 9장 또한 세분화된 특정 산업에서의 경쟁을 위한 완전한 지침서가 되려는 것은 아니다. 어떤 특정 산업에서의 경쟁전략에 관한 결론을 얻으려면, 그동안 제시한 분석의 개념 및 기법들을 이 장의 개념들과 결합하여 판단하는 포괄적인 시각이 필요하다.

　　이 장은 다음 몇 가지 부분으로 나뉜다. 첫째, 산업이 왜 세분화되는

지에 대해 이해하는 것이 전략을 수립하는 데 필수적이므로 그 이유를 다양한 측면에서 살펴볼 것이다. 둘째, 세분화 상태를 극복하기 위해 구조적 변화를 일으키는 방법이 모색될 것이다. 셋째, 세분화 상태를 극복하기 어려운 산업에서는 세분화된 구조를 기정사실로서 받아들이고 생존을 모색하는 몇 가지 기법들이 검토될 것이다. 이러한 논의와 관련해 기업이 세분화된 산업에서 경쟁하다 보면 빠지기 쉬운 몇 가지 함정들이 지적될 것이다. 마지막으로 이와 같은 논의를 바탕으로 세분화된 산업에서 경쟁전략을 수립하는데 도움이 되는 분석 체계를 제시할 것이다.

산업	4대 기업의 시장점유율 합계(%)	8대 기업의 시장 점유율 합계(8%)
식용육 포장	22	37
소시지 및 가공 식용육	19	26
도계업	17	26
닭고기 및 달걀 가공	23	36
연유	39	58
아이스크림 및 냉동 디저트	29	40
우유	18	26
과일 및 야채 통조림	20	31
과일 및 야채, 수프(건조)	33	51
과일 및 야채(냉동)	29	43
밀가루 및 제분 생산업	33	53
빵, 과자류	29	39
사탕류	32	42

육류 및 어류 지방과 기름	28	37
생선 포장	20	32
소형 직조기	20	31
편물기	16	26
면직물	27	41
카펫	20	22
방적기(양모 방직기는 제외)	21	21
직물 기계	35	51
레이스 제품	3	51
가구 부속물	28	40
밧줄 및 노끈	36	56
남성용 코트	19	31
남성용 셔츠 및 잠옷	22	31
남성용 목도리	26	36
남성용 바지	29	41
여성용 바지 및 조끼	18	26
여성용 드레스	9	13
여성용 코트	13	18
여성용 및 어린이용 속옷	15	23
어린이용 드레스 및 블라우스	17	26
어린이용 코트	18	31
모피 제품	7	12
예복과 가운	24	39
방수용 외투	31	40
가죽옷	19	32
장식 벨트	21	32
커튼 및 휘장	35	43

	캔버스 제품	23	29
	제재용, 목공용 톱	18	23
	주방용 목재 캐비닛	12	19
	이동식 주택	26	37
	조립식 목조 건물	33	40
	가정용 패브릭 가구	14	23
	가정용 금속 가구	13	24
	매트리스 및 침대 스프링	24	31
	사무용 목재 가구	25	38
	접이식 종이 상자	23	35
	골판지 및 합판지 상자	18	32
	정기 간행물	26	38
	출판	19	31
	서적 인쇄	24	36
	상업 인쇄, 활자 인쇄	14	19
	상업 인쇄, 석판 인쇄	4	8
	활자 조판(組版)	5	8
	사진 제판(製版)	13	19
	페인트와 그 연관 제품들	22	34
	복합 비료	24	38
	접착제	19	31
	도로 포장재와 석재	15	23
	윤활유 및 그리스	31	44
	가죽 가공	17	28
	가죽 장갑	35	50
	여성용 핸드백 및 지갑	14	23
	수경(手硬) 시멘트	26	46

벽돌과 타일	17	26
콘크리트	5	8
레미콘	6	10
철사 및 관련 제품들	18	30
강철 파이프 및 튜브	23	40
알루미늄 주조	23	30
청동, 황동 및 구리 주조	20	28
배관 부속품 및 황동 제품	26	42
전기 난방 기구를 제외한 난방 기구	22	31
조립 금속 구조물	10	14
금속 문, 알루미늄 창틀	12	19
조립식 금속판 제품	29	35
판금(板金) 제품	9	15
운반 장비	22	32
주형(鑄型) 기계장비	18	33
특제 주형기(鑄型機), 연장, 지그 및 고정 도구	7	10
건축용 금속 제품	14	21
나사 절삭기	6	9
볼트, 너트, 못, 나사받이	16	25
금속 및 강철 단조물(鍛造物)	29	40
도금 및 연마	5	8
금속 코팅 및 그 연관 용역	15	23
밸브 및 파이프 부속품	11	21
와이어 스프링	26	38
조립식 파이프 및 부속품	21	32
기계 도구 부속품류	19	30
식품 생산 기계	18	27

섬유 기계	31	46
제지 산업 기계	32	46
펌프 및 펌프 장비	17	27
송풍기 및 환풍기	26	37
산업용 용광로 및 오븐	30	34
라디오 및 TV 통신 장비	19	33
트럭과 버스의 차체	26	34
소형 선박 건조 및 수리	14	23
공학 및 과학 자재	22	33
보석 및 귀금속	21	26
인형	22	34
게임, 장난감, 아동용 탈 것	35	49
운동용품	28	37
인조 보석류	17	27
조화(造花)	33	44
단추	31	47
간판 및 광고기획	6	10
관(棺)	25	34

*자료: U.S. Bureau of the Census, 「Concentration Ratios in Manufacturing」 1972 Census of Manufactures, Table5.

〈표 9-1〉 1972년 미국 제조 업계의 세분화된 산업들

무엇이 산업을 세분화하는가

산업이 세분화되는 데에는 다양한 요인이 있으며, 이러한 요인들은

각각 그 산업에서의 경쟁전략을 수립하는 데 서로 다른 영향을 미친다. 일부 산업들은 역사적 이유로 인해(즉 과거부터 산업에 종사해 온 기업의 자원이나 능력으로 인해) 세분화되어 있을 뿐, 별다른 이유가 없다. 하지만 대부분의 세분화된 산업에는 근본적으로 경제적인 요인들이 존재하며, 그중 주된 요인을 지적해보면 다음과 같다.

- **낮은 진입장벽** | 세분화된 산업은 일반적으로 진입장벽이 낮다. 진입장벽이 높으면 그처럼 많은 소규모 기업들이 몰려들 수가 없을 것이다. 하지만 낮은 진입장벽이 세분화의 필요조건일지는 몰라도, 그것을 설명해주는 충분조건이라고는 할 수 없다. 거의 모든 경우에 세분화는 다음에 논의할 원인들 중의 하나 또는 그 이상을 동반한다.

- **규모의 경제나 경험 곡선의 부재** | 제조업, 판매업, 유통업, 리서치 혹은 다른 어떤 분야에서건 대부분의 세분화된 산업에는 규모의 경제 또는 학습 곡선이 존재하지 않는다. 세분화된 산업은 대부분 규모의 경제나 경험 곡선에 의한 원가 절감의 혜택을 거의 누리지 못하는 제조과정이 특징이다. 그 이유는 제조 과정이 섬유 유리와 폴리우레탄 주물처럼 단순 가공 또는 조립 작업이거나, 전자 부품 유통업처럼 창고 작업 일색이거나, 보안 감시처럼 그 성격이 노동 집약적이거나 직접적인 서비스에 의존하고, 아니면 원래 자동화나 표준화가 어렵기 때문이다. 바다가재 잡이의 경우 생산 단위가 소형 선박 하나 정도에 불과한데, 여러 척의 배를 가지고

있어도 어획 비용이 거의 줄지 않는 것은 모든 배가 동일 해역에서 동일한 풍어의 기회를 가지고 조업하고 있기 때문이다. 이는 동일한 생산비를 부담하는 다수의 경쟁자들이 한정된 시장에 존재하는 것과 마찬가지다. 최근까지 버섯 재배 역시 규모나 학습을 통한 생산비 절감을 달성하지 못했다. '비법'을 획득한 다수의 소규모 경영자들이 동굴에서 키우기 까다로운 버섯을 재배해온 것이다. 그러나 앞으로 논의하겠지만 이러한 상황에 변화가 찾아오기 시작했다.

• **과도한 수송비** | 규모의 경제가 존재함에도 불구하고 과도한 수송비로 인해 효율적인 공장 규모나 생산 입지가 제한된다. 규모의 경제에 균형을 이루는 수송비는 생산시설이 경제적으로 미칠 수 있는 반경을 결정한다. 시멘트, 낙농업, 가성도 높은 화학제품 같은 산업은 특히 수송비의 부담이 크다. 대부분의 서비스 산업에서 수송비의 부담이 상당히 클 수밖에 없는 것은 소비자가 제시한 장소에서 서비스가 '제공'되어야 하거나, 서비스가 '제공'되는 장소까지 소비자가 이동해야 하기 때문이다.

• **과도한 재고 비용 또는 불규칙적인 매출액 변동** | 생산 과정에 규모의 경제가 내재한다 해도 재고 비용의 부담이 크고 매출액의 변동이 심하다면 유익한 결과를 가져다주지 못할 것이다. 이런 경우에는 생산량에 빈번한 변화가 있을 수밖에 없고, 이로 인해 대규모의 자본 집약적 생산시설을 건립하여 지속적으로 가동시키기가 어려워진다. 마찬가지로 매출액이

너무 불규칙하여 변동 폭이 넓다면 완전 출하 상태에서는 대규모 시설을 가진 기업의 생산 운영이 더 효율적일지 몰라도 보통은 대규모 회사가 소규모지만 적응력이 더 강한 회사보다 불리하다. 일반적으로 소규모 생산 시설과 유통 체계를 갖춘 기업이 전문화된 대규모 기업에 비해 생산량의 변동을 유연하게 흡수한다.

• **구매자나 공급자와의 거래에서 규모의 우위 부재** | 구매자 집단과 공급자 산업이 구조적으로 크다고 해도 인접 기업들과의 거래에서 막강한 교섭력을 행사하지 못하는 경우가 있다. 일례로 구매자 측 규모가 공급자보다 훨씬 크다면 아무리 대규모 공급자라해도 그 구매자와의 거래에서 소규모 기업에 비해 우위에 있을 뿐 열세인 것은 마찬가지다. 때로는 구매자나 공급자가 의도적으로 시설 확장이나 새로운 기업의 진출을 조장함으로써, 산업 내 기업들의 규모 확대를 억제할 수도 있다.

• **중요한 측면에서의 규모의 비경제(diseconomies)** | 규모의 비경제는 여러가지 요인으로 인해 생길 수 있다. 급속한 제품 변화나 형태 변화는 신속한 반응과 기능 사이의 긴밀한 조정을 필요로 한다. 빈번한 신제품 소개와 형태 변화가 경쟁에 필수적인 산업에서는 짧은 리드타임(lead time, 상품 생산 시작부터 완성까지 걸리는 시간)밖에 허용되지 않기 때문에, 대기업이 중소기업보다 불리할 수도 있다. 이런 현상은 제품 형태가 경쟁에서 중요한 역할을 하는 여성복 제조업 등의 산업에서 두드러진다.

'낮은 간접비'의 유지가 성공에 결정적인 경우에는, 소유 경영자의 철저한 통제 하에 있는 소규모 기업이 더욱 유리하다. 이런 소규모 기업은 일반적인 기업들이 안고 있는 여러 약점에 구애받지 않을 뿐만 아니라 정부의 규제 또한 덜 받는다.

개별 사용자들의 주문에 응해야 하므로 '생산 라인이 다양할' 수밖에 없는 경우는 사용자와 제조업자 사이에서 소규모 직접 거래가 빈번하게 이루어져야 하기 때문에 기업 규모가 작을수록 유리하다. 사무용지 산업은 그러한 생산의 다양성이 세분화를 초래한 산업의 좋은 사례라 할 것이다. 북아메리카에서 상위 2위를 차지한 사무용지 생산업체가 시장점유율이 약 35% 밖에 되지 않는다는 사실이 이를 잘 보여준다.

예외가 없는 것은 아니지만, 규모가 큰 기업일수록 창조적 인력의 생산성 유지가 그만큼 더 어려워진다. 따라서 과도하게 창조력을 요구하는 산업의 경우에는 대기업이 더 불리할 수 있다. 이런 이유로 광고 및 인테리어 디자인 같은 산업에서는 거의 대규모 기업을 찾아보기 어렵다.

사업 운영에 관한 세밀한 국지적 통제와 감독이 성공에 필수적인 경우에도 소규모 기업이 유리하다. 일부 산업, 특히 나이트클럽과 요식업소 같은 서비스 산업에서는 면밀한 직접 감독이 필요하다. 일반적으로 이런 업종에서는 부재(不在) 경영이 사소한 일에까지 세심한 주의를 기울이는 경영자가 현장에 있는 경우에 비해 좋은 성과를 거두지 못한다.

개별적인 서비스가 성공의 관건인 산업에서는 일반적으로 규모가 작은 기업일수록 보다 능률적이다. 사업 규모가 일정한 한계를 넘어서면

서비스의 질이나 친절한 서비스가 제공되고 있다는 소비자의 인식이 저하되는 경우가 많다. 이런 이유로 미용 관리나 컨설팅 같은 업종에서 세분화가 일어난다.

지역적 평판과 유대 관계가 사업의 성공에 관건이 되는 경우에도 대규모 기업이 불리한 입장이다. 알루미늄 조립과 주택 공급 그리고 유통업 같은 일부 산업에서는 현지에 진출하는 것이 성공의 필수적 조건이다. 지역 수준에서의 사업 개발, 계약 건축, 판매 활동 등이 경쟁에 필수적이다. 그러한 산업의 경우에는 지방 기업이 생산비에서 크게 불리하지 않다면 대규모의 기업을 능가할 수도 있다.

• **시장의 다양한 요구** | 소비자의 기호가 다양화된 일부 산업에서 구매자들은 각각 독특한 제품을 원하기 때문에 표준화된 제품보다는 웃돈을 지급하더라도 특별 주문품을 찾는 경우가 있다. 구매자들의 취향이 세분화되어 있는 것이다. 그 결과 어떤 한 가지 형태의 상품에 대한 수요가 적을 수밖에 없고, 따라서 대기업은 자사 측에 유리한 생산, 배분 혹은 판매 전략을 수립할 수 없다. 소방차 제조업에서와 같이 때로는 세분화된 구매자의 기호가 지방 또는 지역마다 다른 특수성에서 기인하기도 한다. 지방의 소방서마다 소방차에 비싼 벨이나 경적 같은 부속물을 많이 달아 달라는 등의 상이한 주문을 하는 경우가 있다. 따라서 판매되는 소방차는 거의 모두가 독특한 것이 되고 만다. 생산은 대부분 주문 조립식이며, 그렇기 때문에 수십 개의 소방차 제조 업체가 있지만 누구도 시장의 큰 몫을

차지하지 못하고 있다.

- **고도의 제품 차별, 특히 이미지 위주의 제품 차별** | 제품 차별의 정도가 아주 크고 그것이 이미지를 근거로 할 경우에는 기업 규모가 제한받을 수 있다. 이 조건은 비능률적인 기업들에도 생존을 보장해주는 여건을 형성한다. 규모가 커지게 되면 독점적인 이미지나 개인적으로만 독특한 브랜드를 가지고 싶어 하는 소비자의 기대를 충족시킬 수 없다. 이런 상황에서는 그 산업의 주요한 공급자들이 자신의 제품이나 서비스를 제공하는 유통망의 배타성이나 특별한 이미지를 중요하게 여기게 된다. 예를 들어 공연 예술가들은 자신이 개발하고 싶어 하는 이미지에 어울리는 소규모 공연 예약업체나 음반 회사와의 거래를 선호할 것이다.

- **철수 장벽** | 철수 장벽이 존재할 경우에는 그 산업에 계속 머무르려는 소규모 기업들의 입장 때문에 통합이 억제된다. 세분화된 산업에서는 경제적 철수 장벽 외에도 경영상의 철수 장벽이 흔히 존재한다. 또한 이윤 지향적이지 않은 목적을 가진 경쟁자들이 존재할 수도 있다. 어떤 산업에는 낭만적인 매력이나 흥미진진한 요소가 있어 이에 매료된 경쟁자들이 이윤이 낮거나 전혀 존재하지 않음에도 불구하고 그 산업에 계속 머물러 있기를 원할 수도 있다. 이런 요인은 낚시 관련업과 연예 기획 같은 산업에서 특히 강력한 영향력을 발휘한다.

- **지방 법규** | 지방 법규는 기업으로 하여금 특정 기준을 만족시키거나 그 지방의 정치적 필요에 부응할 것을 강요한다. 이 때문에 지방 법규는 다른 조건들에 의해 제약당하지 않는 산업에서도 세분화의 주요 원인으로 작용할 수 있다. 지방 법규가 주류 소매업 같은 산업 또는 드라이클리닝이나 안경 판매업 같은 개인 서비스 업종에서 세분화의 원인으로 작용했을 가능성이 크다.

- **정부의 집중화 금지** | 법적 규제는 전력과 TV 및 라디오 방송국 같은 산업에서의 집중화를 금지하며, 주요 지점 간 대출을 금하는 맥파든(McFadden) 법안은 전산 자금 대체 시스템에서의 집중화를 막고 있다.

- **신종 산업** | 통합의 별다른 장애 요인이 없다해도 신종 산업이기 때문에 어떤 기업도 아직까지 큰 시장점유율을 향유할 수 있을 만큼의 자원과 기술을 개발하지 못했을 경우 산업이 세분화될 수 있다. 1979년에는 태양열 난방과 섬유 광학 산업이 이런 상태에 놓여 있었다.

위의 원인 중 하나만 존재해도 산업의 통합이 이루어지기 힘들다. 세분화된 산업에서 이러한 특징들이 전혀 발견되지 않는다고 하면, 이는 다시 논의하겠지만 실로 중대한 결론이 아닐 수 없다.

세분화 상태의 극복

세분화 상태를 극복하는 것은 전략적으로 아주 중요한 의미를 가진다. 세분화된 산업의 진입 비용은 당연히 낮고 비교적 약소한 경쟁사들의 보복 위협 또한 심각한 것이 되지 못하기 때문에 이 산업을 통합하는 데 따르는 보상은 클 수 있다.

앞에서 이미 한 산업을 상호 연관된 체계로 보아야 한다는 점을 강조했으며 이러한 사실은 세분화된 산업에도 마찬가지로 적용된다. 앞에서 열거한 요인들 중의 하나에 의해서도 한 산업은 세분화될 수 있다. 그렇기 때문에 통합을 가로막는 근본적인 장애 요인이 제거된다면 그 산업 구조 전체의 변화를 촉발하는 과정이 흔히 일어난다.

육우 산업은 세분화된 산업의 구조가 어떻게 변할 수 있는지에 대한 좋은 본보기를 제공해준다. 이 산업은 전통적으로 방목지에서 소떼를 목축해서 그 소들을 식용육 가공업자에게 운반하는 형태로 대다수의 목축업자에 의해 운영되어왔다. 소의 사육에는 전통적으로 규모의 경제가 거의 통용되지 않았다. 오히려 대규모의 소떼를 한 장소에서 다른 장소로 이동시키는 데 따르는 규모의 비경제가 있을 수 있다. 그러나 기술 진보와 함께 소 사육의 다른 방법으로 축사가 널리 사용되기 시작했다. 조건만 완전하게 갖추어지면 축사의 사용이 소를 살찌우는 데 훨씬 경제적인 방법이라는 것이 밝혀졌다. 축사의 건설이라는 대규모의 자본 지출을 요구하기는 해도, 획기적인 규모의 경제를 가져다준다는 사실이 판명된 것이다. 그 결과 아이오와 비프(Iowa Beef)나 몬포트(Monfort)와 같은 몇 개의 대규모 육우 업체가 등장하여 이 산업을 집중화하는 현상이 나타났다. 이 대규모 육우 업체들은 후방에서는 사료 제조업을 통합하고, 전방에서는 식용육 가공 및 분배를 통합할 수 있을 만큼 크게 성장했다. 이 산업이 세분화된 근본 원인은 소를 살찌우는 데 사용되는 생산 기술이었다. 통합의 장애 요인이 제거되자 구조적 변화의 과정이 촉진되었다. 이 과정은 축사에서부터 시작되었지만 여기에 그치지 않고 산업 구조의 많은 요소들을 변화시켰다.

■ 연합에 대한 일반적인 접근법

세분화된 상태의 극복은 세분화된 구조를 초래하는 근본적인 경제적 요인들을 제거해나가는 변화가 있을 때 비로소 가능하다. 세분화 상태의 극복을 위해 일반적으로 사용되는 방법으로는 다음과 같은 것들이 있다.

• **규모의 경제나 경험 곡선의 창출** | 육우 산업에서와 같이 기술 변화가 규모의 경제나 의미 있는 경험 곡선을 동반하면 통합이 이루어질 수 있다. 해당 산업의 일부에서 창출된 규모의 경제가 때로는 다른 부문의 비경제를 압도할 수도 있다.

자동화와 자본 집약도를 초래하는 제조업에서의 기술 혁신으로 인해 의학 실험용 동물을 공급하는 산업에서 그리고 이 장의 앞부분에서 언급한 버섯 재배 산업에서 통합이 일어났다. 실험용 동물 사육 분야에서 찰스 리버(Charles River Breeding Laboratories)는 값비싼 대규모 사육 시설을 이용하여, 동물들의 위생 조건을 비롯한 모든 생활환경과 먹이를 세밀하게 통제할 수 있는 방법을 고안해냄으로써 새로운 시대를 열었다. 그러한 시설은 보다 우수한 실험용 동물의 공급을 가능하게 해주었을 뿐만 아니라, 이 산업을 세분화시켜온 근본적 원인을 해소시켜주기도 했다. 버섯 재배업에서는 몇 개의 대기업들이 이 분야에 참여하여 컨베이어와 온도 조절기 등의 장치를 사용함으로써 버섯 재배 과정을 혁신했으며, 그 결과 인건비가 줄어들고 생산성이 높아졌다. 이러한 과정은 규모의 경제와 자본 집약화 그리고 자동화를 동반하는 것이었고 이로써 이 산업에서 통합의 기반이 마련되었다.

마케팅에서 규모의 경제를 창출하는 혁신 또한 산업 통합을 일으킬 수 있다 예를 들어, TV 네트워크를 이용해 완구 판매를 시작하자 완구 산업에 통합의 바람이 크게 일었다. 재정과 서비스를 함께 제공하는 전문업자의 등장은 토목 장비 제조업자들 사이에서 통합 현상을 촉진시켰으며, 그 과정에서 캐터필러 트랙터가 가장 큰 혜택을 입었다. 유통과 서비스 같은 분야에서 규모의 경제를 창출하는 경우에도 동일한 논리가 적용된다.

• **다양한 시장 요구의 표준화** | 생산이나 판매의 혁신으로 다양한 시장 요구를 표준화할 수 있다. 예를 들어, 신제품의 개발은 구매자들의 취향을 통합할 수도 있다. 즉 디자인의 변화로 표준화된 제품의 생산 원가를 적극적으로 낮추어놓으면, 구매자들은 표준화된 제품을 값비싼 주문

생산품보다 더 가치 있는 것으로 여기게 될 수도 있다. 제품을 표준화하면 부품들을 대량 생산할 수 있게 될 것이고, 따라서 최종 생산품의 이질성을 유지하면서도 규모의 경제를 살리거나 경험 비용을 절감할 수 있게 된다. 그러한 혁신의 잠재적 가능성이 그 산업의 경제적 특성에 의해 제약당하는 것은 분명하지만, 대부분의 산업에서 통합의 가장 큰 장애 요인은 세분화의 원인을 독창적으로 처리할 수 있는 방법들을 찾아내지 못한다는 데 있다.

• **세분화의 주 원인이 되는 여러 측면의 집중화 또는 분리 |** 때로는 산업 세분화의 원인들이 생산에서 규모의 비경제나 세분화된 구매자 취향과 같은 한두 개의 부문에 집중되어 있는 경우도 있다. 이때 세분화 상태의 극복을 위한 전략은 어떤 방법으로든 이 측면을 기업의 다른 측면들로부터 분리하는 것이다. 이러한 전략의 좋은 예로 캠핑장 임대업과 패스트푸드 사업을 들 수 있다. 이 사업에서는 엄격한 지역적 관리와 양질의 서비스 유지가 사업 성패의 관건이다. 또한 이 사업은 소규모로 동떨어져 위치해 있을 수밖에 없다. 캠핑장이나 패스트푸드점의 경우 어떤 형태로 규모의 경제를 도모하는 것이 가능하다 해도 고객 가까이 또는 고속도로와 휴양지 가까이에 위치해야 한다는 필요성에 의해 그 가능성이 상쇄되기 때문이다. 이 사업은 전통적으로 세분화되어 있어서 수많은 자영업자들이 운영을 맡고 있었다.

그러나 전국적인 집중화가 이루어지고 전국적인 홍보 매체의 이용이 가능해진다면, 판매와 구매에서 의미 있는 규모의 경제 달성이 불가능한 것도 아니다. 두 사업 모두에서 자영업자들 각각에 체인점을 하나씩 분양해주는 방법으로 세분화 상태가 극복되었다. 자영업자들은 브랜드 제품을 판매하고 집중 구매 등의 서비스를 제공해주는 전국적인 조직 체계에서 영업하게 되었다. 규모의 경제로 인한 혜택은 물론 엄격한 관리와 서비스 유지가 보장된 이러한 아이디어가 캠핑장 임대업에서의 KOA, 패스트푸드 사업에서의 맥도날드와 피자헛 같은 대기업을 탄생시켰다. 체인화로 현재의 세분화 상태를 극복하고 있는 산업의 또 다른 사례가 부동산 중개업이다.

센추리21(Century21)은 지방 기업들이 각각의 상호를 가지고 자체적으로 영업을 하되, 전국적으로 홍보된 센추리21의 산하에서 운영하도록 하는 방법으로 지방 기업들을 체인화함으로써 극도로 세분화되어 있는 이 산업의 통합을 빠르게 진행했다.

세분화의 원인이 지금까지 다룬 사례들에서 보듯이 생산이나 서비스의 전달 과정을 중심으로 집결되어 있는 경우에는 이것을 극복하기 위해 생산을 기업 활동의 여타 부문으로부터 분리시킬 필요가 있다. 소비자의 취향이 너무 다양하거나 구매자가 극단적인 제품 차별화 때문에 배타성을 선호하게 되었을 경우에는 세심하게 개별화된 브랜드 및 포장 형태를 사용하여 시장점유율에 대한 제약을 극복할 수 있다. 그 밖에도 예술가 등의 고객 또는 공급자가 소규모이고 개인화되었기 때문에 특이한 이미지와 평판을 가지는 조직과 거래하고 싶어하는 경우가 있다. 음반 산업에서는 이러한 요구가 다수의 전통 레이블의 사용과 동시에 연합 레이블로 계약하는 방법을 통해 충족되어왔다. 나아가 연합 레이블은 모두가 동일한 음반 제조·판매·프로모션·분배의 조직을 이용한다. 각 레이블마다 독립성이 확립되어 있고 예술가 고객을 위해 개인적 접촉을 유지하려고 노력한다. 하지만 각각 20% 가량의 시장을 점유하고 있는 CBS와 워너 브러더스(Warner Brothers)의 경우에서 볼 수 있듯이 이들 레이블의 모회사가 차지하는 전체 시장점유율은 상당한 정도에 이를 수 있다.

이와 같은 세분화 상태를 극복하기 위한 기본 전략은 세분화의 근본 원인이 변경될 수 없는 것으로 인식한다. 좀 더 자세히 말하면 이 전략은 기업 활동 중에서 세분화가 불가피한 측면은 약화시키고 다른 측면에서 얻을 수 있는 시장점유율 확대의 이점을 최대한 활용하는 것이다.

• **임계 규모를 위한 매수** | 일부 산업에서는 큰 점유율을 가지는 것이 궁극적으로 이득이면서도 세분화의 원인들 때문에 점유율의 점진적 확대가 지극히 어렵다. 예를 들어 지방에서의 현지 접촉은 판매에 있어 중요하지만, 확장을 목적으로 다른 기업들의 영역을 침범한다는 것이 쉽지 않은 경우가 있다. 그러나 그 기업이 임계 규모를 넘어설 수만 있다면 상당한 정도의 규모의 경제로 인한 혜택을 거둘 수 있다. 이런 경우에는 다수의 지방 기업들을 합병하는 전략이 성공적일 수 있다. 단 이때는 피합병 기업들을 완전히 통제할 수 있어야 한다.

• **산업 추세의 조기 인식** | 산업 자체가 신생 산업이어서 세분화된 경우에 이 산업은 성숙해지면서 저절로 통합될 수 있다. 혹은 산업의 외적 추세가 세분화의 원인들에 변화를 줌으로써 통합이 이루어질 수도 있다. 예를 들어 컴퓨터 서비스 회사들이 미니컴퓨터와 마이크로컴퓨터 회사로부터 심한 경쟁 압력을 받은 것을 들 수 있다. 소형 컴퓨터의 등장은 중소기업들도 자체의 컴퓨터를 가질 수 있음을 의미했다. 따라서 컴퓨터 서비스 회사들은 점차 여러 지역에 위치한 대기업에 서비스를 제공하거나 복잡한 프로그래밍 등의 서비스를 제공해야만 성장을 지속할 수 있게 되었다. 이러한 사태의 추이가 컴퓨터 서비스 산업에서 규모의 경제를 강화시켜주었으며 그 결과 통합이 진행되었다.

컴퓨터 서비스 산업의 예에서는 대체 상품의 위협이 구매자의 요구에 변화를 줌으로써 서비스에서의 변화를 촉진시켰고 이 변화가 점차 규모의 경제에 영향 받는 쪽으로 진행되어 통합 현상이 일기 시작했다. 다른 산업들에서는 구매자의 취향 변화, 분배 구조의 변화 등 수 많은 산업 추세가 직·간접적으로 세분화의 원인들에 영향을 미친다. 정부 규제의 변화 또한 중소기업들이 도달할 수 없는 정도까지 생산품이나 제조 과정의 수준을 높임으로써 규모의 경제를 창출할 수 있고 이 때문에 불가피하게 통합 현상이 일어날 수도 있다. 이러한 추세의 궁극적인 결과를 인식하고 이를 이용할 수 있는 위치에 기업을 자리잡게 하는 것은 세분화 상태에 있어서의 중요한 전략이 될 수 있다.

■ 고착 상태에 빠진 산업들

지금까지는 산업 경제의 측면에 뿌리를 두고 있는 산업의 세분화 상태와 이러한 경제적 측면의 근본적인 원인에 변화를 주는 극복 전략들을 집중적으로 논의했다. 하지만 전략을 수립하기 위해서 반드시 기억해야 하는 중요한 점은 적지 않은 산업들이 경제적 이유 때문이 아니라 그들이 세분화된 상태에 '고착되어(stuck)'있기 때문에 세분화되어 있다는 사실이다.

• **자원이나 기술이 결여되어 있는 기존 기업들** | 때로는 세분화 상태를 극복하는 데 필요한 조치들이 분명함에도 불구하고 필요한 전략적 투자를 할 수 있는 자원이 결여되어 있는 경우가 있다. 예를 들면 생산에 규모의 경제가 잠재되어 있음에도 불구하고 기업이 대규모 시설을 건설하거나 수직 통합에 투자하는 데 필요한 자본이나 기술이 부족한 경우가 그렇다. 또한 자영 유통 경로나 자영 서비스 조직, 또는 전문화된 물류 시스템이나 소비자 브랜드를 기반으로 한 프랜차이즈가 산업 통합을 촉진시키리라는 것을 알면서도 그것들을 개발하는 데 필요한 자원이나 기술을 가지지 못한 경우도 있다.

• **근시안적이거나 자기만족에 빠진 기존 기업들** | 산업 통합을 추진하는 데 필요한 자원이 있음에도 불구하고, 기업이 여전히 세분화된 구조를 지속하는 전통적인 관습에 감정적으로 젖어 있거나, 변화의 기회를 감지조차 못하는 경우도 있다. 이러한 사실은 자원 부족이라는 문제점과 함께

미국 내 와인 산업계의 역사적인 세분화 현상을 부분적으로 설명해준다. 기존 생산업자들은 오랫동안 생산 지향적이었기 때문에, 전국적 유통 구조나 소비자의 브랜드 인지도를 개발하려는 노력을 전혀 보이지 않았다. 그러나 다수의 대량 소비 상품 및 주류 회사들이 1960년대 중반에 이 산업으로 뛰어들어 그와 같은 사고방식을 뒤집어놓았다.

- **외부 기업들의 관심 결여** | 일부 산업에서는 통합이 이루어지고 있음에도 불구하고, 외부 기업들의 관심이 결여되어 있기 때문에 오랜 기간 세분화 상태에서 벗어나지 못한다. 어떤 외부 기업도 통합을 촉진시킬 목적에서 새로운 안목으로 그 산업에 자원을 투입할 기회를 감지하지 못한다. 외부 기업에 진출 기회를 제공하고 있으면서도 이들의 관심을 끌지 못하는 산업은 (버섯 재배처럼) 일반적으로 세인의 관심 영역을 벗어난 것이거나, (공기 필터 및 기름 필터 제조처럼) 매력이 결여되어 뚜렷한 흥미를 끌지 못하는 경우다. 또한 너무 새롭거나 규모가 작아서 세분화 상태의 극복에 필요한 자원을 가지고 있는 대기업의 관심거리가 되지 못할 수도 있다.

어떤 산업의 구조가 세분화되어 있기는 하지만 그것의 기반이 되는 경쟁의 경제를 반영하는 것이 아님을 확인할 수 있다면, 이때가 바로 통합을 시도해볼만한 절호의 기회라 할 수 있다. 기업이 그런 산업에 쉽게 진출할 수 있는 것은 그 산업의 구조상 세분화될 필요가 없기 때문이다. 세분화의 경제적 원인이 존재하지 않는 이상 저변의 경제 구조를 바꾸기 위한 투자 비용이나 혁신의 부담을 질 필요가 없는 것이다.

산업 세분화에 대한 대처 방안

많은 경우에 산업 세분화는 극복할 수 없는 근본적인 산업 경제적 요인에 의해 초래된다. 세분화된 산업에서는 많은 기업들이 경쟁 관계에 있고 공급자 및 구매자와의 협상에서 전반적으로 열세를 보인다는 특징이 있다. 따라서 수익성에도 한계가 있다. 이런 상황에서는 전략적 포지셔닝이 특히 결정적으로 중요하다. 전략적인 도전은 비록 대단하지 못한 시장 점유율을 확보할 뿐이더라도 가장 성공적인 기업의 대열에 동참해서 세분화에 대처하려고 하는 것이다.

모든 산업이 궁극적으로 다르기 때문에 세분화 상태에 있는 특정 산업에서 가장 효과적으로 경쟁하는 일반적인 방법이란 존재하기 어렵다. 그러나 세분화된 구조에 대처하는 여러 가지 전략적 대안이 있기 때문에 어떤 특정한 상황을 검토할 때 그 대안들을 고려해보면 좋을 것이다. 세분화된 산업의 특정한 상황에서 원가 절감, 상품 차별화, 아니면 2장에서 논의한 일반 전략에 초점을 두는 등의 특수한 접근 방법이 그러한 대안들이다. 이 접근 방법은 각각 세분화 된 산업 특유의 경쟁에 기업의 전략적 자세를 더욱 잘 적응시키거나, 이 산업에서 일반화되다시피 한 강력한 경쟁력을 중화시키는 데 그 목적이 있다.

• **철저한 관리 하의 분권화** | 세분화된 산업의 특징은 일반적으로 긴밀한 조정, 현지 지향적 경영, 강도 높은 퍼스널 서비스, 엄밀한 통제 등이

요구되는 것이다. 따라서 이러한 산업에서 경쟁에 대비한 중요한 방안의 하나가 철저한 관리 하의 분권화다. 이 전략은 한두 지역에서 영업 규모를 확대하기보다는, 의도적으로라도 개별 영업체를 소규모로 그리고 가능한 한 자치적으로 유지하는 것이다. 이 전략을 채택하여 큰 성공을 거둔 기업이 많이 있다. 그중 몇 개 기업만 꼽아 보면, 캐나다의 알루미늄 압축 및 성형 산업의 인달(Indal)과 미국에서 지난 1970년대에 등장하여 비약적인 성장을 거듭하고 있는 중·소규모 신문사 체인 몇 개 그리고 식품 소매업계에서 군림하기 시작한 딜런 컴퍼니즈(Dillon Companies)가 있다. 예를 들어 딜런 컴퍼니즈는 각 지역에 있는 여러 개의 소규모 식품점 체인을 흡수한 후에, 그 체인들이 각각 자체의 상호를 가지고 자치적으로 운영하게 하면서 구매는 집단적으로 하는 식의 전략을 택했다. 이러한 체계는 중앙 통제와 강력한 자체 판촉 정책에 의해 더욱 강화되었다. 이 전략을 통해 개별 영업 부문의 획일화를 방지하고 일부 식료품 체인을 괴롭히던 지역의 조건들에 무감각해지는 결과를 방지했다. 부수적인 효과로는 노동조합의 결성이 억제되었다.

이런 유형의 전략에서 핵심이 되는 개념은 세분화의 원인들을 인정하고 그것에 순응하면서도 지역 본부장의 영업 방식에 상당한 정도의 전문성을 더하는 것이다.

- **시설의 표준화** | 또 하나의 방안은 효율적이면서도 비용이 저렴한 시설을 여러 장소에 설치해서 해당 사업의 가장 핵심적인 전략적 변수를

찾아내는 것이다. 이 전략에 따르자면 공장이건 서비스 시설물이건 표준화된 시설을 설계하고, 그 시설을 최소 비용으로 건설하고 운영하는 과정을 과학적으로 찾아내야 한다. 그렇게 하면 그 기업은 경쟁사들보다 투자비를 낮출 수 있을 뿐만 아니라 더욱 매력적이거나 효율적인 영업장소를 가지게 된다. 플릿우드(Fleetwood, Inc.)와 같이 이동 주택 산업에서 가장 큰 성공을 거둔 몇몇 기업은 바로 이 전략을 따랐다.

- **부가가치의 증대** | 대부분의 세분화된 산업은 일용품이나, 차별화가 쉽지 않은 상품 또는 서비스를 생산한다. 예를 들어 대부분의 유통 기업은 그들의 경쟁사들과 동일하지는 않지만 유사한 제품 라인을 보유한다. 이러한 경우 가장 효과적인 전략은 판매와 함께 더 많은 서비스를 제공하거나(규격에 맞추어 절단하든지 구멍을 뚫는다든지), 제품의 최종 단계 조립에 관여하거나, 아니면 소비자에게 판매하기 전에 부품들을 조립하거나 반조립하는 등의 방법으로 영업의 부가가치를 증대시키는 것이다. 그러한 활동을 통하면, 기초 생산품이나 서비스로는 획득할 수 없는 제품 차별화의 강화와 그에 따른 수익률의 제고가 가능해진다. 이러한 개념을 실천에 옮겨서 성공을 거둔 금속 제품 유통업자들이 있다. 그들은 전통적으로 순수 유통업이었던 이 업계에서 간단한 조립을 하고 소비자들에게 많은 조언을 제공하면서, 스스로를 '금속 제품 서비스 센터'로 소개했다. 일부 전기 부품 판매업자들도 별개의 부품들로 반조립하거나 조립 키트를 이용함으로써 성공할 수 있었다.

때로는 제조업에서 유통업 또는 소매업을 전방 통합함으로써 부가가치를 증대시키는 경우도 있다. 이러한 조치는 판매의 여러 조건에 대한 통제력을 강화함으로써, 구매자 측의 세력을 완화하거나 더 큰 제품 차별화를 허용해준다.

- **제품 형태나 제품 분할에 의한 전문화** | 제품 라인에 수많은 품목이 존재하기 때문에 산업 세분화가 초래되거나, 반대로 산업 세분화가 그러한 결과를 동반할 때는 엄격하게 제한된 몇 가지 제품만을 전문적으로 취급하는 전략만으로도 평균 이상의 성과를 얻을 수 있다. 이러한 접근 방법은 2장에서 논의한 집중화 전략의 한 종류다. 이 전략을 통해 기업은 공급자 측의 생산량을 크게 늘릴 수 있고, 그 결과 공급자에 대한 교섭력을 상당히 강화할 수 있게 된다. 그 밖에도 특정한 제품 분야에서 전문적 식견과 이미지를 뚜렷하게 부각시키면 고객을 상대함에 있어서 제품 차별화를 높일 수 있을 것이다. 이러한 집중화 전략을 택할 경우, 기업은 제품 분야에 대해 더 많은 지식을 가질 수 있을 것이며, 여력을 고객들에게 투입하여 특정 분야에 관한 교육과 서비스를 제공할 수 있을 것이다. 이러한 전문화 전략의 약점은, 그로 인해 기업의 성장 전망에 일정한 한계가 생겨날 수 있다는 사실이다.

이튼 알렌(Ethan Allen)은 세분화된 미국의 가구 산업에 참여하여 대단한 성공을 거둔 기업이다. 이튼 알렌은 제품 전문화를 통해 부가가치의 증대를 이룬 기업의 본보기가 된다. 이 회사는 초기 미국식 가구만을 취급했는데, 이 가구의 개별 품목들을 모아 구성하면 전문적으로 디자인된 것과 거의 차이가 없는 방을 꾸밀 수 있다.

우리가 파는 것은 제품이 아니라 공간입니다. 여러분은 이 공간에서 원하는 것을 스스로 창조할 수 있습니다. 그리고 이 서비스는 더 이상 부유층의 전유물이 아닙니다.

이러한 종합적 개념 덕분에 이튼 알렌은 자사 제품에 20%의 프리미엄을 붙일 수 있었으며, 이 프리미엄은 텔레비전 광고에 집중적으로 투입되었다. 그 밖에도 이 회사는 개성 있는 개별 판매망과, 독점적인 판매점을 통해 유통함으로써 제품 차별화를 강화할 수 있었고, 백화점이나 할인점과의 힘든 협상도 피할 수 있었다. 이 회사는 3%에 불과한 시장점유율을 가지고 있었지만 수익률은 산업 평균치를 훨씬 웃돌았다.

- **소비자 유형에 따른 전문화** | 세분화된 구조로 인해 경쟁이 치열한 경우에는 그 산업의 특정한 소비자 집단을 대상으로 전문화하면 이익을 얻을 수 있다. 이때는 연간 소비량이 적거나 절대적인 규모가 작아서 교섭력이 거의 없는 소비자 집단이 주로 선택된다. 아니면 가격에 가장 둔감하거나, 기초 상품이나 서비스에 부가가치를 많이 포함해줄 것을 요구하는 고객들을 대상으로 할 수도 있다. 제품 전문화와 마찬가지로 고객 전문화 또한 높은 이윤을 보장해주는 반면 그 대가로 해당 기업의 성장 가능성에

한계를 가져올 수 있다.

- **주문 제조에 따른 전문화** | 세분화된 산업에서 치열한 경쟁의 압력에 대처할 목적으로, 기업은 소비자와는 관계없이 특정 형태의 주문만을 받아들일 수 있다. 그 일례로 제품을 즉각 인도해주기만 하면 가격에는 크게 관여하지 않겠다고 하는 고객의 주문만을 받아들이는 방법이 있다. 혹은 가격 탄력성이 낮거나 전환 비용이 높은 고객의 주문만을 받는 방법도 있다. 이 경우도 매출액 규모에서 상당한 제약을 대가로 치러야 할 것이다.

- **특정 지역에 대한 집중** | 높은 시장점유율의 확보가 불가능하거나 전국적인 규모의 경제를 기대할 수 없는 경우에도(그리고 규모의 비경제가 작용하는 경우조차), 시설과 판매 활동 그리고 마케팅 노력을 집중해 특정 지역을 장악하면 상당한 정도의 경제성이 주어질 수 있다. 이러한 전략은 판매 인력을 줄이고, 좀 더 효과적인 광고를 할 수 있으며, 단일한 유통체계만으로도 운영이 가능해지는 등 여러 가지 강점을 가진다. 그 반면에 소규모 영업소들을 여러 지역에 산재해놓을 경우에는 세분화된 산업에서의 경쟁이라는 문제가 더욱 큰 압박으로 작용할 것이다. 몇 개의 대규모 전국 체인이 없는 것은 아니지만, 세분화 상태에 있는 식품점들의 경우에는 여전히 이러한 지역 장악 전략이 상당히 효과적이다.

- **철저한 구두쇠 전략** | 대부분의 세분화된 산업의 치열한 경쟁과 낮은 이윤율을 감안할 때, 불필요한 것은 제거하고 핵심만 공략하는 (구두쇠) 작전으로 경쟁에 대처하는 자세(즉 낮은 간접비, 저숙련 인력 채용, 철저한 원가 통제, 작은 일에까지 기울이는 세심한 관심)가 단순하지만 실로 강력한 전략적 방안이 될 수 있다. 이러한 정책을 통해 기업은 가격 경쟁에서 유리한 위치에 있으면서도 평균 이상의 이익을 얻을 수 있다.

- **후방 통합** | 비록 세분화의 원인들로 인해 높은 시장점유율을 실현할 수 없다 하더라도 선별된 후방 통합은 원가를 절감해줄 것이고, 이는 통합의 여력이 없는 경쟁사들에 압력으로 작용할 수 있다. 물론 이러한 통합에 대한 결정은 철저한 분석 후에 이루어져야 할 것이다(이때 필요한 분석은 14장에서 다시 논의하게 될 것이다).

잠재되어 있는 전략상의 함정

세분화된 산업의 특이한 구조적 환경에는 수많은 전략적 함정이 숨겨져 있다. 세분화된 산업에서 전략적 대안들을 분석함에 있어 적신호로서 경계해야 할 몇 가지 공통적인 함정으로는 다음과 같은 것들이 있다.

- **지배적 우위 추구** | 세분화된 산업의 기본 구조는 그것을 근본적으

로 바꿀 수 없는 한 지배적 우위의 추구를 허사로 만든다. 이런 장애 요인이 있기 때문에 세분화된 산업에서 압도적인 시장점유율을 갖고자 하는 기업의 노력은 일반적으로 실패할 수밖에 없다. 세분화 상태를 가져오는 기본적인 경제 원인들로 인해 기업은 시장점유율을 높여감에 따라 비효율과 제품 차별화 실패 그리고 공급자와 고객들의 변덕에 노출되고 만다. 대량 생산에 의한 원가 절감과 규모의 경제를 꾀할 수 있는 다른 산업에서라면 모든 것을 장악하려는 노력이 훌륭한 전략일 수도 있겠지만, 세분화된 산업에서는 일반적으로 경쟁 요인에 대한 취약성만 극대화된다.

이런 경험으로부터 큰 교훈을 얻은 기업의 예로 프렐류드 코퍼레이션(Prelude Corporation)이 있다. 이 회사는 바다가재 산업계의 GM이 되겠다는 목표를 밝혔다. 프렐류드 코퍼레이션은 고가의 최신 기술로 무장한 바다가재 잡이 선단을 대대적으로 건립했으며, 수직적으로는 트럭 운수 회사와 음식점을 통합했다. 그러나 불행하게도 이 회사의 선박은 바다가재를 잡는 데 다른 어부들의 선박에 비해 크게 유리하지 못했다. 그리고 높은 간접비와 고정비로 인해 이 산업 특유의 어획량 변동 때는 파산의 위험에 직면했다. 그 밖에도 높은 고정비를 회수하기 위한 매출액 증대 노력은, 마치 중소기업에서처럼 투자 수익률 목표보다 훨씬 낮은 수익률을 가져다주는 수준의 가격으로 만족할 수밖에 없도록 하는 사태를 초래했다. 그 결과 재정적 위기가 닥쳐왔고, 결국은 조업을 중단하지 않을 수 없게 되었다. 프렐류드 코퍼레이션의 전략은 바다가재 산업의 세분화 원인에 대처하려는 노력이 전혀 없었기 때문에 실패로 끝날 수밖에 없었다.

- **전략적 규율의 결핍** | 세분화된 산업에서 효과적인 경쟁을 하기 위해서는 철저한 전략적 규율이 요구된다. 세분화 현상의 원인을 극복할 수 없다면 세분화된 산업의 경쟁 구조는 일반적으로 앞에서 설명한 초점화 전략이나 전문화 전략과 같은 전략 개념을 필요로 한다. 이런 개념을 실행하기 위해 때로는 해당 산업에서 전반적으로 통용되어온 전통적인 관습에 역행하기도 하고, 일부 사업을 포기하기도 하는 용기가 필요하다. 규율이 없는 기회주의적인 전략이 단기적으로는 성과를 거둘지 몰라도, 장기적으로는 세분화된 산업에서 일상화된 치열한 경쟁에 해당 기업을 극도로 노출시키는 경우가 많아지게 된다.

- **과도한 집중화** | 대부분의 세분화된 산업에서 경쟁의 핵을 이루는 것으로는 퍼스널 서비스, 지역 밀착화, 엄격히 통제된 영업, 환경 변화에 대한 적응력 등을 지적할 수 있다. 집중화된 조직 구조는 반응 시간을 늦추고 지방 수준으로 인센티브를 감소시키기 때문에 대부분의 경우 비생산적이며, 그 밖에도 퍼스널 서비스를 행함에 있어 필요한 숙련된 직원들을 떠나고 싶게 만들 수 있다. 집중화된 통제는 세분화된 산업에서 다수의 영업 부문을 경영하는 데 유익하고 심지어는 필수적인 경우도 종종 있지만 집중화된 구조는 파멸의 원인이 될 수도 있다.

　마찬가지로 세분화된 산업의 경제 구조는 흔히 집중화된 생산 혹은 마케팅 조직이 규모의 경제라는 혜택을 받지 못하도록 되어 있거나, 심지어는 규모의 비경제에 의해 지배받도록 되어 있다. 따라서 이러한 산업에서의 집중화는 기업을 강화하기는커녕 오히려 약화시킨다.

- **경쟁사가 동일한 간접비와 목표를 가진다는 가정** | 세분화된 산업의 특이성으로 인해 다수의 소규모 자영업체가 존재하는 경우가 흔히 있다. 또한 비경제적 이유로 경영자가 영업을 계속할 수도 있다. 이러한 상황에 있는 기업이 대기업과 동일한 간접비 구조나 목적을 가진다고 가정한다면 이는 큰 잘못이다. 이런 기업은 집에서 가족의 노동력을 이용함으로써 부대 원가와 종업원에 대한 편익 제공 비용을 회피한다. 이런 기업이 '비능률적'일지는 몰라도 이러한 비능률로 인해 그 기업의 원가가 같은 산업에 종사하는 대기업의 원가에 비해 높을 것이라고 속단할 수는 없다. 마찬가지로 이런 기업은 대기업보다 훨씬 낮은 수익성에도 만족할 수 있으며, 오히려 이윤 자체보다는 피고용자들에게 일거리를 주기 위해 사업을 유지하는 데 관심을 가질 수도 있다. 따라서 가격 변동과 같은 환경 변화에 대한 이들 기업의 반응은 '정상적'인 기업과 크게 다를 수 있다.

- **신제품에 대한 과잉 반응** | 세분화된 산업에서는 거의 언제든지 다수의 경쟁사들이 존재하기 때문에 구매자는 큰 힘을 행사하여 기업들 사이의 경쟁을 부채질하려 할 것임에 틀림없다. 그러한 상황에서는 제품 주기상 초기 상품만이 치열한 경쟁 상태에서 기업을 구해낼 수 있다. 수요가 급속하게 팽창하고 구매자들이 전반적으로 신제품에 익숙하지 않으며 가격 경쟁도 심하지 않기 때문이다 세분화된 산업에서는 이러한 점이

환영할 만한 돌파구가 되기 때문에 기업들은 신제품 개발에 대대적인 투자를 하게 된다. 하지만 성숙 단계의 첫 증후가 나타날 때쯤에는 세분화된 구조가 수요를 따라오고 그러한 투자를 가능하게 했던 높은 수익성은 사라진다. 따라서 신제품에 대한 과잉 반응이 제조 원가와 간접비를 높이고, 세분화된 산업들 대부분에서 일반화되다시피 한 가격 경쟁으로 인해 기업이 불리한 입장에 놓이게 될 수 있다. 어느 산업에서든 신제품에 대한 대응이 쉬운 문제는 아니지만, 세분화된 산업에서는 특히 어렵다.

전략 수립

앞서 논의한 아이디어를 모아서 세분화된 산업에서 경쟁전략을 수립하기 위해 필요한 분석의 기준을 개략적으로 설명하겠다. (표 9-2 참고)

1단계	• 산업 구조와 경쟁사의 입지는 어떠한가?
2단계	• 어떤 이유로 산업이 세분화되는가?
3단계	• 세분화 현상이 극복될 수 있다면 어떤 방법으로 극복될 수 있는가?
4단계	• 세분화 상태의 극복이 기업에게 유리한가? 그러한 혜택을 누리려면 기업은 어떠한 입장을 취해야 하는가?
5단계	• 세분화 현상이 불가피한 것이라면 이 현상에 대처할 수 있는 최선의 방안은 무엇인가?

〈표 9-2〉 세분화된 산업에서의 경쟁전략 수립을 위한 5단계

- **1단계** | 해당 산업에서 근본적인 경쟁 요인과 산업 내부의 구조 그리고 중요한 경쟁사의 위치를 확인하기 위해 그 산업과 경쟁사에 대한 철저한 분석을 수행하는 단계이다.

- **2단계** | 1단계의 분석을 근거로 산업에서 작용하는 세분화의 원인을 규명하는 단계이다. 2단계에서는 세분화 원인의 목록을 완전히 구성하고 해당 산업의 경제성과의 관계가 설정되어 있어야 한다는 것이 필수 조건이다. 세분화의 경제적 근거가 없다는 것은 이미 앞에서 언급했듯이 중대한 의미를 갖는 결론이다.

- **3단계** | 산업 및 경쟁사에 대한 1단계의 분석과 동일한 맥락에서 세분화 현상의 원인들을 하나씩 조사하는 단계이다. 세분화 원인 중에서 창조적 혁신이나 전략적 변화로 극복할 수 있는 것은 무엇인가? 자원의 투입이나 새로운 관점에 의한 경영만으로 모든 문제가 해결될 수 있는가? 세분화 현상의 요인 중 어떤 것이 산업 추세에 의해 직접적 또는 간접적으로 수정될 것인가?

- **4단계** | 이러한 질문들 중의 하나에 긍정적 답변으로 결정되는 단계이다. 세분화 현상이 극복될 수 있는 것이라면, 기업은 산업의 미래 구조가 만족할 만한 수익을 가져다줄지의 여부를 평가해야 한다. 이 질문에 답하기 위해 기업은 일단 통합이 실현되었을 경우에 그 산업에서 새롭게

형성될 구조적 균형을 예측하고, 그 다음 구조적 분석을 다시 적용해야 한다. 만약 통합된 산업이 만족할 만한 수익을 약속해준다면, 산업 통합의 이점을 최대한 활용하기 위해 기업이 취할 수 있는 최선의 방어적 입장은 무엇인지에 대해 답할 수 있어야 한다.

• **5단계** | 3단계에서 분석한 세분화 현상을 극복할 가능성이 희박할 경우, 세분화된 구조에 대응하는 최선의 방안을 선택하는 단계이다. 이 단계에서는 기업이 가진 특정 자원과 기술에 비추어, 앞서 제시한 광범위한 대안을 비롯하여 특정 산업에 적합하다고 생각되는 다른 대안들도 고려해보는 작업이 필요하다.

이 5단계는 주기적으로 거쳐야 하는 일련의 분석 과정을 제공해주는 것 외에도, 세분화된 사업을 분석하고 경쟁하는 데 필요한 자료에 대한 관심을 불러온다. 세분화의 원인들, 기술 혁신이 그 원인에 미치게 될 영향의 예측 그리고 세분화의 원인을 바꿀 수도 있는 산업 추세의 확인 등이 환경 감식과 기술적 변화를 예상하는 데 있어 필수적 조건이다.

10장

신생 산업에서의 경쟁전략

신생 산업(emerging industries)이란 새롭게 형성되거나 재형성된 산업을 지칭한다. 그런 산업이 창출되는 원인으로는 새로운 제품 또는 서비스의 사업성을 분명히 보장해주는 기술 혁신, 상대적 원가 관계에서의 변화, 새로운 수요자의 욕구, 또는 그 밖의 사회적·경제적 변화를 지적 할 수 있다.

신생 산업은 지금도 끊임없이 성장하고 있다. 1970년대에 수많은 산업들이 새롭게 등장했는데, 그중에는 태양열 난방, 비디오 게임, 광섬유, 워드프로세서(word processing), 생체 분리기, 개인용 컴퓨터, 화재경보기 등이 있다. 구(舊)산업도 앞서 말한 종류의 환경 변화가 원인이 되어서 대대적인 규모의 확장과 함께 경쟁 법칙에 있어서의 근본적인 변화를 경험할 수 있으며, 전략적 시각에서 보면 이때 생겨나는 문제 또한 신생 산업에서의 문제와 동일하다. 예를 들어 청량음료 산업은 오랫동안 우리 주변에 있어왔지만, 페리에(Perrier)의 부상은 근본적인 의미에서 그 산업의 성장 및 재정립을 상징하는 것이다. 그런 성장과 재정립이 있을 경우에, 해당 산업은 그 본질에 있어서 새롭게 시작되는 산업의 문제와 다름없는 전략적 문제에 당면하게 된다.

전략 수립의 관점에서 볼 때 신생 산업의 특징은 게임의 법칙이 존재하지 않는다는 것이다. 기업이 실천할 수 있고 또 실천하면 번성할 수 있는 법칙이 수립 되어야 하는데, 이러한 법칙의 없다는 것은 그런 산업에서 경쟁한다는 것이 위험과 기회를 동시에 제공함을 의미한다. . 어떤 경우든 그것은 해결되어야 하는 문제다.

이 장에서는 1부에서 제시한 분석의 바탕 위에서 주요한 구조적 환경에서의 경쟁전략에 관한 제반 문제들을 검토할 것이다. 우선 신생 산업의 경쟁적 환경을 뚜렷이 부각시키려는 의도에서 이 산업의 구조적 특징과 경쟁사들의 특징을 간략히 소개할 것이다. 다음으로 신생 산업의 발달 과정에서 당면하게 되는 것으로서 그 성장을 제한하기도 하며, 경쟁기업들 사이의 우위 쟁탈에서 가장 중요하기도 한 문제들을 확인할 것이다. 그리고 신생 산업이 선보인 제품의 구매자, 구매자들 중에서도 '초기 구매자'가 될 부류를 결정하는 요인을 확인할 것이다. 이 단계는 경쟁전략을 수립하고 산업의 발전을 예견함에 있어 상당히 중요하다. 어떤 산업이 제품을 디자인하고, 생산하고, 분배하고 판매하는 방식에 초기 구매자들의 역할이 결정적인 영향을 미치기 때문이다.

신생 산업의 환경에서 핵심이 되는 몇 가지 측면을 확인한 후에는 이 산업의 여러 기업들이 피할 수 없는 중요한 전략적 선택과 그 선택 중에서 성공을 가져다줄 수 있는 전략적 대안에 대해 생각해볼 것이다. 마지막으로는 진출하려는 기업들이 낙관적인 전망을 제시하는 신생 산업을 선택하는 데 필요한 원칙들과 함께, 신생 산업의 미래를 예견함에 있어 도움이 되는 몇 가지 분석 도구가 제시될 것이다.

구조적 환경

신생 산업은 그 구조에 있어서 서로 큰 차이를 보이지만, 이 단계에 있는 산업들을 특징짓는 몇 가지 공통의 구조적 요소들이 있는 것 또한 사실이다. 이 산업들 대부분은 경쟁 기반을 아직 갖추지 못했거나 게임의 법칙이 없거나, 아니면 산업 발달의 초기에 일반적으로 그리하듯이 소규모와 참신성이라는 특징을 보인다.

■ 공통된 구조적 특징들

• **기술적인 불확실성** | 신생 산업에서는 기술에 대한 불확실성이 일반화되어 있다. 궁극적으로 어떤 제품의 형태가 가장 훌륭한 것으로 판정될까? 어떤 생산 기술이 가장 능률적인 것으로 판정될까? 예를 들면 화재경보 산업에서는 광전자식 탐지기와 이온화식 탐지기 중에서 어느 쪽이 더 큰 호평을 받게 될지 확실하게 결론이 나지 않았다. 당시로서는 2가지 모두 각각 다른 회사가 생산하고 있었다. 1940년대에 TV 제조업에서 여러 가지 기술방식이 서로 경쟁했듯이, 비디오 디스크의 표준 문제를 놓고

도 필립스(Philips) 방식과 RCA 방식 사이에 경쟁이 일어났다. 이 밖에도 다른 대체 생산 기술 또한 존재할 수 있으며, 이 기술들은 모두 대규모로 시험된 적이 없다. 광섬유 제조업을 일례로 들면, 여기에는 각각 다른 생산업체들의 지원을 받는 적어도 5가지의 다른 생산 과정이 존재한다.

• **전략적 불확실성** | 참여 기업들에 의해 시도되고 있는 전략적 접근법들은 매우 다양하며, 이러한 다양성은 기술적인 불확실성 외에도 더욱 광범위한 원인에서 비롯된다. 어떤 전략이 '타당한지' 분명하게 확인되지 않았기 때문에 각 기업들은 제품과 시장에서의 포지셔닝, 마케팅, 서비스 등에 대해 서로 다른 접근법을 취하며 경쟁한다. 심지어는 다른 제품 구성이나 다른 생산 기술에 모든 것을 거는 모험도 서슴지 않는다. 태양열 산업계를 살펴보면, 각 기업들은 부품 공급 시장 분할 그리고 유통 경로에 대해 지극히 상이한 입장을 취한다. 이런 문제와 밀접한 관계에 있는 것으로 신생 산업에서는 경쟁사, 고객의 특성, 산업 환경 등에 대해 기업들이 가진 정보가 빈약한 경우가 많다. 예를 들어 경쟁사 모두를 아는 사람이 아무도 없으며, 산업 판매량과 시장점유율에 대해 신뢰할 만한 자료를 입수하기 또한 대단히 어렵다.

• **초기의 높은 생산 원가와 대조되는 급격한 원가 절감** | 일반적으로 신생 산업에서는 새로운 제품을 소규모로 생산하기 때문에 생산 원가가 앞으로 그 산업에서 실현될 잠재적 생산 원가에 비해 높다. 학습 곡선이 머

지않아 평탄해질 기술에서조차 아주 현저한 학습 곡선의 효력이 드러난다. 개선된 작업 절차와 공장 배치 등 여러 측면에서 새로운 아이디어가 빠르게 솟아나고 직원들이 작업에 친숙해짐에 따라 생산성도 크게 늘어난다. 그리고 판매량이 증가하면서 생산의 규모 및 총생산량이 크게 확대된다. 이런 현상은 일반적으로도 그러하겠지만, 최종 단계보다 신생 단계에서 노동 집약적일 경우에 더욱 뚜렷하게 나타난다.

학습 곡선의 결과 초기에는 높았던 생산 원가가 급속하게 하락할 수 있다. 산업 규모가 커지면서 학습으로 인한 혜택에 규모의 경제로 인한 혜택이 추가되면 원가 절감은 가속도로 진행된다.

- **태동기 기업과 분리·신설 기업** | 한 산업의 신생 국면에서는 일반적으로 (기존 기업에서 새롭게 설립된 사업 부문들과 대조를 이루는) 신설 기업의 비율이 다른 어떤 때보다도 두드러진다. 퍼스널 컴퓨터나 태양열 같은 신생 산업에는 다수의 신설 기업이 존재하며, 초기의 자동차 산업계가 다수의 신설 기업[패커드(Packard), 허드슨(Hudson), 내쉬(Nash)를 비롯한 수십 개의 기업들]으로 재편되었으며, 초기의 미니컴퓨터 산업 역시 예외가 아니어서 다수의 신설 기업[예를 들어 디지털 이퀴프먼트(Digital Equipment), 데이터 제너럴(Data General), 컴퓨터 오토메이션(Computer Automation)]으로 시작했음을 주목해야 한다. 다수의 신설 기업이 신생 산업으로 진입하는 이유는 확립된 게임의 법칙이 없거나 규모의 경제가 견제 요인으로 작용하지 않기 때문이다(이 부분에 대해서는 추후 상세한 논의가 있을 것이다).

신설 기업의 존재와 관계가 있는 것으로 다수의 분리·신설 기업들, 즉 독자적으로 새로운 기업을 창설할 목적으로 기존 기업을 떠난 사람들이 설립한 기업이 눈에 띈다. 미니컴퓨터 업계에서 디지털 이퀴프먼트가 다수의 분리·신설 기업(예를 들어 데이터 제너럴)을 낳았으며, 베리 안 어소시에이츠(Varian Associates)와 허니웰(Honeywell)의 경우도 마찬가지다. 그 밖에도 다수의 분리·신설 기업이 존재하는 다른 산업의 예를 얼마든지 찾아볼 수 있다. 분리·신설 현상에는 여러 가지 원인이 있을 수 있다 첫째, 급속한 성장의 기회가 포착되는 환경에서는 동등한 참여라는 보상이 기존 회사에서 받는 봉급에 비해 훨씬 매력적으로 보일 수 있다. 둘째, 신생 산업에서는 기술과 전략이 유동적이기 때문에, 기존 회사의 직원들이 그 산업에 인접해 있다는 조건을 활용하면 더욱 새롭고 훌륭한 아이디어를 얻을 수 있다. 그들이 자신의 잠재적 보상을 실현하기 위해 떠나는 경우가 대부분이지만, 상급자들이 기존 투자 대부분이 무용지물이 될지도 모른다는 우려에서 새로운 아이디어를 가진 직원을 달갑지 않게 생각함으로써 기업의 분리·신설 현상이 일어나는 경우도 적지 않다. 에드슨 드 카스트로(Edson de Castro)를 비롯한 디지털 이퀴프먼트 직원 몇 명이 큰 가능성을 가질 것으로 믿고 제안한 제품 아이디어가 받아들여지지 않자 이 회사를 떠났으며, 바로 그들이 데이터 제너럴을 창립했다고 업계 관계자를 통해 들을 수 있었다. 신생 산업에서는 산업 구조가 신설 기업의 진출을 막기 어렵게 되어 있기 때문에 기업 분리·신설 현상이 일반적일 수 있다.

- **최초의 구매자** | 신생 산업에서는 새롭게 소개되는 제품을 최초의 구매자에게 팔게 된다. 따라서 마케팅 활동은 기존 제품의 대체를 유도하거나 구매자로 하여금 다른 것 대신에 이 신상품을 구입하게 만드는 활동으로 나타난다. 구매자는 새로운 제품의 기본 특징과 기능에 대해 알아야 하며, 그것이 실제로 그러한 성능을 발휘하리라는 확신을 가져야 하며, 그것을 구입하는 데 따르는 위험의 정도를 감당해도 결코 비합리적이지 않을 만큼 앞으로 얻게 될 혜택이 충분하다는 생각을 가져야 한다. 예를 들어 태양열 난방 회사들은 주택 소유와 주택 구매자들에게 태양열 난방으로 인한 경비 절감은 현실적인 것이며, 시스템의 기능에 대해 신뢰감을 가져도 좋으며, 이 신기술을 사용하면 정부로부터 반드시 세제 혜택을 받게 될 것이라고 설득했다(소비자를 자극하여 새로운 제품을 쉽게 택하도록 하는 요인들에 대해서는 좀 더 상세하게 논의할 것이다).

- **단기적 시야** | 신생 산업에서는 고객 유치의 압력과 수요 충족을 위한 제품 생산의 압력이 아주 강하기 때문에, 애로 사항이나 문제들이 미래의 상황에 대한 분석의 결과에 따라서가 아니라 일시적 방편으로 처리된다. 산업 관례 또한 순전히 우연에 의해서 생기는 경우가 종종 있다. 일례를 들면, 가격 제도 설정이 필요할 때 기업의 마케팅 경영자가 예전에 몸담았던 회사에서 사용했던 이중 가격제를 그대로 도입할 수 있다. 동일 산업의 다른 기업들 또한 별다른 대안이 없다면 그 방법을 그대로 모방할 것이다. 이러한 과정이 반복되면서 3장에서 논의한 '업계의 관습'이 형성

되는 것이다.

- **보조금** | 다수의 신생 산업, 특히 완전히 새로운 기술이나 사회적 관심 영역에 속하는 신생 산업에서는 초기의 참여 기업들이 보조금을 지급받을 수 있다. 보조금은 정부가 지급할 수도 있고 그 밖의 다른 단체가 지급할 수도 있다. 1980년대 초에는 태양열 산업과 화석 연료의 가스화 산업이 막대한 보조금을 지급받아 눈길을 끌었다. 보조금은 무상 원조의 형태로써 기업들에 직접 제공될 수도 있고, 세제 혜택이나 구매 보조금 등의 간접적인 형태로 제공될 수도 있다. 보조금은 언제 번복 또는 수정될지도 모르는 정치적 결정에 의존하기 때문에 산업을 불안정한 상태로 몰고 가는 경우가 빈번하다. 어떤 측면에서는 보조금이 산업 발전에 유익한 것이 분명하지만, 정부나 사회단체들이 그 산업에 깊게 개입하려 할 수도 있다. 이처럼 보조금이 순수한 축복일 수만은 없다. 하지만 대부분의 신생 산업은 초기의 난관을 극복해야 하기 때문에 보조금을 받으려고 한다. 일례로 1980년대 수경 재배업자들은 보조금을 받기 위해 적극적인 로비를 벌였다.

■ 초기의 이동 장벽

예상할 수 있겠지만, 신생 단계에서의 이동 장벽은 발전 단계에서 이 산업을 특징짓게 될 이동 장벽과 그 형태에서부터 다른 경우가 많다. 일반적인 초기의 이동 장벽으로는 다음과 같은 것들이 있다.

· 기술 특허

· 유통 경로에 대한 접근성

· 합당한 가격 및 품질을 보장해주는 생산 원료와 숙련된 노동 등의 투입 요소

· 기술 및 경쟁의 불확실성으로 인해 비중이 더욱 커지는 경험에 의한 원가 절감

· 자본의 효과적인 기회비용과 그로 인해 효과적인 자본 장벽이 높아질 위험성

8장에서 논의했듯이 이 장벽의 일부(기술 특허, 유통 경로에 대한 접근성, 학습 효과 그리고 위험 부담 등)는 산업의 발전과 함께 그 중요성이 약화되거나 사라지는 경향이 뚜렷하다. 예외는 있지만 브랜드 인지도는 그 브랜드가 소개된지 얼마 되지 않았기 때문에, 규모의 경제는 그 산업이 지나치게 작은 규모라서 그리고 자본은 오늘날의 대기업이라면 위험 부담이 적은 투자에는 얼마든지 자본을 동원할 능력이 있기 때문에 모두가 초기 단계에서 이동 장벽의 역할을 하지 못하는 것이 일반적이다.

신생 산업에서 새롭게 생겨난 기업들이 다수를 이루는 이유가 초기 이동 장벽의 본질에 있다. 초기 단계의 전형적인 이동 장벽은 대대적인 자원 동원의 필요성 보다는, 위험을 감수하고 기술적인 측면에서 창조적이고 물자 투입과 유통 경로에 대해 선견지명이 있는 결정을 내릴 수 있는 능력에서 생겨난다. 이와 같은 종류의 이동 장벽은 왜 기성 기업들이 명백

한 강점을 가지고 있음에도 불구하고 신생 산업에 먼저 뛰어들지 않고 늦게서야 시류에 편승하는지 설명해준다.

기존 기업들은 일반적으로 자본에 높은 기회비용을 부과하기 때문에, 산업 발달의 초기 단계에서 반드시 거쳐야 하는 및 기술과 제작의 모험을 감수하려 하지 않는 경향이 있다. 예를 들어 완구 회사들은 고객에 대한 지식, 브랜드 인지도, 유통 등 몇 가지 측면에서 분명히 유리한 입장에 놓여 있음에도 불구하고 비교적 늦게 비디오 게임 산업에 뛰어들었다. 이는 완구 회사들이 지나치게 빠른 기술 변화를 위협으로 받아들인 것으로 보인다.

그 밖에도 전통적인 진공관 제조업체들이 뒤늦게 반도체 분야에 참여 했으며, 전자 커피 추출기 제조업체들이 자동 드립 커피 제조기 부문에서 미스터 커피(Mr. Coffee) 같은 신참 기업에 참패를 당했다(뒤늦은 참여에도 몇 가지 이점이 있지만, 이에 대해서는 추후 논의하기로 한다).

산업 발전을 가로막는 문제들

신생 산업은 일반적으로 성장 과정에서 여러 가지 한계나 문제점들에 봉착하게 된다. 이러한 한계와 문제점은 해당 산업의 참신성에서, 그 산업이 성장을 위해 외부의 경제적 실체들에 의존할 수밖에 없다는 사실에서 그리고 소비자의 상품 대체 선호를 자체 생산물쪽으로 유도해야 하는 필요성에서 파생되는 발전의 외부 지향성에서 기인한다.

- **원료 및 부품 획득의 불가능** | 하나의 신생 산업이 발전하려면 그 산업의 욕구를 충족시키기 위해 새로운 공급자들이 생겨나거나, 기존의 공급자들이 생산을 증대시키고 원료와 부품을 양산할 필요가 있다. 그 과정에서 원료 및 부품의 심각한 부족 현상이 빈번하게 일어난다. 예를 들어, 1960년대 중반에는 컬러 TV 브라운관의 품귀 현상으로 인해 참여 기업들이 큰 타격을 입었다. 비디오 게임 칩, 특히 제너럴 인스트루먼츠(General Instrument)에 의해 개발된 단일 칩 게임의 칩이 아주 귀해, 신참 기업들은 그 칩이 소개된 지 1년이 넘도록 그것을 구할 수 없었다.

- **원료 가격의 폭등기** | 신생 산업의 초기 단계에서는 수요 확대와 불충분한 공급 때문에 핵심이 되는 생산 원료들의 가격이 폭등하는 경우가 자주 있다. 이런 상황의 원인은 단순한 수요·공급의 경제에서 찾을 수도 있고, 공급자들이 자신들의 생산물이 가지는 가치를 새삼스럽게 깨달았기 때문일 수도 있다. 그러나 공급자들의 수가 늘어남에 따라(혹은 참여 기업들이 함께 병목 현상을 해결해나감에 따라) 원료의 가격은 올라갈 때와 마찬가지로 급격하게 하락할 수 있다. 원료의 공급자들이 쉽게 늘어나지 않을 때는 가격 하락이 일어나지는 않을 것이다.

- **인프라의 결여** | 신생 산업은 인프라가 충분하지 않아서 생기는 원

료 공급의 어려움에 처하기 쉽다. 인프라에는 유통 경로, 서비스 시설, 숙련된 기술자, 보완 제품(예를 들면 레저용 차량을 위한 적절한 캠핑장, 석탄 가스화 기술을 위한 석탄 공급) 등이 있다.

- **제품 또는 기술 표준화 결여 |** 제품 또는 기술적인 표준화를 합의할 수 없기 때문에 원료나 보조 생산물 공급에 있어 문제가 더욱 심각해지며, 따라서 가격 개선은 이루어지지 않는다. 이러한 합의 부족은 일반적으로 신생 산업이 제품 및 기술적으로 심한 불확실성에 의해 지배당하고 있기 때문에 생기는 현상이다.

- **진부화의 가능성에 대한 인식 |** 만약 구매자들이 제2, 제3의 기술 혁신으로 인해 현재 생산되고 있는 제품이 머지않아 사라질 것임을 인식하고 있다면, 신생 산업의 발전은 지연될 것이며, 구매자들은 기술 발달과 원가 절감의 속도가 둔화되기를 기다릴 것이다. 디지털시계와 같은 산업에서 이런 현상이 발생했다.

- **혼동을 느끼는 고객 |** 신생 산업이 고객의 혼동에 당면하는 경우 또한 빈번하다. 이러한 혼동은 다양한 제품 접근 방식, 다양한 기술 그리고 경쟁사들 간의 각자 대립되는 주장으로 인해 일어난다. 이것들은 모두 기술적인 불확실성과 산업 참여 기업들 간의 표준화 및 전반적인 기술적 합의가 결여된 결과를 보여주는 것이다. 이러한 혼동은 새로운 구매자들이

구매에 따르는 위험의 정도를 높게 인식하게 해 판매를 제한할 수 있다. 예를 들어, 이온화 화재경보기 제조사와 광전자 화재경보기 제조사가 서로 상반되는 주장을 펼쳐 구매자들이 결정을 미루고 있다는 사실이 시장에 알려져 있다. 다음의 기사는 태양열 난방 산업도 1979년에 비슷한 문제를 겪고 있었음을 자세히 보여준다.

> 〔……〕 그러나 장비의 성능이 고객의 기대에 부응하는 데 어느 정도까지 성공을 거둘 수 있는지 또한 이 업계의 밝은 미래를 위한 중요한 문제다. 덴버(Denver) 태양열 회의에서 로프(Loff)는 '지나친 열광, 무지 그리고 이기적 욕망으로 인해 미국이 필요로 하는 거대한 에너지 자원의 실용화 노력이 위기에 봉착해 있다'고 지적했다. 로프는 조세 혜택의 부재가 이 산업계를 불안하게 만드는 주된 원인임을 강조하면서도, '무식한 태양열 예찬론자들, 태양열 난방 시스템의 문제점과 결함 그리고 〔……〕 공급자들의 무책임한 주장'에 대한 비판을 잊지 않았다. 〔……〕

• **불안정한 품질** | 신종 산업에서는 신설 기업이 대부분이고, 제품 및 기술이 표준화되어 있지 않고, 기술이 안정되어 있지 않기 때문에 제품의 질이 일정하지 않은 경우가 많다. 한두 기업에서 불량품을 생산하기만 해도 산업 전체의 이미지와 신뢰도는 치명적인 타격을 받게 된다. 실제로 TV 브라운관 버닝 현상(화면을 꺼도 자국이 남아 있는 현상) 같은 비디오 게임기의 결함이 초기의 급속한 성장에 찬물을 끼얹었던 적이 있었으며, 디지

털시계 역시 불량품 때문에 고객의 의심을 받았던 적이 있다.

- **금융업계가 갖는 이미지와 신용도** | 새로운 산업인 데다, 불확실성의 정도가 높고, 고객의 혼동이 심하고, 제품의 질이 일정하지 않기 때문에 금융업계의 눈에 신생 산업의 이미지와 신용도는 좋지 않을 수 있다. 그 결과 적은 대가로 재정 지원을 확보할 수 있는 기업들의 능력은 물론이고, 고객으로써 얻을 수 있는 신용까지도 제한을 받게 된다. 신생 산업에서 재정상의 어려움은 지극히 일반적인 상황이지만, 첨단 기술 사업이나 아이디어 회사를 중심으로 하는 일부 산업들에서는 예외가 있을 수도 있다. 미니컴퓨터와 데이터 전송 같은 산업 분야에서는 신설 기업들까지 월 스트리트에서 총아로 부상하면서 값싼 자금을 충분히 동원할 수 있었다.

- **규제 승인** | 신생 산업이 규제로 인해 다른 방법으로 해결하고 있는 일에 대해 새로운 해결 방법을 제시할 수도 있다. 이 경우에 해당 기관의 승인을 받으려면 번거로운 수속과 오랜 시간이 지연되는 과정을 종종 겪는다. 예를 들면 조립식 주택 산업이 까다로운 건축법 때문에 심한 타격을 받은 적이 있으며, 새로운 의료용품은 실용화 되기 전에 오랜 확인 실험 기간을 의무적으로 거쳐야 한다. 그러나 정부의 정책에 힘입어 신생 산업이 하루아침에 유명해질 수도 있다. 화재경보기 산업이 이 경우에 속한다.

원래는 법적 통제권 밖에 있던 신생 산업이 갑자기 규제법이 제정되는 바람에 그 산업의 발달이 저지되는 경우도 있다. 예를 들어 미네랄워터 산업은 1970년대 중반까지만 해도 단속 대상이 아니었기 때문에 급속하게 성장할 수 있었다. 그러나 상당한 규모로 성장한 후에는 미네랄워터 생산업자들도 상표 및 건강에 관한 법의 규제를 받게 되었다. 동일한 현상이 자전거 및 체인 톱의 경우에서도 발생했다. 성장 붐을 타고 산업 규모가 확대되면서 단속 기관의 시선을 끌게 된 것이다.

• **높은 생산 원가** | 이상의 여러 가지 구조적 조건들로 인해 신생 산업에서는 소속 기업들이 예상했던 단위당 생산 원가보다 훨씬 높은 단위당 생산 원가가 필요한 경우가 자주 발생한다. 이런 상황에선 기업들이 원가보다 낮은 가격을 책정하거나 산업 발전이 엄격하게 제한되는 일이 어쩔 수 없이 생긴다. 문제는 원가-판매량 주기가 시작되는 것이다.

• **위협받는 존재의 반응** | 신생 산업의 등장에 위협을 느끼는 존재는 언제나 있게 마련이다. 그것은 대체 상품을 생산하는 산업일수도 있고, 노동조합일 수도 있고, 지금까지 제품을 거래하면서 확보한 안정성을 더욱 선호하는 유통망일 수도 있다. 건설 조합이 조립식 주택 산업에 거센 반발을 한 경우를 예로 들 수 있다.

위협받는 존재가 신생 산업에 대항하는 방법에는 여러 가지가 있다. 법적·정치적 대결을 벌일 수도 있고 집단 협상의 테이블로 그들을 끌어들일 수도 있다. 대체 상품에 위협받는 산업의 경우, 가격을 낮춤으로써

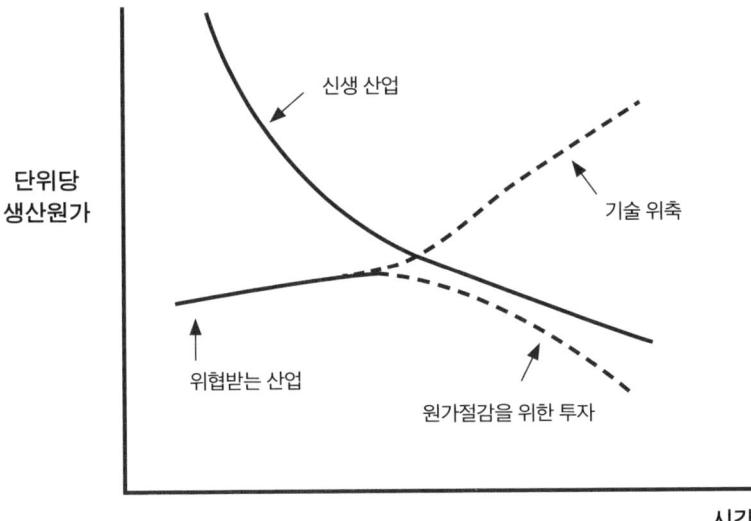

〈그림 10-1〉 대체재에 의해 위협받는 산업의 반응

(또는 마케팅비와 같은 비용을 높임으로써) 이윤을 포기하는 방식을 취할 수도 있고, 연구 개발 투자를 함으로써 위협받는 제품이나 서비스의 경쟁력을 좀 더 가능하게 만들 수도 있다. 〈그림 10-1〉은 후자의 선택을 설명해주고 있다. 위협받는 산업이 품질 조정 비용을 줄이기 위한 투자를 하기로 했다면 신생 산업에서 학습 및 규모와 관련된 비용 절감이 겨냥해야하는 목표는 끊임없이 움직이는 것이 분명하다.

위협받는 산업에서는 가격 책정에 있어 이윤을 무시하거나, 판매량을 유지하기 위해 원가 절감에 공격적으로 투자하는 경향이 있으며, 이러한 경향은 위협받는 산업 측에서 보면 직접적인 철수 장벽으로 작용할 수 있다(1장과 12장 참조). 이 철수 장벽이 특화된 자산, 높이 인식된 전략적 중요성, 연대감 혹은 그 밖의 어떤 원인들로 인해 아주 높을 경우에 신생 산업은 그것의 성장을 저지하려는 기존 산업의 단호하고 결사적이기까지 한 노력에 직면하게 될 것이다.

초기 및 후기의 시장들

신생 산업에서 전략을 수립하는 데 가장 중요한 문제 중 하나는, 신생 산업이 제품을 만들었을 때 어떤 시장이 먼저 수용하기 시작하고 어떤 제품 시장이 늦게 시작할지 평가하는 것이다. 흔히 초기의 시장이 한 산업의 발전 방식에 큰 영향을 미치기 때문에 그러한 평가는 제품 개발 및 마케팅에서 중시해야 할 측면을 찾아내는 데 중요할 뿐만 아니라, 구조적 변천 과정을 예측하는 데도 반드시 필요하다.

시장들, 시장의 각 부분들 그리고 심지어는 한 부분 내에서도 특정한 구매자들이 신제품에 대해 큰 수요의 차이를 보여준다. 이러한 수요를 결정함에 있어서 지극히 중요한 여러 가지 요인들이 있으며, 그중 일부는 신생 산업의 기업들도 변화시키거나 극복할 수 있다.

- **수익의 성격** | 새로운 상품이나 서비스에 대한 구매자의 수용력을

결정하는 요인 중에서 가장 중요한 것으로 기대 수익의 본질을 꼽을 수 있을 것이다. 기대 수익에는 성능이 우수한 신제품에서만 얻을 수 있고 다른 제품을 통해서는 성취가 불가능한 성능상의 이득 그리고 다른 특성은 없는 신제품이지만 값이 싸기 때문에 얻을 수 있는 비용 절감의 이득에 이르기까지 여러 가지가 있을 수 있다. 성능상의 이득이 중간의 경우지만 이것은 더 높은 비용으로 다른 방식을 통해 모방될 수 있다.

다른 조건들은 동일하다는 가정 하에, 신제품을 구입하는 최초의 시장은 대개 성능상의 이득이 있는 시장이다. 실제로 구매자들이 낯설고 불확실한 신생 산업과 흔히 경험하게 되는 제품의 불안정한 성능을 접하게 될 때 비용상의 이득이 과연 있을지 자주 의문스러워 하기 때문이다. 그러나 신제품으로부터 얻는 수익이 비용 절감의 이득이건 성능상의 이득이건 관계없이, 구매자의 수용력은 신제품에서 얻는 수익의 다른 측면에 의해 결정될 수도 있다.

- 성능상의 이득

- 특정 구매자가 신제품의 우수한 성능을 통해 얼마나 큰 이득을 볼 수 있는가? 구매자들이 이러한 측면에서 각자 다를 수밖에 없는 것은 그들이 당면한 상황이 다르기 때문이다.
- 그러한 이득은 얼마나 확실한가?
- 신제품이 제공하는 차원을 향상하고자 하는 구매자의 욕구는 얼마나 절실한가?

- 성능이 우수한 신제품으로 구매자에 대한 기업의 경쟁적 위치를 얼마나 강화할 수 있는가?
- 전환을 하게 만드는 경쟁의 압박은 얼마나 강한가? 구매 기업이 위협과 맞서는 데 도움을 주거나 본질이 방어적인 성능상의 이득은 일반적으로 공격적인 기반에서 경쟁력을 향상시킬 수 있는 기회를 제공해 주는 장점보다도 채택 욕구를 강하게 자극한다.
- 보강된 성능이 더 높은 비용을 발생시킨다면, 구매자는 가격과 비용에 얼마나 민감한가?

- 비용 절감의 이득

- 특정 구매자에게 얼마나 큰 비용 절감의 이득을 가져다줄 수 있는가?
- 그러한 이득은 얼마나 확실한가?
- 경비를 절감시킴으로써 지속적인 경쟁상의 우위에 있을 수 있는가?
- 전환을 하게 만드는 경쟁의 압박은 얼마나 강력한가?
- 장래 구매 기업의 전략은 얼마나 원가 지향적인가?

어떤 경우에는 구매자들이 규제 명령에 의해 강요당해(또는 보험 가입 자격을 취득하려고 보험 회사의 규정에 따르는 경우와 같이, 다른 경제 주체들의 규정에 의해 강요당해) 특정 기능이 있는 신제품을 구입하게 된다. 그런 경우에는 구매자들이 보통 기술적 요구 조건은 충족시켜주면서 경비는 가장 적게 발생하는 제품을 구매하려 할 것이다.

- **의미있는 수익 창출에 필요한 첨단 기술** | 구매자들이 신제품의 채택을 일찍 결정하도록 하는 데 핵심이 되는 요인이 또 하나 있다면, 그것은 제품이 갖추어야 할 기술적인 성능이다. 어떤 구매자는 초기 단계의 신제품에서조차 중요한 편익을 찾아내겠지만, 다른 구매자들은 좀 더 개선된 제품을 원할 것이다. 예를 들어, 실험실의 과학자들은 비교적 경비가 많이 들면서도 스피드는 떨어지는 미니컴퓨터로 자료 처리 문제를 해결하고는 만족해했다. 당시로서는 다른 대안이 존재하지 않아서 그랬을 것이다. 이와는 대조적으로 회계와 통계 업무에 종사하는 사람들은 경비가 적게 들면서도 좀 더 정교한 미니컴퓨터를 원했으며, 후에 이러한 요구를 충족시켜주는 컴퓨터가 등장했다.

- **제품 실패의 대가** | 제품 실패의 대가가 상대적으로 높은 구매자는 위험 부담이 낮은 구매자들보다 신제품을 채택하는 데 늦는 경향이 있다. 신제품을 통합한 체제의 일부로 편입시켜 사용하게 되는 구매자의 경우와 그 제품의 서비스가 중단될 때 아주 높은 벌과금을 내야 하는 구매자의 경우에도 일반적으로 아주 비싼 실패의 대가를 치르게 된다. 그 밖에도 실패의 대가는 구매자의 재력에 의해서도 결정된다. 예를 들어 새로 구입한 스노모빌이 작동하지 않거나 기대했던 편의를 제공해주지 않을 때, 그

것을 구입함으로써 다른 레저용품의 구입을 포기했던 사람이 부유한 사람의 경우보다 속상해하는 정도가 훨씬 심할 것이다.

• 도입 및 전환 비용 | 신제품을 도입하거나 기존 제품을 신제품으로 교체하는 데 드는 비용은 구매자들마다 다르다. 이 비용은 1장과 6장에서 설명한 전환 비용과 유사한 것으로서, 다음과 같은 것들이 있다.

- 직원 재교육비
- 새로운 보조 장비
- 낡은 기술에 대한 무분별한 투자로 인한 결손비
- 교체를 위해 소요되는 자본
- 교체를 위한 기술 공학 비용이나 연구 개발비
- 관련 생산 단계 또는 사업의 관련 측면을 수정하는데 드는 비용

전환 비용이 아주 미묘한 형태를 띠고 나타날 수도 있다. 예를 들어 공공 기관으로부터 가스를 구입하는 대신에 새로운 석탄 기화 기술을 채택할 경우, 구매자는 가스의 화학 성분 변화를 해결해야 한다. 일부 구매자들의 경우에는 이로 인해 하향 유동식 제조 과정에서 가스의 기능에 변화가 생길 수도 있으므로 그 과정의 개조에 투자를 해야 할 필요가 있다.

전환 비용은 교체 속도가 임의적일 때 그 속도에 의해 그리고 다음과 같은 요인들에 의해 영향 받기 쉽다.

신제품이 새로운 기능을 제공하는가, 아니면 기존 제품의 기능을 대신하는가? 기존 제품의 기능을 대신할 경우에는 흔히 재교육비와 미상각(未償却)비 등이 추가된다.

　　재설계 주기의 길이: 일반적으로 대체를 위해 계획에 없는 재설계를 하는 것보다는, 정상적인 재설계 기간 동안에 신제품으로 대체하는 것이 더 쉬울 것이다.

　　• **유지 서비스** | 전환 비용과 밀접한 관계가 있으면서 채택의 시기에 영향을 미치는 또 하나의 요인으로는, 구매자가 신제품을 채택하고 나서 당면하게 되는 지원 서비스의 요구가 있다(설치, 보수 등의 요구). 실례로 신제품이 숙련된 운전자나 서비스 기술자를 요구한다면, 그 제품은 우선적으로 그러한 인적 자원을 이미 확보하고 있거나 그것을 다루어본 경험이 있는 구매자에 의해 채택될 가능성이 크다.

　　• **진부화에 따른 비용** | 신생 산업에서 기술 발달의 세대들이 연속되는 과정에서 과거의 제품에 대해 진부함을 느끼는 정도는 소비자마다 차이가 있다. 실제 필요로 하는 모든 혜택을 최초의 기술 세대에서 얻을 수 있는 구매자가 있는가 하면, 경쟁력을 유지하기 위해서 신제품의 후속 세대를 입수해야만 하는 구매자도 있다. 전환 비용에 따라서 후자는 초기에 구매할 의사를 가질 수도 있고, 그렇지 않을 수도 있다.

- **비대칭적인 정부 규제 장벽 또는 노동 장벽** | 신제품을 채택함에 있어 규제 장벽의 높이는 구매자에 따라 다를 수 있다. 예를 들어 식품 및 의약품 제조업의 경우에는 제조 과정에서의 모든 변화를 면밀하게 감시당하는 반면에, 여타 산업들은 대부분 기업이 제조 과정을 자유롭게 바꿀 수 있다. 동일한 비대칭적 현상은 노동 협정에 의해 생기는 태만감에도 적용된다.

- **변화를 위한 자원** | 구매자들은 자본, 엔지니어링 그리고 연구 개발 인력 등 신제품으로 전환하는 데 이용할 수 있는 자원에 대해서도 서로 다른 입장을 보인다.

- **기술 변화에 대한 태도** | 구매자들은 기술 변화를 경험하고 받아들이는 태도에서도 다를 수 있다. 낮은 기술 수준에서 안정 상태를 유지하고 있는 산업보다 급속한 기술 발전과 높은 수준의 기술 정밀도를 요구하는 산업이 신제품에 훨씬 우호적일 수 있다. 이러한 요인과 관련해서 기술 변화를 살펴보면, 어떤 산업에서는 그것이 전략적 위치를 강화할 수 있는 기회로서 환영받는 반면에, 또 다른 산업에서는 그것이 언제나 일종의 위협으로 간주된다. 여타의 조건들이 동일하다면, 전자의 산업이 후자의 산업보다 먼저 신제품의 구매자가 될 확률이 높다.

- **의사 결정자의 개인적인 위험 부담** | 신제품 채택의 결정이 타당하

지 못했음이 가까운 미래에 드러나 책임 의사 결정자가 심각한 위기에 봉착하게 될 것으로 판단되는 경우에는, 신제품을 채택하는 구매자의 태도가 지극히 신중할 수밖에 없다. 이러한 개인적인 위험 부담은 구매자의 소유권이나 권력 구조에 따라 크게 다를 수 있다.

전략적 선택

신생 산업에서 전략을 수립하려면 산업 발전의 단계에서 당면하게 되는 불안정과 위험 부담이라는 문제의 해결을 고려하지 않을 수 없다. 경쟁적 게임의 규칙들이 확정되지 않고 산업의 구조가 안정되어 있지 않기 때문에, 변화의 가능성이 크고 경쟁사들 또한 진단하기 쉽지 않다. 이러한 요인들은 또 다른 측면을 가진다. 즉 산업 발달 과정에서 이 단계가 전략적 자유의 폭이 가장 클 때이고 훌륭한 전략적 선택의 영향력이 성과로 나타날 수 있는 가능성 또한 가장 클 때이다.

- **산업 구조의 형성** | 신생 산업에서 최대의 전략적 문제는 산업 구조를 형태 지을 수 있는 기업의 능력이다. 기업은 자체의 선택을 통해 생산 정책, 시장 접근, 가격 전략과 같은 영역에서 게임의 법칙을 수립하고자 노력한다. 기업은 산업의 기초 경제와 그것의 자원에 의해 설정된 한계 내에서 장기적으로 볼 때 자사에 가장 유리한 위치를 보장해주는 쪽으로

산업의 게임규칙을 규정하려고 노력해야 한다.

• **산업 발전의 외적 요인** | 신생 산업에서 전략의 핵심 문제는 기업이 산업을 옹호하는 입장과 협소한 자체 이익의 추구 사이에서 균형을 취하는 것이다. 산업의 이미지와 신뢰성 그리고 구매자의 혼동 등 여러 문제들이 잠재되어 있음으로 인해 신생 단계에 위치한 기업은 자체의 성공을 위해서라도 부분적으로 그 산업의 다른 기업들과 제휴하지 않을 수 없다.

신생 산업에서 가장 중요한 문제는 대체제를 유발하고 최초의 구매자들을 끌어들이는 것이다. 그리고 일반적으로 이 단계에서는 표준화를 촉진하고, 표준 이하의 품질과 무책임한 생산업자를 단속하며, 공급자와 소비자 그리고 정부와 금융업계에 신뢰성 있는 태도를 유지하는 것이 기업에 이익이 된다. 경쟁사들에 대한 비방 전략을 회피하고 산업 내 기업들 간의 회담이나 협회가 유익한 도구가 될 수 있다.

예를 들어 1970년 이후 성장을 거듭해온 병원 경영 산업의 경우에는 참여 기업들 모두가 그 산업이 가지는 전문성의 이미지와 대출 기관과의 신뢰도에 크게 의존하고 있다. 실제로 이 산업 내의 기업들은 그 산업과 그들의 경쟁사까지도 직접 거론하며 찬사를 보내는 관행이 있다.

신생 단계에서는 이러한 산업 협력이 필요하기 때문에 산업 발전의 저해를 초래하면서까지 자사의 시장 입지만을 추구하는 데 열중하는 기업들이 내적 모순에 부딪히게 되는 경우가 많다. 손쉬운 수리법과 고객 신뢰도 향상에 제품의 표준화가 필요함에도 불구하고 기업이 이를 거부하기도 한다. 그 이유는 특이성을 유지하거나 자체의 특수한 제품 형태가 표준으로 채택될 경우 기업이 이익을 얻기 때문이다. 이러한 접근법이 장기적으로 최선인지 결정해주는 좋은 판단 기준이 하나 있다. 화재경보기 산업을 예로 들어보자. 여기서는 일부 기업이 다른 기업들에 타격을 줄 수 있는 산업 표준을 지지하고 있으며 동시에 어떤 종류의 경보기가 가장 우수한지에 대해 구매자의 혼동이 계속되고 있다. 문제는 그런 혼동이 미래의 산업 성장에 중요한 문제가 될 수 있을 만큼 그 산업이 충분히 발전했느냐 하는 것이다.

해당 산업이 괄목할 만한 성장을 이룩하기 시작함에 따라 산업 전망과 기업 전망 사이의 균형이 기업 쪽으로 기울어야 한다는 것이 타당한 일반론일지도 모른다. 산업의 대변자로 뚜렷한 두각을 나타내면서 스스로는 물론 업계 전반에 이익을 가져다주었던 일부 기업들이, 방향 수정을 해야 한다는 사실을 인식하지 못하는 경우가 가끔 있다. 그 결과 소속 산업의 성숙과 함께 이 기업들은 낙오하게 될 수도 있다.

산업 발달의 외적 요인들이 가지는 또 하나의 의미는 한 기업이 궁극적으로는 추구하고 싶지 않은 전략으로 초기의 경쟁에 임할 수밖에 없으며, 장기적으로는 손을 뗄 계획인 시장 분야에 참여할 수밖에 없을지도 모른다는 가능성이다.

이러한 '한시적' 조치가 산업을 발전시키는 데에는 필요할지 모르지만, 일단 그 산업이 발전하면 기업은 최선이라고 생각되는 입장을 자유롭게 취하게 된다. 코닝 글래스 워크(Corning Glass Works)를 일례로 들어보면,

이 기업은 장기적으로는 광섬유 및 케이블 공급업체가 되기를 원했지만, 광섬유 커넥터와 스플라이싱 기술 그리고 광섬유 응용 제품의 광원에 대한 연구에 투자할 수밖에 없었다. 그 이유는 이용 가능한 장비 및 기술의 질이 조악하여 전반적인 광섬유 분야의 발전이 지연되었기 때문이다. 장기적으로 볼 때 기업이 추구하는 이상을 벗어난 이러한 투자는 개척 비용의 일부가 된다.

• **공급과 유통의 역할 변화** | 전략적으로 신생 산업의 기업은 그 산업의 규모가 확대되고 위치가 확고해짐에 따라 공급업체와 유통 업체에서 일어날 수 있는 방향 전환에 대비해야 한다. 공급업체들은 업계가 요구하는 다양성, 서비스, 물품 인도에 기꺼이 응하게 되거나 응하지 않을 수 없게 된다. 마찬가지로 유통 업체도 기업들과 협력하여 시설 및 광고 등에 투자하는 데 더 적극적일 수 있다. 이러한 방향의 변화를 일찍 감지해 이용한다면 기업은 전략적으로 유리한 위치에 설 수 있다.

• **이동 장벽의 변화** | 이 장의 앞에서 소개했듯이, 신생 산업의 규모가 확대되고 기술이 성숙해짐에 따라 초기의 이동 장벽은 급속하게 낮아지거나, 때로 완전히 다른 것들로 대체될 수도 있다. 이것은 여러 가지 의미가 있다. 가장 뚜렷한 의미로는 기업이 스스로의 입지를 방어할 수 있는 새로운 방법을 발견하려는 준비를 철저히 해야 한다는 사실이다. 즉 기업은 과거에 성공을 가져다주었던 기술 특허나 독특한 제품 종류에만 의존

하려는 태도를 지양해야 한다. 이동 장벽의 변화에 대응하려면 초기 국면에서 필요로 했던 것보다 훨씬 큰 규모의 자본을 투입해야 할지도 모른다.

또 다른 의미로는 진입해 오는 기업의 특징이 변한다는 점이다. 산업의 규모가 커지고 어느정도 자리를 잡으면(위험이 덜 하면) 기존 기업들이 그 산업에 매력을 느끼고 진입하게 된다. 그리하여 경쟁은 규모나 시장의 영향력과 같이 새로운 형태의 이동 장벽을 근거로 진행된다. 신생 산업의 기업은 현재와 미래의 장벽을, 즉 여러 가지 형태의 기업들이 그 산업에 대해 느끼게 될 매력의 정도와 함께 이동 장벽을 수월하게 넘어설 수 있는 능력을 평가한 후, 이러한 평가를 근거로 삼아서 진출할 가능성이 있는 기업들의 특성을 예측해야 한다.

또 다른 의미로는 산업 규모가 확대되고 기술이 성숙됨에 따라 소비자와 공급자가 그 산업에 통합될지도 모른다는 점이다. 이런 현상이 에어로졸 포장, 장난감 자동차, 전자계산기와 같은 산업에서 발생했다. 기업은 통합이 이루어지거나 통합의 움직임이 경쟁의 방식에 의해 중지될 경우 시장과 공급을 안전하게 지킬 준비가 되어 있어야 한다.

■ 진입 타이밍

신생 산업이 기존 기업과 경쟁하는 데 결정적으로 중요한 전략적 선택은 진입의 적절한 시기다. 조기 진입(또는 개척)은 높은 위험 부담이 따르지만 한편으로는 낮은 진입장벽을 의미하기 때문에 큰 보상을 기대할 수 있다. 조기 진입은 다음의 일반적인 상황이 충족될 때 적절하다.

- 기업의 이미지와 명성이 구매자에게 중요하며, 해당 기업에는 개척자가 됨으로써 명성을 높일 수 있는 능력이 있다.
- 학습 곡선이 중요하고 경험은 모방하기 쉽지 않으며, 기술 세대의 연속에도 불구하고 경험이 무효화되지 않을 것으로 예상되는 산업의 경우 조기 진입으로 학습 과정을 주도할 수 있다.
- 소비자의 충성도가 높기 때문에 그로 인한 혜택이 소비자에게 최초로 판매하는 기업에 돌아갈 것이다.
- 원료 공급과 유통 경로의 조기 확보를 통해 절대적인 원가 절감의 이익을 획득할 수 있다.

다음과 같은 경우는 조기 진입이 특히 위험하다.

- 초기의 경쟁과 시장 분할이 산업 발달의 후기 단계에서 중요하게 될 것으로 예상되는 근거와 전혀 상이한 근거 위에서 진행된다. 그래서 잘못된 기술을 구축하게 된 기업은 결과적으로 높은 전환 비용을 들이게 된다.
- 소비자 교육, 법적 인가, 기술 개척 등을 포함하는 시장 개척의 비용이 아주 크지만, 그 이익을 개척 기업이 독점할 수 없다.
- 신설 소기업들과의 초기 경쟁에도 비싼 대가가 요구되지만, 이 기업이 후에는 좀 더 만만치 않은 상대로 대체되면서 경쟁이 더욱 과열될 것으로 예상된다.

- 기술 변화로 인해 초기의 투자는 낡은 것이 되는 반면에 나중에 진입하는 기업은 최신 제품 및 과정의 유리함을 누리게 될 것으로 예상된다.

- 전략적 조치

신생 산업의 발전을 제약하는 여러 문제의 해결에는 기업의 전술적 입지를 강화시켜줄 수 있는 몇 가지 전략적 조치가 필요하다.

- 원료 공급업체와의 조기 계약은 원료 부족 시 유리한 변수로 작용할 것이다.
- 자금 조달이 실제의 필요보다 선행된다고 해도 월스트리트가 해당 산업에 호감을 가진다면 이점을 십분 활용하여 자금 조달의 시기를 맞출 수 있다. 이런 조치를 통해 기업은 자본비를 낮출 수 있다.

■ 경쟁사들과의 대결

신생 산업에서 경쟁사들 간의 대결은 특히 선도적 역할을 해왔거나 높은 시장점유율을 누렸던 기업의 경우 더욱 어려울 것이다. 신참 기업 또는 분리·신설 기업의 증식이 너무 많아져 기업은 앞서 설명한 외적 요인, 즉 기업으로 하여금 산업 발전을 위해 부분적으로나마 경쟁사들과 제휴할 수밖에 없도록 하는 요인에 부딪히게 된다.

신생 산업에서의 공통적인 문제는 선도 기업이 높은 시장점유율을 방어하고, 장기적으로 보면 강력한 경쟁 세력이 될 가능성이 희박한 기업의 도전에 대응하는 데 지나치게 많은 자원을 투입하게 될 수 있다는 사실이다. 이는 어떤 면에서는 감정적 반응일 수 있다. 때로는 신생 단계에서 경쟁사에 맹렬한 공격을 가하는 것도 필요할지 모르겠지만, 자체의 힘을 키우고 산업을 발전시키는 데 최선의 노력을 기울이는 것이 더욱 바람직하다. 심지어는 특정한 경쟁사가 특허권 취득 등의 방법을 통해 진입하도록 격려하는 것이 타당할 수도 있다. 신생 단계의 여러 특징을 감안할 때, 다른 기업들이 공격적으로 동일 산업의 제품을 판매하고 기술 개발에 협력하는 것이 해당 산업에 이익인 경우도 적지 않다.

그 밖에도 이미 높은 시장점유율을 확보하고 있는 기업이라면 산업이 성숙해짐에 따라서 막강한 대기업이 진입하도록 하는 것보다는 이미 익히 알려진 기업들과의 경쟁을 원할 수도 있다. 적절한 전략을 일반화 한다는 것은 쉬운 일이 아니다. 비록 초기에는 한 기업이 독점에 가까운 높은 시장점유율을 누렸다 하더라도 산업이 급속도로 성장한 후 그와 같은 점유율을 지키면서 이익을 취하는 것은 아주 드문 경우에만 가능하다.

예측에 사용되는 기법

신생 산업에서 가장 두드러진 특징은 어떤 변화가 반드시 일어나리라는 확실성과 그와 반대되는 불확실성이 상존한다는 것이다. 산업의 구

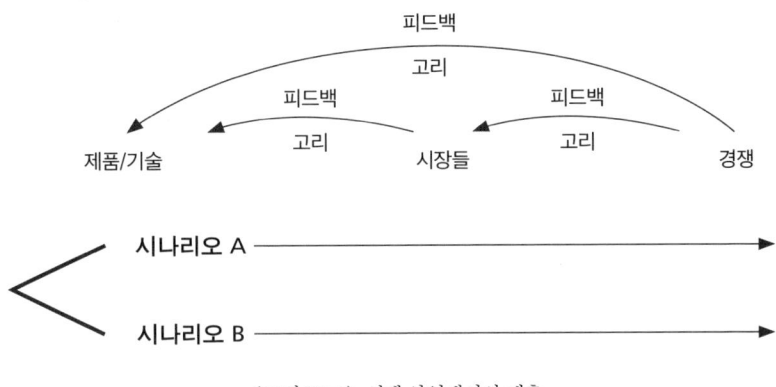

<그림 10-2> 신생 산업에서의 예측

조가 어떻게 변할지에 대한 명시적/암시적 예측 없이는 전략을 수립할 수 없는데, 불행하게도 신생 산업에서는 그런 예상에 관여하는 변수가 엄청나게 많다. 그렇기 때문에 예상 과정을 간단히 축소할 수 있는 방법이 보다 유용하다.

'시나리오' 구상은 신생 산업에서 특히 유익하다. 시나리오란 앞으로 업계가 어떤 모습을 보일지에 대한 개별적이면서도 내부적으로 일관된 견해를 말한다. 이 견해는 발생 가능한 결과의 범위를 제한하도록 선택될 수 있다. <그림 10-2>에서 제시하고 있는 것과 같이 시나리오를 이용하여 신생 산업의 미래를 예측할 수 있다. 예측의 출발점은 원가, 제품 종류 그리고 성능 등의 측면에서 제품 및 기술의 발전 가능성을 평가하는 것이다. 애널리스트는 가능한 결과를 포함하는 제품/기술의 시나리오 중에서 몇 가지 내부적 일관성을 가지는 것들을 선택해야 한다. 그리고 각각의 시나리오에서 어떤 시장이 열리고 시장의 그 규모와 특징은 어떠할지에 대한 시나리오를 또다시 작성해야 한다. 여기서 최초의 피드백 순환이 생겨나는 이유는, 처음 열리는 시장의 특성이 제품 및 기술의 발전 과정을 결정지을 수 있기 때문이다. 분석가는 이러한 상호작용을 반복하는 방법으로 시나리오를 구성하려고 노력해야 한다.

다음 단계는 제품/기술/시장의 시나리오에 경쟁의 의미를 발전시켜 나간 다음, 다른 경쟁사들의 성공 가능성을 예측해보는 것이다. 이 과정에는 당연히 새로운 기업의 진입에 대한 예상이 수반되어야 한다. 그리고 이 과정을 완성하는 데 지속적인 피드백이 있어야 하는데, 그 이유는 경쟁사의 특성과 자원은 한 산업이 그 발전 과정에서 취하는 방향에 영향을 미칠 수 있기 때문이다.

이렇게 시나리오가 준비됐다면 기업은 자체의 입지를 평가할 수 있는 입장이 된다. 즉 어떤 시나리오에 운명을 걸어볼 것인지, 또는 각각의 시나리오가 실제로 발생할 경우에 전략적으로 어떤 행동을 할 것인지 평가할 수 있게 된다. 기업은 자원만 받쳐준다면 가장 유리한 시나리오가 발생할 수 있는 환경을 조성하려고 할 것이다. 또는 자원에 한계가 있거나 불확실성이 아주 크기 때문에 어쩔 수 없이 탄력적인 자세를 유지할 수도 있다. 어떤 경우든 기업은 시나리오가 실제로 일어나고 있는지 보여주는 핵심 사건을 확인할 수 있기 때문에, 전략 계획을 수립하고 기술 변화를 탐지하는 데 유리한 위치에 서게 된다.

진입 산업의 선정

신생 산업으로의 진입에 대한 선택은 앞에서 설명한 예측 활동의 결과에 좌우된다. 신생 산업의(초기의 산업 구조가 아니라) 궁극적인 구조가 평균 이상의 수익률을 보장해주며, 기업이 장기적으로 산업에서 방어 가능한 입지를 확보할 수 있을 경우 그 산업을 충분히 매력적인 것으로 평가할 수 있다. 방어 가능한 입지의 확보는 이동 장벽과의 관계에서 평가되는 기업의 능력에 의해 결정된다.

신생 산업이 급속하게 성장하고 있다거나, 그 산업에 참여한 기업들이 높은 이윤을 거두어들이고 있다거나, 또는 산업의 궁극적인 규모가 틀림없이 커질 것으로 예상해서 신생 산업으로 진입하는 경우가 자주 있다. 이와 같은 이유도 진입의 근거가 될 수는 있겠지만, 진입의 결정은 궁극적으로 구조적 분석을 바탕으로 내려져야 한다(3부의 16장에서 한 산업으로의 진입 결정에 대한 내용이 좀 더 상세하게 논의될 것이다).

11장

산업 성숙기로의 전환

대부분의 산업은 발전 과정의 일부로 급속한 성장기를 지나 일반적으로 산업 성숙(industry maturity)기라 불리는 완만한 성장기로 접어들게 된다. 1970년대 중반 이후 이런 과정을 거친 산업은 수없이 많지만, 그중 몇 가지 예를 들어보면 스노모빌, 계산기, 테니스 용품, 집적회로 산업 등이 있다. 8장에서 논의했던 것과 같이 산업 성숙기는 산업 발전의 어떤 고정된 시점에서 발생하지 않으며, 기술 혁신 등이 일어나 그 산업의 참여 기업들에 지속적인 성장의 계기를 마련해주면서 지연될 수도 있다. 더욱이 획기적인 전략적 돌파구를 통해 성숙 단계의 산업들도 급속한 성장을 다시 시작할 수 있으며, 이로써 성숙기로의 전환이 두 번 이상 일어날 수도 있다. 이런 특징들을 새겨 두고, 성숙 단계로의 전환이 발생하고 있지만 그러한 전환을 막을 수 있는 가능성이 모두 소진되어 버린 경우에 대해 생각해보기로 하자.

성숙 단계로의 과도기는 한 산업 내의 기업들에 있어 아주 중요한 단계다. 이 단계는 경쟁 환경에서 어려운 전략적 대응이 필요한, 근본적인 변화가 자주 요구되는 시기다. 기업들이 때로는 이러한 환경의 변화를 정확하게 감지하지 못하는 경우도 있다. 또 그런 변화를 감지했다 해도 기업들로서는 대응하기가 망설여질 정도로 큰 전략의 변화가 요구되는 경우도 있다.

더욱이 산업 성숙기로의 전환이 주는 전략적 시사점 이상으로 기업의 조직 구조와 리더십에 있어서도 중대한 의미를 가진다. 필요한 전략적 수정을 하는 데 있어 가장 큰 어려움이 바로 이러한 경영상의 시사점이다. 이 장에서는 1부의 분석을 기초로 하여 이 문제의 몇 가지 이슈에 대해서 이야기할 것이다. 그리고 성숙기로의 전환 과정 자체에 대한 분석보다는, 그 과정에서 제기되는 전략적·경영적 문제들을 확인하는 데 초점을 맞출 것이다(산업의 발전 과정 자체는 이미 8장에서 보다 심층적으로 다루었다).

전환 중의 산업 변화

성숙기로의 전환은 흔히 한 산업의 경쟁 환경에서 여러 중요한 변화를 나타낸다. 그러한 변화로는 다음과 같은 것들이 있다.

- **느린 성장은 시장점유율 확보를 위한 경쟁의 과열을 의미한다** | 시장점유율을 지키는 것만으로는 과거의 성장 속도를 유지할 수 없게 되면서, 경쟁의 방향을 내부로 돌려 다른 기업들의 시장을 공격하기 시작한

다. 이런 상황이 1978년에 식기 세척기 산업에서 발생했다. 당시 이 산업이 포화 상태에 이르자, GE와 메이텍(Maytag)이 고가의 시장에서 호바트(Hobart)를 맹렬히 공격하기 시작했다. 시장점유율을 높이기 위한 경쟁이 과열되면 한 기업의 시각에서 근본적인 방향 수정이 있어야 하며, 경쟁사가 어떻게 행동하고 반응할지에 대해서도 새로운 가정을 세울 필요가 있다. 3장과 4장에서 설명한 것과 같이 경쟁사의 분석이 다시 이루어져야 한다. 과거에 얻었던 경쟁사의 특성과 반응에 대한 정보를 버리지는 않더라도 재평가하는 과정이 필요하다. 경쟁사가 더욱 공격적으로 될 수 있을 뿐만 아니라, 오해와 비합리적인 보복의 가능성 또한 크기 때문이다. 성숙기로 이행하는 과도기에서는 가격, 서비스, 판촉 전쟁이 일반적으로 발생한다.

- **산업 내의 기업은 점차 경험이 있는 재주문 구매자들을 상대하게 된다** | 이 단계에서 제품은 더 이상 새롭지는 않지만, 이미 잘 알려져 있고 인정을 받고 있다. 구매자들은 이미 그 제품을 구매한 경험이 있으며, 때로는 여러 차례 구매해 제품에 대해 잘 알고 있는 경우도 많다. 구매자는 이제 그 제품의 구입을 결정할 것인지의 여부에서 어떤 브랜드를 선택할지 고민하는 단계로 넘어간다. 이처럼 관심의 방향이 바뀐 구매자에게 접근하려면 전략에 대한 근본적인 재평가가 있어야 한다.

- **경쟁이 원가와 서비스를 더욱 강조하는 쪽으로 변해간다** | 성장이 둔

화되고, 구매자가 제품에 대해 더욱 잘 알게 되고, 일반적으로 기술 성숙도가 높아진 결과 경쟁은 더욱 더 원가 지향적이고 서비스 지향적으로 되어 간다. 이러한 발전의 추이에 따라 그 산업에서의 성공 요건이 바뀌며, 다른 요건에서의 경쟁에 익숙해진 기업은 극적인 생존 방법의 재정립을 강요당할 수도 있다. 가중되는 원가 압력 또한 최신 시설과 장비를 기업에 강요함으로써 자본에 대한 요구를 증대시킬 수 있다.

- **생산시설 및 인력 확대의 한계에 부딪힌다** | 성장 속도의 둔화에 적응하려면 생산시설의 확장 속도도 마찬가지로 완만해져야한다. 그렇지 않으면 시설 과잉 현상이 나타난다. 따라서 시설 및 인력의 확대에 임하는 기업들의 태도에 근본적인 변화가 있어야 한다. 만족스러웠던 과거에 대한 미련은 버려야 한다. 기업은 경쟁 업체의 시설 확장을 면밀하게 살피고 자사의 시설 확장 시기를 정확하게 설정할 필요가 있다. 초과 설비로 인한 손해는 제아무리 가파른 성장률로도 감당하기가 힘들다.

성숙기의 산업에서 이런 변화는 거의 일어나지 않지만 수요에 비해 생산 설비가 과잉되는 문제는 흔한 편이다. 생산 설비가 과잉되면서 생산 능력도 필요 이상으로 커지게 되고, 이에 따라 가격 전쟁을 불러오게 되는 경우가 많다. 산업에서 효율적인 생산시설의 크기가 점점 더 커질수록 이를 올바르게 예측하는 것은 더욱 힘들어진다. 인력 면에서도 고도로 숙달된 인력을 필요로 하기 때문에, 이런 인력을 찾아내고 훈련하는 데 오랜 시간이 필요한 경우라면 문제는 더욱 심각해진다.

- **제조, 마케팅, 유통, 판매 그리고 리서치의 방법이 끊임없이 변한다 |** 시장점유율 확대를 위한 경쟁이 가열되고, 기술이 성숙하고, 제품에 대한 지식을 갖춘 소비자들이 늘어남에 따라 많은 변화가 일어난다(이러한 변화는 8장에서 논의되었다). 기업은 운영상의 정책들을 근본적으로 재정립하거나 그러한 재정립이 필요없도록 어떤 전략적 조치를 취해야 할 필요에 직면하게 된다. 기업이 운영 정책의 차원에서 그런 변화에 대응해야 할 경우에는 거의 언제나 자본과 새로운 기술이 요구된다. 새로운 제조법의 채택은 앞에서 논의한 시설 과잉의 문제를 초래할 수 있다.

- **새로운 제품과 응용 제품을 얻기가 더욱 힘들어진다 |** 성장 단계는 새로운 제품과 응용 제품이 많이 만들어지는 단계 중 하나다. 하지만 산업이 성숙하면서 제품 변화를 지속시킬 수 있는 능력에 점차 한계가 드러나기 시작하거나, 비용과 위험의 부담이 크게 늘어난다. 이런 변화는 다른 무엇보다 연구와 신제품 개발에 대한 태도의 수정을 요구한다.

- **국제 경쟁이 가열된다 |** 기술이 성숙함에 따라 기업들은 흔히 제품의 표준화와 생산 원가를 강조하게 되는데, 이런 변화는 치열한 국제 경쟁을 가열시키는 결과를 불러온다. 한 산업의 국제화를 초래하는 요인들은, 국제 경쟁의 몇 가지 중요한 의미와 함께 13장에서 상세하게 논의 될 것이다. 글로벌 경쟁사들은 국내 기업 또는 국내 시장 기반과는 다른 원가 구조와 목표를 가지고 있는 경우가 일반적이다. 미국과 같이 큰 시장에서

는 일반적으로 성숙기로의 전환에 앞서 국내 기업에 의한 해외 투자나 수출 증대 현상이 뚜렷하게 나타난다.

• **전환기에는 산업의 수익률이 일시적으로 하락하며 때로는 영구히 하락하기도 한다** | 전환기에는 성장이 둔화되고, 제품에 대한 구매자들의 지식이 늘어나고, 시장점유율이 좀 더 강조되고, 불안정성이 크고, 어려움이 큰 전략적 변화가 요구된다. 이는 일반적으로 기업의 수익률이 전환기 이전의 성장 단계의 수준으로부터 단기적으로 하락하는 것을 의미한다. 일부 기업들은 다른 기업들보다 더 큰 타격을 받으며, 특히 일반적으로 시장점유율이 낮은 기업들이 가장 큰 타격을 받는다. 수익률 하락으로 인해 현금이 절실하게 필요한 시기에 현금 흐름이 원활하지 못하고 그 밖에도 상장 기업의 주가가 폭락하고, 부채 조달의 어려움이 심해지는 경향이 나타나기도 한다. 수익률이 다시 높아질지의 여부는 1부에서 논의한 이동장벽의 높이 및 다른 산업 구조의 요소에 의해 결정 된다.

• **판매자들의 이윤은 떨어지지만 그들의 영향력은 증가한다** | 산업의 수익률이 떨어지는 것과 같은 이유로 판매자들의 이윤도 줄어든다. 그 결과, 다수의 판매자들은 주로 제조업계의 수익률 하락이 표면화되기 전에 영업을 중단한다. 이런 현상은 TV와 레저용 자동차 판매자들 사이에서 나타났다. 성장 단계에서는 판매자들을 확보하는 것이 용이했지만, 성숙 단계에서는 그렇지 않기 때문에 이는 산업 참여자들 사이에서 판매자 확

보 경쟁을 가열시킨다. 따라서 판매자들의 영향력이 크게 증대된다.

전환기의 전략적 의미

성숙 단계로의 전환은 일반적으로 산업 기본 구조의 변화를 수반한다. 산업 구조의 중요한 요소들, 즉 전반적인 이동 장벽, 여러 가지 장벽들의 상대적 중요성, 경쟁의 강도(보통 증가하는 쪽으로) 등이 변화한다.

구조적 변화는 거의 언제나 기업이 전략적으로 대응해야 함을 의미하는데, 이는 그 산업에서 경쟁의 기본적 성격이 함께 변화한다는 의미가 내포되어 있기 때문이다.

전환기에는 흔히 몇 가지 독특한 전략적 문제가 제기된다. 이 문제는 모든 산업에 적용 가능한 일반론이라기보다는 각각 검토해보아야 할 성격의 문제이다. 왜냐하면 사람과 마찬가지로 산업도 조금씩 다른 모습으로 발전해가기 때문이다.

따라서 이 접근법 대부분은 한 산업이 성숙 단계로 접어든 후에도 새로운 기업들이 그 산업에 진입하는 근거가 될 수 있다.

■ 가격 선도 vs 차별화 vs 집중화

-산업의 성숙으로 인해 전략적 딜레마가 심각해진다

산업이 급격하게 성장하고 있는 단계에서는 전략적 실수도 용납될 수 있고, 그 산업 내의 기업들이 전부는 아니더라도 대부분이 생존할 수 있으며, 심지어는 재정적으로 번영할 수도 있다. 또한 전략적 실험이 자주 행해지며, 매우 다양한 전략들이 공존할 수 있다. 하지만 산업이 성숙 단계에 접어들면 전략적 약점이 노출되기 시작한다. 성숙 단계에 이르면 기업들은 2장에서 설명한 3가지의 일반적인 전략 중에서 하나를 선택해야 하는 상황에 직면하게 된다. 그것은 곧 생존의 문제가 되는 것이다.

■ 세밀한 가격 분석

성숙 단계에서는 가격 분석이 첫째, 합리적인 제품 믹스, 둘째, 정확한 가격 결정을 위해 더욱 필요해진다.

- 합리적인 제품 믹스

성장 단계에서는 생산 라인의 확장과 새로운 제품 종류의 빈번한 도입이 가능하며, 때로는 이런 것들이 산업 발전을 위해 필요하고 또 바람직하다. 그러나 이러한 상황은 성숙 단계에서까지 계속되지는 않는다. 원가 경쟁과 시장 점유를 위한 경쟁이 지나치게 치열해지면서 생산 라인에서 수익성없는 제품은 제거하고 뚜렷한 장점을 가지고 있거나 '바람직한' 구매자를 겨냥하는 품목에 관심을 집중한다. 이를 위해 생산 원가 산정에 대한 방법의 개선이 필요해 진다. 제품군을 단위로 하는 평균 원가 계산이나 원가 산정에 평균 간접비를 부과하는 방법은 생산 라인과 생산 라인 확대의 타당성을 평가하는 데 적합하지 못하다. 산업의 성장 단계에서는 컴퓨터화된 원가 계산 시스템이 그다지 중요하지 않았지만, 이제는 생산 라인을 합리적으로 구성해야 하기 때문에 그러한 시스템의 도입이 필요하다. 일례로 그러한 합리적인 생산 라인 구성은 RCA가 허츠(Hertz)를 인수하면서 성공을 거두는 데 결정적인 역할을 했다.

- 정확한 가격 결정

성숙 단계에서는 흔히 생산 라인의 합리적인 구성과 함께 가격 결정 방법에서의 변화가 요구된다. 성장 단계에서는 평균 원가에 의한 가격 결정이나 생산 라인 전체의 가격 결정으로 충분했을지 몰라도, 성숙 단계에서는 각 항목별로 원가를 산정하고 그 결과에 따라 가격을 결정할 수 있는 능력이 요구된다. 평균 원가 가격 책정을 통해 생성된 생산 라인 내부의 교차 보조는 시장 가격을 실제 생산 원가보다 낮게 책정하게 만들어 가격에 민감하지 않은 구매자들에게 오히려 이익을 주는 경우도 생긴다.

그 밖에도 교차 보조는 일부 제품의 가격이 터무니없이 높게 책정되는 경우에는 경쟁사가 가격을 인하하거나 새로운 제품을 출시할 위험을 부른다. 세밀한 원가 계산을 통한 합리적인 가격 결정 능력이 부족한 기업들은 비현실적으로 낮게 책정된 품목의 가격 조정을 지연한다. 이것은 성숙 단계의 산업에서 때때로 문제가 된다.

성숙 단계에서는 가격 전략의 다른 측면들도 변할 수 있고 또 변해야 한다. 예를 들어 마크 컨트롤스(Mark Controls)는 불리한 생산 라인을 제거함과 동시에 구매자들과의 재협상을 통해 인플레이션에 대비한 에스컬레이터 조항(escalator clauses)을 계약에 포함시킴으로써 업계(tough valve business)에서 대단한 성공을 거두었다. 이 산업에서는 전통적으로 고정 가격에 입각하여 계약이 성립되었으며, 산업이 성장 단계에 있을 때는 가격 인상이 어렵지 않았기 때문에 인플레이션의 반영이 그다지 중요한 변수로 인식되지 않았다. 따라서 다른 기업들은 에스컬레이터 조항의 필요성을 느끼지 못했다. 그러나 성숙 단계에 접어들면서 가격 인상의 요구가 점점 더 어려워지자, 에스컬레이터 조항이 크게 유익한 것으로 드러났다.

요약해보면 산업의 성장 단계에서는 신제품 개발과 연구 같은 분야가 중심이 되지만, 성숙 단계에서는 일반적으로 다양한 차원에서의 '재무에 관한 의식 수준'을 높일 필요가 있다고 할 수 있다. 재무에 관한 의식 수준을 끌어올리는 것은 직원 교육과 경영의 기본 방향에 따라 더 어려울 수도 있다. 예를 들어 마크 컨트롤스는 전통적으로 가족 기업들이 지배해온 산업에서 재정 혁신을 일으키기 위해 재무에 밝은 외부 인사를 영입했다.

■ 공정 혁신과 제조 설계

일반적으로 성숙 단계에서는 낮은 비용으로 쉽게 제조와 관리를 하는 제품 및 운송 시스템의 설계가 중요한 만큼 공정 혁신의 상대적 중요성이 커진다. 일본 산업계는 특히 이 부분에 많은 노력을 기울였으며, 그로 인해 TV와 같은 산업에서 큰 성공을 거둘 수 있었다. 그 밖에도 캔틴 코퍼레이션(Canteen Corporation)은 제조 설계 역량을 가지고 성숙 단계에 접어든 식품 제조 분야에서 자사의 위치를 확고하게 다질 수 있었다. 캔틴 코퍼레이션은 지역마다 다른 식단을 준비하던 종전의 입장을 버리고 전국적으로 식단을 통일했다. 이러한 변화로 인해 음식의 질이 일관성을 유지할 수 있게 되었고, 요리사의 지역 간 이동이 더욱 쉬워졌다. 이는 운영과 관리를 더욱 쉽게 만들었으며 그 결과 원가 절감과 생산성 향상이 실현되었다.

■ 구매 영역의 확대

기존 고객에게 더 많이 파는 것이 새로운 고객을 찾는 것보다 보다 바람직할 수도 있다. 주변 장치와 서비스의 공급, 제품 라인의 고급화 및 확장 등으로 기존 고객에 대한 판매량이 증가할 수 있다. 이런 전략을 따르다 보면 기업이 관련 산업 분야로 진출할 수도 있다. 이러한 전략이 새로운 고객을 찾아내는 것보다 더 경제적인 경우가 많다. 성숙 단계의 산업에서 새로운 고객을 확보한다는 것은 일반적으로 시장점유율 확대를 두고 다른 기업들과 경쟁을 벌인다는 것을 의미하기 때문에 상당히 많은 비용이 소모된다.

이러한 전략은 사우스랜드[Southland Corp. (7-Eleven 매장)], HFC(Household Finance Corporation), 거버 프로덕트(Gerber Products) 등의 기업들이 성공적으로 사용해왔다. 사우스랜드는 매장에 패스트푸드와 셀프 주유소 그리고 핀볼 오락기 등을 추가함으로써 고객의 주머니에서 더 많은 돈을 끌어내고, 충동 구매를 부추기는 동시에, 새로운 매장 설립에 드는 비용을 절약했다. HFC도 마찬가지로 기존의 고객들에게 팔 수 있는 제품 라인을 확대하기 위해 세금 조정, 대출 업무의 확대, 심지어는 금융 업무 같은 새로운 서비스까지 제공했다. '아기 한 명 당 더 많은 달러를'이라는 말로 표현되는 거버 프로덕트의 전략도 이와 동일한 접근법이다. 거버 프로덕트는 주력 상품인 유아식에 다른 유아용품들을 추가했다.

■ 염가 자산 구입

성숙 단계로 전환하는 과정에서 부도를 맞은 기업이 내놓은 설비를 아주 싼 가격으로 구입할 수도 있다. 기술 변화의 속도만 지나치게 빠르지 않다면, 도산 기업을 합병하거나 그런 기업이 처분하는 자산을 구입하는 전략으로 마진을 높이고 생산 원가의 절감을 꾀할 수 있다.

양조업계의 무명 업체였던 헤일먼(Heilman)은 이 전략을 성공적으로 이끌었다. 업계의 선도 기업들에서는 집중화 현상이 점점 심화되고 있었음에도 불구하고, 헤일먼(Heilman)은 지방 양조업체를 합병하고 중고 설비를 싸게 구입함으로써 1972년부터 1976년까지 자기 자본 이익률 20% 이상에 연평균 16%의 성장률을 기록했다(그리고 1976년에는 300만 달러의 매출을 기록했다). 반면에 양조업계의 선도 기업들은 독점 금지법 때문에 다른 기업들을 합병할 수 없어 어쩔 수 없이 시세로 대규모 공장을 신축해야 했다.

화이트 콘솔리데이티드(White Consolidated)도 동일한 전략을 채택했다. 이 회사는 선스트랜드(Sunstrand)의 기계 공구 사업 부문과 웨스팅하우스(Westinghouse)의 가전제품 사업 부문 같이 성과가 저조한 기업을 장부 가격 이하로 구입하여 총경비를 절감했다. 많은 경우 이 전략은 기업의 수익성을 높이는 데 큰 도움이 되었다.

■ 구매자 선택

성숙 단계에서 구매자들이 제품에 대해 잘 알게 되고 그에 따라 경쟁의 압력이 더욱 커지면서 구매자를 선택하는 것이 때로는 기업의 수익성을 지속하는 데 중요한 요소로 작용하기도 한다. 예전에는 자신의 교섭력을 행사하지 않았던 구매자들, 또는 제한된 제품 이용률 때문에 영향력이 약했던 구매자들도 성숙 단계에서는 주저하지 않고 자신의 영향력을 행사하게 된다. 6장에서 논의했던대로 '바람직한' 구매자들을 확인하고 그들을 놓치지 않는 것이 무엇보다 중요하다고 할 수 있다.

■ 상이한 원가 곡선들

한 산업에서 원가 곡선(cost curves)이 둘 이상 있는 경우는 적지 않다. 성숙 단계 시장의 전반적인 원가에 있어서는 우위에 있지 않더라도 특정한 형태의 구매자, 제품 및 주문량에 대해서는 실제로 더 낮은 원가의 생산자가 될 수 있도록 하는 새로운 원가 곡선을 발견하는 경우가 있다. 이 단계는 2장에서 논의한 본원적 전략 중 집중화 실행에 매우 중요하다. 예를 들어 〈그림 11-1〉을 보자.

유연성을 가지며, 신속한 설정이 가능하고, 소량 생산에 적합하도록 자체의 제조 과정을 설계한 기업이라면 대량 생산을 하는 기업에 비해서 소량 주문이나 고객 맞춤 주문에 있어서 생산 원가의 우위를 누릴 수 있

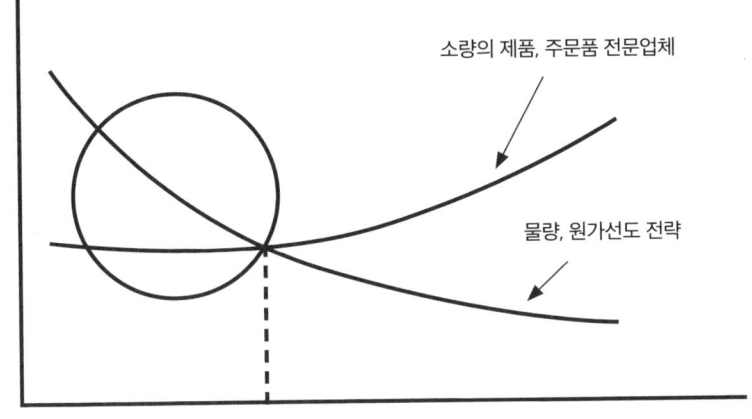

<그림 11-1> 상이한 원가곡선들

다. 그런 상황에서의 바람직한 전략은 <그림 11-1>에서 원으로 그려진 범위 내에서의 주문에 집중하는 것이다. 원가 곡선의 차이점들이 그러한 전략의 채택을 가능하게 한다. 그런 차이점은 소량 주문, 고객 맞춤 주문, 특정한 제품 형태의 적은 수요 등에 근거하는 것이다. 위컴 스키너(Wickham Skinner)는 그가 고안한 '집중화된 공장'에서 그러한 생산 전략이 어떻게 실행될 수 있는지 설명했다.

■ 국제 경쟁

기업은 좀 더 유리한 구조의 산업에서 국제적으로 경쟁함으로써 성숙 단계를 벗어날 수 있다. 금속 용기 및 병마개 제조사인 크라운 코크 앤 실(Crown Cork and Seal)과 농기구 제조사인 매시 퍼거슨(Massey-Ferguson)이 이런 직접적인 방법을 사용했다. 국내 시장에서는 이미 구식인 장비도 해외 시장에서는 효과적으로 사용될 수 있기 때문에 해외로의 진출 비용이 크게 절감될 수 있다. 또는 구매자들이 덜 까다롭고 영향력이 크지 않으며, 또 경쟁자 수가 적은 이유 등으로 해외 시장의 산업 구조가 훨씬 유리할 수도 있다. 이러한 전략의 약점으로는 국제 경쟁의 위험 그리고 다가올 시장 성숙으로 인한 문제를 근본적으로 해결하기보다는 문제의 발생을 일시적으로 지연시킬 수 있을 뿐이라는 사실을 지적할 수 있다.

■ 전략 전환이 반드시 시도되어야 하는가?

새로운 형태의 자원과 기술이 요구될지도 모른다는 시각으로 본다면, 성숙 단계의 산업에서 성공적으로 경쟁하기 위한 전략적 전환을 꼭 시행해야 하는 것은 아니다. 그 선택은 자원뿐만 아니라 그 산업에서 계속 종사할 기업체들의 수, 성숙 단계에 대한 적응이 진행되는 동안에 발생할 혼란이 예상되는 기간 그리고 (미래의 산업 구조에 영향을 받는) 미래의 산업 수익성에 대한 전망 등에 의해 결정된다.

일부 기업들의 경우에는 불확실한 상황에서 재투자를 계속 하는 것보다 투자 회수 전략이 보다 바람직할 수도 있다. 유제품 산업에서 딘 푸드(Dean Foods)가 이런 전략을 택했다. 딘 푸드는 시장점유율의 확대보다도 원가 절감과 이를 위해 장비에 선별적인 투자를 할 것을 강조했다.

산업을 선도하는 기업들이 자체 전략의 타성에 너무 젖어 있거나 산업 발전의 성장 단계에서나 필요한 전략에 집착할 경우에는 전환기에서 요구되는 조정을 행할 때 그다지 유리한 입지를 차지하지 못할 수도 있다. 조정에 필요한 자원을 획득할 수 있을 경우, 그 유연함으로 인해 중소기업이 보다 유리할 수도 있다. 그 밖에도 중소기업은 시장을 더 쉽게 세분화할 수 있다. 마찬가지로 전환기에 그 산업으로 진입하는 새로운 기업이 과거에 영향 받지 않는 재정적 자원 또는 그 외의 다른 자원들을 가지고 강력한 입지를 확립할 수 있는 경우도 있다. 장기적으로 봤을 때 산업 구조가 호의적일 경우에는 전환기의 혼란이 이러한 잠재적 진입 기업에 새로운 진출의 기회를 제공해준다.

전환기의 전략적 함정

기업은 앞서 말한 전환의 전략적 시사점을 파악하지 못할 뿐만 아니라 다음과 같은 전략적 함정에 빠져서 희생당하는 경우도 있다.

• **산업에 대한 기업의 자체 인식과 외부의 인식** | '우리는 품질에서 선두 주자다.', '우리는 격조 높은 고객 서비스를 제공한다.' 기업은 자사 및 상대적 능력에 대해 이와 같은 인식을 가지게 되며, 이것은 기업 전략의 기초를 형성하는 암묵적인 가정을 반영한다(3장 참고). 스스로에 대한 이러한 인식은 산업 전환이 진행되고, 고객들의 우선순위가 재조정되고, 경쟁

사들이 새로운 산업 환경에 대응함에 따라 점점 더 정확도가 떨어진다. 마찬가지로 산업, 경쟁사, 구매자 그리고 공급자에 대한 기업의 가정적 판단이 전환기를 거치는 동안 타당성을 잃게 될 수 있다. 하지만 이러한 가정은 실제 경험을 통해 확립된 것이기 때문에 수정하기 어려운 경우가 많다.

- **어중간한 입장** | 2장에서 설명한 본원적 전략 중 하나를 선택하지 못한 채 어중간한 입장을 취하고 있는 문제는 특히 성숙 단계로의 전환 과정에서 두드러진다. 과거에는 어중간한 전략으로도 경쟁에서 버틸 수 있었지만 전환기에는 그럴 수 없다.

- **현금 함정-성숙한 시장에서 점유율을 높이기 위한 투자** | 현금은 후에 그것을 회수할 수 있을 것이라는 확신이 들 때에만 투자해야 한다. 성장 속도가 둔화된 성숙 단계의 산업에서는 점유율의 확대를 위한 새로운 현금 투자 행위를 정당화하는 가정이 대부분 무리인 경우가 많다. 산업의 성숙도는 유입 자금의 현재 가치가 자금 유출을 정당화함으로써 향후 투자 자금을 회수하는 충분한 기간 동안 이윤을 유지 또는 증가시키는 역작용을 한다. 따라서 성숙 단계에서는 기업이 현금 함정에 빠지기 쉽다. 특히 강력한 시장 우위를 확보하지 못한 기업이 성숙한 시장에서 시장점유율의 대대적인 확장을 꾀할 때 그런 위험이 커진다.

이와 비슷한 함정으로는 수익률보다 매출액에 지나친 관심을 쏟는 전략을 지적할 수 있다. 이러한 전략이 성장 단계에서는 바람직했을지 몰라도, 성숙 단계에서는 수익을 잠식하기 쉽다. 허츠는 1960년대 후반에 이러한 문제에 부딪혔지만, 1970년대 중반에 이 회사를 인수한 RCA를 통해 다시 수익률을 회복했다.

- **단기적 이익에 집착해서 점유율을 성급히 포기하는 것** | 전환기에 접어들어 수익률 압력에 직면한 일부 기업들은 기존의 수익률을 유지하려고 노력하는 경향이 있다. 이런 노력이 시장점유율을 희생시키거나, 마케팅이나 연구 개발 같이 필요한 투자를 포기하면서까지 행해지는 경우에는 이로 인해 장래의 시장 우위가 약화될 수 있다. 성숙 단계의 산업에서 규모의 경제가 크게 중요하다면, 전환기 동안의 낮은 수익성을 받아들이려 하지 않는 태도는 지극히 근시안적이다. 산업의 합리화가 이루어지는 동안에는 수익률 하락 현상이 불가피할 수도 있으며, 따라서 냉철한 사고로 과잉 반응을 피할 필요가 있다.

- **가격 경쟁에 대한 비합리적 반응, '우리는 가격을 놓고 경쟁하지 않을 것이다.'** | 예전에는 가격 경쟁이 필요하지 않았기 때문에 그것을 회피하는 것이 올바른 일이었지만 지금은 그렇지 않다. 하지만 그 시기를 지나온 기업이 가격 경쟁의 필요성을 받아들이기란 쉬운 일이 아니다. 심지어 일부 경영인들은 가격 경쟁을 수치스러운 것으로 생각하기도 한다. 가격 경쟁에 적극적인 기업이 장기적인 관점에서 낮은 원가 전략을 구축하고 시장을 점유해나간다면 그것은 상당한 위협이 될 수 있을 것이다.

- **산업 활동의 변화에 대한 비합리적 반응, '그런 변화가 이 산업에 해를 끼친다.'** | 전환기에는 마케팅 기술, 생산 방법, 유통 업자와 맺은 계약 등 여러 측면에서의 변화가 불가피하다. 그러한 변화는 산업의 장기적인 잠재력에 있어서 중요한 것이지만, 변화에 대한 저항은 있게 마련이다. 과거 일부의 스포츠용품 산업에서 그랬던 것처럼 수동식 방법을 기계화 하려고 하면 저항이 생기며 기업들이 적극적으로 자체 제품에 대해 마케팅하기를 꺼린다('이 업계에서는 마케팅 활동이 소용없다. 개인 판매면 충분하다.'). 이러한 거부의 자세는 기업으로 하여금 새로운 경쟁 환경에 적응하게 하는 것을 한참 뒤처지게 만든다.

- **기존 제품을 개선하고 적극적으로 판매하려 하는 대신에, '창조적이고 새로운' 제품만을 강조함** | 산업 발달 초기의 성장 단계에서 거두었던 성공이 연구와 신제품 개발 덕분이었는지는 모르지만, 성숙 단계에 접어들면서부터는 새로운 제품과 응용품의 개발이 아주 힘들어진다. 기존의 혁신 활동에 초점을 맞추는 것에서 벗어나 참신함이나 세련됨보다는 표준화를 중시하는 것이 적절한 경우가 많다. 하지만 이러한 발전이 일부 기업들을 만족하게 할 수 없을 뿐만 아니라 때로는 저항이 있을 수도 있다.

- **경쟁사의 공격적인 가격 정책이나 마케팅에 대응하지 않고 '더 좋은 품질'에 집착함** | 품질의 향상이 기업의 결정적인 강점일 수 있지만 품질의 차이는 산업이 성숙됨에 따라서 점차 사라지는 경향이 있다(8장을 참고), 차

이가 남아 있다 하더라도, 성숙 단계에 이르면 전에 그 제품을 구입한 적이 있고 제품에 대해 더욱 잘 알게 된 구매자들은 품질이 좋은 것보다는 가격이 싼 제품을 원할 것이다. 하지만 기업들 대부분이 최고급 품질의 제품을 가지고 있지 않다거나 제품의 질이 불필요하게 고급이라는 사실을 수긍하기란 그리 쉬운 일이 아니다.

• **시설 과잉** | 몇몇 기업들은 시설 과잉의 문제에 부딪히게 되는데, 그 이유는 수요에 비해 생산시설을 많이 확보하거나 성숙 단계에서 경쟁력을 높이기 위한 생산시설의 현대화로 인해 생산력이 증가되기 때문이다. 과잉 시설의 존재 자체가 알게 모르게 그것을 사용해야 한다는 압력으로 작용할 수 있지만, 과잉된 설비의 사용 자체가 기업의 전략 자체를 손상시킬 수도 있다. 예를 들어 과잉된 시설 때문에 기업은 집중화 전략을 포기하고, 2장에서 보았던 것처럼 어중간한 입장을 취하게 될 수 있다. 또는 그것이 경영상의 압력으로 작용하여 기업을 현금 함정에 빠뜨릴 수도 있다. 대부분의 경우 과잉 시설은 보유하기보다는 처분하는 것이 보다 바람직하다. 그러나 과잉 시설을 동일 산업 분야의 기업에는 판매하지 않아야 한다.

성숙 단계의 조직적 시사점

　우리는 전략상의 중요한 변화나 기업 규모의 성장, 제품의 다양성 확대 등으로 조직 변화가 필요하다고 생각한다. 조직 구조와 기업 전략 사이의 조화는 산업의 성숙 단계에서도 필요하다. 그리고 성숙 단계로의 과도기는 조직 구조와 체계의 발달 과정에서 지극히 중요한 시기의 하나이다. 특히 통제 및 동기 부여 시스템의 영역에서는 피할 수 없는 몇 가지 미묘한 문제가 있다.

　전략을 세우는 단계에서 우리는 기업이 어떻게 성숙 단계의 서로 다른 요구 조건에 맞추어 핵심이 되는 경쟁의 우선순위를 재조정해야 하는지 논의했다. 원가, 고객 서비스 그리고(판매와 대조되는) 진정한 마케팅에 더 많은 관심을 기울일 필요가 있다. 새로운 제품의 출시에 관심을 기울이기보다는 원래 있던 제품을 정교화하려는 자세가 필요하다. 즉, '창조력'보다는 세부 사항과 실용성에 더 집중하는 것이 바로 성숙한 산업에서 요구되는 덕목이다.

　이 같은 전략적 초점의 이동은 조직 구조 및 그것들을 지지하는 시스템의 변화를 분명하게 필요로 한다. 기업 활동의 여러 다른 부분들을 강조하고 통제할 수 있도록 설계된 시스템이 필수다. 성숙 단계에서는 과거에 행해졌던 것보다 더욱 철저한 예산 관리, 엄격한 통제, 성과 중심의 인센티브 시스템의 도입이 필요하다. 또 재고 관리 및 외상을 통한 매출 같은 재무 자산에 대한 관리가 더욱 중요해지는데, 이런 변화는 전환기를 맞왔던 요양소, 레저용 자동차 산업에서 중요한 성공 요소가 되었다.

영업 기능의 조화 그리고 생산시설들 사이의 더욱 긴밀한 협력은 가격 경쟁에서의 우위 확보를 위해 반드시 필요하다. 산업이 성숙 단계에 들어섰다는 것은 지금까지 독립적으로 운영되어왔던 현지 공장들이 더욱 밀접한 협력 관계로 통합되어야 함을 의미한다. 이때는 새로운 시스템과 공정이 필요할 뿐만 아니라 관리자들의 역할도 변해야 한다.

때로는 이런 변화에 저항이 있을 수 있다. 앞에서 말했듯이 산업의 선두 주자로서 높은 품질의 제품으로 자부심을 느껴온 기업이라면 '추잡한' 가격 경쟁과 공격적인 마케팅을 하는 것이 매우 어려울 것이다. 매장 직원부터 영업 사원에 이르기까지 전 조직이 이런 차원에서의 경쟁에 분개하는 경우가 흔히 있다. 비용을 위해 품질을 포기하는 것과 비용을 위해 엄격한 감시 감찰을 하는 것 역시 저항에 부딪힌다. 더욱이 새로운 보고 시스템, 새로운 통제 시스템, 새로운 조직 관계 그리고 다른 변화 등이 때로는 개인 자율성의 침해 또는 위협으로 간주되기도 한다. 성숙 단계로 접어들면 기업은 직원들을 재교육하고, 그들에게 새로운 동기를 부여해야 한다.

산업이 성숙 단계에 이르면 동기 부여와 관련해 미묘한 변화가 찾아오는데 경영자는 이를 분명하게 인식해야 한다. 과도기 이전의 성장 단계에서는 직원들이 일반적으로 승진의 기회가 많고, 빠른 사업 성장 속도에 대단한 흥미를 느끼며 직무에서 얻는 내적 만족이 크기 때문에 애사심을 길러주는 내부의 공식적 메커니즘에 대한 필요성을 느끼지 못한다. 하지만 성숙 단계의 경쟁 분위기에서는 성장 속도도 매력도 흥분도 줄어들고, 개척 정신과 독창성이 사라지는 경향이 있다. 이런 발전 단계는 경영자들에게 있어서 몇 가지 어려운 문제점을 안겨준다.

• **재무적 성과에 대한 기대의 축소** | 경영자가 생각하는 만족스러운 성장률과 수익률의 기준이 축소되어야 하는 경우가 있다. 기업의 시장 입지가 대단히 강력하지 않음에도 불구하고 경영자들이 성숙 단계의 시장에서 과거의 기준을 고수하려고 한다면, 장기적으로 볼 때 기업 상태에 악영향을 미칠 수 있다. 성과에 대한 기대를 줄이는 과정이 어려운 이유는 재무적 성과 달성에 대한 강한 전통이 과거의 성공을 통해 그 조직 내에 확고하게 세워져 있기 때문이다. 조직의 경영자 역시 자신의 기대를 하향 조정해야 할 때 동일한 문제를 겪기 쉽다.

• **조직체 내부의 규율 강화** | 성숙 단계에 접어들면서 발생하는 모든 일반적인 환경 변화들은 선택된 전략을 실행하기 위해 기업이 규율을 더욱 강화할 것을 요구한다. 이러한 것들은 보이거나 보이지 않는 방법으로 조직의 모든 계층에 확산된다.

• **승진에 대한 기대의 축소** | 좀 더 성숙한 산업 환경에서는 과거와 같은 빠른 승진을 기대할 수 없다. 하지만 경영자들은 과거의 속도로 승진하는 것이 성공이라는 정의에 걸맞다고 배워왔다. 많은 경영자들이 이

런 이유로 과도기를 겪으며 떠날 수도 있고, 또 경영자들에게 가해지는 조직의 압력이 커질 수도 있다. 경영자는 직원들에게 동기를 부여하고 보상을 줄 수 있는 새로운 인사 체계를 찾아야 한다는 어려움에 직면한다. 이러한 과도기의 압력에 일부 기업들은 다각화로 대처해 과거와 다름없는 수준의 성장 및 승진 기회를 제공한다. 그러나 단지 이러한 이유만으로 다각화를 시도하는 것은 심각한 오류다.

- **인간적 측면에 대한 관심의 증대** | 성숙 단계 산업의 새로운 환경에 적응하는 과정과 이에 수반되는 전략적 우선순위의 변화 과정에서는 일반적으로 인간적 측면에 대해 내부적으로 더 많은 관심을 가져야 한다. 이 과정에서는 회사와의 일체감과 충성도를 강화할 수 있는 조직의 메커니즘을 구축할 필요가 있다. 또 빠른 성장 단계에서는 충분했는지 모르지만, 성숙 단계의 산업에서는 훨씬 정교한 동기 부여 방법이 개발되어야 한다. 조직 환경이 변함에 따라 더욱 힘들어진 내부 적응을 후원하기 위해 과거의 외적인 자극과 보상이 아닌 내적인 지지와 격려가 필요하다.

- **재집권화** | 산업이 성숙 단계에 이르면 원가를 통제하도록 하는 압력이 가해지기도 하는데, 때로는 공장 차원에서 자율적으로 수익이 나도록 하는, 즉 예전으로 돌아가고자 하는 추세를 보이기도 한다. 이런 요구는 이윤 조직의 중심부가 산업 발달에 부응하여 신제품 개발이나 새로운 시장 개척을 용이하게 할 목적으로 설립되었을 경우에 더욱 강하게 나

타난다.

더욱 기능적인 조직으로의 후방 이동은 중앙 통제를 강화하고, 비용을 크게 줄여주며, 그 밖에도 사업 부문들 사이의 협력 가능성을 높여준다. 성숙 단계의 산업에서는 협력이 기업가 정신보다도 더 중요할 수 있다. 크라운 코크 앤 실(Crown Cork and Seal)은 이러한 전략을 택해 극적인 전환점을 마련하는 데 성공했다. 그리고 곤경에 처했던 텍스피(Texfi)가 섬유 분야에서 이 전략을 시도했으며, 버거킹이 맥도날드와 경쟁하는 데 이 방법을 이용했다.

산업 전환과 CEO

성숙 단계로의 산업 전환은, 특히 위에서 설명한 전략적 조정이 많이 요구되는 경우에는 한 기업의 새로운 '생존 방식'을 나타낸다. 급속한 성장과 개척의 흥분은 사라지고, 그 대신 원가를 통제하고 공격적인 마케팅 활동에다 가격 경쟁까지 불가피하다. 이러한 생존 방식에서의 변화는 CEO에게 여러 가지 중대한 의미를 가져다준다.

기업의 분위기는 CEO에게는 바람직하지 않다고 생각되는 방향으로 변할 수도 있다. 그는 직원들에게 많은 기회와 승진을 보장해줄 수 없으면서도 세분화되고 공식화된 시스템을 통해서 성과를 측정해야 하는 일이 늘어난다. 과거의 비공식적이고 개인적 친밀감을 바탕으로 한 평가 시스템을 그대로 유지하기란 쉬운 일이 아닐 것이다. 조직의 중요한 요구 사항이 변함에 따라 CEO에게 요구되는 능력도 변한다. 급성장하던 산업의 조직에 필요했던 능력과는 다르게 엄격한 원가 통제, 영업 부서 간의 협력, 마케팅 능력 등이 요구된다. 이러한 새로운 기술이 전략적인 동시에 행정적이기 때문에 더욱 어렵다. 마지막으로 과거에 CEO가 느꼈던 개척자로서의 흥분된 기분이나 감정은 사라지고, 생존에 대한 걱정과 유지에 대한 압박감만 가중된다. 일종의 불안감이 나타나는 경우도 적지 않다.

이처럼 성숙 단계로의 과도기는 CEO, 특히 창업자에게 어려운 시기인 경우가 많다. 불행히도 이때 CEO가 취하는 태도의 일반적인 결과로는 다음과 같은 몇 가지가 있다.

과도기임을 부정한다. CEO는 변화를 인식하지 못해 받아들이지 못하거나 변화에 필요한 기술을 가지고 있지 않다. 그 결과, 과거의 전략과 조직 제도를 고집스럽게 유지하려 한다. 이러한 융통성의 결여는 과도기뿐만이 아니라 그 밖의 다른 불리한 기업 환경에서도 전략적 어려움에 대한 반응으로 자주 나타난다.

적극적 경영을 포기한다. 기업의 새로운 생존 방식이 더 이상 만족스럽지 않다거나, 자신의 경영 기술이 새로운 환경에 적합하지 못하다는 것을 인정하고 관리를 포기한다.

산업의 전환이 CEO에게 주는 시사점은 자기 자신뿐만 아니라, 다각화된 기업의 각 사업부 경영자들에게도 중대한 영향을 미친다는 것이다. 성숙 단계로 접어들면 CEO의 기술이나 목표와 마찬가지로, 사업 부문 경영자를 평가하는 기준도 바뀔 필요가 있다. 따라서 한 산업 분야가 성숙 단계로 접어들면 경영자의 교체가 당연해지기도 한다. 다각화된 기업에서는 근본적으로 다른 전략적 상황을 무시하고 동일한 기준을 사업 부문 경영자에게도 적용해, 한 상황에서 수완을 발휘한 경영자가 다른 상황에서도 잘 적응할 것이라고 기대하는 경향이 있다. 성숙 단계의 과도기가 가지는 경영 측면에서의 시사점에 관심을 가지는 것이 이러한 어려움을 피하는 한 방법이다.

12장

사양 산업의 경쟁전략

이 장에서는 전략 분석을 위해 사양 산업(declining industries)을 일정한 기간 동안 단위 매출액의 절대적 감소가 지속적으로 일어나는 산업으로 규정한다. 따라서 경기 순환이나 파업, 원료 부족 같은 단기적 불연속성으로 인한 침체를 경험하고 있는 산업은 사양 산업이라 볼 수 없다. 이것은 불가피하게 최종 단계의 전략이 개발되어야 하는 실제 상황을 나타낸다.

쇠퇴하는 산업은 언제나 있게 마련이지만, 이처럼 어려운 구조적 환경은 세계 경제의 성장 둔화, 급속한 원가 상승으로 인한 제품 대체, 전자·컴퓨터·화학 같은 분야에서의 지속적인 기술 변화로 점점 증가하고 있다.

쇠퇴 현상이 제품 수명 주기의 한 단계라는 것은 잘 알려져 있지만, 이에 대한 연구는 그다지 이뤄지지 않고 있다. 산업의 쇠퇴 단계는 제품 수명 주기 이론에서 한계 이윤의 하락, 생산 라인의 단축, 연구 개발 및 광고 활동의 축소, 경쟁사들의 수적 감소가 그 특징이다. 쇠퇴 단계에서는 '수확 전략(harvest)'이 보편성있는 전략적 처방으로서 받아들여지고 있는 데, 이 전략의 요지는 투자를 중지하고 사업으로부터 현금 유입을 극대화하다가 결국에는 투자를 회수하는 것이다.

오늘날 계획 수립 단계에서 일반적으로 사용하고 있는 제품 포트폴리오 모델도 사양 산업에 대해 동일한 처방을 한다. 즉 성장 속도가 둔화 또는 감소하고 있거나 불리한 시장에는 투자를 하지 말고 현금을 회수하라는 것이다.

그러나 광범위한 사양 산업들을 심층 분석해보면 쇠퇴 단계에 대처하는데 있어 기업이 채택할 수 있는 전략적 대안과 쇠퇴 단계에서 경쟁의 본질은 훨씬 더 복잡하다는 것을 알 수 있다. 산업 분야에 따라 쇠퇴 단계에 대응하는 경쟁 방법도 크게 다르다. 즉 어떤 산업은 쇠퇴 단계에서도 품위를 유지하는가 하면, 다른 산업은 치열한 경쟁과 장기적인 시설 과잉 그리고 과중한 영업 손실 등이 나타난다.

성공적인 전략도 마찬가지로 다양하다. 일부 기업들은 사양 산업에 막중한 투자를 서슴지 않음으로써 이후에 많은 현금을 회수하는 식의 전략으로 높은 수익을 거두어왔다. 일부 기업들은 쇠퇴 단계의 도래가 인지되기 전에 수익을 완전히 포기하고 철수함으로써 경쟁사들이 초래하는 손해를 피했다.

이 장에서는 1부의 분석 도구를 사양 산업의 특수한 환경, 특히 쇠퇴 현상 자체가 소속 기업들의 통제권 밖에 있는 경우에 적용할 것이다. 우선 쇠퇴 단계에서 경쟁의 성격을 결정하는 구조적 조건과 남은 기업들이 그 산업에서 얻을 수 있는 이득을 설명할 것이다.

다음에는 쇠퇴 단계의 기업이 채택할 수 있는 일반적인 전략 대안(최종 전략)을 소개할 것이다. 그리고 마지막으로 전략 선택의 몇 가지 원칙을 제시하겠다.

쇠퇴 단계에서의 경쟁의 구조적 결정 요인

1장에서 제시한 분석의 맥락에서 보면, 쇠퇴 단계에서 경쟁의 성격을 결정하는 데 중요한 역할을 하는 다수의 구조적 요인들이 있음을 알 수 있다. 매출액의 감소로 인해 쇠퇴 단계는 잠재적으로 불안정할 수밖에 없다. 그러나 막 시작된 경쟁 압력이 수익성을 잠식하는 정도는 그 산업으로부터 얼마나 쉽게 생산 역량을 빼낼 수 있는지, 남은 기업들이 매출액 감소의 추세를 막기 위해 얼마나 치열한 노력을 할 것인지에 영향을 미치는 몇 가지 중요한 조건에 의해 결정된다.

■ 수요의 조건

수요가 감소하는 과정과 세분화된 시장의 특성은 쇠퇴 단계에서의 경쟁에 큰 영향을 미친다.

- 불확실성

경쟁사들이 수요가 계속하여 하락할 것인지에 대해 느끼는 불확실성의 정도는, 그것이 합리적이건 비합리적이건 경쟁에 가장 강력한 영향을 미치는 요인의 하나다. 수요가 다시 급증하거나 안정된다고 판단될 경우에는, 기업들이 자사의 입지를 고수하면서 그 산업에 남아 있으려고 노력할 가능성이 커진다. 매출액 감소에도 불구하고 현재의 입지를 고수하려는 기업들의 노력으로 인해 격렬한 각축전이 벌어질 가능성이 크다. 이러한 상황은 레이온(rayon) 산업에서 벌어진 적이 있다. 이 산업에서 기업들은 타이어 코드 시장에서 나일론과 강철에 입은 손실과 직물 시장에서 섬유로 인해 입은 손실을 보상받을 수 있을 것이라는 (아마도 타당한) 희망을 가지고 있었다. 반면에 모든 기업들이 산업 수요가 계속적으로 하락할 것이라는 확신을 가지고 있을 경우에는 시장으로부터 질서 정연하게 설비를 철수하는 과정이 시작될 것이다. 예를 들어 아세틸렌 산업의 경우에는 급등하는 천연가스의 가격으로 인해 아세틸렌을 사용하고 있는 화학공정 대부분에서 상대적으로 값싼 에틸렌이 대체물로서 사용될 것이라는 사실이 날로 뚜렷해졌다. 따라서 가장 비능률적인 기업들부터 철수 전략을 수립하기 시작했다.

    미래의 수요에 대해 인지하는 정도가 기업들마다 다른 것은 당연하다. 어떤 기업은 산업의 재활성화 가능성을 예상할 수 있으며 이런 기업일수록 그 산업에 남아 있으려는 경향이 강하다. 그 밖에도 산업 내에서 기업이 차지하고 있는 입지와 그 산업의 철수 장벽이 그 기업이 쇠퇴를 예상하는 데 영향을 미친다는 사실이 사양 산업의 개별적인 사례를 보면 어느 정도 뚜렷해진다. 기업의 위치가 확고하면 확고할수록, 철수 장벽이 높으면 높을수록 낙관적으로 미래를 보는 시각이 더욱 강하다.

- 쇠퇴의 속도와 형태

쇠퇴의 진행 속도가 느리면 느릴수록 단기적 요인에 의해 기업이 자사의 입지를 분석하는 시각이 더욱 흐려지기 때문에, 쇠퇴 단계의 도래에 대한 불확실성은 그만큼 더 커진다. 불확실성은 이 단계의 변동성을 더욱 급증시킨다. 반면에 수요가 급격하게 하락하고 있으면, 기업의 미래에 대한 낙관론은 정당화되기 어렵다. 그 밖에도 매출액의 감소폭이 클 경우에는 공장 전체를 포기하거나 생산 라인 일부를 해체함으로써 생산 능력을 하향 조정할 가능성이 커진다. 완만한 쇠퇴 속도 역시 불확실성에 영향을 미치는 한 부분이다. 레이온과 아세테이트 산업에서처럼 산업의 매출액이 원래 불규칙한 경우에는, 매출액의 하향 추세와 계절적인 변동에 의해 발생하는 혼란을 구별하기가 어려워질 수도 있다.

수요 감소의 속도는 부분적으로 기업이 소속 산업에서 생산력을 철수하기로 결정하는 데 영향을 미치는 함수 중 하나이다. 어떤 공업 생산품이 고객사의 중요한 투입 자원인 경우에는 한두 개의 중요한 생산 업체가 철수하기로 결정한다면 수요가 급격하게 하락할 수 있다. 고객들은 중요한 투입 자원의 지속적인 취득 가능성에 대한 우려로 다른 때보다 더 쉽게 대체재로 옮겨가기 쉽다. 따라서 일찍 철수를 선언하는 기업들이 수요 감소의 속도에 심각한 영향을 미치게 된다. 그 속도는 또한 수요 감소가 진행됨에 따라 가속화되는 경향이 있는데, 이는 생산량의 축소가 원가와 가격을 상승시키기 때문이다.

- 잔여 수요 포켓의 구조

수요가 감소됨에 따라 잔여 수요 포켓(remaining demand pockets)의 특징이 잔류 기업의 수익성을 결정하는 데 중대한 역할을 한다. 1장에서 그 윤곽을 제시한 완전한 산업 구조 분석을 바탕으로 이것이 어느 정도 유리한 수익의 전망을 제공해줄 수도 있다. 예를 들면, 시가(cigar) 산업에서 중요한 잔여 수요 포켓 중 하나가 고급 시장이다. 고급 시장은 대체재의 침투를 걱정할 필요가 전혀 없으며, 가격에 민감하지 않는 소비자군이 있고, 높은 수준의 제품 차별화를 창출하는 데 유리하다. 이 시장에서 유력한 위치를 지킬 수 있는 기업이라면 시가 산업이 사양길에 접어든다 해도 평균 이상의 수익을 올릴 수 있는데, 이는 그 기업이 경쟁 세력들로부터 자사의 입지를 방어할 수 있기 때문이다.

피혁 산업에서는 실내 장식용 피혁이 생존을 보장해주는 포켓의 역할을 해왔다. 이 부문에서는 기술과 차별화가 고급 시가의 경우와 동일한 효과를 발휘했다. 반면에 아세틸렌의 경우를 보면, 에틸렌에 의한 아세틸렌의 대체가 이루어지지 않은 시장이 있었지만 이 부문 역시 다른 대체재의 위협에 처했다. 이 부문에서는 아세틸렌의 높은 고정비 때문에 가격 전쟁에서 궁지에 몰렸으며, 그 결과 잔여 수요 포켓에서 기대할 수 있는 잠재 수익성은 보잘 것 없었다.

전반적으로 잔여 수요 포켓이 가격에 무감각한 구매자나 6장에서 논의한 높은 전환 비용 등의 특징에 의해 교섭력이 약한 구매자를 가지고 있는 경우에는 최종 전략이 잔류 기업들에 유리할 수 있다. 일반적으로 잔여 수요는 그것이 교체 수요이고 원래 설비의 제조업체에 대한 수요가 사라졌을 때 가격에 민감하지 않다.

또한 최종 전략의 수익성은 대체재와 강력한 공급업체에 대한 잔여 수요 포켓의 취약성 그리고 사라진 세부 시장으로 인한 매출액 감소를 만회하려는 기업들의 공격으로부터 회사를 보호하는 이동 장벽의 존재 여부에 달려있다.

- 산업 쇠퇴의 원인

산업 수요는 여러 가지 다른 이유로 감소하며, 이것은 쇠퇴 단계에서의 경쟁과 관계가 있다.

• **기술적 대체** | 산업 쇠퇴의 원인 중 하나는 기술 혁신을 통해 창조되었거나(계산자에서 휴대용 전자계산기로 대체) 상대적인 생산 원가와 품질에 있어서의 변화로 우월해진 대체재(가죽에서 인조 가죽으로 대체)다. 대체재 사용의 확대는 일반적으로 판매량을 감소시키고 이윤율을 저하시키기 때문에 산업의 수익성에 위협적일 수 있다.

이러한 원인의 수익성에 대한 부정적 효과는 대체재의 위협을 받지 않거나, 그것에 대한 저항이 강하거나, 또는 앞서 말한 것처럼 호의적인 특징을 가지는 잔여 수요 포켓이 해당 산업에 존재한다면 완화될 수 있다. 하지만 산업에 따라서는 대체 현상이 장래 수요에 대한 불확실성을 동반하지 않을 수도 있다.

- **인구 변동** | 수요가 감소하는 다른 원인으로 그 제품을 구입하는 고객 집단의 규모가 축소하는 것을 들 수 있다. 인구가 감소하면서 일회용품의 수요도 감소할 수 있다. 인구 변동은 수요 감소의 원인이기는 하지만 대체재의 경쟁적 압력은 동반하지 않는다.

따라서 인구 변동에 의해 영향 받는 산업에서는 생산력의 감축이 질서있게 이루어짐으로써 살아남은 기업들은 쇠퇴 단계 이전과 비슷한 수준의 수익성을 누릴 수도 있다. 그러나 인구 변동은 대부분의 경우 큰 불확실성을 가져오고, 이 불확실성은 쇠퇴 단계의 경쟁에서 불안정 요인으로 작용한다.

- **요구의 변화** | 구매자의 요구나 취미를 변화시키는 사회적 또는 다른 어떤 요인으로 인해 수요가 하락할 수 있다. 예를 들어 담배가 점차 사회적으로 수용되지 못하자 담배 소비량이 줄어든 것이 그런 현상이다. 인구 변동의 경우와 마찬가지로, 요구의 변화가 반드시 나머지 시장에 대한 대체재의 압박을 가중시키는 것은 아니다. 그러나 요구 변동 또한 시가 산업의 경우와 마찬가지로 불확실성이 크기 때문에, 적지 않은 기업들이 계속해서 수요 회복을 기대하게 된다. 이런 상황은 쇠퇴 단계의 수익성을 크게 위협한다.

이러한 수요 감소의 원인들은 미래 수요에 대한 기업의 불확실성 정도를 추측해보는 단서를 제공하며, 나아가 나머지 세분화된 시장의 수익성을 예측하는 데도 도움을 준다.

■ 철수 장벽

사양 산업에서 경쟁에 가장 중요한 것은 시장으로부터 생산력을 철수하는 방법이다. 그러나 진입장벽이 있듯이 철수 장벽 또한 있기 때문에 기업들은 비정상적일 만큼 낮은 투자 수익률에도 불구하고 사양 산업에 남아 경쟁을 계속할 수밖에 없다. 따라서 철수 장벽이 높으면 높을수록 쇠퇴 단계가 찾아왔음에도 불구하고 여전히 남아 있는 기업들은 그 만큼 더 불리하다.

철수 장벽은 다음과 같은 여러 가지 근본적인 원인이 있다.

- 전문화된 내구성 자본

고정 자본이건 운전자본(working capital)이건 간에 한 기업의 자산이 특정 산업이나 사업, 회사 등 그것의 현재 입지에 국한되어 있을 경우에는 자산이 기업의 유동성을 감소시키면서 철수 장벽이 되어버린다. 전문화된 자산은 동일 산업에서 그것을 사용하고자 하는 사람에게 만 매각될 수 있다. 그렇지 않을 경우에는 가치가 형편없이 하락하기 때문에 결국 폐기 처분하는 방법밖에 남지 않는다.

동일 산업에서 그 자산을 구입하고 싶어 하는 구매자가 대개 극소수일 수밖에 없는 것은, 기업이 자산을 매각할 수밖에 없었던 이유가 그 자산에 대한 잠재적 수요를 위축시키기 때문이다. 예를 들어 아세틸렌 제조 공장이나 레이온 공장은 완전히 전문화된 시설이기 때문에 동일한 용도로 사용하고자 하는 다른 업체에 판매하거나 폐기 처분할 수밖에 없다. 더욱이 아세틸렌 공장은 해체·이동시키기가 매우 어려워서 그 비용이 잔존 가치와 동일하거나 그 이상일 수도 있다. 아세틸렌 산업과 레이온 산업이 사양길로 접어들자, 공장을 계속 가동할 의사가 있는 구매자들은 거의 찾아볼 수 없었다.

따라서 대부분의 공장들은 장부 가격에 비해 엄청나게 싼 가격으로 투기업자나 절박한 피고용자 집단에 매각되었다. 쇠퇴하는 산업에서는 재고 역시 거의 가치가 없으며, 회전 속도가 느린 경우라면 더욱 그렇다.

한 기업의 자산 처분 가치가 낮은 경우에는 앞으로 예상되는 현금 유입의 가치가 낮다 하더라도 사업을 계속하는 것이 경제적으로는 최적의 방법이다. 내구성이 있는 자산의 경우에는 장부 가치가 처분 가치를 크게 초과할 수도 있다. 따라서 기업이 장부상의 손실을 입게 될 수 있으므로 그 산업에 남아 있는 것이 경제적으로 더 이득이라고 할 수 있다. 그 이유는 예상되는 미래의 현금 유입 가치가 사업을 포기할 경우 얻게 되는 투자에 대한 자본의 기회비용을 초과할 것이기 때문이다. 그 밖에도 장부 가치가 처분 가치를 초과하는 상황에서 사업을 중단한다면 이로 인해 손실이 초래될 것이며, 후에 논의하겠지만 이러한 손실은 철수에 대한 견제 효과가 있다.

특정 사업에서 자산의 전문화로 인해 생기는 철수 장벽을 평가하는 데 있어 중요한 문제는 그 자산을 이용할 수 있는 시장이 존재하는지의 여부이다. 때로 어떤 자산은 국내에서는 거의 가치가 없지만, 국내와는 다른 경제 발전 단계에 있는 해외 시장에서는 팔릴 수 있는 경우가 있다. 이러한 자산의 움직임은 처분 가치를 높이고 철수 장벽을 낮춘다. 그러나 해외 시장의 존재 여부와 관계없이 전문화된 자산의 가치는 산업이 쇠퇴 단계에 접어듦에 따라 점차 하락하는 것이 일반적이다. 예를 들어, 컬러 TV로 인해 진공관의 수요가 강세였던 1960년대 초에 진공관 생산시설을 매각했던 레이시온(Raytheon)은 진공관 산업이 쇠퇴기에 도달했음이 분명한 1970년대 초에 진공관 생산시설을 매각하려고 했던 기업들에 비해 훨씬 높은 처분 가치를 회수할 수 있었다. 1970년대 초 미국에서는 진공관 제조 시설의 구입에 뒤늦게 관심을 가진 생산업자들은 거의 보이지 않았다. 그리고 개발도상국에 진공관을 공급하는 외국 기업들 또한 1970년대 초에 이미 진공관 제조 시설을 완비했거나, 아니면 미국에서 하락세가 뚜렷해지자 훨씬 강력한 교섭력을 가지게 되었다.

- 철수 고정비

과중한 철수 고정비(fixed costs of exit)가 기업의 처분 가치를 하락시킴으로써 철수 장벽을 높이는 경우가 있다. 기업이 직원들에게 막대한 퇴직금을 부담해야 하는 사례도 얼마든지 있다. 실제로 이탈리아와 같은 일부 국가에서는 정부가 실업의 발생을 인정하지 않기 때문에 철수 고정비가 엄청나다.

　기업이 투자금을 회수하기 위해서는 다수의 전문 경영인, 변호사, 회계사들이 전담해서 상당히 오랜 기간 동안 공을 들여야 하며, 이는 많은 비용이 필요하다. 철수 후에 과거의 고객들이 교체 부품을 이용할 수 있도록 대책을 세워야 하는 경우도 없지 않다. 이러한 요구를 충족시키다 보면 상당한 손실이 발생하며, 이것 또한 철수 고정비에 포함된다. 경영자나 직원들이 재정착 혹은 재교육을 필요로 할 수도 있다. 또한 장기 구매 계약이나 장기 판매 계약은 파기가 가능하다 하더라도 막중한 취소 페널티를 부담해야 한다. 대부분의 경우 기업은 다른 기업으로 하여금 대신 계약을 수행하도록 하고 그 대가를 지불한다.

　철수 비용이 겉으로 잘 드러나지 않는 경우도 흔히 있다. 자본 회수에 대한 결정이 알려지게 되면 직원들의 생산성이 떨어지고, 재정 사정은 악화된다. 또한 고객들과의 거래가 거의 일시에 끊기고, 공급자들은 계약 이행에 불성실한 태도를 보인다. 이런 문제점은 추후 논의하게 될 수확 전략(harvest strategy)의 실행에서 발생하는 문제들과 함께, 소유권이 약화되는 몇 달 동안 손실을 가속화함으로써 철수 비용을 가중하는 요인으로 작용할 수 있다.

　반면에 철수의 결정이 내려졌기 때문에 (기업이 철수를 결정하지 않았더라면 할 수밖에 없었을) 고정 투자를 피하게 되는 경우도 있다. 예를 들면 환경오염 방지법을 준수하기 위한 투자를 피할 수 있으며, 그 밖에 산업에 남아 있기 위해 해야 하는 재자본 투자를 피할 수도 있다. 그러한 투자를 위한 요건들은 그것이 기업의 처분 가치에 상당하거나 또는 더 큰 가치의 증가를 가져오지 않는 한 철수를 촉진한다. 왜냐하면 그렇게 할 경우 이익 증가는 없이 투자만 하게 되기 때문이다.

- 전략적 철수 장벽

특정 사업에서 철수 장벽이 없음에도 불구하고, 다각화된 기업의 경우 전체적인 전략의 관점에서 보면 기업에서 그 사업이 중요한 위치를 차지하고 있기 때문에 철수 장벽에 부딪히게 될 수도 있다.

• **상호 관계성** | 그 사업이 어떤 사업 집단 중의 하나이자 전체 전략의 일부분인 경우에는, 그 사업을 포기하면 전체 전략이 약화될 수도 있다. 어떤 사업 부문이 기업 전체의 정체성과 이미지에 있어 중추적인 역할을 하는 경우도 있다. 그 사업의 철수로 인해 중추적인 유통 경로에서 기업 전체의 관계에 손상을 입거나, 구매에서의 교섭력이 전반적으로 약해질 수도 있다. 그리고 공유하던 시설 등의 자산을 다른 목적으로 사용하거나 공개된 시장에서 거래하지 못하는 경우에는, 철수로 인해 그 자산을 더 이상 사용하지 못하게 될 수도 있다. 그 밖에도 고객과의 유일한 공급 관계가 끝나게 되면서 고객에게 다른 제품을 판매할 수 있는 가능성이 사라질 뿐만 아니라, 그 사업 부문으로부터 중요한 원료나 부품을 전적으로 공급받던 다른 사업들이 성공할 수 있는 기회 또한 사라지게 될 수 있다. 상호 관련성에서 기인하는 철수 장벽의 높이를 결정하는 데 중요한 역할

을 하는 요인의 하나로, 원래 가지고 있던 자원을 사양 산업에서 새로운 시장으로 이전시킬 수 있는 능력을 꼽을 수 있다.

• **금융 시장에 대한 접근성** | 기업이 철수함으로써 자본 시장에서 신뢰가 떨어지거나, 매수 지원자(또는 구매자)를 유인하는 능력이 약화될 수도 있다. 처분되는 사업이 기업 전체에서 차지하는 비중이 크면 금융 시장에서 기업 전체의 신용도를 심하게 떨어뜨릴 수도 있다. 그 사업만을 놓고 볼 때는 사업을 처분하는 것이 경제적으로 타당한 조치일지 몰라도, 수익의 성장에 부정적인 영향을 미치거나 자본 비용을 늘어나게 하는 역효과가 나타날 수도 있다. 이런 관점에서 보면 사업을 계속 운영함으로써 몇 년간에 걸쳐 적은 손실을 보는 것이 단 한 번에 막대한 손실을 보는 것보다 더 나을 수도 있다. 손실의 규모는 그 사업의 자산이 그것의 처분 가치와 비교해 어떤 방법으로 감가 상각되는지 그리고 단 한 번의 결정을 내릴 수밖에 없는 상황을 피해가면서 점차적으로 그 사업을 처분할 수 있는 기업의 능력에 따라 결정된다.

• **수직 통합** | 그 사업이 기업 내의 다른 사업과 수직적으로 관련되어 있을 경우에, 쇠퇴의 원인이 계열사 전체에 영향을 미치는지, 아니면 한 부문에만 영향을 미치는지에 의해 철수 장벽의 높이가 결정된다. 아세틸렌 사업의 경우를 예로 들어보면, 그 사업이 점점 진부해지자 이와 함께 아세틸렌을 원료로 사용하는 후방의 화학 합성 사업들도 위축되기 시

작했다. 아세틸렌 생산 공정을 포함하고 있던 사업들은 아세틸렌을 생산하던 공장을 닫으면서 후방 시설을 폐쇄하거나 외부에서 공급처를 찾아야 했다. 아세틸렌의 수요가 떨어지고 있기 때문에 외부 공급자와의 협상을 통해 낮은 가격으로 아세틸렌을 구입할 수는 있었지만, 그 기업은 결국 후방 사업의 운영까지 포기해야만 했다. 이는 철수 결정이 계열사 전체에 영향을 미치는 경우의 예다.

이와 대조적으로 후방 사업 부문이 전방 사업 부문에 대체재 때문에 쓸모없는 투입 자원을 판매하는 경우라면, 전방 사업 부문은 대체재를 판매할 외부 공급자를 찾아내 경쟁적 위치의 약화를 막으려고 노력할 것이다. 따라서 기업이 전방으로 통합되어 있다는 사실은 철수의 결정을 재촉할 수도 있는데, 그것은 전방 통합으로 인해 그 사업 부문의 전략적 가치가 없어지고 오히려 기업 전체에 전략적 부담을 안기기 때문이다.

- 정보 장벽

한 사업이 기업 내의 사업들과 긴밀한 관계를 맺고 있다면, 특히 그 관계가 자산 공유나 구매자-판매자 형태를 띠고 있을 때는, 그 사업의 실질적인 성과에 대한 분명한 정보를 얻기가 그만큼 더 어려워질 수 있다. 성과가 저조한 사업도 관련 사업들의 성공에 의해 가려질 수 있으며, 그 결과 사업을 철수하는 것이 경제적으로 타당함에도 불구하고 이를 고려조차 해보지 않을 수 있다.

- 관리 또는 감정상의 철수 장벽

앞서 말한 철수 장벽은 합리적이고 경제적인 계산에 근거하고 있지만(혹은 정보의 부족으로 계산을 해볼 수 없거나), 실제로 기업을 철수하기 어렵게 만드는 요인은 이러한 경제적 문제 말고도 여러 가지가 더 있다. 개별적인 사례 연구에서 눈에 띄는 중요한 이유들로는 경영자의 사업에 대한 감정적 애착, 자신의 능력과 업적에 대한 자부심 그리고 장래에 대한 두려움 등을 들 수 있다.

단일 사업을 운영하는 기업의 경우, 사업의 철수는 곧 경영자의 실직을 의미하기 때문에 경영자 개인의 관점에서 보면 다음과 같은 지극히 불쾌한 결과를 초래하는 것으로 인식될 수도 있다.

- 자존심의 훼손과 '포기'한 것에 대한 수치심
- 오랫동안 경영해온 사업과의 일체감 단절
- 실패가 외부로 알려짐으로써 직장 이동의 기회 감소

오랜 역사와 전통을 가진 기업일수록 그리고 CEO가 다른 기업과 직장으로 이동할 가능성이 낮으면 낮을수록 이러한 요인들은 그만큼 더욱 강력하게 철수에 제동을 걸 것이다.

개인적이고 감정적인 철수 장벽이 다각화된 기업의 CEO에게까지도 충분히 영향을 미칠 수 있다. 경영 상태가 악화된 사업 부문의 경영자는 단일 업종 기업의 경영자들과 아주 유사한 입장에 놓이게 된다. 그들로서는 철수를 제안하기가 쉽지 않기 때문에 철수 시기의 결정하는 부담은 대개 CEO에게 전가된다. 하지만 특히 사업 부문이 기업의 창립기에 설립된 오랜 사업이거나, 과거에 기업의 중추적인 역할을 했거나, CEO가 창립 또는 매입에 직접 참여했다면, 그 사업 부문에 대해 CEO가 느끼는 일체감은 대단히 강할 수 있다. 예를 들어 제너럴 밀스(General Mills)는 최초의 사업인 제분업의 처분을 결정하는 일이 쉽지 않았고, 따라서 그 결정을 내리기까지 실제로 몇 년이 걸렸다.

일체감이 다각화된 기업의 CEO에게 미치는 영향과 마찬가지로 외부 이미지에 대한 관심과 자존심도 영향을 미칠 수 있다. 다각화된 기업의 CEO가 처분 대상이 된 사업 부문에서 상당한 역할을 해왔다면 그런 현상은 더욱 두드러진다. 더군다나 단일 사업 경영 기업과 비교해볼 때 다각화된 기업은 실적이 좋은 사업 부문의 수익을 실적이 나쁜 사업 부문의 자금으로 지원하는 여유를 가지며, 때로는 취약한 사업 부문에서 발생한 손실의 공개를 회피할 수도 있다. 이런 능력이 있기 때문에 다각화된 기업이 처분에 대한 결정을 내리는 데에는 알게 모르게 감정적 요인들이 영향을 미치게 된다. 하지만 다각화의 장점 중 하나가 감정에 흔들리지 않고 냉정하게 투자를 재고할 수 있는 부분임을 생각 할 때 이는 역설이 아닐 수 없다.

경영상의 철수 장벽이 강력하게 작용할 수 있기 때문에(앞에서 다룬 많은 투자 회수의 사례와 같이), 장기간에 걸친 실적 부진에도 불구하고 최고 경영진에서 변화가 있기까지는 투자 회수가 발생하지 않는 경우가 많다. 극단적인 가정일 수도 있겠지만, 경영자가 해야 하는 결정 중에서 투자 회수가 가장 힘든 것이라는 데에는 모두 동의할 것이다.

과거에 철수를 경험한 적이 있는 경우에는 경영상의 장벽이 약화될 수 있다. 예를 들어 기술 실패와 제품의 대체가 일상화된 화학 산업이나 제품 수명이 과거부터 짧은 기업들의 경우, 또는 새로운 기업들이 쇠퇴 단계의 기업들을 대체할 수 있는 가능성이 큰 첨단 기술 산업의 경우에는 경영 장벽이 그리 높지 않다.

- 정부·사회적 장벽

외국에서는 실업 문제와 지역 사회에 가해질 충격에 대한 정부의 관심 때문에 사업 철수가 거의 불가능하다. 또는 사업 철수의 대가로 기업 내 다른 사업 부문을 양보하거나, 그 밖에 엄청나게 큰 희생을 요구할 수도 있다. 정부가 공식적으로 개입하지 않는 나라에서도 기업이 처한 상황에 따라 철수를 막는 사회 공동체의 압력과 비공식적인 정치적 압력이 아주 강할 수 있다.

많은 경영자들이 종업원들과 지역 사회에 대해 느끼는 사회적인 관심은 금전으로 환산할 수는 없지만 분명히 실제로 존재한다. 사업 철수는 흔히 실업 사태를 유발하고, 한 지역 경제를 무력화할 수 있다. 그러한 것들이 일반적으로 감정적 철수 장벽과 상호작용하게 된다. 퀘벡의 경우를 예로 들어보면, 캐나다의 펄프 용해 산업이 사양기에 접어들자 그 지역의 펄프 공장들이 조업을 중단하려 했다. 이때는 한 기업이 한 마을의 경제를 책임지고 있는 경우가 대부분이었다. 경영자들은 지역 사회에 미칠 악영향 때문에 고심했으며 공식적·비공식적인 정부 측의 압력도 감수해야 했다.

이상에서 언급한 철수 장벽들 전부나 일부로 인해, 기업은 산업의 수익이 평균보다 낮은 수준임에도 불구하고 그 산업에서 계속 경쟁한다. 생산 능력을 축소하기는 하지만 완전하게 처분할 수는 없는 상황에서 기업들은 살아남기 위해 치열한 각축전을 벌인다. 철수 장벽이 높은 사양 산업에서는 기반이 가장 강한 기업도 수요 감소의 과정에서는 어쩔 수 없이 타격을 입게 된다.

- 자산 처분의 메커니즘

기업이 자산을 처분하는 방식에 따라 사양 산업의 잠재적 수익성에도 큰 변화가 따른다. 캐나다의 펄프 용해 산업을 예로 들어보면, 대규모 생산시설이 폐기 처분되지 않고 장부 가치에 비해 크게 할인된 가격으로 다른 기업들에게 매각되었다. 신설 기업의 경영진은 투자금을 줄일 수 있었기 때문에 가격 등의 여러 측면에서 자신들에게는 합리적이지만 남아 있는 다른 기업들에는 치명적인 타격이 될 수 있는 전략을 구상할 수 있었다. 직원들에게 할인 가격으로 자산을 매각하는 행위도 동일한 결과를 불러올 수 있다. 따라서 사양 산업의 자산이 폐기되지 않고 그 산업 내에서 매각되는 경우에는 자산의 원래 소유주가 사업을 계속하는 경우보다 경쟁이 더욱 치열해진다.

정부의 보조금 덕분에 부실기업들이 사양 산업에서 생존을 계속하는 상황도 마찬가지로 좋지 않다. 생산시설이 시장에 남겨질 뿐만 아니라 정부 보조를 받는 기업은 일반 기업과는 다른 경제 원칙에 따라 결정을 내리기 때문에 잠재적 수익성이 더욱 위축될 수 있다.

■ 경쟁의 정도

산업의 쇠퇴 단계에서는 매출액 감소로 인해 경쟁사들 사이의 가격경쟁이 특히 격렬해지기 쉽다. 따라서 1장에서 소개한 경쟁의 변동성을 가열시키는 조건들은 산업 이윤이 하락하는 데 특히 긴박하게 영향을 미친다. 남아 있는 기업들 사이의 경쟁은 다음과 같은 상황이 일어나는 쇠퇴 단계에서 가장 치열하다.

- 제품이 단순 일용품으로 인식된다.
- 고정비가 크다.
- 철수 장벽으로 인해 다수의 기업이 그 산업에서 철수하지 못하고 있다.
- 다수의 기업이 그 산업에서 우위를 유지하는 것이 전략적으로 중요하다고 생각한다.
- 남은 기업들의 상대적 세력이 어느 정도 균형을 유지하고 있기 때문에, 하나 또는 몇 개의 기업이 경쟁에서 승리하는 것이 어렵다.
- 경쟁사들의 상대적인 경쟁력에 대해 정확하게 알지 못하기 때문에

많은 기업들이 실패할 수밖에 없는 입지의 변화를 시도한다.

쇠퇴 단계에서는 공급자와 유통망에 의해 경쟁의 변동성이 더욱 심화될 수 있다. 어떤 산업은 쇠퇴기로 접어들면서 공급자에게 덜 중요한 고객이 되며, 이로 인해 가격 및 서비스에 변화가 생길 수 있다. 마찬가지로 유통망이 다수의 기업을 상대로 하는 것이거나, 진열의 면적 및 위치를 통제하거나, 또는 구매자의 의사 결정에 영향을 미치는 경우에는 산업이 사양되어감에 따라 유통망의 영향력이 더욱 커진다. 시가의 경우를 예로 들어보면 시가는 충동 구매품에 속하기 때문에 진열 위치가 판매에 결정적인 영향을 미친다. 시가 산업이 쇠퇴하는 동안 유통망의 영향력이 현저하게 커졌으며, 판매자의 이윤은 크게 떨어졌다.

경쟁의 관점에서 볼 때 최악인 상황은 한두 기업이 전략적 위치가 상대적으로 약함에도 불구하고 그들이 가지고 있는 모든 자원을 동원해서 그 산업에 남아 있겠다는 강한 의지를 보일 때다. 이 기업들은 약한 입지를 개선하려고 가격 인하 등의 방법을 동원한 필사적인 노력을 한다. 이러한 노력이 산업 전체에는 위협이 되어 다른 기업들로 하여금 대응하지 않을 수 없게 만든다.

쇠퇴 단계에서의 전략적 대안

　쇠퇴 단계에서의 전략은 일반적으로 투자 회수나 수확을 중심으로 논의되지만, 그 밖에도 몇 가지 전략적 대안이 더 있다. 하지만 이 전략들 모두가 어떤 특정 상황에 항상 적용할 수 있는 것은 아니다. 이러한 전략은 쇠퇴 단계에서 경쟁에 임하는 4가지 기본적인 접근 방법(〈표 12-1〉)을 통해 나타날 수 있으며, 기업은 이 접근 방법을 각각 선택할 수 있고, 어떤 경우에는 연속해서 실행할 수도 있다. 실제로는 이 전략들 사이의 구별이 뚜렷하지 않은 경우가 많지만, 그 목표와 시사점에 대해 따로 논의하려 하는 것은 몇 가지 점에서 유익하기 때문이다. 이 전략들은 달성하고자 하는 목표뿐만 아니라 투자에 대한 의미에 있어서도 다른 점이 많다. 수확 및 처분 전략에 있어서는 기업이 쇠퇴 단계 전략의 기본 목표인 투자 회수를 하려고 노력한다. 그러나 선도 전략이나 틈새시장(niche) 전략에서는 기업이 사양 산업에서의 위치를 강화할 목적으로 투자를 할 수도 있다.

　특정한 전략을 특정한 산업과 특정한 기업에 부합시키는 방법에 대한 논의는 뒤로 미루어두고, 여기에서는 각각의 전략적 대안을 선택하게 하는 동기와 나아가 이를 실행하는 데 있어서의 전술적 단계에 대해 알아보겠다.

선도 전략	틈새시장 전략	수확 전략	신속한 처분 전략
시장 점유에서 선도의 위치를 추구함	특정 부문에서 우위를 확보 또는 방어함	자사의 강점을 이용하여 투자 회수를 관리함	쇠퇴 단계에서 되도록 일찍 투자를 회수함

〈표 12-1〉 대안 전략

선도 전략

선도전략(leadership)이란 사양 산업이 남아 있는 기업들로 하여금 평균 이상의 수익을 거둘 수 있고, 경쟁사들과의 관계에서 주도권 장악이 가능한 구조일 때, 이러한 이점을 이용하는 전략을 말한다. 이 때 기업의 목표는 그 산업에 남아 있는 유일하거나 몇 안 되는 기업이 되는 것이다. 일단 이러한 입지를 확보하고 난 후에, 기업은 이어지는 판매 패턴을 보고 그 입지를 고수하는 전략을 택하거나 통제된 수확 전략으로 전환한다. 이러한 전략의 기본이 되는 전제는, 기업이 선도의 위치를 확보함으로써 그렇게 하지 않았을 경우보다(필요한 투자를 감안하더라도) 더 유리한 입장에 설 수 있다는 것이다. 선도 전략을 수행하는 데 기여할 수 있는 전술 단계로는 다음과 같은 것들이 있다.

- 점유 시장을 확대하고 다른 기업들이 그 산업으로부터 철수하는 속도를 가속화하기 위해, 가격이나 마케팅 같은 분야에서 공격적인 경쟁의 태도로 투자한다.
- 경쟁사나 경쟁사의 생산 라인을 다른 곳에 매각했을 때 받을 수 있는 가격보다 높은 가격으로 구입함으로써 시장점유율을 높인다. 이러한 조치는 경쟁사의 철수 장벽을 낮추는 효과가 있다.
- 경쟁사의 생산 설비를 구입하여 폐기하는 조치 또한 경쟁사의 철수 장벽을 낮추는 동시에, 그 기업의 생산력이 동일 산업 내에서

매각될 수 없음을 확인시키는 효과가 있다. 기계 탐지기(mechanical sensor) 산업에서 선도 기업이 여러 차례 걸쳐 가장 약한 경쟁사의 자산을 구입하겠다고 제안하는 것도 같은 이유에서다.

- 경쟁사가 생산 작업을 중단할 수 있도록 제품의 예비 부속품을 대신 생산하거나, 장기 계약을 양도받거나, 대신해서 자체 브랜드 개발 상품을 생산하거나 하는 등의 방법으로 경쟁사의 철수 장벽을 낮춘다.
- 공개적인 발언이나 행동을 통해 그 산업에 남아 있겠다는 강력한 의사를 표시한다.
- 경쟁적인 움직임을 통해 기업의 우수한 역량을 분명하게 보여줌으로써, 경쟁사가 끝까지 대결하겠다는 생각을 단념하게 한다.
- 쇠퇴 단계의 도래에 대한 확실성을 높여주는 믿을 만한 정보를 찾아내 공개함으로써, 경쟁사가 산업의 전망을 실제 이상으로 과대평가하여 그 산업에 남아 있으려 할 가능성을 낮춘다.
- 신제품 투자나 프로세스 개선에 대한 필요성을 강조함으로써 다른 경쟁사가 산업에 남아 있으려 할 때의 부담을 높인다.

■ 틈새시장 전략

틈새시장(niche) 전략의 목표는 안정된 수요를 유지하거나 완만한 속도로 쇠퇴하는 것뿐만 아니라, 높은 수익성을 보장해주는 구조적 특성을 가지는 세부 시장(혹은 수요 포켓)을 찾아내는 것이다. 그러한 세부 시장을 찾아내면 기업은 이 분야에서 입지를 다지기 위한 투자를 시행한다. 기업은 경쟁사들의 철수 장벽을 낮추거나 이 시장에 대한 불확실성을 줄일 목적으로 선도 전략의 몇 가지 행동을 취하는 것이 바람직하다는 것을 알게 된다. 그러나 궁극적으로는 수확 전략이나 신속한 처분 전략으로 전환해야 할 것이다.

■ 수확 전략

수확 전략을 취함에 있어 기업은 사업 활동으로부터 현금 유입을 극대화하려 한다. 기업은 신규 투자를 중단하거나 크게 감축하고, 시설 유지비, 광고, 연구 개발비를 줄이는 동시에, 가격을 인상하거나 지금까지 쌓은 신용으로 판매를 지속하면서 기업의 강점을 최대한 활용하여 현금 유입을 극대화한다. 그 밖의 일반적인 수확 전략의 전술로는 다음과 같은 것들이 있다.

- 모델의 수를 줄인다.
- 이용하는 유통 경로의 수를 줄인다.
- 소액 거래를 중단한다.
- (재고의) 운송 시간, 수선 속도, 판매 보조 등의 서비스 시간을 점차 줄인다.

결국에는 그 사업이 팔리거나 처분될 것이다.

어떤 사업에서나 쉽게 수확 전략을 펼 수 있는 것은 아니다. 수확 전략을 채택하기 위해서는 기업이 살아남을 수 있는 진정한 의미의 강점이 있어야 하며, 산업이 쇠퇴 단계에 접어들어도 치열한 경쟁이 일어나지 않는 환경이 조성되어야 한다. 그러한 강점이 없으면 심각하게 줄어든 매출액에 맞추기 위해 가격은 올라가고, 품질은 떨어지며, 광고를 중단하는 등의 전술이 실행될 것이다. 산업 구조가 쇠퇴 단계에서 엄청나게 치열한 경쟁을 불러오는 경우에는, 경쟁사들이 그 기업의 투자 결핍을 이용하여 점유 시장을 빼앗거나 가격을 인하하려 할 것이며, 그 결과 수확 전략을 통해 얻은 경비 절감의 이익이 사라져버리게 될 것이다. 그리고 일부 기업들의 경우에는 추가로 경비를 더욱 절감할 수 있는 선택의 여지가 거의 없기 때문에 수확 전략을 실행하기 어려운 경우도 있다. 공장이 꾸준히 보수되지 않아서 갑자기 가동이 멈추어버리게 되는 등의 극단적인 상황이 일어날 수도 있다.

수확 전략에 있어서 전술은 고객의(가격 인상이나 광고 활동 중단과 같이) 눈에 띄는 조치와 (보수의 지연이나 한계 계정의 생략과 같이) 눈에 띄지 않는 조치로 나눌 수 있다. 상대적으로 강점이 없는 기업은 눈에 잘 보이지 않는 조치를 취해야 하겠지만, 이런 조치는 사업의 성격에 따라 현금 유입량을 크게 늘릴 수도 줄일 수도 있다.

쇠퇴 단계에 대처하는 모든 전략 중에서 수확 전략이 가장 많은 관리가 필요한 전략일지도 모른다(하지만 이에 대한 학문적인 연구는 거의 전무하다). 실제로는 직원들의 의욕과 유지, 공급자와 고객에 대한 신용, 경영자의 동기 부여 등 여러 가지 문제들이 얽혀 있기 때문에 통제 하의 청산은 관리하기가 극히 어렵다. 3장에서 언급했던 포트폴리오 계획 기술에 근거해 어떤 사업을 수확하거나, 쓸모가 없어진 사업으로 분류하는 것은 동기 부여하기에 좋은 방법은 아니다. GE나 미드 코퍼레이션(Mead Corporation)과 같은 기업들이 수확 전략에 있어서 경영상 동기 부여를 특정한 상황에 적용하려는 노력을 하기는 했지만 그러한 노력의 결과가 뚜렷이 나타나지 않았으며, 관리적 측면에서 유발되는 수확 전략의 다른 문제들도 여전히 해결되지 않은 채 남아 있다.

■ 신속한 처분 전략

신속한 처분 전략은 사업을 쇠퇴 단계의 초기에 매각하는 것이 나중에 그것을 수확하고 난 다음 매각하거나 다른 전략을 시도하는 것보다 기업의 총투자 회수율을 극대화할 수 있다는 것을 전제로 한다.

초기에 사업을 매각함으로써 실현할 수 있는 가치가 극대화되는 이유는, 사업체를 일찍 매각할수록 수요가 실제로 하락할 것인지 아닌지에 대한 불확실성이 그만큼 더 크고, 외국 시장과 같은 자산의 수요 시장이 공급 과잉 상태에 있지 않을 확률이 더 크기 때문이다.

어떤 경우에는 쇠퇴 단계 이전이나 성숙 단계에서 사업을 처분하는 것이 바람직할 수도 있다. 일단 쇠퇴할 것이 분명해지면 산업 내외의 자산 구매자들이 보다 강한 협상의 위치에 서게 된다. 그 반면에 일찍 처분하는 것은 미래에 대한 기업의 예측이 틀렸을지도 모른다는 위험이 따르게 된다.

신속한 처분이 일반적으로 어느 정도까지는 이런 요인들을 완화시켜 주는 것은 사실이지만, 이미지나 상호 관련성 같은 철수 장벽에 부딪히게 될 수도 있다. 그럴 경우에 이런 문제들을 부분적이나마 완화하게 할 목적에서 기업은 자사 브랜드 제품 전략을 사용할 수도 있고, 생산 라인을 경쟁사들에 판매할 수도 있다.

쇠퇴 단계에서의 전략 선택

앞에서의 논의는 사양 산업에서 기업의 위치를 결정하기 위한 일련의 분석 단계를 제시해준다.

- 산업의 구조가 1부에서의 조건들에 비추어 볼 때 유리한(잠재적 수익성이 있는) 쇠퇴 단계를 초래하도록 되어 있는가?
- 주요 경쟁사들이 개별적으로 직면하고 있는 철수 장벽은 무엇인가? 어느 기업이 빨리 철수할 것이며 또 남아 있을 것인가?
- 남아 있는 기업들의 경우, 그 산업에 남게 될 수요 포켓에서 얼마나 강한 상대적 경쟁력을 가지게 될 것인가? 철수 장벽을 감안할 때, 이 기업들은 자사의 위치가 얼마나 크게 손상되어야 철수하려 할 것인가?

- 기업이 직면하고 있는 철수 장벽은 무엇인가?
- 잔여 수요 포켓과의 관계에서 기업의 상대적 강점은 무엇인가?

쇠퇴 단계에서 전략을 선택하는 과정은 기업의 상대적인 위치를 감안해 그 산업에 남아 있는 것이 바람직한지 판단하는 과정이다. 기업의 상대적 위치를 결정하는 데 있어 중요한 강점과 약점이 반드시 과거 산업의 발전 단계에서 중요했던 강점과 약점은 아니다. 오히려 그것들은 남아 있게 될 시장 부문이나 수요 포켓, 또는 경쟁의 성격에 입각해서 본 쇠퇴 단계의 특수한 조건들과 관계가 있다. 그 밖에도 선도 전략이나 틈새시장 전략에서 가장 중요한 것은 경쟁사들의 철수를 촉진할 수 있다는 자신감이다. 각자 처한 위치가 다르기 때문에 쇠퇴 단계에서 기업들이 택할 수 있는 최선의 전략 또한 다를 수밖에 없다.

개략적인 전략 선택의 체계가 〈그림 12-1〉에 제시되어 있다.

불확실성이 작고 철수 장벽이 낮은 산업 구조 호의적인 쇠퇴 단계를 초래하는 경우, 기업들은 나머지 시장 대부분이나 한두 곳의 시장에서 경쟁하기 위해 구조적으로 얼마나 바람직한지 따져본 후 선도적 위치를 추구할 수도 있고, 틈새시장을 방어하려 할 수도 있다. 강점을 가지고 있는 기업이라면 선도적 입지를 확립할 수 있는 능력을 가지고 있을 것이다. 일단 그런 입지가 확립되고 나면 산업 구조가 보상을 가져다준다(반면에 실패한 기업들은 철수할 수밖에 없다). 기업에 특별한 강점이 없는 경우라면 일반적

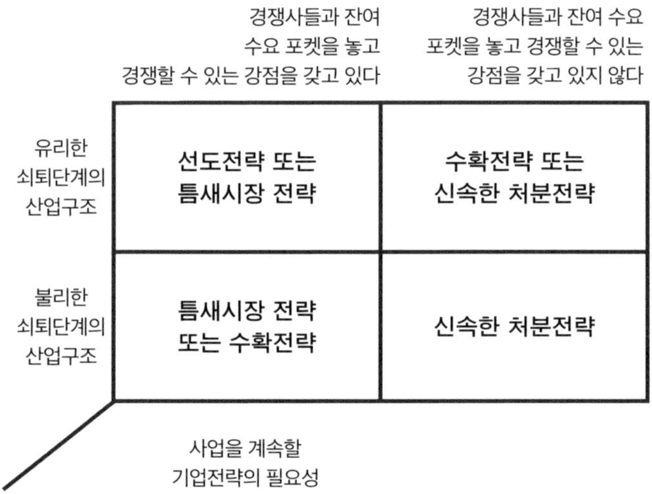

	경쟁사들과 잔여 수요 포켓을 놓고 경쟁할 수 있는 강점을 갖고 있다	경쟁사들과 잔여 수요 포켓을 놓고 경쟁할 수 있는 강점을 갖고 있지 않다
유리한 쇠퇴단계의 산업구조	선도전략 또는 틈새시장 전략	수확전략 또는 신속한 처분전략
불리한 쇠퇴단계의 산업구조	틈새시장 전략 또는 수확전략	신속한 처분전략

사업을 계속할 기업전략의 필요성

〈그림 12-1〉 전략 선택의 제시

으로 틈새시장에서 선도적 입지를 확보하기는 어렵지만, 유리한 산업 구조를 이용하여 이익을 내면서 수확 전략을 펼칠 수는 있다. 기업은 수확의 가능성과 사업 매각의 기회가 있는지의 여부에 따라 신속한 처분 전략을 택할 수도 있다.

    높은 불확실성, 경쟁사들이 직면하고 있는 높은 철수 장벽 그리고 격렬한 최후의 경쟁을 불러일으키는 상황 때문에 산업의 쇠퇴 단계가 호의적이지 않은 경우라면, 선도적 입지를 확보하기 위한 투자가 그 대가를 가져다주기는 어려울 것이며 이는 틈새시장 전략에 있어서도 마찬가지일 것이다. 기업이 상대적인 우위에 있다면 그러한 우위를 이용하여 안전한 틈새시장으로 물러나 있거나, 수확 전략을 펴거나, 아니면 2가지를 동시에 실행하는 방법도 좋다. 기업이 특별한 우위에 있지 않은 경우라면, 철수 장벽이 허용하는 한 되도록 신속하게 빠져나오는 것이 바람직하다. 그 이유는 철수 장벽 때문에 산업에서 빠져나가지 못하고 있는 다른 기업들이 머지않아 그 기업의 위치를 성공적으로 공격하기 시작할 것이기 때문이다.

이 단순한 체계에 있어서 또 하나 고려해야 할 것이 있다. 그것은 사업을 계속해야 할 기업의 전략적 필요성에 관한 것이다. 예를 들어 다른 요인들이 선도 전략을 지지함에도 불구하고, 현금 유입이 전략적으로 필요하기 때문에 수확 전략이나 신속한 처분 전략 쪽으로 결정이 기우는 경우도 있다. 현실적으로는 전략적 필요성의 정도를 평가한 후 그것을 쇠퇴 단계의 다른 조건들과 비교해보면서 타당한 전략을 찾아야 한다.

쇠퇴 단계에 대처하는 전략을 일찍 공식적으로 선언하는 것도 유리하다. 선도 전략을 공식적으로 선언함으로써 경쟁사들의 철수를 재촉할 수 있으며, 또한 선도적 위치를 확보하는 데 필요한 시간상의 이익을 가져다줄 수도 있다(투자 회수에 대해 일찍 공식적으로 선언하는 것에 따른 이익은 앞에서도 언급하였다). 쇠퇴 단계에서 전략 선택을 지연하다 보면, 양극의 전략 선택이 불가능해지고 기업은 어쩔 수 없이 틈새시장 전략이나 수확 전략 쪽으로 기울기 쉽다.

사양 산업에서 택하는 전략, 특히 공격적인 전략의 핵심이 되는 부분은 특정한 경쟁사를 산업에서 철수하도록 유도하는 것이다(선도 전략에 대해 논의하면서 그러한 방법 몇 가지가 앞에서 소개되었다). 때로는 시장점유율이 높은 경쟁사가 철수하기 전에는 실제로 공격적인 전략을 개시할 수 없는 경우도 있다. 그럴 경우에 기업은 주요 경쟁사가 철수 결정을 내릴 때까지 수확 전략을 추구하면서 시간을 벌 수도 있다. 선도 기업이 철수를 결정하면 즉시 투자를 시작할 수 있고, 만약 선도 기업이 남아있으면 수확을 계속하거나 즉시 투자 회수를 시작할 수도 있다.

쇠퇴 단계에서의 함정

〈그림 12-1〉에 입각해 한 기업의 입지를 찾아내는 데에는 상당히 세밀한 분석이 필요하다. 그런데 이 그림에서 명시되어 있는 산업 구조와 전략 선택의 일치라는 기본적 원칙을 어기는 기업들이 적지 않다. 사양 산업을 관찰하다 보면 그 밖에도 여러 가지 함정이 발견된다.

• **쇠퇴에 대한 인식의 실패** | 사양 산업이 다시 활성화되리라는 기업의 전망은 지나치게 낙관적이라고 할 수 있다. 하지만 미래에 대한 불확실성은 항상 존재하기 때문에 일부 기업들이 그 산업과의 오랜 인연이나 대체재를 보는 시각의 협소함으로 쇠퇴의 가능성을 객관적으로 보지 못하는 것도 무리는 아니다. 높은 철수 장벽 또한 모르는 사이에 경영자들이 자신이 처한 환경을 인식하는 데 영향을 미칠 수 있다. 비관적인 신호가

너무나 고통스러워서 그들은 낙관적인 신호만을 보려 한다. 사양 산업을 면밀히 살펴보면, 쇠퇴 과정에서 가장 객관적으로 대처하고 있는 기업들은 대체재 산업에도 참여하고 있음을 알 수 있다. 그들은 대체재의 전망과 쇠퇴의 위협에 관해 좀 더 분명하게 인식한다.

- **소모전** | 높은 철수 장벽에 둘러싸인 경쟁사와의 대결은 대개 파멸로 끝이 난다. 경쟁사는 대개 상대 기업의 움직임에 격렬한 반응을 보이며, 상당한 투자 없이 자사의 입지를 포기하려 하지 않는다.

- **뚜렷한 강점 없는 수확** | 쇠퇴 단계의 산업 구조가 지극히 유리하지 않은 경우라면, 뚜렷한 강점이 없는 기업들의 수확 전략은 일반적으로 실패로 끝날 것이다. 고객들은 마케팅 활동이 약화되거나 서비스가 나빠지거나 또는 가격이 올라가면, 재빨리 거래 대상을 바꾼다. 수확과정에서의 사업의 재판매 가치 또한 급격하게 감소될 수 있다. 수확 전략은 경쟁 및 관리 차원에서 위험 부담이 따르기 때문에 이 전략을 채택하는 데에는 분명한 합리적 근거가 있어야 한다.

쇠퇴 단계에 대한 준비

쇠퇴 단계에서 산업의 상태를 예상할 수 있는 기업이라면, 성숙 단계에서 쇠퇴 단계에 대한 예비 조치를 취함으로써 자사의 위치를 크게 개선할 수 있을 것이다. 때로는 성숙 단계의 전략적 위치에서 드는 비용이 거의 없이도 다음과 같은 조치를 취할 수 있다.

- 철수 장벽을 높일 수 있는 투자나 행동을 최소화한다.
- 쇠퇴 단계의 환경에서 유리할 수 있는 세부 시장을 전략적으로 강조한다.
- 이 시장에서 전환 비용을 만든다.

13장

글로벌 산업에서의 경쟁

글로벌 산업이란 지리적 또는 국가적으로 중요한 시장에서 경쟁사들이 차지하는 전략적 입지가 근본적으로 이 기업들의 세계적인 입지에 의해 영향받는 산업이다. 예를 들어 프랑스와 독일에서 컴퓨터 판매 경쟁을 벌일 때 IBM의 전략적 입지는 세계적으로 협조 관계에 있는 제조 시스템과 여러 곳에서 개발된 기술 및 마케팅에 힘입어 크게 개선되었다. 글로벌 산업에서의 경쟁을 분석하려 할 때는 지리적으로 다양한 시장이나 여러 국가 시장의 산업 경제와 경쟁사들을 개별적으로 살피기보다는 총괄적으로 살펴볼 필요가 있다.

글로벌 산업은 기업이 전 세계적인 협조 시스템의 바탕 위에서 경쟁할 것을 요구하며, 이런 요구가 충족되지 않았을 때 그 기업은 전략적으로 불리한 입장에 처하게 된다. 일부 산업들의 경우는 그 참여 기업들이 다국적 기업이라는 의미에서 국제적이기는 하지만, 글로벌 산업의 본질적인 특징이 있는 것은 아니다. 가공식품의 경우 네슬레(Nestle), 펫(Pet), CPC 같은 다국적 기업들이 여러 나라에 진출했다. 그러나 제품 개발 등의 제한된 분야를 제외하면, 그들의 자회사들은 자치적으로 운영되며 경쟁의 무대는 개별 국가다. 기업이 반드시 국제적으로 경쟁해야 성공하는 것은 아니다. 따라서 다국적 기업들이 참여하는 산업이라고 해서 반드시 글로벌 산업이라고 말할 수는 없다. 하지만 '글로벌'이라는 의미가 정도의 차이는 있겠지만 국제적으로 경쟁하는 기업들이 불가피하게 마주하게 되는 전략적 변수라는 사실은 인정해야 한다.

1970년대에 들어서면서 이미 글로벌 산업이 되었거나 그 과정에 놓여있는 산업들의 수가 증가했으며, 이처럼 중요한 구조의 변화는 앞으로 더욱 더 확대될 것이다. 어떤 기준에서 봐도 무역과 해외 투자는 크게 증가했으며, 글로벌 산업으로의 진화에 수반되는 전략적 위치의 변화는 극적이며 신속하다. TV, 모터사이클, 재봉틀, 자동차 산업 등이 전형적이면서도 현저하게 눈에 띄는 예다.

이러한 세계화의 움직임은 미국이 1890년에서 1930년 사이에 지역 차원의 경쟁에서 국가 차원의 경쟁으로 발전해갔을 때의 움직임과 비교해볼 수 있다. 앞으로 살펴보겠지만 근본적인 원인들은 대부분 유사하다. 더구나 글로벌 경쟁을 지향하는 움직임도 과거의 국가 산업화 움직임 못지않게 큰 변화를 초래할 수도 있다. 거의 모든 산업의 경영자들이, 아직 실현되어 있지는 않지만 하나의 가능성으로 글로벌 경쟁을 고려하지 않을 수 없는 단계에 와 있다.

국제적으로 경쟁할 때와 국가 내에서 경쟁할 때는 여러 가지 차이점들이 있으며, 일반적으로 국제적인 경쟁전략을 수립하는 과정에서는 다음과 같은 요소들이 강조된다.

- 국가들 사이의 생산 요소 비용의 차이
- 해외 시장의 다른 환경
- 해외 정부의 다른 역할
- 목표, 자원 그리고 해외 경쟁사를 모니터링할 수 있는 능력의 차이

하지만 글로벌 산업에서 작용하는 구조적 요인과 시장 세력은 국내 산업에서 작용하는 것과 다를 바 없다. 글로벌 산업의 구조적 분석에서는 해외 경쟁사들, 좀 더 넓은 잠재적 진입자들과 넓은 범위의 대체재들 그리고 단순히 어떤 것이 전략적으로 중요한지에 대한 인식뿐만 아니라 기업들의 목적과 기업인들의 인격 등을 고려 대상으로 포함해야 한다. 그러나 1장에서 설명한 5가지의 경쟁 요인이 작용하여 기본적으로는 동일한 구조의 요인들이 글로벌 산업의 경쟁 강도를 결정한다. 앞으로 살펴보겠지만, 가장 성공적이었던 글로벌 전략들은 (모두 조금씩 다른 맥락에서) 모두 이 시장 세력에 대한 인식을 근거로 세워졌다.

이 장은 1부에서 확립된 개념적 기초에 의거하여 글로벌 산업에서 발생하는 특정 경제적·경쟁적 문제들을 살펴볼 것이다. 고려해야 할 핵심 문제는 긍정적·부정적 시각 2가지 관점에서 모두 다루어질 것이다. 각 기업은 글로벌 기반의 산업에서 경쟁을 통해 전략적으로 더욱 유리한 위치를 획득하는가? 글로벌 경쟁으로 인해 기업이 받게 될 위협은 어떤 것

인가? 이 문제를 검토하는 데 있어서는 우선 글로벌 경쟁을 촉진하는 구조적 조건들과 글로벌 경쟁의 장애요인들을 찾아내야 한다. 이런 분석은 산업 환경 변화와 글로벌 경쟁을 촉진하는 전략적 혁신을 포함하여, 글로벌 산업으로 진화하는 과정을 파악하는 데 반드시 필요한 기초적 구성 단위가 된다. 이러한 맥락에서 글로벌 산업에서 경쟁하는 데 중요한 몇 가지 전략적 문제와 그 대안이 고려될 것이다. 마지막으로 글로벌 산업 내에서 중요한 위치로 부상하고 있는 한국과 싱가포르 같은 개발도상국 기업들과의 경쟁을 촉진하거나 지연시키는 상황을 포함하여 글로벌 경쟁에 영향을 미치게 되는 몇 가지 트렌드를 살펴 볼 것이다.

글로벌 경쟁의 원천과 장애 요인

기업은 기본적인 3가지 방식으로 글로벌 활동에 참여한다. 즉 라이선싱, 수출, 해외 직접 투자가 그것이다. 일반적으로 처음에는 라이선싱이나 수출을 통해 해외로 진출하고, 어느 정도 해외 시장에서 경험을 쌓은 후에는 해외 직접 투자를 고려하게 된다. 수출이나 해외 직접 투자는 글로벌한 관점에서 경쟁이 일어나고 있는 산업에서 나타난다. 여러 국가들 간의 대규모 수출 물량은 믿을 만한 글로벌 경쟁의 신호이지만 대규모 해외 직접 투자에 있어서는 그렇지 않을 수도 있다. 이 투자는 외국에서 독립적인 활동을 하고 있는 자회사들로 구성될 수 있는데, 이때 자회사 각각의 경쟁적 입지는 경쟁하고 있는 나라의 특수한 상황과 자회사 자체의 자산에 의해 결정된다. 한 산업이 글로벌 산업으로 변화하는 근본적인 이유는, 기업이 다수의 국가 시장에서 상호 협조적인 방법으로 경쟁하면서 얻을 수 있는 경제적 이익(또는 그 밖의 다른 이익)이 있기 때문이다. 세계적으로 전략적 우위를 확보할 수 있게 해주는 여러 가지 뚜렷한 요인들이 있는 반면에, 이를 달성함에 있어 역작용을 하는 요인들도 존재한다. 특정 산업 내부에 있는 이런 요인들을 평가해 보면서 '왜 그 산업이 글로벌 산업이 아닌가?', 반대로 글로벌 경쟁우위의 원천이 장애 요인들을 누르고 있는가?'에 대한 물음을 이해하도록 할 것이다.

■ 글로벌 경쟁우위의 원천

글로벌 경쟁으로 전략적 우위를 차지할 수 있는 것은 주로 다음과 같은 요인들이 작용하기 때문이다. 즉 전통적인 비교 우위, 개별적인 국가 시장에서 달성 가능한 규모나 누적 생산량을 상회하는 규모의 경제나 학습 곡선, 제품 차별화에 의한 우위, 시장 정보 및 기술에 있어서의 공공재적 성격이 그것이다.

• **비교 우위** | 비교 우위의 존재는 글로벌 경쟁의 고전적 결정 요인이다. 한 국가가 어떤 제품을 생산하는 데 필요한 자원의 비용이나 품질에서 월등한 우위에 있을 때는, 이 국가가 생산자가 되고 그 생산품을 세계의 다른 지역들로 수출하게 마련이다. 이런 산업에서는 비교 우위를 점

유하고 있는 국가에 위치하고 있는 기업만이 글로벌 전략에서 우위를 확보할 수 있다.

• **생산 규모의 경제** | 생산 규모의 경제가 주요 국가 시장의 규모를 넘어서는 경우, 기업은 집중화된 생산과 글로벌 경쟁을 통해 원가 우위에 설 수 있게 된다. 예를 들어 현대적인 고속도강(high-speed steel) 제조업체는 전 세계 수요의 40%에 해당하는 생산 규모를 달성할 때 비로소 수익 분기점에 이르게 된다. 때로는 수직 통합을 통한 우위가 글로벌 생산 규모의 경제를 달성함에 있어 결정적인 요인으로 작용하는데, 그 이유는 수직적으로 통합된 시스템의 효율적 규모가 국가 시장의 규모보다 더 크기 때문이다. 생산 규모의 경제를 달성하는 것은 국가들 간의 무역이 필요함을 의미한다.

• **국제적 경험** | 독점적 경험으로 인해 상당한 원가 절감이 가능한 기술의 경우에는 유사 제품을 다수의 국가 시장에서 판매할 수 있는 능력이 이익을 가져다줄 수 있다. 한 모델이 다수의 국가 시장에서 판매될 경우 모델당 누적 생산량이 더 커질 것이고, 그 결과 글로벌 경쟁 시장에서 기업은 원가에 유리한 입장에 서게 된다. 지게차 제조업에서 이런 상황이 나타났으며 그 결과 도요타가 압도적인 우위를 점하게 되었다. 학습 곡선이 개별적인 지역 시장에서의 경쟁을 통해 결국에는 달성 가능한 누적 생산량에서 수평이 된다 하더라도, 글로벌 경쟁은 '좀 더 빠른 학습'을 허용

할 수 있다. 한 회사가 여러 공장의 기술 발전을 공유함으로써 경험을 축적할 수 있기 때문에, 비록 생산이 집중화되지 않고 개별 국가의 시장에서 이루어진다 해도 글로벌 경쟁으로부터 원가 우위가 이루어질 수 있다.

• **물류 규모의 경제** | 국제적인 물류 시스템이 본래부터 일정한 고정 비용을 요구할 경우, 글로벌 경쟁사는 다수의 국가 시장에 공급함으로써 고정 비용을 분산할 수 있기 때문에 원가 우위에 설 수 있다. 그 밖에도 글로벌 경쟁은 전문 화물선과 같이 좀 더 전문화된 시스템을 사용할 수 있는 능력이 있기 때문에 물류 규모의 경제를 달성할 수 있다. 예를 들어 일본 기업들은 철강 산업과 자동차 산업의 생산 원료 및 완제품을 운반하는 데 전문화된 선박을 이용함으로써 대폭적인 원가 절감을 이룩할 수 있었다. 세계적 규모의 생산량을 관리하다 보면 물류 시스템의 완전한 재구성을 생각해볼 수 있다.

• **마케팅 규모의 경제** | 마케팅은 대부분 국가 시장을 단위로 수행되는 활동이지만, 일부 산업에서는 국가 시장의 규모를 넘어서는 마케팅 규모의 경제가 있는 경우도 있다. 공동의 판매 인력이 전 세계에 파견 되는 산업들의 경우에 특히 그럴 가능성이 크다. 예를 들어 중장비 건설이나 항공기 그리고 터빈 발전기 제조업 같은 분야에서는 판매 업무가 매우 복잡하고 비교적 적은 수의 구매자들을 상대로 간헐적으로 이루어진다. 따라서 글로벌 기업은 아주 숙련된 판매 인력을 고용하는 데 드는 높은 고정

비용을 다수의 국가 시장으로 분산할 수 있다.

그 밖에 독점적 마케팅 기술을 전 세계적으로 이용함으로써 마케팅 규모의 경제를 꾀할 수도 있다. 한 시장에서 얻은 지식을 추가 비용 없이 다른 시장에서 사용할 수 있기 때문에 글로벌 기업은 원가 우위에 설 수 있다. 맥도날드의 '공식(formula)'이나 타이맥스의 '스트레스 테스트(torture test)' 마케팅은 전 세계적으로 사용되고 있다. 기업은 자회사의 브랜드를 지역 시장 각각에 확고하게 인식하게 하기 위해 투자를 해야 하는 것이 일반적이지만, 일부 브랜드는 다른 세계 시장으로 이동이 가능하다. 일부 브랜드의 경우에는 무역 통신, 기술 서적, 문화적 명성 등을 통해 국제적 인정을 받기 때문에 기업의 투자가 필요하지 않다.

- **구매 규모의 경제** | 개별적인 국가 시장에서 경쟁하는 데 필요한 정도를 넘어서는 구매 규모에 다다르게 되면 글로벌 기업이 강한 교섭력을 가지게 된다. 결과적으로 공급자들 또한 장기적 생산을 하게 됨으로써 공급 가격이 하락할 수 있다. 이런 구매 측면에서의 규모의 경제를 실현하게 될 경우, 글로벌 기업은 잠재적 원가 우위에 서게 된다. 글로벌 TV 생산업체들은 가격을 낮추어서 트랜지스터와 다이오드(diode)를 구입할 수 있게 되었다. 다만 그러한 우위의 확보 가능성이 가장 큰 때는 그 산업에서 구매하는 물량이 생산 원료나 부품을 생산하는 산업의 규모에 비교하여 크지 않을 때다. 구매량이 지나치게 클 경우에는 교섭력이 대부분 사라질 수 있다. 기업이 직접 생산 원료의 채굴(광업)이나 생산(농업)에 종사하

는 경우도 마찬가지다. 예를 들어 특정한 광물의 효율적인 채굴 규모가 국내 시장에서 경쟁하기 위해 그 광물을 필요로 하는 규모보다 더 클 경우에는, 효율적인 규모에서 채굴하면서 글로벌 경쟁을 하는 기업이 원가 우위에 서게 될 것이다. 하지만 이러한 우위를 확보하려는 목적에서 국제적으로 경쟁해야 한다는 필요성을 가질 때는 기업이 효율적인 규모에서 채굴하여 초과분을 다른 기업들에 판매할 수 없다는 사실이 전제되어야 한다.

• **제품 차별화** | 일부 산업, 특히 기술의 진보가 빠른 산업에서는 글로벌 경쟁이 기업의 명성과 신용을 가져다 준다. 유행에 민감한 화장품 산업을 예로 들면 파리와 런던 그리고 뉴욕에 있는 기업은 일본 시장에서도 상당히 유리한 입장에서 경쟁을 승리로 이끌어 갈 수 있다. 그에 필요한 이미지가 글로벌 시장에서 이미 형성되어 있기 때문이다.

• **독점적 생산 기술** | 글로벌 경쟁은 독점적 기술을 다수의 국가 시장에서 활용할 수 있기 때문에 유리하다. 이러한 능력은 연구·개발에서의 규모의 경제가 개별 국가 시장에서의 매출량에 비해 클 때 특히 중요하다. 컴퓨터·반도체·항공기·터빈 산업 등은 글로벌 기업들의 기술적 우위가 뚜렷한 산업들의 좋은 예다. 어떤 기술의 경우는 그것을 개발하는데 엄청난 비용이 들기 때문에, 이 비용을 회수하기 위해 전 세계에 판매를 하지 않을 수 없다. 그 밖에도 기업들이 글로벌 경쟁을 통해 전 세계의 발전된 기술을 접함으로써 기술 차원의 경쟁력을 강화할 수 있다.

• **생산력의 이동성** | 제품 생산력의 이동이 가능하다면 규모와 독점 기술 공유로 경제가 실현된다. 중장비 건설업에서는 기업이 직원들을 이 나라에서 저 나라로 이동시키면서 프로젝트를 건설하며, 유조선은 석유를 세계 곳곳으로 운반하며, 지진 탐사대와 유전 탐사장비 및 고문단 또한 이동이 가능하다. 그러한 산업들에서는 조직을 설립·유지하고 독점 기술을 개발하는 데 드는 간접비가 다수 국가 시장에서의 활동을 통해 쉽게 분산될 수 있다. 그 밖에도 기술 인력이나 장비에 투자한 막대한 자금이 어떤 한 국가 시장에서의 제품 수요만으로는 합리화할 수 없을 때가 있다. 이 경우 또한 단일 시장의 규모를 초과하는 규모의 경제를 펼쳐야 하는 좋은 예다.

글로벌 경쟁우위의 요인들이 복합적으로 나타나면서 상호작용하는 경우도 드물지 않다. 예를 들면 생산 규모의 경제가 해외 시장으로의 확대 근거를 제공해주며, 이러한 확대의 결과로 보급 규모의 경제나 구매 규모의 경제가 실현될 수 있다.

많은 경우에 글로벌 경쟁우위의 원천은 각각이 아니라 각 요인들의 조화 또는 그것들 사이의 반응에서 얻는다. 예를 들어 생산 규모의 경제는 물류 규모나 구매 규모의 경제로 이어지는 외국 시장으로의 진입에 도움을 준다.

각각의 글로벌 경쟁우위 요인들의 중요한 정도는 다음 둘 중 하나에 의해 결정된다. 첫째, 글로벌 경쟁의 경제가 사업에 영향을 미치는 측면이 총원가에서 얼마나 큰 비중을 차지하는가? 둘째, 글로벌 경쟁사가 우위에 있는 사업 측면이 경쟁에서 얼마나 중요한가? 총원가 중 아주 낮은 비율을 차지하는 측면(예를 들면 판매 인력)에서의 우위라 해도 일부 산업에서는 경쟁의 승패에 결정적인 영향을 미칠 수 있다. 이 경우에는 글로벌 경쟁을 통해 얻어지는 경비나 효율성에서의 작은 개선도 중요해진다.

또한 경쟁우위 요인들이 글로벌 기업 측에서 보면 이동 장벽의 존재를 의미한다는 사실을 주목해야 한다. 이 요인들은 글로벌 산업에서 경쟁의 문제를 논의하는 데 있어 중요하다.

■ 글로벌 경쟁의 장애 요인

글로벌 경쟁우위를 차지하는 데는 여러 가지 장애 요인이 작용하며, 이 요인으로 인해 글로벌 산업이 되지 못하는 경우도 있다. 글로벌 경쟁우위 요인이 전반적으로 장애 요인보다 우세할 경우조차 장애 요인은 세계적으로 경쟁하지 않는 국내 기업들에 전략적 틈새시장을 제공한다. 장애 요인의 일부는 경제적인 것으로, 글로벌 경쟁에서의 비용을 직접적으로 증가하게 한다. 다른 요인은 직접적으로 비용에 영향을 미치는 것은 아니지만, 경영 업무의 복잡성을 증가하게 한다. 또 다른 요인은 경제적 상황과는 관계없는 순전히 제도적 제약 조건이나 정부의 제약 조건과 관계가 있는 것이다. 마지막으로 일부 장애 요인은 참여 기업들의 인지적 한계나 자원적 한계와 관계가 있다.

- 경제적 장애 요인

• **수송 및 저장 비용** | 수송 비용 또는 저장 비용은 집중화된 생산으로 인한 경제성을, 나아가 여러 국가들에 퍼져 있는 전문화된 공장들과 연계 수송 등을 포함하는 통합 시스템에서의 생산 효율성을 상쇄한다. 응축 콘크리트, 위험한 화학약품 그리고 비료 같은 제품들의 경우에는 생산 규모가 개별적인 국가 시장의 수요를 초과하는 공장으로 생산 원가는 낮출 수 있겠지만, 과중한 수송비 부담 때문에 현지에 공장을 각각 세울 수밖에 없다. 경쟁은 본질적으로 개별 시장을 바탕으로 진행된다.

• **제품 차별화의 요구** | 글로벌 경쟁은 국가 시장들이 서로 다른 제품 형태를 요구할 때 어려움을 겪게 된다. 국가 시장마다 문화·경제 발달 상태·임금 수준·기후 등에 차이가 있기 때문에, 가격·품질·성능·형태 및 규격 등의 차원에서 서로 다른 제품을 요구할 수도 있다. 예를 들어 미국이나 서유럽에서는 전자식 재봉틀이 판매되고 있지만, 저개발 지역에서는 좀 더 단순한 페달식 제품의 수요가 높다. 제품에 대한 기본적 요구가 동일하다 해도 법적 제한, 건축 법규 및 기술 기준이 국가마다 다른 경우에는 다른 유형의 제품을 요구할 수 있다. 이처럼 서로 다른 제품의 생산에 대한 요구로 인해 세계적 규모의 경제나 학습 달성이 불가능한 것이 되고 만다. 그 밖에도 다른 제품 형태로 인해 생산 원료나 부품에 대한 요구가 제각기 다를 때는 이러한 요구로 인해 글로벌 경쟁의 우위를 실현하는 것이 불가능해질지도 모른다.

서로 다른 제품에 대한 요구로 인해 생기는 글로벌 경쟁의 장벽은 국가 시장들에 적합하도록 '제품 변형에 소요되는 비용'에 의해 그 높이가 결정된다. 만약 제품 차별화의 요구가 단순히 표면적인 것이거나 표준 생산 과정에서 대규모의 자본을 투자하지 않고도 충족될 수 있는 경우라면, 글로벌 기업은 여전히 세계적인 규모의 경제를 대부분 수확할 수 있다.

- **확립된 유통 경로** | 국가 시장마다 각기 다른 유통 경로에 접근해야 할 필요가 있을 경우에는 글로벌 경쟁이 어려워진다. 소비자의 수가 많고 개인의 구매량이 적을 때 경쟁에서 승리하려면, 기업이 기존의 독립적인 유통업자에게 접근해야 한다. 전기제품의 예를 들어보면, 로드 센터(load center)나 회로 차단기 같은 개별 품목은 판매량이 매우 적기 때문에 자체 유통이 불가능하다. 그런 상황에서는 외국 기업이 확립된 유통 경로에 침투하는 것이 아주 힘들어진다. 대폭적인(금지되어 있을지도 모르는) 특권이 주어지지 않는 경우라면, 국내 유통업자들이 국내 기업의 라인을 외국 기업의 라인으로 대체하려고 할 리가 없다. 다만 그 산업이 새롭거나 성장 단계에 있기 때문에 유통 경로가 제대로 확립되지 않은 경우에는 이러한 병목 현상이 심각하지 않을 수도 있다. 그 밖에도 많은 물량이 소수의 유통 경로를 통해 움직일 경우, 외국 기업은 다수의 소규모 경로를 설득하여 보다 쉽게 유통 경로에 접근할 수 있을 것이다.

- **판매력** | 만약 현지 제조업자가 직접 판매를 해야 하는 제품이라

면 글로벌 경쟁자는 규모의 경제라는 장벽에 직면한다. 그리고 이 장벽은 현지 기업들이 많은 종류의 제품을 판매할 경우에 더욱 높아질 것이다. 이런 점은 의사들을 상대로 값비싼 판촉 활동을 해야 하는 의료제품 같은 일부 산업에서의 세계화를 막는 장애 요인이다.

• **현지 수리(repair) |** 지역의 판매력과 비슷한 이유로, 지역 제조업자들의 수리에 관한 필요성 역시 글로벌 기업들의 진출을 막는 요인이 된다.

• **조달 기간에 대한 민감성 |** 짧은 유행 주기나 급속한 기업 변화 등으로 인해 조달 기간에 대한 민감도가 높으면, 이것 또한 글로벌 경쟁에 역작용을 하기 쉽다. 국가 시장과 집중화된 생산 공장 사이의 지리적 거리, 제품 개발 및 마케팅 활동 등으로 인해 시장 요구에 대응하는 데는 지연이 있을 수 있다. 그러나 패션 의류 산업이나 유통업 같은 산업에서는 이러한 지연이 용납되지 않는다. 이런 문제는 제품에 대한 현지 시장마다의 요구가 서로 다른 경우 더욱 뚜렷해진다.

이와 비슷하게 상품을 전 세계로 수송하는 데 드는 조달 기간에 따르는 문제가 있다. 조달 기간의 문제는 결국 비용의 문제인데, 그 이유는 이론적으로는 어떤 상품이든지(엄청나게 비싼 대가를 치러야 할지 몰라도) 항공 수송이 가능하기 때문이다. 시간이 걸리더라도 값싼 운송 수단이 있으므로 운송비용 때문에 제품을 전 세계로 운송할 수 없는 문제가 생기지는 않지만, 이에 따르는 조달 기간의 지나친 장기화는 시장의 요구에 신속하게 적응하는 능력을 크게 약화시킨다.

- **지역 시장의 복잡한 세분화** | 고객들이 국내 시장에서 대결하는 기업들의 가격 대비 성능 경쟁을 가열시킨 결과 시장이 복잡하게 세분화된다면, 경쟁은 더욱 어려워진다. 이러한 요인은 국가 시장마다의 제품 차별화와 그 근본에 있어서 동일한 영향을 미친다. 복잡한 시장 세분화는 제품 종류의 다양화나 주문품 생산 능력에 대한 필요를 더욱 절실하게 만든다. 여러 종류의 상품들을 추가 생산하는 데 드는 비용이 높은 경우에는, 시장 세분화 때문에 통합 제조 시스템에 의한 생산 집중화에서 얻은 원가 우위가 효력을 발휘할 수 없다. 현지 시장의 세분화된 부문들을 일일이 파악하고 적응하는 데는 현지 기업이 유리하다.

- **세계적 수요의 부족** | 대부분의 주요 국가들에 수요가 존재하지 않을 경우 글로벌 경쟁은 발생할 수 없다. 신종 산업이거나, 극소수 국가들의 시장에만 존재하는 특별한 소비자들의 요구를 충족시키는 제품일 경우 이런 상황이 발생할 수 있다. 신종 산업이라는 측면이 전 세계적 수요의 결핍을 의미할 가능성이 크다는 사실은 국제 무역의 제품 수명 주기 이론으로 유추할 수 있다.

이 개념에서는(고임금 국가에서 노동 절약의 기술 혁신이 일어나듯이) 한 제품이 최초로 소개되는 시장은 그 제품의 속성에 최대의 가치를 부여하는 시장일 수밖에 없음을 알 수 있다. 결국에는 제품의 모방과 확산이 다른 국가들에도 수요를 발생시키며, 그 결과 개척 기업들의 수출 그리고 최종적으로 해외 투자가 일어나게 된다.

그 밖에도 외국 기업들에 의한 해외 생산은 해외로 수요가 확산되고 기술이 파급됨에 따라 시작될 수도 있다. 산업이 성숙 단계에 접어들면서 제품 표준화가 이루어지고 가격 경쟁이 시작되면, 그 산업의 후발 주자인 외국 기업들도 달성 가능한 원가 우위를 근거로 삼거나 비교 우위의 입장을 활용하여 우세한 세력으로 부상할 수 있다. 이 주장이 암시하고 있는 것은 일반적으로 글로벌 경쟁이 있기 위해서는 어느 정도의 제품 성숙이 전제되어야 한다는 사실이다. 하지만 오늘날에는 글로벌 경쟁의 경험을 가지고 있을 뿐만 아니라 새로운 제품들을 단시일 내에 전 세계로 확산시킬 수 있는 다수의 다국적 기업들이 존재하기 때문에 과거에 비해 요구되는 성숙의 정도가 훨씬 낮다.

- 경영상의 장애 요인

• **다른 마케팅 업무** | 전 세계적으로 판매되는 제품의 종류가 비슷하다고 해도 마케팅 업무는 지역마다 모두 다를 수 있다. 나라마다 유통 경로의 성격과 판촉 매체, 구매자에게 도달하는 가장 값싼 방법이 크게 차이가 나기 때문이다. 그래서 다른 나라에서 얻은 마케팅 지식을 활용하는 데 한계가 있는 글로벌 기업 보다는 현지 기업이 마케팅 활동에서 더 효율적일 수 있다. 글로벌 기업이 현지에서의 마케팅 활동과 관계가 있는 생

산·연구·개발을 모두 집중화할 수 있으면 좋겠지만, 실제로 그것을 관리하기란 쉬운 일이 아니다. 또 일부 산업에서는 여러 가지 이유로 인해 소비자들이 현지 기업과의 거래를 선호하는 경향이 있다.

- **철저한 현지 서비스** | 해당 산업에서 경쟁하기 위해 철저히 지역을 공략하는 마케팅 활동, 서비스 및 그 밖의 소비자와의 관계가 필요하다면, 세계적으로 통합된 체계를 기반으로 현지 기업들과의 대결에서 이기기란 쉬운 일이 아니다.

글로벌 기업이 분권화된 단위 조직을 통해 이러한 기능을 수행하는 것이 이론적으로는 가능할지 몰라도, 실제로는 경영상의 문제가 지나치게 복잡하기 때문에 현지 기업이 수행하는 것이 더욱 효율적이다. 집중적인 현지 마케팅 활동 및 유통이 결정적인 경우에는 글로벌 기업이 다른 집중화된 사업 활동 덕분에 확보하게 된 유리한 입지도 현지 기업과의 대결에서는 위력을 발휘하지 못한다. 예를 들면 어떤 금속 가공업자가 글로벌 활동을 통해 부분적으로는 생산 및 기술의 우위에 서게 될지는 몰라도, 집중적인 현지 마케팅 활동과 즉각적인 서비스 그리고 신속한 방향 전환이 필요한 상황이라면 현지 기업이 글로벌 기업과 대등하거나 더 유리한 위치에 있다.

- **급변하는 기술** | 급변하는 기술 때문에 현지의 시장에 적합하도록 제품 및 프로세스를 자주 다시 설계할 필요가 있는 산업에서는 글로벌 기

업이 운영의 어려움에 부딪히게 될 것이다. 독립적인 현지 기업이 이러한 상황에 보다 잘 적응하는 것은 당연한 일이다.

- 제도적 장애 요인

• **정부의 제약** | 글로벌 경쟁을 막는 정부의 제약은 여러 가지가 있으며, 이 제약의 대부분은 현지 기업들을 보호하거나 현지의 고용 수준을 유지한다는 명목 하에 행해진다.

- 관세와 조세도 생산 규모의 경제 달성을 제한함에 있어 수송비와 동일한 효과가 있다.
- (정부 관리 하에 제조·수출·수입될) 상품 할당량
- 정부나 준정부 기관이 현지 기업들로부터 우선적으로 조달하는 차별 제도
- 현지에서의 연구·개발을 요구하거나, 현지에서 생산된 부품을 제품에 사용하도록 요구하는 정부의 입장, 현지의 기업들에 유리하도록 되어 있는 편파적 조세 정책, 노동 정책 및 그 밖의 다른 행동 법규
- 글로벌 행동반경의 기업들에 불리하게 작용하는 자국 정부의 뇌물 수수 금지법, 세법 및 그 밖의 정책

정부의 제약은 현지 기업들을 돕거나 현지에서의 생산으로 인한 규

모의 경제를 무효화할 가능성이 있다. 정부의 규제는 또한 특정 국가에만 특수한 종류의 제품 판매를 강요함으로써 마케팅 활동을 한 국가에만 국한된 특수한 것으로 만들 수도 있다.

정부의 규제는 그 국가 특유의 산업들, 고용, 지역 발전, 고유한 전략 자원, 국방, 문화와 같이 정부의 목표에 영향을 미치는 산업들에 가해질 수 있다. 예를 들면, 발전 장비와 전기 통신 같은 산업들에서는 정부 규제가 극심하다.

• **인식 또는 자원의 장애 요인** | 글로벌 경쟁의 장애 요인으로 마지막 범주에 속하는 것은, 해당 산업에 현존하는 기업들의 인식 또는 자원과 관계가 있는 장애 요인이다. 글로벌 경쟁의 기회를 인식하는 것 '자체가 혁신'이다. 특히 글로벌 경쟁에는 국내의 활동 영역을 벗어나는 국제적인 문제들이 수반된다. 이를 위해 필요한 비전이 현존 기업들에는 결여되어 있을 수도 있다. 비전을 확고히 하기 위해서는 막대한 정보와 연구비가 소요된다. 그 밖에도 세계적 규모의 시설 건설이나 새로운 국가 시장으로의 침투를 위한 초기 투자 같은 일에도 막대한 규모의 자원이 필요하다. 글로벌 경쟁에 필요한 경영적·기술적 차원의 역량이 그러하듯이, 투자 또한 현존 기업의 능력 범위 밖에 있을 수 있다.

정도의 차이는 있지만 어떤 산업에서도 글로벌 경쟁의 장애 요인은 존재한다. 그 결과 경쟁의 성격이 전반적으로 세계적이라고 할 수 있는 산업에서조차 '지역적 측면'이 남게 된다. 일부 시장이나 세분화된 시장에서는 특히 글로벌 경쟁에 있어서의 장애 요인이 심각한 수준이 될 수 있는데, 그런 때는 현지 기업이 글로벌 경쟁사들보다 우위에 있다.

글로벌 산업으로의 진화

출발부터 글로벌 산업의 위치에서 시작하는 산업은 거의 없지만, 시간이 경과하면서 글로벌 산업으로 진화하는 경향은 있다. 글로벌 산업을 만드는 데 있어 가장 일반적인 유인 몇 가지를 살펴보자. 이 유인들은 글로벌 경쟁우위의 원천을 확립 또는 강화하거나, 글로벌 경쟁의 장애 요인들을 약화 또는 제거한다. 하지만 만일 전략적 우위의 원천이 존재하지 않는다고 하면, 후자의 유인들만으로는 산업의 세계화가 이루어지지 않는다. 경제적·구조적 변화로 인해 세계화의 가능성이 조성되었다 하더라도, 어느 산업이 세계화될 때는 하나 또는 몇 개 기업들의 전략적 혁신이 필요하다.

세계화의 환경적 유인

- **규모의 경제 증가** | 생산, 물류, 구매 및 연구·개발의 측면에서 규

모의 경제를 증대시키는 기술 발전이 글로벌 경쟁의 유인을 제공해준다.

- **수송비 및 저장 비용의 감소** | 수송비 또는 저장 비용의 감소는 세계화의 분명한 촉진 요인이다. 오늘날 관찰되는 글로벌 경쟁의 증가 추세를 이끌어온 핵심 요인의 하나가 바로 지난 몇 십 년 동안 있었던 운송비의 장기적 하락이라고 해도 과언이 아니다.

- **유통 경로의 합리화 또는 변화** | 유통 경로가 유동적일 경우에는 외국 기업들이 접근하기가 좀 더 수월하다. 합리화된 유통 경로가 동일한 효과를 미치는 경우도 있다. 예를 들어 한 상품의 유통 경로가 다수의 세분화된 소매업자에서 소수의 전국 단위 백화점과 대규모 상업 체인으로 옮겨지면, 외국 기업들은 유통 경로를 확보하는 데 큰 차질이 없을 것이다.

- **요소 비용의 변화** | 요소 비용의 변화가 세계화 요인을 크게 강화할 수 있다. 특히 노동비용과 에너지 비용 그리고 원료 비용의 증가로 최적 생산이나 최적 유통 구조가 글로벌 경쟁을 더욱 유리하게 만드는 쪽으로 변화시킬 수 있다.

- **국가별 경제적·사회적 환경의 유사** | 지역 시장마다 경제 상태에서의 차이가 있기 때문에 각각 다른 종류의 제품과 다른 마케팅 활동이 필요하고 또 차별화된 현지 유통 경로를 확보해야 하는 문제가 발생한다. 이

시장들은 경제 발전 상황, 상대적 요소 비용, 소득 유통 경로의 성격, 이용 가능한 판촉 매체 등이 서로 다르다. 특정 산업에서는 지역 시장들이 경제적·문화적 환경의 관점에서 점차 비슷해지고 있고 그에 따라 글로벌 경쟁의 가능성은 그만큼 더 커진다. 단 이때는 글로벌 경쟁우위의 원천이 그 산업에 존재해야 한다. 예를 들어 미국에서 연료비가 비싸지면서 해외의 연료비 수준에 더욱 가깝게 접근할 뿐만 아니라 미국과 다른 국가들 사이에서 일인당 국민 소득의 격차가 전반적으로 좁아진 결과, 미국의 자동차 제조업체는 해외 판매용 소형차를 적극적으로 생산하기 시작했다. 다시 말하면 자동차 제조 산업이 점점 더 세계화되고 있는 것이다. 아시아 지역과 남아메리카의 급속한 성장 때문에 이 국가들의 소비재 시장의 환경은 미국 및 유럽과 점점 더 유사해지고 있으며, 그 결과 소비재 산업에서의 글로벌 경쟁이 점차 더욱 가열될 가능성이 크다.

• **정부 규제의 약화** | 정부는 쿼터(quota, 수출입 한도량)를 해제하고, 관세 장벽을 낮추고, 국제적으로 기술 표준을 만들기 위해 노력하는 등 정책을 변화시킨다. 이런 노력이 글로벌 경쟁의 가능성을 높이는 역할을 한다. 유럽 경제 공동체의 형성을 계기로 유럽에 대한 미국의 직접 투자가 대대적으로 증가한 것을 일례로 들 수 있다.

■ 세계화를 촉진하는 전략적 혁신

환경적 유인이 없다 하더라도, 한 기업의 전략적 혁신이 세계화의 과정을 촉진할 수 있다.

• **제품의 재규정** | 국가들 사이에서 제품 차별화에 대한 요구가 약화될 경우에는, 글로벌 경쟁의 잠재적 우위를 현실화할 수도 있다. 때때로 산업이 성숙됨에 따라 국가별 제품 차별화가 자연스럽게 사라지고 표준화되는 경우가 있다. 하지만 기업이 다수의 시장에서 받아들여질 수 있도록 제품을 다시 디자인하는 경우도 있다. 예를 들어, GM과 몇몇 기업들은 '월드 카'의 생산을 위해 이를 도모하고 있다. 어떤 경우에는 제품의 이미지나 콘셉트를 재규정하는 마케팅 혁신이 때때로 글로벌 경쟁의 가능성을 실현하는 데 일조한다. 예를 들어, 미국에서 모터사이클은 가죽 옷을 입은 건달들이나 타는 기름투성이의 위협적인 도구라는 이미지를 가지고 있었으나, 혼다는 이를 실용적이고 타기 편하고 쾌적한 교통 수단이라는 이미지로 재규정했다. 혼다는 자국의 수요량에 미국 시장에서 새로운 수요를 추가함으로써 모터사이클 생산에서 세계적인 규모의 경제를 실현할 수 있었다. 제품 이미지의 재규정은 그 밖에도 유통 경로의 접근 과정에서 닥치게 되는 어려움을 해소할 수 있다.

• **세분화된 시장의 확인** | 국가마다 요구하는 제품이 다르더라도 많은 국가들이 공통적으로 원하면서 동시에 이 국가들 대부분에서 거의 충족되지 않는 세분화된 시장의 수요가 있기 마련이다. 예를 들어 일본과 유럽의 기업들이 미국에서 소형 지게차와 소형 냉장고의 판매량에서 상

당한 부분을 차지할 수 있었던 것은, 미국의 제조업자들이 대규모 시장에만 주력하느라 이 시장을 소홀히 했기 때문이다. 이 시장은 국제적 규모의 경제에 의해 영향 받기 쉬우면서도 국내 기업들로서는 감당할 수 없는 특수한 기술, 시설 그리고 마케팅을 필요로 했다. 이외에도 글로벌 경쟁의 장애 요인에 덜 민감한 세분화된 시장이 있다. 인쇄 산업을 예로 들어보면 대부분의 세분화된 시장은 국내 산업으로 남아 있는 반면에, 조달 기간에 덜 민감한 고급 품질을 요구하는 시장의 경우에는 글로벌 시스템에서 충족될 수 있다.

• **적용 비용의 감소** | 기업이 기본 제품을 변화시켜 지역별 요구를 충족하는 데 드는 비용을 낮출 수 있는 경우에는, 국가별 제품 차별화에 의해 생겨나는 글로벌 경쟁의 장애 요인이 완화된다. 예를 들어 마쓰시타(Matsushita)는 타 국가들의 PAL 방식과 프랑스의 SECAM 방식을 모두 지원하는 TV를 개발했다. 통신 교환 장비에 대한 요구는 나라마다 전혀 다르지만 에릭슨(Erickson)은 하드웨어를 국가별 요구에 적용하는 데 필요한 변조 소프트웨어 패키지를 개발했다. 쉽게 적용할 수 있도록 어떤 제품을 변형하거나 제품 호환성의 범위를 확대하는 혁신은 어떤 것이든 글로벌 경쟁의 가능성을 열어준다. 특수 제품의 생산 원가를 낮추는 생산 기술의 변화 또한 마찬가지다.

• **디자인의 변화** | 디자인을 변화시켜 세계적 구매 규모의 경제에 영

향 받도록 부품을 좀 더 표준화하거나, 그러한 경제에 영향 받는 새로운 부품을 사용할 때 글로벌 경쟁을 지향하는 추세가 일반화된다.

- **생산 과정의 분리** | 일부 산업에서는 부분 또는 전체 부품의 생산은 집중적으로 하고 조립은 현지에서 하는 방법을 통해 현지 생산을 요구하는 정부 규제를 피할 수 있다. 규모의 경제가 주로 몇 개의 핵심 부품에서 기인하는 경우에는 이 부품의 집중 생산으로 경쟁의 세계화를 강력하게 추진할 수 있다.

- **자원이나 인식으로 인한 제약의 제거** | 새로운 기업들의 참여가 글로벌 경쟁을 가로막는 자원 부족의 제약 조건을 제거할 수 있다. 그 밖에도 세계화 이전 시기에 해당 산업에서 경쟁한 경험이 있기 때문에 갖게 되는 부담이 없고, 새로운 참여 기업들은 자유로운 입장에서 새로운 전략을 시작할 수도 있다. 예를 들어 일본 기업들과 홍콩, 싱가포르 및 한국 같은 아시아 국가의 기업들이 이런 식으로 산업을 전환하는 데 크게 성공했다.

때로는 외국 기업이 미국 기업보다 제품 재규정의 가능성과 세분화된 시장의 수요를 전 세계적으로 충족할 수 있는 기회를 더 잘 포착할 수 있었는데 그 이유는 일반적으로 외국 기업들이 자국 시장에서 이미 그러한 경쟁을 경험했기 때문이다. 일본의 모터사이클 제조업계는 모터사이클을 일상적인 수송 수단으로 간주하는 시장을 오랫동안 상대해왔으며, 유럽의 기업들은 미국의 주거 단위에 비해 협소한 유럽의 주거 단위로 인해 오래 전부터 소형 냉장고를 생산해왔다.

■ **미국 시장으로의 접근**

다수의 산업에서 외국 기업들이 미국 시장에 어느 정도까지 진출할 수 있었는지 하는 것이 세계화에 크게 영향을 미쳤는데, 그 이유는 전 세계 시장에서 미국 시장이 차지하는 비율이 워낙 크기 때문이다. 미국 시장의 전략적 성격을 인식한 외국 기업들은 이에 접근하기 위해 여러 차원의 혁신 전략을 서둘러 마련했다. 반면에 미국 기업들은 거대한 시장에 뿌리를 내리고 있기 때문에 글로벌 경쟁 방식을 구상해야 한다는 압박을 훨씬 덜 심각하게 느꼈다.

미국 정부의 정책은 외국 기업들의 접근을 자유롭게 허용함으로써 다른 국가들의 정책과는 큰 차이를 보인다. 미국이 이러한 접근을 허용한 까닭은 부분적으로 전쟁 후 일본 경제와 독일 경제를 도우려 했던 노력이 남긴 유산이다.

글로벌 산업에서의 경쟁

글로벌 산업에서의 경쟁은 국내에서의 경쟁에 비해 몇 가지 독특한 전략적 문제를 보인다. 이 문제의 해결책은 해당 산업 그리고 그 산업에 관련된 자국과 소재국에 의해 결정되겠지만, 글로벌 기업이라면 어떤 방법으로든 다음의 문제들에 직면하게 된다.

• **산업 정책과 경쟁에 임하는 태도 |** 글로벌 산업은 자국을 근거지로 전 세계를 대상으로 활약하는 기업들의 존재에 의해 특징지어진다. 특히 미국 밖에서는 경쟁자 분석을 할 때 단순히 기업뿐만이 아니라 그 기업의 본국도 함께 고려해야 한다. 기업과 그 기업의 출신국은 제도 보조금 등 여러 가지 후원의 형태를 포함하여 복잡한 관계를 맺고 있다. 자국 정부는 고용과 국제 수지 같이 기업의 입장에서 보면 엄격하게 경제적이지는 않은 목적들을 흔히 가진다. 정부의 산업 정책은 기업의 목표를 설정해주고 연구 개발 기금을 제공해주는 등 여러 가지 방법으로 글로벌 경쟁에서 기업의 입지에 영향을 미친다. 자국 정부는 (중장비 건설과 항공기의 경우) 세계 시장에서 경쟁하는 기업의 교섭력을 강화시켜주고, (농산물, 방위 산업 제품, 선박의 경우) 중앙 은행을 통해 판매 보증을 서주며, 또는 그 밖의 다른 방법으로도 기업의 이익 증진을 위해 정치적 권한을 행사한다. 어떤 경우에는 자국 정부가 주식 투자를 통해 기업에 직접적으로 관여하기도 한다. 이러한 자국의 도움은 공통적으로 철수 장벽을 높이게 된다. 글로벌 산업에서는 기업과 자국 정부 사이의 관계를 살펴보지 않고서는 경쟁자 분석이 불가능하다. 자국 정부의 산업 정책을 잘 파악하는 것 이외에도 주요한 세계 시장의 현지 정부들과 자국 정부 사이에 맺어져 있는 정치적·경제적 관계도 파악해야 한다.

글로벌 산업에서의 경쟁은 때로 해당 경제와의 관련 여부를 떠나 정치적으로 고려되어야 하는 경우도 있다. 항공기나 방위 산업 제품 및 컴퓨터 등의 구입에서는 기업별 제품의 품질을 비교해서 결정하는 경우 못지않게 구매국과 판매국 사이의 정치적 관계에 의해 결정되는 경우가 많다. 이러한 요인은 글로벌 산업에서 경쟁을 하는 기업이라면 정치적 문제에 대한 고도의 정보를 필요로 할 뿐만 아니라, 자국 정부 및 구매국 정부에 대한 그 기업의 특수한 관계가 전략적인 중요성을 띠게 됨을 의미한다. 경쟁전략은 주요 시장에 경제적 효율성이 결여되어 있는 경우라도, 이 시장에 조립 공장을 설치하는 등 정치적 기반을 마련하려는 의도에서의 행동들을 포함해야 한다.

- **주요 시장에서 맺는 현지 정부와의 관계** | 기업이 주요 시장에서 현지 정부와 맺고 있는 관계는 글로벌 경쟁에서 핵심적인 고려의 대상이 된다. 현지 정부는 글로벌 기업의 활동을 방해할 수도 있는 여러 가지 메커니즘을 가지고 있다. 일부 산업에서는 현지 정부가 중요한 구매자가 되기도 하고, 또 다른 산업에서는 현지 정부의 영향이 좀 더 간접적이기도 하지만 그 영향이 미치는 잠재력은 강력하다. 현지 정부가 자체의 권력을 행사할 가능성이 큰 경우에는, 글로벌 경쟁을 아예 차단해버릴 수도 있고, 한 산업에서 여러 개의 다른 전략적 집단을 만들 수도 있다. 도즈(Doz)는 연구를 통해 3가지 집단을 확인했다. 첫째 집단은 협력 관계의 기초 위에서 세계적으로 경쟁하는 기업들로 구성된다. 둘째 집단은 (종종 적은 시장점유율을 가진) 다국적 기업들로 구성된다. 이 기업들은 통합보다는 국

지적 대응 전략을 추구한다. 이 기업들은 정부의 여러 가지 제재를 피할 수 있으며, 실제로 현지 정부의 지지를 받는 경우도 있다. 마지막으로 셋째 집단은 현지 기업들로 구성된다. 글로벌 기업은 현지 정부의 관심에 대한 대응이 전략의 핵심이 된다(글로벌 경쟁의 대안에 대해서는 추후 상세하게 논의될 것이다).

글로벌 기업이 필요한 경제성을 확보하려면 특정한 주요 시장들에서 경쟁할 필요가 있다. 예를 들어, 기업이 글로벌 제조 전략을 수행하려면 특정한 주요 시장의 수요량을 필요로 할지도 모른다. 따라서 그 기업은 글로벌 전략을 수행할 수 있는 능력 자체에 영향을 미치는 시장에서 자사의 위치를 방어하는 데 전략적 관심을 기울여야 한다. 이러한 필요 때문에 현지 정부가 교섭력을 가지게 되며, 기업은 전략 전체를 보존하기 위해 양보를 해야 한다. 일본의 텔레비전과 자동차 산업 분야의 기업들은, 글로벌 경쟁에서 우위를 확보하는 데 핵심 요소가 되는 미국에서의 판매량을 유지하기 위해 미국 내에서 제조 과정의 일부 진행하여 미국의 정치적 관심을 충족시켰다. 또 IBM은 전체 인력의 현지 고용, 국가 간의 균형잡힌 회사 내 상품 이동 그리고 부분적인 현지 연구·개발 등의 정책을 실행했다.

- **체계적 경쟁** | 기업은 글로벌 산업에서 경쟁하는 것을 세계적인 것으로 정의하고 이러한 시각에 맞춰 전략을 세운다. 따라서 경쟁에는 시장 위치와 시설 및 투자의 전 세계적 협력 형태가 관건이 된다. 일반적으로

경쟁사 간의 시장 및 공장들은 일부 지역에서만 중복된다. 따라서 기업은 경쟁사와 중복되는 특정 시장 및 공장 소재지에 방어적 투자를 함으로써, 경쟁사가 세계 전략에서 얻을 수 있는 우위를 유지할 수 없도록 해야 한다. 니커보커(Knickerbocker)는 국제적인 경쟁에 대한 연구를 통해 이와 같은 행동 유형의 많은 사례를 발견했다.

- **경쟁사 분석의 어려움** | 3장에서 논의한 것과 동일한 종류의 요소들이 글로벌 기업의 분석에서 중요한 것은 사실이다. 그러나 글로벌 산업에 대한 분석이 어려운 것은 그러한 외국 기업들이 점점 많아지고 있으며, 또 외국 기업들 간의 체계적 관계가 분석되어야 하기 때문이다. 외국 기업에 대한 자료는 일반적으로 미국 기업에 대한 자료보다 적지만, 외국 기업과 미국 기업의 자료 양의 차이는 점점 줄어들고 있다. 그 밖에도 외국 기업의 분석은 외부인들이 이해하기 어려운 노동 관례나 경영 구조 등의 여러 분야에서 제도적으로 고려되어야 한다.

글로벌 산업에서의 전략적 대안

하나의 글로벌 산업에는 여러 가지의 기본적인 전략적 대안이 존재한다. 한 기업이 판단해야 하는 가장 근본적인 문제는 그 기업이 전 세계를 대상으로 경쟁해야 하는지, 아니면 하나 또는 소수의 국가 시장에서 방어적인 전략을 가지고 틈새시장을 공략하여 경쟁해야 하는지에 대한 것이다. 그 대안들로는 다음과 같은 것들이 있다.

- **광범위한 제품 종류에 대한 글로벌 경쟁 |** 이 전략은 해당 산업의 전 품목을 가지고 전 세계를 대상으로 경쟁하는 것이 목표이며, 글로벌 경쟁의 우위 요인을 활용하여 차별화나 전반적으로 낮은 원가의 위치를 확보하고자 하는 것이다. 이 전략을 실행하려면 대규모의 자원과 장기적인 시각이 필요하다. 기업이 대정부 관계에서 글로벌 경쟁에 대한 장애 요인의 감소를 주장하는 것은 경쟁우위를 극대화하려는 목적에서다.

- **글로벌 집중화 |** 이 전략은 소속 산업의 특정 부문을 선정하여 그 부문에서 글로벌 경쟁을 하는 것을 목표로 한다. 이때 선정되는 부문은 글로벌 경쟁에 대한 장애 요인이 약하고, 그 산업에서 다른 전체적인 제품 종류를 모두 제공하는 기업에 대해 방어할 수 있어야 한다. 이 전략은 선정된 부문에서의 저원가나 차별화를 추구한다.

- **국가적 집중화 |** 이 전략은 시장 간의 차이를 이용하여, 글로벌 기업들과의 대결에서 그 기업에 승리를 가져다줄 수 있는 특정한 국가 시장에만 초점을 맞추는 것이다. 이러한 형태의 집중 전략은 글로벌 경쟁의 경제적 장애 요인에 가장 민감한 국가 시장이나, 그 시장의 한 부문의 특수한 요구들을 충족함에 있어 차별화나 저원가를 목표로 한다.

- **보호받는 틈새시장** | 이 전략은 정부가 제품의 높은 국산화율을 요구하거나 관세 장벽을 높이는 등의 방법으로 글로벌 기업들을 배제하려는 국가를 찾아내는 것이다. 기업은 그러한 보호 조치를 받는 특수한 국가 시장에 효과적으로 대응할 수 있는 전략을 수립하는 한편, 보호 조치의 효과가 계속되도록 하기 위해 소재국 정부에 최대한의 관심을 기울인다.

일부 글로벌 산업에서는 특정 국가의 시장에 초점을 맞추거나 보호받는 틈새시장을 추구하는 전략이, 글로벌 경쟁에 대한 장애 요인이 없기 때문에 실행 불가능하다. 반면에 다른 일부 산업에서는 이러한 전략을 통해 글로벌 기업들을 막아낼 수 있다. 점차 늘어가고 있는 글로벌 산업 전략으로 국적은 다르지만 동일 산업에 종사하는 기업들 사이의 초국가적 연합이나 협력 협정이 있다. 경쟁사를 대상으로 기술이나 시장 접근 같은 영역에서 글로벌 전략을 수행할 때 당면하게 되는 어려움을 연합의 방법을 통해 극복할 수 있다. 항공기 산업 [GE-스네크마(Snecma)], 자동차 산업 [크라이슬러-미쓰비시(Mitsubishi), 볼보(Volvo)-르노(Renault)], 전자제품 산업[지멘스(Simense)-알리스-챠머, 굴드(Gould)-브라운(Brown)-보버리(Boveri)]에서 일반적으로 글로벌 연합이 일어났다.

글로벌 경쟁에 영향을 미치는 흐름

지금까지의 논의와 같은 맥락에서 보면 기존의 글로벌 산업 경쟁과 새로운 글로벌 산업 등장에 중요한 역할을 하는 트렌드를 살펴볼 수 있다.

- **국가들 간 경제적 차이의 감소** | 소득, 요소 비용, 에너지 비용, 마케팅 관행, 유통 경로와 같은 영역에서 선진국과 개발도상국 간의 경제적 차이가 좁혀지고 있음을 이미 여러 사람들이 지적했다. 이러한 현상은 부분적으로 전 세계에 기술을 파급하는 데 적극적인 태도를 보이는 다국적 기업들의 영향이 크다. 이유가 무엇이든 간에, 이러한 추세는 글로벌 경쟁의 장애요인을 감소시키는 방향으로 작용한다.

- **보다 공격적인 산업 정책** | 많은 국가들의 산업 정책이 변하고 있다. 소극적이거나 방어적인 태도를 취하던 일본, 한국, 싱가포르 및 독일과 같은 국가들의 정부가 새롭게 적극적인 태도로 면밀히 선택한 분야에서 공업화를 촉진했다. 이들 정부는 또한 그다지 바람직하지 않다고 판단되는 분야는 과감하게 포기했다. 이들 국가의 기업들은 새로운 산업 정책의 지지를 받으면서, 대규모 생산시설을 건설하거나 새로운 시장으로의 침투를 위해 대대적인 투자를 하는 등 산업을 세계적 지위로 전환할 수 있는 과감한 조치를 취했다. 따라서 정부 후원을 받지 못하는 분야의 기업들은 탈락하는 반면에, 글로벌 산업에서 살아남은 기업들은 행동이 달라졌다. 이처럼 살아남은 기업들은 적극적 태도를 취하는 정부로부터 강력한 후원을 받기 때문에, 경쟁에 동원될 수 있는 자원의 규모가 확대된다. 정부 개입에 의해 중요성을 띠게 된 비경제적 목표들도 점차 영향을 미치

게 된다. 이러한 요인의 작용으로 글로벌 경쟁이 가열되며, 철수 장벽 또한 높아진다. 그리고 높아진 철수 장벽 때문에 다시 경쟁이 가열된다.

- **자국 특유의 자산에 대한 국가의 재인식 및 보호조치** | 정부가 경제적 경쟁의 관점에서 볼 때 자국의 자원 중에서 어떤 것이 자국 특유의 것인지 점차 인식하게 되며, 나아가서는 정부가 이러한 자산(석유, 구리, 주석, 고무 등)의 소유로 인한 경제적 혜택을 놓치지 않으려고 노력하는 경향이 점점 더 뚜렷이 나타난다. 천연자원은 정부 소유권에 의해 직접적으로 또는 정부와 생산업자의 합작 투자에 의해 간접적으로 통제받아온 자원의 예다. 조금 숙련되어 있거나 거의 숙련되어 있지 않은 저임금의 풍부한 노동력(한국, 대만, 홍콩 등) 또한 일부 국가들이 명백하게 인정하고 있는 자산의 또 다른 예다. 이처럼 자국 특유의 자원을 적극적으로 이용하려는 정부의 태도는, 앞서 논의했듯이 산업화 정책에 대한 철학의 변화를 반영하는 것이다.

이러한 태도는 보호받는 자산이 전략적으로 중요한 산업에서의 글로벌 경쟁에 대해 중대한 시사점을 가질 수도 있다. 외국 기업들은 핵심적인 자원에 대한 효과적인 통제력을 잃게 될 수도 있다. 석유 산업을 예로 들어보면, 정부의 방향 전환이 있었기 때문에 석유회사들은 생산 단계에서 이윤을 수확하려는 의도의 행동을 포기하고, 수직 결합의 하부 단계(수송, 정유, 판매 등) 각각에서 이윤을 얻는 쪽으로 전략의 방향을 재조정했다. 다른 산업의 경우에는, 그로 인해 자국의 특정 기업이 글로벌 경쟁에서 근본적인 우위에 서게 될 수도 있다.

• **기술의 자유로운 확산** | 기술의 자유로운 확산으로 인해 개발도상국의 기업들을 포함하여 보다 폭넓은 기업들이 세계적 규모의 현대적 생산시설에 투자할 수 있는 능력을 갖게 된다. 특히 일본 기업은 자사의 기술을 해외로 판매하는 데 아주 적극적이었다. 그 밖에도 기술을 구입한 일부 기업들은 다른 기업들에 그 기술을 염가로 재판매하는 데 주저하지 않았다. 이런 행동이 모두 글로벌 경쟁을 더욱 가속화시킨 촉매제다.

• **대규모 신시장의 점진적 출현** | 오랫동안 미국은 엄청난 규모의 시장으로 인해 글로벌 경쟁의 전략적 시장이 되어왔다. 그러나 후에는 중국과 러시아, 인도가 거대한 시장으로 부각되기 시작했다. 이러한 가능성은 여러 가지 시사점이 있다. 첫째, 만약 중국과 러시아가 자국 시장에 대한 접근을 통제한다면, 이들 국가의 기업들은 중요한 글로벌 세력이 될 것이다. 둘째, 하나의 시장 또는 그 이상의 접근이 장래에 한 기업의 사활을 결정할 만큼 중요한 전략적 변수로 작용하게 되면, 시장이 제공해줄 것으로 예상되는 규모의 경제가 기업의 성패를 좌우할 것이다.

• **개발도상국의 도전** | 지난 몇 십 년 동안 글로벌 산업에서 두드러진 현상은 개발도상국, 특히 대만·한국·싱가포르·브라질로부터의 도전이라 할 것이다. 전통적으로 개발도상국은 값싼 노동력과 풍부한 천연자원 또는 둘 중 하나를 밑천으로 삼아(섬유 공업, 장난감과 플라스틱 제품 등의 경공업 등) 경쟁해왔다. 그러나 개발도상국들의 경쟁은 조선업과 TV, 철강, 섬유

제조업 같은 자본 집약적인 산업에서 점차 강한 영향을 미치기 시작했다. 자동차 산업도 마찬가지다.

개발도상국은 대부분 대규모 시설에 대대적인 투자를 하고, 적극적으로 최신 기술을 도입하고, 더 나아가 큰 위험까지도 감수할 준비가 되어 있다. 이들의 도전에 가장 큰 위협을 받고 있는 산업은 대체적으로 다음과 같이 진입장벽이 높지 않다.

- 급속하게 변화하는 독점 기술
- 숙련된 노동
- 조달 기간에 대한 민감성
- 복잡한 유통 및 서비스
- 복잡하고 기술적인 판매 업무
- 소비자 지향성이 강한 마케팅

이 요인들의 일부는 앞에서 말했던 것처럼 글로벌 경쟁의 장애 요인으로 인식될 수 있다. 이러한 요인이 개발도상국 기업들의 침투를 저지하지는 못하지만, 개발도상국 기업들로서는 넘기 어려운 장벽이다. 왜냐하면 자원이나 기술의 획득이 불가능하거나, 경험이 부족하거나, 신용 및 확립된 관계가 결여되어 있거나, 또는 전통적인 개발도상국 시장이 현지 시장의 상황과 크게 달라져 그 시장의 요구 조건을 파악할 수 없기 때문이다.

3부
전략적 의사 결정

14장 | 수직 통합의 전략적 분석
15장 | 생산시설의 확장
16장 | 새로운 사업으로의 진입

3부에서는 1부의 분석 구조에 입각하여, 한 산업에서 발생하는 전략 결정의 다음과 같은 3가지 주요 형태를 개별적으로 검토할 것이다.

- 수직 통합(14장)
- 주요 생산시설의 확장(15장)
- 진입(16장)

전략 결정의 다른 주요한 형태인 투자 회수에 대해서는 쇠퇴 산업에서의 경쟁 문제를 분석했던 12장에서 상세하게 논의되었다.

3부의 각 장은 검토 대상인 특정 전략의 결정과 관계가 있는 1부의 개념을 기초로 한다. 그 밖에도 3부는 조직 경영과 동기 부여에 대한 경제 이론 및 관리상의 고려사항을 추가로 포함한다.

3부는 단순히 기업이 전략적 의사 결정을 내리는 데 도움이 되고자 하는 것뿐만 아니라 경쟁사와 소비자, 공급자 그리고 잠재적 진입자들이 이에 어떻게 대응할지 통찰할 수 있는 시각을 부여하고자 한다. 따라서 3부에서는 1부와 2부에서 제시한 개념들을 심화시킬 것이다.

14장

수직 통합의 전략적 분석

수직 통합이란 기술적으로 구분되는 생산, 유통, 판매 그리고 그 밖의 경제적 과정을 단일 기업의 내부에 하나로 합치는 것을 말한다. 다시 말해서 그것은 시장 거래보다도 내부적 또는 경영상의 거래를 이용하여 자체의 경제적 목적을 달성하고자 하는 기업의 의사 결정을 의미한다. 예를 들어 과거에는 시장을 통해 독자적 판매조직과 계약함으로써 필요한 판매 용역을 공급받던 기업도 현재는 자체의 판매 조직을 가지고 있다. 마찬가지로 과거에는 독자적 채광 업체와 계약하여 필요로 하는 것을 공급받았을 기업이 현재 자체 가공하여 완제품으로 만들 생산 원료를 직접 채굴하고 있다.

이론상으로는 현재 한 기업이 수행할 것이라고 기대되는 영업 기능 전부를 독자적 경제 주체들이 여럿 모여서 공동으로 수행할 수 있으며, 이때 각각의 경제 주체는 단 한 명의 경영자와 단 하나의 책상 외에 아무것도 필요하지 않은 중앙 관리자와 계약을 맺는다. 실제로 도서 출판 산업과 음반 산업의 기업들은 이와 비슷한 형태를 취한다. 다수의 출판업자들은 편집, 도면 설계, 그래픽, 인쇄, 배포, 판매를 모두 계약에 의해 처리하고, 어떤 책을 출판하여 어떻게 마케팅하고 경비를 조달할 것인지에 대한 결정만을 스스로가 담당한다. 마찬가지로 일부 음반 제작사는 개별 음악가, 프로듀서, 리코딩 스튜디오, 음반 생산 설비, 유통 및 마케팅 조직과의 계약을 통해 음반을 창작하고 제작 및 판매한다.

    하지만 대부분의 경우에는 일련의 독자적 경제 주체들과 계약을 하는 것보다 제품 생산이나 서비스 제공에 필요한 관리, 생산, 유통 및 마케팅 과정의 대부분을 직접 수행하는 것이 기업에 보다 유리하다. 그들은 이 기능을 자체 내에서 수행할 때 경비가 절약되고, 덜 위험하며, 조정이 더 쉽다고 생각한다.

    수직 통합에 관한 의사 결정 대부분은 그러한 결정에 수반되는 재무상의 계산에 초점을 맞추고 '생산이냐 구입이냐'에 대한 결정에 입각하여 이루어진다. 즉 통합으로 인해 절약되는 경비의 정도를 산정하고, 그것을 필요한 투자의 양과 대조하는 것이 기본 과제다. 하지만 수직 통합의 결정에는 이보다 훨씬 광범위한 문제가 따른다. 수직 통합 결정에 있어서의 핵심은 재무상의 계산 자체가 아니라, 그러한 계산을 하는 데 기본적 자료로 쓰이는 숫자들이다. 그러한 결정을 하고자할 때는 비용 절감과 필요한 투자량에 대한 분석을 넘어서 시장 거래의 이용이냐 통합이냐를 두고 좀 더 광범위한 전략적 문제도 다루어야 한다. 뿐만 아니라, 수직으로 통합된 기업의 성공에 영향을 미칠 수 있는 관리의 어려움까지도 고려 대상의 범위에 포함해야 한다. 이런 문제들을 정량화하기란 결코 쉬운 일이 아니다. 이 문제를 결정하는 핵심은 직접적으로는 경제적 관점에서, 간접적으로는 조직체에 미치는 영향의 관점에서 수직 통합이 주는 이익과 그에 소요되는 비용의 규모와 전략적 중요성이다.

 이 장에서는 전략적 맥락에서 수직 통합의 합당한 정도를 결정하려는 경영자에게 도움을 주고, 수직 통합 또는 해체할 것인지에 대한 결정에 근거를 제시해주고자 하는 목적에서 수직 통합의 경제·경영적 결과들을 검토할 것이다. 한 기업에 알맞은 수직 통합의 수준을 찾아내려면 수직 통합의 경제·경영적 이익을 비용과 대조해봐야 한다. 이러한 대조의 결과는 특정한 비용이나 이익 그 자체뿐 아니라, 산업과 기업의 특수한 전략적 위치에 따라서 크게 다르기 마련이다. 그리고 기업이 (필요한 것들 중 일부를 자체에서 생산하고 나머지는 위탁하는 식의) 부분 통합 전략을 택할 것인지, 아니면 완전 통합 전략을 택할 것인지에 따라서도 이익과 비용에 차이가 있을 수 있다. 그 밖의 부채나 주식 투자 등을 이용하여 완전한 소유권 없이도 수직 관계의 기업들과 제휴하는 유사 통합의 방법을 사용한다면, 통합의 비용 전부를 부담하지 않으면서도 통합의 이익 대부분을 얻어낼 수 있다.

 여기에서 제시하는 체계는 공식이라기보다는 수직 통합의 중요한 이익과 비용을 낱낱이 고려하고, 경영자가 빠지기 쉬운 몇 가지 고질적 함정을 지적하고, 나아가서는 완전 수직 통합의 이익을 가져 수 있는 몇 가지 대안을 제시하는 가이드에 지나지 않는다. 이 체계는 관찰 대상이 되고 있는 특수한 상황에 대한 신중한 산업 및 경쟁 분석 그리고 의사 결정을 하는 기업에 의한 신중한 전략적 평가와 결합되어야 할 것이다.

수직 통합의 전략적 이익과 비용

수직 통합에는 어떤 결정에 있어서도 고려될 필요가 있는 몇 가지 중요한 일반적 이익과 비용이 수반된다. 그러나 그 중요성은 산업에 따라 달라진다. 이것은 관점의 변화만 필요할 뿐 전방 통합과 후방 통합 모두에 적용된다. 전방 통합이나 후방 통합처럼 특이한 몇 가지 문제는 뒷부분에서 다루기로 하고, 여기에서는 일반적인 이익과 비용에 대해서 논의할 것이다. 논의의 편의를 위해 수직 계열에 있어서 상방 기업(후방)은 판매 기업으로, 하방 기업(전방)은 구매 기업으로 정한다.

생산량 vs 효율적 규모

수직 통합의 이익은 다른 무엇보다도 해당 기업이 인접 단계에서 구매하거나 판매하는 제품의 거래량과 그 단계에서의 효율적인 생산 규모 사이의 관계에 의해 결정된다. 설명의 편의를 위해 후방으로 통합한 기업의 경우를 살펴보기로 한다. 후방 통합을 생각하고 있는 기업은 규모의 경제를 실현할 수 있을 만큼의 구매량을 감당하는 충분한 자체 공급 시설을 갖추어야 한다. 그렇지 못한 경우에 기업은 딜레마에 빠지게 된다. 즉 기업은 자체적 생산을 결정함으로써 초기 투입 자원에 대한 원가상의 불이익을 받아들이든지, 아니면 후방 부문의 생산량 일부를 자유 시장에서 판매해야 한다. 나중에 좀 더 폭넓게 논의하겠지만 공개 시장에서 과잉 생산된 물품을 판매하는 것이 쉽지 않은 이유는 그 물품을 경쟁사에 판매할 수밖에 없는 경우가 생길 수 있기 때문이다. 기업의 필요량이 효율적인 단위의 규모를 초과하지 않을 경우에는 기업이 통합의 2가지 대가 중 하나를 부담할 수밖에 없는데, 이때 비용을 얻을 수 있는 이익과 비교해봐야 한다. 기업은 자체의 필요만을 충족하기 위해 비효율적인 소규모 생산시설을 갖추든지, 아니면 효율적인 규모의 생산시설을 갖추고 나서 공개 시장에서의 판매나 구매에 따르는 위험부담을 감행해야 한다.

■ 수직 통합의 전략적 이익

- 통합의 경제

생산량이 규모의 경제를 거둘 수 있을 만큼 큰 경우, 가장 일반적으로 거론되는 수직 통합의 이익은 공동 생산, 공동 판매, 공동 구매, 공동 관리 등 여러 영역에서의 경제 또는 원가 절감의 실현을 통해 나타난다.

• **통합 운영의 경제** | 기술적으로 다른 운영 과정을 한데 집결시킴으로써 능률을 도모하는 경우가 있다. 제조 산업에서는 이러한 조치를 통해 생산 과정에서 단계의 수와 취급 비용 및 수송비를 줄일 수 있으며, 한 단계(기계 작업 시간, 물리적인 공간 보수 시설 등)의 분할이 불가능하여 생기는 유휴 시설을 활용할 수 있다. 철강 압연(hot rolling of steel)의 경우를 살펴보면, 제

강 공정과 압연 공정이 통합되어 있을 때는 철강 봉을 재가열할 필요가 없다. 금속을 다음 단계의 공정으로 넘기기 전에 산화를 방지하기 위해 마감 처리할 필요가 없으며, 특정 기계의 작업 역량 같은 유휴 투입 요소들이 두 공정 모두에서 이용될 수 있다. 황산 생산에서 후방 통합을 달성한 대규모 황산 사용업체들(비료 회사, 정유 회사 등)의 경우에서 보듯이, 생산시설이 서로 가깝게 위치하면 과중한 수송비를 크게 절감할 수 있다.

- **내부 통제와 조정의 경제** | 계획을 짜고, 운영 조정을 하고, 긴급 사태에 대처하는 데 드는 비용은 기업이 통합되어 있을 경우 크게 낮아진다. 통합된 시설이 인접한 위치에 있기 때문에 조정과 통제가 용이해지는 것이다. 그 밖에도 기업 내부의 한 부문은 자회사의 요구에 충실하기 마련이며, 따라서 예기치 못한 일들에 대처할 수 있게 돼 낭비가 크게 줄어들 것이다. 원료의 일관성 있는 공급이나 원활한 납품 능력 덕분에 생산 계획과 납품 계획 그리고 유지보수 계획이 더욱 잘 통제된다. 이는 공급업자의 입장에서 볼 때 납품하지 못해 발생하는 수입의 감소가 생산 중단으로 인해 발생하는 비용 감소보다 작을 수 있으며, 따라서 정확하게 납품하려고 하는 그들의 동기를 확인하기 어렵다. 제품 형태의 변화, 제품 재설계 및 새로운 제품의 출시 또한 내부에서라면 조정이 더욱 쉽거나 더 빨리 이루어질 수도 있다. 이러한 통제의 경제 덕분에 낭비되는 시간, 재고의 필요성, 통제 기능에 필요한 인력이 줄어들 수 있다.

• 정보의 경제 | 운영의 통합으로 시장 정보의 수집에 대한 필요성이 감소되며, 더욱 중요한 것은 정보 획득의 총비용이 축소될 수 있다는 점이다. 통합된 기업의 경우에는 시장을 조사하고 수요와 공급 및 가격을 예측하는 데 드는 고정비가 모든 부문으로 분산되는 반면, 통합되지 않은 기업의 경우에는 개별 주체들이 각각 부담해야 한다.

예를 들어 통합된 식품 가공 업체는 최종 제품에 대한 판매 계획을 수직 계열사의 모든 부문에서 사용할 수 있다. 마찬가지로 시장 정보는 일련의 개별 주체들을 통해 흐를 때보다 단일 조직 내에서 보다 원활하게 흐른다. 따라서 통합은 기업이 시장 정보를 더욱 신속하고 정확하게 얻을 수 있도록 한다.

• 시장 회피의 경제 | 통합을 통해 기업은 시장 거래에서 발생하는 판매, 가격 결정, 협상 그리고 거래 비용을 잠재적으로 절약할 수 있다. 일반적으로 내부의 거래에서도 어느 정도의 협상은 있지만, 그 비용이 외부 기업들과 거래할 때 드는 비용만큼 크지 않다. 판매 인력이나 마케팅 그리고 구매 부서도 필요 없다. 더욱이 다른 마케팅 비용과 마찬가지로 광고비가 필요 없다.

• 안정된 관계의 경제 | 후방 부문이나 전방 부문 모두는 자신들의 구매·판매 관계가 안정되어 있음을 알기 때문에, 상대방과 거래함에 있어서 좀 더 효율적이고 전문화된 절차를 개발할 수 있다. 하지만 독립적

인 공급자나 구매자 사이에서는 구매자와 판매자 모두가 다른 업자에 의해 밀려나게 될지도 모른다는 위험이 존재하기 때문에 그것이 불가능할 수 있다.

구매자나 공급자를 상대함에 있어서의 특화된 절차에는 전문화된 물류 시스템, 특별한 포장방법, 독특한 통제 방법 그리고 비용 절감을 가능하게 하는 여러 방법들이 포함된다.

그 밖에도 안정된 관계는 전방 부문의 요구 조건에(품질이나 세부 사항에 있어서) 정확하게 맞출 수 있도록 후방 부문이 제품을 공급해주거나, 전방 부문이 스스로 후방 부문의 제품 특징에 좀 더 충실하게 적응할 수 있도록 해준다. 그러한 적응이 수직 통합을 통해서가 아니라 독립 주체들이 서로 강하게 결속되어 이루어지는 경우에는 위험 부담 비용이 요구되며, 이 비용이 원가를 상승시킨다.

- **수직 통합으로 인한 경제의 특징** | 통합의 경제가 수직 통합에 대한 분석의 핵심이 되는 것은 그것 자체가 중요할 뿐만 아니라, 앞으로 논의하게 될 통합에서의 몇 가지 다른 이슈들의 의미를 해석하는 데 기여할 것이기 때문이기도 하다. 분명히 그런 경제에 대한 중요성은 한 산업 내에서도 각 기업의 전략 그리고 강점·약점에 따라 기업마다 다르다. 예를 들어 저원가의 생산 전략을 중시하는 기업의 경우에는 그것이 온갖 형태의 경제 실현이라는 의미가 있다. 마찬가지로 시장에서의 입지가 약한 기업의 경우에는 시장 거래를 피함으로써 원가를 더욱 절감할 수 있다.

- 기술의 숙지

수직 통합에서 얻을 수 있는 또 하나의 혜택으로 기술의 숙지를 지적할 수 있다. 통합을 계기로 기초 사업의 성공에 필수적인 전방 산업 또는 후방 산업의 기술과 친숙해 질 수 있는 경우는 드물지 않으며, 이것 또한 별도로 논의할 가치가 있는 정보의 경제이다. 예를 들어 다수의 메인프레임 컴퓨터 및 미니컴퓨터 제조 기업들이 후방 통합을 통해 반도체 디자인 및 제조업계로 진출했는데, 그 의도는 핵심적인 기술을 좀 더 잘 파악하려는 것이었다. 많은 영역에서 부품 제조업자들은 전방 통합을 통해 그 부품이 어떻게 사용되는지 상세하게 이해할 수 있게 되었다. 일반적이지는 않지만, 기술 숙지를 위한 통합이 대부분 부분 통합인 이유는 완전 통합에는 상당한 기술상의 위험이 따르기 때문이다.

- 신뢰할 수 있는 수요와 공급

수직 통합은 공급량이 모자라는 시기에도 필요량을 공급받을 수 있거나, 전반적인 비수기에도 제품 판로를 확보할 수 있게 한다. 통합은 전방 부문이 후방 부문의 생산품을 흡수할 수 있는 정도만큼의 수요를 보장해준다. 전방 부문의 이러한 능력은 전방 부문의 수요에 대한 경쟁적 환경의 영향에 의해 결정된다. 수요가 전방 산업에서 하락하면 내부 단위의 판매량 또한 하락할 것이고, 이와 함께 내부 공급 부문의 생산품에 대한 필요량도 하락할 것이다. 이처럼 통합은 말 그대로 수요를 보장해준다기보다는, 기업이 고객의 자의에 스스로 내맡길 수밖에 없을 경우의 불확실성을 줄여줄 뿐이다.

수직 통합이 수요와 공급의 불확실성을 줄여주고, 가격 변동으로부터 기업을 보호할 수 있는 것은 사실이지만, 그렇다고 해서 내부의 거래 가격이 시장 변동을 반영할 수 없다는 말은 아니다. 생산품이 시장 가격을 반영하는 거래 가격으로 통합 기업 내의 한 부문에서 다른 부문으로 이전되어야 하는 이유는, 각 부문이 자체의 사업을 합리적으로 경영해야 하기 때문이다. 대체 가격이 시장 가격에서 이탈할 경우, 그 차액만큼 한 부문이 다른 부문을 보조하고 있는 것이며, 그 결과 한 부문은 경영 상태가 호전되고 다른 부문은 악화된다. 전방 부문과 후방 부문의 경영진이 각각 효율성을 떨어뜨리는 이런 인위적인 가격에 근거하여 의사를 결정하면 이 부문의 경쟁적 위치는 약화될 것이다. 예를 들어 후방 부문이 전방 부문에 공개 시장 가격보다 훨씬 낮은 가격으로 공급한다면, 회사 전체가 위기를 맞게 될 가능성이 크다. 전방 부문의 경우, 경영진은 인위적으로 낮춘 가격의 근거 위에서 행동하는 유리한 입장에 놓여 있기 때문에 당연히 자체의 시장점유율을 확대하고자 할 것이다. 따라서 후방 기업은 더 많은 양의 가격이 할인된 생산품을 공급하게 될 것이다.

이처럼 공급과 수요의 보장은 시장 변동으로부터의 완전한 보호가 아니라 기업에 대한 시장 변동의 영향으로 인한 불확실성을 줄여주는 것으로 간주되어야 한다. 거래 중지의 위험이 적어지고, 공급 또는 수요 측에서 변화의 가능성이 사라지고, 평균 시장가 이상의 가격을 지출하면서 긴급 사태에 대처할 수밖에 없는 상황에 빠지게 될 위험이 줄어들 경우에는, 전방 부문과 후방 부문 모두가 보다 훌륭한 계획을 세울 수 있을 것이다. 이러한 불확실성의 감소는 한 단계 또는 두 단계 모두가 자본 집약적일 때 특히 중요하다. 수요와 공급의 보장이 주로 석유, 철강, 알루미늄 같은 산업들에서 통합의 동기로 작용했다.

- 교섭력과 투입 비용의 불리함 상쇄

한 기업이 상대하는 공급자나 고객들이 강한 교섭력을 행사하고 있거나 자본의 기회 비용을 상회하는 투자 수익을 수확하고 있을 경우에는, 통합에 따르는 다른 이익이 없다 해도 통합하는 것이 유리하다. 통합을 통한 교섭력 상쇄는 (후방 통합의 경우) 공급가를 낮춰주거나 (전방 통합의 경우) 실현 가격을 높여준다. 그 밖에도 강력한 공급자나 소비자와 대항하기 위해 해야 했던 가치없는 업무가 더 이상 필요하지 않게 되기 때문에 기업은 좀 더 능률적으로 운영할 수 있게 된다. 공급자나 소비자의 교섭력은 그 기업이 속한 산업들 각각의 구조에 의해 결정된다.

교섭력의 상쇄를 위한 후방 통합에는 다른 이익이 있을 수 있다. 한 투입 자원의 공급자들이 가져갔던 이윤을 회사 내부로 돌리다 보면, 그 자원의 실질 원가를 알 수 있다. 그렇게 되면 기업은 통합 전 두 경제 주체의 수익성을 극대화할 수 있는 수준에서 최종 제품의 가격을 결정할 수 있다. 기업이 투입 자원의 실질 원가를 알고 있다는 사실은 기업이 전방 부문의 생산과정에서 사용하는 여러 가지 투입 자원의 믹스를 대체함으로써 능률을 증진시킬 수 있음을 의미한다. 이러한 조치가 수익성을 높일 수도 있다.

기업의 입장에서 보면 투입 자원의 실질 기회 비용에 맞추어 가격을 적용할 수 있는 이익이 분명하게 있지만, 대체 가격 정책이 이러한 이익의 획득을 방해한다는 사실에도 주목해야 한다. 한 투입 자원의 외부 공급자가 교섭력을 가질 경우에는 시장 가격에서의 내부 이전이 투입 자원의 실질 기회 비용보다 높은 수준에서 이루어진다.

- 차별화할 수 있는 능력의 강화

수직 통합은 경영진의 통제 하에서 좀 더 많은 몫의 부가가치를 제공함으로써 스스로를 다른 기업들과 차별시킬 수 있는 기업의 능력을 증진시켜준다. 이러한 측면은 더 나은 서비스를 제공하기 위해 유통 경로를 더욱 잘 통제하도록 해주고, 독점적인 부품들의 자체 내 제작을 통한 차별화의 기회를 제공해줄 수도 있다(차별화에 대한 수직 통합의 효과는 추후 좀 더 자세하게 논의될 것이다).

- 진입 및 이동 장벽의 제고

만약 수직 통합이 이러한 혜택 중의 어느 하나를 실현했다고 하면, 그로 인해 이동 장벽이 더 높아지게 될 수 있다. 이러한 혜택은 더 높은 가격, 더 낮은 원가 또는 더 가벼운 위험부담 등의 형태로 나타나면서, 통합된 기업으로 하여금 통합되지 않은 기업과의 경쟁에서 상당한 우위에 설 수 있게 해준다. 따라서 통합되지 않은 기업은 통합을 하든지 불리한 위치를 감수해야 하며, 신생 기업 또한 통합된 기업으로 들어오든지 아니면 마찬가지로 부담을 감수해야 한다. 통합의 혜택이 크면 클수록 다른 기업들이 받는 통합의 압력은 그만큼 더욱 강해진다. 규모의 경제가 강력하게 작용하거나 통합하는 데 요구되는 자본으로 인한 장벽이 있는 경우에는 통합에 대한 강요가 이 산업의 이동 장벽을 높이는 역할을 한다. 반면에 규모의 경제가 약하고 요구되는 자본의 규모가 그다지 크지 않은 경우에는, 통합에 대한 강요가 경쟁에서 거의 영향을 주지 못한다.

- 고수익 사업으로의 진입

기업이 수직 통합을 통해 투자에 대한 총수익의 비율을 높이는 경우도 있다. 수직 통합을 고려하고 있는 생산 단계가 자본의 기회비용보다 더 큰 투자 수익을 제공하는 구조를 가지고 있는 경우, 통합 자체로는 경제성을 도모할 수 없다고 해도 통합하는 것이 유익하다. 물론 이때 통합을 시도하는 기업은 현재 그 산업에 종사하고 있는 기업들의 투자 수익을 고려하거나 비교해서는 안 된다. 기업은 그 산업에서 얻게 될 투자 수익에 대한 계산에 산업의 진입장벽을 극복하는 데 드는 비용을 포함해야 한다. 16장에서 다시 논의하겠지만, 이 기업은 다른 참여 예상 기업들에 비해 어느 정도 우위에 설 수 있어야 한다.

- 공급자 또는 소비자의 상실에 대한 대책

통합의 긍정적인 혜택이 전혀 없다 하더라도, 통합을 통해서만이 공급자나 소비자에 대한 접근이 가능하다면 이에 대한 대책으로서라도 통합은 필요하다. 경쟁사들은 광범위한 통합을 통해 다수의 공급원이나 소비자 또는 소매 판로의 결속을 강화할 수 있다. 이런 경우 통합되지 않은 기업들은 나머지 공급자나 소비자를 두고 다툴 수밖에 없는 사태에 직면하게 된다. 더구나 남은 소비자나 공급자는 통합된 기업들이 이미 확보한 소비자나 공급자보다 열등할 가능성이 크므로 사태는 더욱 심각해진다. 공급자나 소비자를 놓치는 것은 유통 경로에 대한 접근을 막는 이동 장벽을 높이거나, 좋은 조건에서 원자재를 공급해 주는 공급자에 대한 접근을 막는 절대 원가 장벽을 높인다.

따라서 방어의 목적으로 기업은 통합을 해야 할 수밖에 없다. 그러지 않으면 그러한 상실로 인한 불리한 입장을 감수할 수밖에 없는데, 이때의 불리함은 놓쳐버린 소비자나 공급자의 비율이 높을수록 그만큼 더 심각하다. 같은 이유로 신생 기업도 통합된 근거 위에서 사업을 시작해야 한다. 규모의 경제가 현저하거나 소요 자본이 큰 경우에, 통합에 대한 요구는 앞서 말했던 것과 동일한 방식으로 이동 장벽을 높일 것이다. 미국의 경우, 시멘트와 신발 같은 산업들에서 이러한 상실의 문제가 발단이 되어 통합 현상이 폭넓게 전개되었다.

■ 수직 통합의 전략적 비용

수직 통합의 전략적 비용에 관해서는 주로 진입비, 유연성, 균형 감각의 유지, 관리 능력 그리고 시장 인센티브에 대비한 조직 내부의 인센티브 사용과 같은 비용들을 다룰 수 있다.

- 이동 장벽을 극복하는 데 드는 비용

수직 통합은 전방 사업이나 후방 사업에서 경쟁하려 하는 기업에 이동 장벽의 극복을 분명히 요구한다. 무엇보다도 통합은 새로운 사업으로의 진출을 위해 선택 가능한 일반적 전략의 옵션 중 하나의 특수한 경우에 지나지 않는다. 수직 통합에 뒤따르는 사내에서의 판매·구매 관계 덕분에 통합 기업이 유통 경로에 대한 접근과 제품 차별화 같은 이동 장벽을 쉽게 극복하고 인접 산업으로 진출하는 경우도 흔히 있다. 하지만 독점적 기술이나 유리한 원료 공급원의 확보로 인한 원가 우위의 장벽은 규모의 경제나 소요 자본과 같은 이동 장벽들 못지않게 극복하기가 쉽지 않다. 그 결과 수직 통합은 관련 기술이 잘 알려져 있고 효율성을 고려해 최소한의 생산 규모가 크지 않은 금속 컨테이너, 에어로졸 포장, 황산 등의 산업에서 가장 빈번하게 발생한다.

-영업 레버리지의 증가

수직 통합은 한 기업의 고정비 비율을 높여준다. 예를 들어 그 기업이 한 가지 투입 자원을 현물 시장에서 구입하고 있다면, 자원에 지불하는 비용은 모두 유동비가 될 것이다. 반면에 투입 자원이 자체 내에서 생산될 경우에는, 경기 침체나 다른 어떤 이유 때문에 수요가 줄어든다고 해도 기업은 투입 자원의 생산으로 인해 발생하는 모든 고정비를 감당해야 한다.

후방사업 부문의 판매량이 전방 사업 부문의 판매량에서 파생되기 때문에 둘 중 한 사업에서 경기변동이 일어나면 계열사 전체로 파급된다. 경기변동은 경기 순환이나 산업 내 경쟁, 시장 개발 등에 의해 발생하게 된다. 이처럼 통합은 한 기업의 영업 레버리지를 확대하게 하며, 그 결과 기업은 더 큰 매출 변화의 위험에 노출된다. 따라서 수직 통합에는 영업상 위험의 증대요인이 잠재한다고 볼 수 있다. 하지만 통합의 위험에 대한 순효과는 앞서 논의했듯이 다른 차원에서 영업상의 위험을 감소시키는지의 여부에 의해서도 영향을 받는다. 특정한 사업에서 통합이 영업 레버리지를 확대시키는 정도는 통합이 발생하는 사업에서의 고정비 크기에 의해 결정된다. 예를 들어 그 사업의 고정비가 낮다면 실질적인 영업 레버리지 확대는 미미한 것에 지나지 않을 수 있다.

과도한 수직 통합에 의해 발생하는 영업상 위험의 좋은 예가 커티스 퍼블리싱 컴퍼니(Curtis Publishing Company)의 경우이다. 커티스 퍼블리싱 컴퍼니는 비교적 적은 수의 잡지들, 주로 「새터데이 이브닝 포스트(Saturday Evening Post)」의 수요를 충족시키기 위해 거대한 수직 통합 기업을 만들었다. 그러나 1960년대 말 잡지가 경영난에 빠지자 이 회사는 치명적인 재정 상태에 놓이게 되었다.

- 거래 상대를 교체할 수 있는 유연성의 감소

수직 통합은 한 사업 부문의 성공 여부가 적어도 부분적으로는 성공적으로 경쟁하기 위해 사내의 공급자나 수요자의 능력과 관련되어 있음을 의미한다. 기술 변화, 부품과 관련된 제품 디자인의 변화, 전략적 실패, 또 경영상의 문제들로 인해 사내 공급자가 제공하는 물품의 원가가 높거나 품질이 떨어지거나 또는 적합하지 못한 제품을 제공하는 상황이 생길 수도 있고, 또 시장에서의 사내 수요자나 유통 경로의 지위가 흔들리면서 고객으로서의 적합성을 상실하는 상황이 발생할 수도 있다. 수직 통합의 경우에는 독립 주체와 계약하는 경우에 비해 다른 공급업체나 고객업체로 거래처를 바꾸는 데 드는 비용이 더 크다. 예를 들어 캐나다의 선도적 담배 생산업체인 이매스코(Imasco)는 후방 통합을 통해 제조 과정에 사용되는 포장 재료 생산 분야에 진출했다. 하지만 기술 변화 때문에 포장 형태가 다른 형태들에 비해 뒤떨어진 것이 되고 말았다. 그러나 이매스코의 공급 부문에는 다른 형태를 생산할 능력이 없었다. 이 공급 부문은 결국 여러 차례의 어려움을 겪은 끝에 처분되었다. 남성복을 생산하는 로버트 홀(Rovert Hall)은 자체에서 생산되는 상품에만 전적으로 의존했다가 곤경에 빠지게 되었다.

이러한 위험의 정도는 자체의 공급 부문이나 수요 부문이 곤경에 빠지게 될 가능성 그리고 자회사에 적응을 요구하게 될 내적·외적 변화의 발생 가능성에 대한 냉철한 평가를 바탕으로 추정할 수 있다.

- 높아지는 철수 장벽

통합이 자산의 전문화를 촉진하거나, 전략적 상호관계 또는 한 사업에 대한 감정적 유대를 심화시킨다면 통합으로 인해 철수 장벽이 전반적으로 높아질 수도 있다(12장에서 설명했다). 이러한 상황에서는 어떤 철수 장벽도 영향을 받지 않을 수 없다.

- 필요 투자 자본

수직 통합은 기업 내에서의 기회비용을 가지는 자본재를 소비하며, 그 반면에 독립적인 주체와의 거래는 외부 기업의 투자 자본을 사용한다. 수직 통합이 긍정적인 선택이 되기 위해서는, 이 장에서 논의되는 전략적 고려사항들을 충족시키면서 동시에 기업의 자본 기회비용보다 크거나 그것과 동일한 수익을 가져다주어야 한다. 통합에 충분한 유익함이 있다 하더라도 기업이 소매업이나 유통업처럼 수익성이 낮은(낮을 수도 있는) 사업의 진출을 고려하고 있을 때, 그런 사실 때문에라도 통합에 의한 이익을 회사의 절사율 이상으로 높일 수 없을지도 모른다.

이와 같은 문제는 통합이 고려되고 있는 전방 사업이나 후방 사업의 '자본에 대한 요구'에서 명백하게 드러난다. 만약 자본 요구가 기업의 자금 조달 능력에 비해 큰 경우에는, 통합된 단위의 자금 재투자에 대한 요구 때문에 기업은 다른 부문에서 전략적 위기에 노출될 수 있다. 즉 통합이 이 회사의 다른 부문에서 필요한 자본을 고갈되게 할 수 있다.

통합은 또한 기업이 자사의 투자금을 배분하는 데 있어서의 유연성을 떨어뜨리게 할 수 있다. 수직 계열사 전체의 운영이 개별 부문에 의존하고 있는 이상, 기업은 전체를 보존하기 위해서라도 임계 부문들에 투자하지 않을 수 없다. 예를 들면, 원자재를 자체 공급하는 일부 대규모 통합 기업들이 다각화를 위한 자본이 결여되어 있기 때문에 저수익성의 사업에 포로로 잡혀 있는 것과 같다. 이 기업들은 자본 집약적이고 통합적인 운영으로 인한 자산 가치를 보존하기 위해 투자해야 할 자금의 대부분을 소비하고 말았다.

- 공급자나 소비자 연구 또는 노하우의 접근 차단

통합을 계기로 기업이 공급업체나 고객업체로부터의 기술 유입 통로를 상실하게 될 수도 있다. 통합은 한 기업이 다른 기업에 의존하기보다는 스스로 자체의 기술 역량을 개발해야 하는 책임을 지게 됨을 의미한다. 그러나 기업이 (다른 기업들과는 달리) 통합하지 않는 쪽을 택할 경우에는 공급업체로부터 연구와 기술 보조 등의 방법을 통해 그 기업을 적극적으로 돕겠다는 후원을 얻게 될 수도 있다.

연구를 하는 다수의 독립적인 공급업체나 고객업체가 있을 때, 또는 공급업체나 고객업체가 대대적인 연구를 하고 있거나 모방하기 어려운 특수한 노하우를 가지고 있는 분야에서는 그러한 기술 유입의 차단이 심각한 위험이 될 수 있다. 이러한 위험은 통합하지 않았을 때의 위험에 의해 상쇄될지는 몰라도, 인접 사업에서의 기술과 접촉할 수 있는 기회를 가지기 위해 택하는 통합이라는 전략에 원래부터 내재해 있는 것이다. 기업이 부분적인 통합만을 하고 계속해서 공개 시장에서 일부 제품을 구입하거나 판매하는 경우에도 기술 유입이 차단될 위험이 있는 것은 여전히 이 기업이 공급업체나 고객업체와 경쟁 관계에 놓이게 되기 때문이다.

- 균형 유지

기업의 전방 및 후방 부문들의 생산력은 균형 상태를 유지해야 하며, 그렇지 못할 경우에는 잠재되어 있던 문제들이 수면 밖으로 드러날 것이다. 수직 계열의 단계 중 과잉 생산 능력을 가진 단계가 있다면 생산물의 일부를 공개 시장에서 판매해야 한다(또는 투입 자원의 일부를 구입해야 한다). 그렇게 하지 않을 경우에는 시장의 입지가 흔들리게 된다. 그런 상황에서 이러한 조치를 취하는 것이 어려운 이유는 수직 관계에 강요당해 기업이 경쟁 업체들에 판매하거나 경쟁 업체들로부터 구입해야 하기 때문이다. 이 기업들은 선도적 지위를 빼앗기게 될지도 모른다는 두려움에서, 또는 경쟁 업체의 지위를 강화시키고 싶지 않기 때문에 그 업체와의 거래를 꺼릴 수도 있다. 반면에 과잉 생산량이 공개 시장에서 쉽게 팔리거나 투입 자원에 대한 과잉수요가 쉽게 충족될 수 있는 경우에는 불균형의 위험이 그다지 심각하지 않다.

수직 통합 관계에 있는 단계들 사이에서 균형이 깨지게 되는 데에는 여러 가지 이유가 있다. 먼저, 효율성을 위한 생산력 증가폭이 두 단계에 있어서 같지 않으며, 이로 인해 성장 시장에서조차 일시적인 불균형의 시기가 찾아올 수 있다. 한 단계의 기술 변화가 다른 단계에 비해 그 단계의 생산력을 효과적으로 향상시키는 생산법의 변화를 요구할 수도 있다. 또는 제품 믹스 및 품질에서의 변화가 두 단계의 효율적인 생산량에 각각 다르게 영향을 미치게 될 수도 있다. 불균형에 따른 위험은 이 요인들의 발생 가능성에 입각하여 예측이 가능하다.

- 둔화된 동기

수직 통합은 판매와 구입이 고정된 관계를 통해 이루어짐을 의미한다. 후방 사업의 영업 동기는 둔화될 수도 있다. 왜냐하면 그것이 외부에서 경쟁하는 대신 자체 내에서 판매할 수 있기 때문이다. 반면 회사 내의 다른 부문으로부터 구매하는 사업 부문은 외부 기업과의 관계에서처럼 애써 협상하려 하지 않을 것이다. 이처럼 내부의 거래는 동기를 약화시킬 수 있다. 이와 관련된 문제는 시설 확장을 위한 내부 계획이나 구매, 판매를 위한 계약이 외부 고객업체나 공급업체와의 계약만큼 철저하게 검토되지 않을 수도 있다는 사실이다.

둔화된 동기가 수직적으로 통합된 기업에서 실제로 성과를 감소시키는지의 여부는 수직 계열사의 관리 부문들 사이의 관계를 지배하는 경영 구조 및 절차에 의해 결정된다. 경영 내부의 단위가 경쟁적이지 못할 경우 외부 자원을 사용하거나 외부로 판매할 자유가 부여된다는 내용의 내부 거래에 관한 정책을 흔히 접하게 된다. 하지만 단순히 이런 절차의 존재만으로는 충분하지 않다. 내부 자원 대신 외부 자원을 사용할 경우, 그 부문의 경영자는 CEO에게 그러한 조치의 정당함을 해명해야하는 부담을 느끼게 된다. 대부분의 경영자들이 이러한 문제를 놓고 CEO와 논의하기를 꺼려하는 것은 당연한 일이다. 그 밖에도 한 조직 내에는 동료 의식이 있기 때문에 엄격하게 정상 시장 거래 협정을 맺는 것이 힘들다. 어떤 한 부문이 아주 낮은 이윤 등의 이유로 곤경에 처해 있을 때 특히 그렇다. 하지만 정상 시장 거래 관계를 유지하는 것이 가장 중요하다.

방금 논의한 어려움은 '썩은 사과'의 문제를 발생시킨다. 전방 부문이나 후방 부문이 미약할 경우에는(전략적으로나 다른 차원에서) 그 문제들이 건강한 파트너들에게도 파급된다. 한 부문은 마지못해 또는 자발적으로 가격이 지나치게 높거나 품질이 낮은 제품을 받아들이거나, 내부의 판매에서 지나치게 낮은 가격으로 제품을 공급함으로써 곤경에 처한 사업 부문을 구하려 할 것이다. 이러한 상황에서는 건실한 부서가 전략적으로 피해를 볼 수 있다. 모회사가 곤경에 처한 부서를 도우려 할 경우에는 직접적으로 그 부서를 지원하기보다는 인근 부서를 통해 간접적으로 지위하는 것이 더 좋은 방법이다. 하지만 CEO가 이 점을 인정한다고 해도 인간의 본성상 건실한 부서가 취약한 부서에 대해 무관심한 태도를 취하기는 어려울 것이다. 따라서 취약한 부서가 존재하면 이로 인해 건실한 부서 또한 모르는 사이에 피해를 입게 될 수 있다.

- 상이한 경영상의 요구 조건

수직 관계를 맺고 있는 사업 부문들도 구조와 기술 그리고 경영적인 측면에서 서로 다를 수 있다. 예를 들면 금속의 일차 생산 단계와 조립 단계는 전혀 다르다. 전자는 철저하게 자본 집약적이고, 후자는 그렇지는 않지만 세심한 생산 감독을 요구하며, 분산적인 서비스 및 마케팅 활동이 강조된다. 제조와 소매 또한 근본적으로 다르다. 서로 다른 사업을 경영하는 방법을 이해하는 것이 통합에서의 중요한 과제이며, 이는 잘못 파악되면 의사 결정에 있어서 심각한 위험 요인으로 작용할 수 있다. 가장 극단적인 경우에는 한 사업 부문은 잘 경영할 수 있는 경영진도 다른 부문은 능률적으로 경영할 능력이 없을지도 모른다. 따라서 공통의 경영 방법과 공통의 가정들은 수직 통합 관계에 있는 기업들에 지극히 비생산적일 수 있다.

하지만 수직적으로 결합된 기업들이 서로 거로 거래를 할 때 경영자의 관점에서는 그것들을 비슷하게 보는 경향이 있다. 그렇기 때문에 기초 사업 부문에서 사용되는 조직 구조 및 통제 시스템, 동기부여, 자본 예산 원칙 그리고 그 밖의 여러 경영 기법들이 무분별하게 전방 사업 부문이나 후방 사업 부문에 적용될 수 있다. 마찬가지로 기초 사업에서의 경험을 통해 얻은 판단과 원칙들이 통합된 사업에서 적용되기도 한다. 계열사의 두 부문 모두에 동일한 경영방식을 적용하는 경향은 통합의 또 다른 위험 중 하나이다.

수직 통합의 전략적 이익과 비용을 평가함에 있어서는 현재의 환경을 토대로 검토하는 것뿐만 아니라 미래에 발생 가능한 산업 구조의 변화에 대해서도 검토해야 한다. 예를 들면, 현재에는 미미해 보이는 통합의 경제가 좀 더 성숙해진 산업 단계에서는 커질 수도 있다. 산업이 성장하고 그 결과 회사가 성장하게 되면, 그것은 그 기업이 머지않아 효율적인 규모의 내부 사업 부문을 지탱할 수 있게 될 것임을 의미한다. 또는 기술 변화 속도의 둔화가 내부 공급 부문과 유착되어 있음으로 인해 발생하는 위험을 완화시킬 수도 있다.

전방 통합의 특수한 전략적 이슈

앞서 논의한 통합의 이익과 비용 외에도 전방 통합에 의해 제기되는 몇 가지 특수한 이슈들이 있다.

• **개선된 제품 차별화 능력** | 전방 통합을 통해 기업이 자체의 제품을 좀 더 성공적으로 차별화할 수 있는 경우가 있다. 이는 기업이 생산 과정의 더 많은 요소들을 통제할 수 있거나 제품의 판매 방법을 통제할 수 있게 되기 때문이다. 텍사스 인스트루먼츠의 경우 그들의 주력 상품은 전자 부품이었음에도 불구하고 전방 통합을 통해 시계와 계산기 같은 소비재 산업으로 진출했고, 이로써 브랜드 네임을 개발할 수 있었다. 다른 예로, 가축 사료 제조사인 몬포트는 육류 포장과 유통을 전방 통합함으로써 적어도 소매업자들 사이에서 어느 정도까지 브랜드 네임을 확립할 수 있었다.

기업은 제품 자체뿐만 아니라 제품에 대한 서비스를 판매할 경우, 자체의 제품이 경쟁사들의 제품보다 우수하지 않다 하더라도 자체의 제품을 차별화할 수 있다. 전방 통합을 통해 소매업에 진출함으로써 기업은 판매원의 상품 소개 방법, 가게의 시설과 가게 위치에 대한 이미지, 판매원의 의욕 등 자체의 제품을 차별화하는 데 도움이 되는 소매 기능의 여러 요소들을 통제할 수 있게 된다. 이 모든 경우에 있어서 기본적인 동기는 부가가치를 증대시킴으로써 통합되지 않은 상태에서라면 불가능하거나 어려웠을 차별화의 기반을 확보하려는 것이다. 기업은 제품을 차별화함으로써 동시에 이동 장벽을 높일 수 있다.

• **유통 경로에 대한 접근** | 전방 통합은 유통 경로 접근의 문제를 해결해주고, 또 유통 경로가 가지고 있는 교섭력을 약화시킨다.

• **시장 정보의 접근성** | 수직 통합 구조에서 상품(그리고 실질적으로 경쟁 브랜드와 제품 사이에서 결정을 내리는 의사 결정권자들)에 대한 근본적인 수요는 일반적으로 전방 단계에 위치한다. 이 단계가 후방 생산 단계에서의 수요의 규모와 구성을 결정한다. 예를 들어 대체 건설 자재에 대한 수요는 계약자나 개발 담당자에 의해 결정된다. 그들은 이용 가능한 자재의 품질과 비용 등이 고객의 요구에 부합되도록 하는 역할을 한다. 시장에서의 핵심적인 의사 결정이 행해지는 단계를 여기에서는 수요 선도 단계라고 부를 것이다.

수요 선도 단계로의 전방 통합을 통해 기업은 결정적인 시장 정보를 얻게 되고, 이 정보는 수직 통합 구조 전체를 좀 더 능률적으로 기능하도록 할 것이다. 가장 단순한 차원에서 볼 때 이러한 정보가 있으면 기업은 고객들의 주문에서 간접적으로 유추할 수밖에 없는 경우보다 제품 수요량을 더 빨리 확정할 수 있다. 고객의 주문을 판단하는 것은 중간 단계 각각에서 발생하는 재고량으로 인해 복잡해진다. 보다 빠른 정보가 있으면 생산 수준을 더욱 잘 조정할 수 있게 해주며, 초과량 및 부족량으로 인해 발생하는 비용을 줄일 수 있다.

정보에 의한 혜택은 수요 규모에 대한 정보를 알맞은 때에 얻을 수 있는 것뿐만 아니라 조금 더 미묘한 사항도 인지할 수 있게 한다. 무엇보다도 기업은 수요 선도 단계에서의 경쟁을 통해 최적의 제품 믹스와 구매자 취향의 흐름에 대한 정보 그리고 궁극적으로 자사의 제품에 영향을 미치게 될 경쟁 추세에 대한 정보를 적시에 얻을 수 있다. 이러한 정보들은 후방 단계에서의 제품 특징 및 믹스에 관해 빠르게 발맞춰나갈 수 있게 해주고, 또 그때 드는 비용들도 낮춰준다.

많은 기업들이 수요 선도 단계로의 통합 전략을 묵시적 또는 명시적으로 추진해왔다. 캐나다 기업인 젠스타(Genstar Ltd)는 전방 통합을 통해 시멘트 및 건축 자재 사업에서 주택 건설과 중장비 건설 사업으로 진출했다. 역시 캐나다 기업인 인달(Indal Ltd.) 또한 금속 압정·압출·도금업에서 최종 조립 산업으로 전방 진출하는 정책을 추구했다. 두 회사 모두 전방 통합을 위한 명분으로 시장 정보에 무게를 두고 있다.

특정 목적을 위한 전방 통합의 혜택은 많은 상황에 따라 달라진다. 수요 선도 단계에서 시장상황이 불안정하거나 변화하는 정도에 의해, 생산이 재고 생산인지 주문 생산인지의 여부에 의해 그리고 통합에 의존하지 않고 전방 시장의 정보를 얻을 수 있는 능력이 있는지에 따라 결정된다. 건축과 금속 조립의 최종 수요는 상당히 주기적이고 그 구성 또한 빠른 속도로 변화한다. 주기적이고 변덕스럽게 변화하는 수요는 알맞은 때에 확보할 수 있는 시장 정보를 통해 이익을 증가시킨다. 최종 수요가 크게 안정되어 있는 경우에는 고객으로부터 얻는 시장 정보만으로도 충분할 것이다.

고객들로부터 얻는 정보의 정확성은 산업에 따라 다르다. 일반화하기는 쉽지 않지만, 다수의 소규모 고객들이 존재하는 경우에는 비공식적인 표본 조사만으로도 전방 시장의 상황에 대한 정확한 지표를 얻을 수 있다. 반면에 고객들이 규모가 큰 몇몇 고객일 경우에는 (특히 이들 고객이 강력할 경우에는) 정확한 정보의 획득이 쉽지 않다. 이런 상황에서 특정 고객의 가공법이나 믹스가 바뀐다면 그 결과 또한 엄청날 것이다.

• **더 높은 가격의 실현** | 기업은 동일한 상품에 대한 가격을 고객에 따라 다르게 책정할 수 있기 때문에 전방 통합을 통해 전반적으로 더 높은 가격을 실현할 수 있는 경우가 많다. 이러한 행위에 있어서의 문제점은 차익 거래가 발생할 수 있고, 어떤 경우에는 로빈슨 패트먼(Robinson-Fatman) 법에 저촉될 수 있다는 사실이다. 그 수요가 탄력적인 편이기 때문에 좀 더 낮은 가격을 정해야 하는 사업으로 통합 진출하는 경우에는, 다른 고객에게 판매하는 방법으로 더 높은 가격을 실현할 수도 있다. 하지만 이 경우에는 그 제품을 판매하는 다른 기업들을 통합하거나, 아니면 자회사의 제품을 차별화함으로써 고객들이 경쟁사의 제품을 완전한 대체재로 받아들이지 않도록 해야 한다. 또 다른 방법으로는 그 기업의 궁극적인 소비자의 수요 탄력성에 더욱 부합되도록 가격을 조정할 목적에서 통합하는 경우가 있다. 예를 들면 일부 소비자들은 다른 소비자들보다 한 제품

을 좀 더 집중적으로 사용하기 때문에, 그 제품에 대해 더 높은 가격도 기꺼이 지불할 용의가 있다. 그러나 기업이 사용률에 따라 가격을 다르게 책정하기가 쉽지 않은 이유는 사용률의 측정이 불가능하기 때문이다. 유상으로 서비스를 제공하거나 그 제품과 꼭 함께 사용해야 하는 물품을 판매하는 경우에는, 기초 상품의 가격을 낮게 책정한 후 연관 제품의 판매 이익을 통해 수요 탄력성의 이익을 거두어들일 수 있다. 이와 유사한 방법이 복사기 및 컴퓨터 산업에서 채택되었다. 기초 상품의 구매 조건으로 구매자에게 자회사의 연관 제품을 강매하지 않는 이상 이 방법은 독점 금지법에 저촉되지 않는다.

후방 통합의 특수한 전략적 이슈

전방 통합에서와 마찬가지로 후방 통합의 경우에도 검토되어야 하는 몇 가지 특수한 이슈들이 있다.

• **독점 지식** | 기업은 필요한 것들을 자체 생산함으로써, 부품이나 생산 원료를 제조하는 공급업자와의 독점적 자료의 공유를 피할 수 있다. 부품에 대해 공급업자에게 정확하게 기술함으로써 최종 제품의 디자인이나 제조법의 중요한 특징들이 노출될 수 있다. 또는 그 부품 자체가 최종 제품에서 독점적인 기술이기 때문에 중요한 경우도 있다. 이런 상황에서

기업이 부품을 자체 생산할 수 없는 경우에는, 공급업자들이 상당한 교섭력을 가지게 되고 이들 공급업자가 진입해올 위험이 생긴다. 바로 이런 이유 때문에 폴라로이드는 나머지는 외주를 주면서도 독점적 제품만은 대부분 자체 생산을 해왔다.

• **차별화** | 전방 통합의 경우와는 약간 다를지 몰라도, 기업은 후방 통합을 통해서도 제품 차별화를 강화할 수 있다. 기업은 핵심적인 투입 자원의 생산에 대한 통제력을 가짐으로써, 실제로 자체의 제품을 더욱 차별화할 수 있거나 차별화할 수 있다고 설득력 있게 말할 수 있게 된다. 예를 들면 통합을 통해 특별한 규격을 가진 투입 자원을 받게 되는 경우에는, 기업이 자체의 최종 제품을 개선하거나 적어도 경쟁사의 제품과 비교해 차별화할 수 있을 것이다. 가령 퍼듀 치킨이 다른 치킨과 구별될 수 없더라도, 이 회사는 프랭크 퍼듀(Frank Perdue)가 닭을 직접 키운다는 사실 때문에 자회사의 제품이 특별하다고 주장할 수 있다. 만약 그가 공개 시장에서 일반적인 닭을 사서 단순하게 그것을 가공만 했더라면 퍼듀 치킨이 다른 치킨과 다르다는 그의 주장은 설득력이 없을 것이다.

장기 계약과 통합의 경제

통합의 경제는 독립된 기업들 사이에서 올바른 형태로 맺어지는 장기 계약이나 심지어는 단기 계약으로 인해 얻어질 수도 있다. 예를 들어 두 독립 기업의 공장을 인접한 곳에 위치하게 함으로써 공정 과정을 단축시킬 수 있다. 금속 용기 공장을 대규모 식품 가공 공장 바로 옆에 위치하게 한 후 두 공장 사이를 컨베이어 벨트로 연결함으로써 운송비를 절약하는 경우도 많다. 또는 일정한 납품 계획을 정확하게 명시해놓는 독점 장기 계약을 체결함으로써 판매 비용 및 조정 비용을 절약할 수도 있다.

하지만 계약이 일반적으로 통합의 여러 가지 경제성 모두를 달성하지 못하는 이유는, 한쪽 당사자 또는 양쪽 모두가 속박되는 위험에 노출시키면서 각각 다른 이해관계를 가지기 때문이다. 이처럼 위험과 서로 다른 이해관계, 협상 비용, 또 계약 후 가격 논쟁의 위험 때문에 독립 기업들이 쉽게 계약에 합의하지 못한다. 따라서 통합이 필요하게 된다.

하지만 기업의 경영자는 통합의 경우와 동일한 혜택을 얻기 위해 독립 기업과 계약하는 선택안도 염두에 두어야 한다. 특히 앞에서 논의한 통합의 위험과 대가가 큰 경우에도 마찬가지다. 수직 통합의 함정 하나는 외부 기업과 좀 더 현명하게 거래하기만 했더라면 통합의 혜택을 대부분 실현할 수 있었을 것임에도 불구하고, 통합의 비용을 지불하거나 위험에 직면하게 되는 것이다.

■ 부분 통합

부분 통합이란 기업이 부분적으로 전방 통합 또는 후방 통합하고, 나머지 필요한 부분은 공개 시장에서 구입하는 것을 말한다. 그러기 위해서는 기업이 효율적 규모로 내부 운영을 지탱해나갈 수 있으면서 동시에 시장에서는 추가적인 수요가 존재해야 한다. 기업이 효율적인 내부 운영을 지속할 만큼 규모가 크지 않은 경우에는, 소규모 운영으로 인한 불이익을 부분 통합에 의해 발생하는 순이익에서 공제해야 한다.

부분 통합은 통합의 비용은 부분적으로 줄여주는 반면에, 앞서 말한 통합의 이익들은 거의 전부 가져다줄 수 있다. 하지만 통합이 불완전해서 얻지 못하는 이익 부분이, 통합이 부분적이기 때문에 얻게 되는 통합 비용의 감소 부분을 초과할 때는 바람직하지 않다. 부분 통합과 완전 통합 사이의 선택은 산업에 따라 그리고 동일한 산업 내에서도 기업에 따라 다르다.

- 부분 통합과 통합의 비용

부분 통합은 완전 통합만큼 높은 고정비 상승을 초래하지는 않는다. 더구나 통합의 정도(또는 외부에서 구입하는 상품이나 서비스의 비율)를 결정할 때 시장에서의 위험 정도를 감안하여 조정한다. 독립 공급업체에 상황 변동에 따른 위험을 전가하고, 자체 공급 부문은 일정한 생산을 유지하도록 할 수 있다. 자동차 산업에서의 통합이 그런 경우이며, 일본의 제조 산업에서 성행한 통합 또한 그렇다. 그 밖에도 부분 통합은 앞에서 설명한 문제들 때문에 발생하는 단계들 사이의 불균형에 대한 대비책으로 사용된다. 가장 적합한 통합의 정도는 예상되는 시장 변동의 폭에 따라서 그리고 예상되는 기술 변화 등의 사건으로 인해 단계들 사이에서 생길 수 있는 불균형의 정도에 따라서 다르다. 하지만 부분 통합이란 필연적으로 경쟁사들로부터 구입하거나, 경쟁사들에 팔기를 요구하는 것임을 명심해야 한다. 만약 심각한 위험이 수반된다면, 부분 통합을 하는 것은 현명하지 않다.

부분 통합은 통합의 정도에 따라서 유착 관계(lock-in)의 위험을 줄여준다. 또한 부분 통합은 기업에 외부 R&D(research and development) 활동에 대한 접근을 어느 정도 허용해주며, 자체 내의 동기 부여라는 문제에 대해서도 부분적인 해결책을 제시해준다. 내부의 공급 부문이나 고객 부문이 독립적인 공급업체나 고객업체와 같이 존재하기 때문에 그들 사이에서 경쟁 관계가 형성되고, 이로써 그들의 작업 능률이 향상될 수 있다.

- 부분 통합과 통합의 이익

기업은 부분 통합을 통해 완전 통합의 위협이 거짓이 아님을 입증할 수 있고, 이에 따라 공급자나 고객에 대한 질서가 강화되며, 교섭력을 상쇄하기 위한 완전 통합의 필요성이 없어진다. 나아가 부분 통합을 통해 기업은 인접 산업에서의 운영비에 대한 상세한 지식을 얻게 되고, 긴급 시 공급받을 수 있는 업자를 제공받을 수도 있게 된다. 이러한 요인들은 그 밖에도 협상에서의 우위를 가져다준다. 이처럼 강력해진 협상력이라는 특징을 가지고 있는 기업들로는 주요 자동차 회사들과 국제적인 석유 회사들이 있다. 완전한 자체 생산에 미치지 못하는 공장을 유지하는 것이 어떤 경우에는 더 적은 투자로도 완전 통합과 동일한 효과를 제공해준다.

또한 부분 통합은 기업이 통합으로 얻을 수 있는 여러 정보 혜택을 누릴 수 있게 해준다. 하지만 앞서 논의한 수직 통합의 다른 효과들 중 일부는 줄어든 통합 정도에 비해 더 심하게 감소된다. 외부 공급업체에서 생산되는 제품과 자체 내 단위에 의해 생산되는 제품이 정확하게 잘 맞아야 하는 상황에서는 부분 통합이 실제로 조정 비용을 높여준다.

■ 준통합

준통합(quasi-integration)이란 수직적으로 관련된 사업들 사이에서 장기 계약과 완전한 소유권 사이에 어떤 관계를 설정하는 것이다. 준통합의 일반적인 형태로는 다음과 같은 것들이 있다.

- 소액 지분 투자
- 대출 또는 대출 보증
- 선(先)구입 신용
- 독점 거래 협정
- 특화된 물류 시설
- 협력적인 R&D

어떤 경우에는 준통합이 수직 통합의 모든 비용을 초래하지 않고도 수직 통합의 이익 대부분이나 일부를 실현하게 한다. 단위 당 원가를 낮춰주고, 수요 및 공급 중단의 위험을 줄여주며, 상대방의 교섭력을 약화시키는 등 준통합을 통해 구매자와 판매자 사이에 더 큰 이해집단을 형성할 수 있다. 이러한 이해집단은 신용, 정보의 공유, 경영인들 사이의 빈번하고 비공식적인 접촉, 상대방 회사에 대한 직접 투자 등을 통해서 형성된다. 준통합은 완전 통합에 따라오는 비용을 축소시키며, 인접 사업의 완전한 수요와 공급에 맞출 필요성을 제거해준다. 그 밖에도 완전 통합을 할 때 요구되는 정도의 자본 투자가 필요하지 않게 되며, 무엇보다도 인접 사업을 관리할 필요가 없어진다.

준통합은 완전 통합의 대안으로서 고려되어야 한다. 문제의 핵심은 준통합을 통해 생겨난 이익 집단이, 완전 통합의 경우에 비해 줄어든 비용과 위험을 정당화할 만큼 충분한 통합의 이익을 가져다주는지 하는 것이다. 투자 수익의 증대, 제품 차별화의 강화, 또는 이동 장벽의 강화와 같은 통합의 이익은 준통합으로서는 달성하기 어려울 것이다. 준통합이 하나의 전략으로서 바람직한지 평가해보기 위해서는 하나의 대안으로서 준통합을 취하고 있는 특정 사업에서의 수직 통합의 비용과 이익 분석이 꼭 필요할 것이다.

수직 통합 결정에 있어서의 환상

수직 통합의 이익에 대한 몇 가지 잘못된 인식이 있다. 이러한 인식에 대해 잘 살펴보아야 할 것이다.

- 한 단계에서의 강력한 시장 우위가 자동적으로 다른 단계에까지 연장될 수 있다는 환상

기초 사업에서 강력한 우위에 있는 기업이 통합을 통해 좀 더 경쟁적인 인접 사업으로 진출한다면 그 인접 시장에서도 계속 우위를 누릴 수 있다고 흔히 생각한다. 소비재 산업에서 강력한 입지를 가지고 있는 기업이 전방 통합을 통해 경쟁이 아주 치열한 소매업에 진출했다고 가정해보자. 통합된 소매업체가 그 제조업체의 모든 상품을 전담하게 됨으로써 시장 점유율을 높일 수 있을지는 몰라도, 제조업체의 입장에서 보면 다수의 소매업체들이 자회사의 제품을 판매하기 위해 활발하게 경쟁하는 편이 보다 유리하다. 제조업체가 통합된 소매업체에 더 높은 가격으로 제품을 공급할 수도 있다(비록 한 부문에서 다른 부문으로 이윤을 장부상 이전하는 것에 지나지 않겠지만). 그러나 통합된 소매업체가 그 후에 가격을 조정한다면 경쟁 입지는 약화될 것이다. 이처럼 통합은 한 시장에서의 우위를 자동으로 다른 시장에까지 연장할 수 있도록 하지는 않는다. 통합 자체가 눈에 보이는 이익을 가져다줄 때에만 시장 지배력의 연장이 허용된다. 이런 상황에서는 통합이 결합된 전체의 경쟁력을 강화시켜주기 때문이다.

- 내부에서 일을 처리하는 것이 언제나 비용이 적게 든다는 환상

앞에서 논의했듯이 수직 통합에는 여러 가지 숨겨진 비용과 위험이 있지만, 이것들은 외부 기업들과의 거래를 통해 피할 수도 있는 것들이다. 이 외에도 현명한 계약을 통해 어떤 비용이나 위험없이도 통합의 이익을 실현할 수 있는 가능성이 있다. 통합의 경제를 지나치게 좁은 시각에서 바라보다 보면 이 문제점들의 대부분을 무시하면서 통합을 결정하게 되는 경우가 많다.

- 통합하여 경쟁적인 사업으로 진출하는 것이 타당하다는 환상

통합을 통해 고도로 경쟁적인 사업으로 진출하는 것이 바람직하지 않다는 증거는 얼마든지 있다. 그런 산업에 종사하는 기업들은 낮은 수익을 얻고 있으며, 품질과 고객에 대한 서비스를 개선하기 위해 치열한 경쟁을 벌이고 있다. 판매나 구입 대상으로 선정할 기업은 얼마든지 있다. 수직 통합이 동기를 둔화하게 하고 근무 의욕을 떨어뜨릴 수도 있다.

- 수직 통합이 전략적으로 약세에 있는 사업을 구할 수 있다는 환상

수직 통합의 전략이 앞서 논의한 특정한 상황에서라면 한 기업의 전략적 입지를 강화할 수도 있다. 그러나 전략적으로 약한 기업에게는 그것이 충분한 해결책이 되지는 않는다. 특별한 경우가 아니고서는 강력한 시장 우위가 수직 통합을 통해 자동적으로 연장될 수는 없다. 하나의 기업 전체가 견고해지기 위해서는 수직 체인의 '각 단계'가 전략적으로 견고해야 한다. 앞부분의 분석을 통해 밝혀졌듯이 고리 하나가 약하면 그 여파가 다른 고리들에까지 파급될 위험이 크지만 그 반대인 경우는 별로 없다.

- 수직 체인의 한 부문에서의 경영 경험이 자동적으로 전방 부문 또는 후방 부문의 경영 능력을 보장해준다는 환상

앞에서 논의했듯이 수직 관계에 있는 기업들이라 하더라도 각 기업이 가지는 경영상의 특징은 크게 다르다. 사업의 인접성에서 생겨나는 그릇된 안이함 때문에 과거의 경영 방법을 적용하는 과정만으로도 새로운 전방 사업이나 후방 사업이 타격을 입을 수 있다.

15장

생산시설의 확장

생산시설의 확장은 소요되는 자본 규모와 의사 결정의 복잡성에 입각하여 볼 때, 기업들이 당면하게 되는 가장 중요한 전략적 결정 중 하나이다. 이것은 아마도 상품 생산업에서 전략의 중추라 할 수 있다. 생산시설을 확장하는 데는 수년의 리드타임이 소요되고, 또 그렇게 확장된 생산시설은 흔히 오랜 기간 동안 지속적으로 이용된다. 그렇기 때문에 생산시설에 관련된 결정을 내려야 하는 기업은 먼 장래의 상황에 대한 예측을 근거로 삼아 자원 투입의 문제를 신중하게 고려해야 한다. 특히 2가지 유형의 예측, 즉 장래의 수요에 대한 예측과 경쟁사들의 행동에 대한 예측이 결정적으로 중요하다. 생산시설에 관한 결정에서 전자가 가지는 중요함은 두말할 나위도 없다. 경쟁사의 행동에 관한 정확한 예측 또한 중요한 이유는, 지나치게 많은 경쟁사들이 생산시설을 확장할 경우에는 어떤 기업도 불운한 결과를 피할 수 없을 것이기 때문이다. 따라서 생산시설 확장은 기업들이 상호 의존하고 있는 상태인 과점의 모든 고전적 문제들을 수반한다.

생산시설 확장에서의 전략적 문제는 기업이 시설 과잉을 피하면서 자체의 경쟁적 위치나 시장점유율을 개선하고자 하는 목적을 실현시키기 위해 생산시설을 어떻게 확장할 것인지 하는 데 있다. 한 산업에서의 시설 부족이 일시적으로만 문제시되는 이유는 일반적으로 부족 시에는 즉시 신규 투자가 발생하기 때문이다. 하지만 대부분의 경우에 생산시설의 투자는 다시 되돌릴 수 없기 때문에 수요를 초과하는 생산시설 과잉은 당연히 오랜 기간 동안 지속될 수밖에 없다(과잉 시설 투자는 실제로 제지, 조선, 제철, 알루미늄 그리고 대부분의 화학업계 등) 수많은 산업에서 반복적으로 일어나는 심각한 문제다.

이 장에서는 생산시설 확장의 결정을 전략적 맥락에서 살펴볼 것이다. 첫째, 결정의 요소들이 개략적으로 소개될 것이다. 과잉 시설 투자가 만성적인 문제인 만큼, 과잉 시설 투자의 원인과 이를 예방하기 위한 몇 가지 접근법을 검토해볼 것이다. 마지막으로 1960년대와 1970년대에 성행했던 생산시설 확장을 위한 시장 선점 전략에 대해 논의할 것이다.

생산시설 확장 결정의 요소

전통적인 자본 관리의 시각에서 보면 생산시설 확장에 대한 의사 결정의 기법은 지극히 단순하고 직선적이다. 새로운 생산시설에 의해 창출될 미래의 현금 유입을 예측하고, 이를 투자에 소요되는 현금 유출과 비교해보면 된다. 그 결과인 순현재 가치를 가지고 그 기업이 할 수 있는 다른 투자 계획들과 생산시설 확장을 비교해볼 수 있다.

하지만 이러한 단순함 뒤에는 극히 미묘한 의사 결정의 문제들이 숨어 있다. 기업이 생산시설을 확장하는 데에는 일반적으로 비교해보아야 하는 여러 가지 선택 안이 있다. 그 밖에도 새로운 생산시설에 의해 발생되는 미래의 현금 유입은 장래의 이윤을 예측해야 결정할 수 있다. 장래의 이윤은 경쟁사들 하나하나가 결정하는 생산시설 확장의 규모 및 시기에 결정적인 영향을 받으며, 그 외에도 여러 다른 요인들이 변수로 작용한다. 장래의 수요뿐만 아니라 장래의 기술 변동 추세에도 불확실성이 있는 경우가 많다.

생산시설 확장 계획에서 가장 핵심이 되는 문제는 할인된 현금 유입의 산출이 아니라 산출에 투입되어야 하는 여러 가지 요인들, 예를 들어 미래에 대한 가능성의 평가와 같은 것이다. 이러한 가능성의 평가 또한 (재무 분석이 아닌) 산업 및 경쟁사를 분석하는 데 있어 미묘한 문제로 대두된다.

재무 관리 교과서가 제시하는 단순한 계산법에는 경쟁사들의 행동에 대한 불확실성과 상호 대체적 전제들이 포함되지 않는다. 이 요인들을 포함하는 할인 현금 흐름 산출의 복잡함을 감안할 때, 가능한 한 간단한 시설 확장 결정의 모델을 설정하는 것이 유용할 것이다. 〈그림 15-1〉의 단계들은 모델링 과정의 요소들을 보여주고 있다.

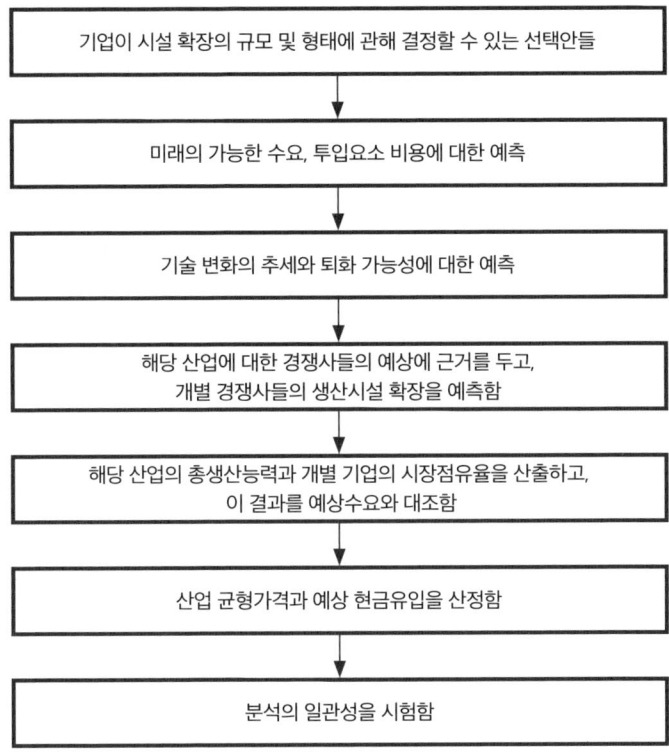

<그림 15-1> 생산시설 확장 결정에 대한 모델

　<그림 15-1>의 단계들은 상호 연관된 방식으로 분석해야 한다. 1단계는 생산시설을 확장함에 있어 기업이 현실적으로 선택할 수 있는 방안들을 설정하는 것이다. 일반적으로 확장의 규모는 다양하며, 새로운 시설의 수직적 통합 정도 또한 변수로 작용한다. 통합이 아닌 방법으로 생산시설을 추가하는 것이 위험을 줄이는 방법이 될 수도 있다. 시설 확장의

규모에 대한 기업 자체의 결정이 경쟁사들의 행동에 영향을 미칠 수 있기 때문에, 경쟁사들의 행동을 관련지어서 그 기업의 대안들을 개별적으로 분석해야 한다.

선택안을 결정한 다음 기업은 미래의 수요와 투입 요소 비용 및 기술에 대해 예측해야 한다. 미래의 기술에 대한 예측은 중요하다. 그 이유는 현재의 생산시설 확장이 진부해질 것인지 또는 디자인 변화를 계기로 기존 시설로부터 생산력을 효율적으로 증대시킬 수 있을 것인지 그 가능성을 예측하는 데 필요하기 때문이다. 투입 자원 비용을 예측할 때는 새로운 생산시설로 인한 수요 증가가 투입 자원 비용을 높여줄 수도 있다는 가능성이 고려되어야 한다. 이러한 수요, 기술 그리고 투입 자원 비용에 대한 예측은 불확실성의 영향을 받으며, 이러한 불확실성에 대한 대비책으로 (10장에서의) 시나리오를 이용할 수도 있다.

다음 단계로 기업은 경쟁사들 하나하나가 어떻게 그리고 언제 생산시설을 추가할 것인지를 예측해야 한다. 이는 경쟁사 분석에서 부딪히게 되는 문제들 중에서도 미묘한 문제에 속하는 것이기 때문에 3, 4, 5장에서 제시된 기법들 모두가 동원되어야 한다. 경쟁사들의 생산시설 변동은 장래의 수요와 원가 및 기술에 대한 이 기업들의 예상에 의해 결정되게 마련이다. 따라서 기업들의 행동을 예측할 때 이 기업들의 예측에 대한 추측 또한 있어야 한다.

그 밖에도 한 기업, 특히 선도 기업의 행동이 다른 기업들의 행동에 영향을 미치기 때문에 경쟁사들의 행동에 대한 예측은 반복적 과정일 수밖에 없다. 따라서 연속 행동과 그 결과인 반응을 예측하기 위해서는 가능한 한 경쟁사들의 시설 확장이 상호작용하는 현상을 추적해야 한다. 나중에 다시 언급하겠지만 시설 확장에 있어서는 순차적 진행 현상(bandwagon process)이 일어난다. 이것은 예측하는 데 중요한 포인트가 될 것이다.

분석의 다음 단계는 경쟁사들의 행동과 자회사의 행동을 종합하고, 이를 근거로 해당 산업의 총생산 능력과 개별 기업의 시장점유율을 산출한 후 산출된 결과를 예상 수요와 대조해보는 것이다. 이러한 단계를 통해 기업은 산업 균형 가격과 나아가서는 투자의 예상 현금 유입을 산정할 수 있을 것이다.

그리고 전 과정에 혹시 모순이 있지는 않은지 철저히 검사해보아야 한다. 만약 한 경쟁사가 시설을 확장하지 않음으로 인해 곤경에 처할 것이라는 예측 결과가 나타나면, 그 경쟁사가 자사의 오류를 발견하고 뒤늦게나마 생산시설을 확장하는 쪽으로 분석의 방향을 재조정해야 한다. 확장의 전 과정이 기업 대부분의 기대에 역행하는 상황을 초래하는 것으로 예상된다면 그것 또한 재조정이 필요하다. 생산시설 확장 과정에 대한 모델의 설정은 수많은 평가를 요구하는 극히 복잡한 과정이다. 그러나 그 과정은 기업으로 하여금 해당 산업의 확장 요인과 나아가서는 그것을 스스로에게 유리하도록 이용하는 방법들을 통찰할 수 있게 해준다.

생산시설 확장 결정에 대한 모델은 '미래에 대한 불확실성의 정도'가 그 과정의 진행에서 가장 결정적인 작용을 하는 변수 중의 하나임을 말해준다. 미래의 수요에 대한 불확실성으로 인해 일반적으로 기업들마다 상이한 재정 능력과 위기 회피 정도가 질서 정연한 확장 과정으로 이어진다. 현금이 충분히 있거나 그 산업이 전략적으로 크게 중요하기 때문에 위험을 감수할 용의가 있는 기업은 뛰어들 것이고, 그렇지 않은 대부분의 기업들은 기다리면서 미래의 결과를 관망하는 입장을 취할 것이다. 하지만 미래의 수요가 상당히 확실할 것으로 판명되는 경우에는 시설 확장 과정이 '선점 경쟁'의 형태를 띠고 나타날 것이다. 미래의 수요가 알려진 상태에서라면 기업들이 시설 확장을 통해 그 수요에 대한 공급의 우위를 선점하려고 치열한 경쟁을 벌일 것이다. 일단 일부 기업들이 우위 선점의 목표를 달성했음에도 불구하고 시설 확장을 멈추지 않는 기업들이 있다면, 이는 결코 합리적이지 못하다. 이러한 선점 경쟁은 일반적으로 시장 신호를 강하게 드러내주는 현상과 함께 일어나는데, 그 목적은 다른 기업의 투자를 견제하려는 것이다. 문제는 지나치게 많은 기업들이 다른 기업의 의도를 오해하거나, 시장 신호를 잘못 읽거나, 또는 다른 기업의 상대적인 강점과 지구력을 잘못 판단하는 데서 생겨난다. 이러한 상황이 바로 생산시설 과잉을 발생하게 하는 주요한 원인 중 하나다.

생산시설 과잉의 원인

특히 상품 제조업에서 생산시설 과잉이 강하게 일어나는데, 이러한 경향은 시장 선점을 위한 잘못된 시도들 때문에 더욱 심화된다. 시설 과잉은 시설 확장에 있어 핵심적인 문제인 만큼 그 원인들을 상당히 구체적으로 살펴볼 필요가 있다.

상품 제조업에서 시설 과잉의 위험이 심각한 데에는 다음과 같은 2가지 원인이 있다.

1. 수요는 일반적으로 순환한다. 수요의 순환이 침체기에는 반드시 시설 과잉을 초래하며, 상승기에는 지나치게 낙관적인 기대를 가지게 하기도 한다.

2. 제품이 차별화되지 않았다. 구매자들의 선택이 철저히 가격에 의해 이루어지기 때문에 경쟁에서 생산 원가가 결정적인 역할을 한다. 그 밖의 브랜드에 대한 충성의 부재는 기업의 판매량이 기업의 '생산력'과 밀접하게 연관되어 있음을 의미한다. 따라서 기업이 경쟁력을 가지기 위해서는 대규모의 현대식 공장을, 목표 시장점유율을 달성하기 위해서는 적절한 생산력을 가져야 한다는 강한 압박을 느끼게 된다.

상품 제조업 또는 다른 산업들에서도 시설 과잉을 초래하는 조건은 여러 가지가 있으며, 그 조건들은 다음과 같은 범주로 분류될 수 있다. 산업에서 하나 이상의 요인이 존재하면 시설 과잉의 위험은 그만큼 더 커진다.

■ 기술적 조건

- **대규모 단위의 생산시설 추가** | 대규모 단위로 시설을 추가할 필요가 있을 때는, 시설 확장에 대한 결정이 집중되면 심각한 시설 과잉에 대한 위험이 커지게 된다. 이것이 바로 1960년대 말 컬러 TV 산업에서 시설 과잉이 발생하게 된 주요 요인이다. 당시 TV를 생산하는 많은 기업들이 브라운관 공급량 확보의 필요성을 감지했다. 하지만 효율적인 브라운관 공장의 규모는 TV 조립 공장의 규모에 비해 월등하게 컸다. 그리고 일시에 대량으로 쏟아져 나오는 컬러 브라운관 생산량을 흡수할 수 있을 만큼 수요는 빠른 속도로 증가하지 않았다.

- **규모의 경제 또는 중요한 학습 곡선** | 이 요인은 앞서 설명한 선점 경쟁의 발생 가능성을 키워준다. 최대 규모의 생산시설을 가진 기업이나 초기에 생산시설을 확장한 기업이 원가 우위를 가지게 되고, 이에 따라 다른 기업들은 좀 더 빠르고 공격적으로 생산시설을 확장해야 한다는 압박을 받게 된다.

- **시설 확장에 있어서의 긴 리드타임** | 리드타임이 긴 경우 기업은 먼 미래의 수요와 경쟁에 대한 예측을 근거로 시설 확장의 결정을 내리거나, 아니면 수요가 실제로 실현되는 시기와 투자의 타이밍이 일치하지 않아서 발생하는 불이익을 감수할 각오가 되어 있어야 한다. 리드타임이 길면 길수록 시설 확장을 하지 않아 뒤처진 기업은 페널티가 더 늘어난다. 따

라서 위험에 회피하는 경향이 강한 기업들은 시설 확장의 결정 자체가 위험한 것임에도 불구하고 투자를 택하는 쪽으로 기울게 된다.

- **최소 효율 규모(MES)의 확대** | 최소 효율 규모가 커지고 대규모의 신설 공장이 훨씬 효율적인 산업의 경우에는, 수요가 급증하지 않으면 그 산업 내의 공장 수가 줄어들게 된다. 그렇지 않으면 시설 과잉 현상이 불가피하게 일어난다. 기업마다 몇 개의 생산시설을 가지고 있고 그것들을 통합·정리할 수 있는 경우가 아니라면, 일부 기업들이 가장 피하고 싶어 하는 시장 점유의 축소가 일어난다. 기업들은 저마다 더 큰 규모의 생산시설을 새롭게 설립함으로써 시설 과잉 현상을 초래할 가능성이 오히려 더 크다. 유조선 산업의 경우, 과거의 선박보다 몇 배나 더 큰 초대형 유조선이 새롭게 등장하면서 이런 현상이 발생했다. 1970년대에 주문된 초대형 유조선의 선적 용량은 시장 수요를 훨씬 초과했다.

- **생산 기술의 변화** | 과거 기술을 사용하는 생산시설이 여전히 운영되고 있음에도 불구하고 생산 기술의 변화는 새로운 기술에 대한 투자를 유도한다. 오래된 시설의 철수장벽이 높으면 높을수록 그 시설을 시장에서 질서정연하게 철수시키기는 그만큼 더 어려워진다. 이런 상황이 화학제품 산업에서 일어났는데, 이는 주 생산 원료가 천연가스에서 원유로 대체되었기 때문이다. 원유 사용 공장들이 가동되기 시작할 때는 심각한 시설 과잉 현상이 발생할 것으로 예상된다. 그러나 천연가스 가격의 상승과

함께 가스 사용 공장들이 문을 닫게 되면서 이런 현상은 서서히 사라진다.

■ **구조적 조건**

• **높은 철수 장벽** | 철수 장벽이 높은 산업의 경우에는 비효율적인 초과 생산시설이 시장에서 순조롭게 철수하지 못한다. 이런 요인이 시설 과잉을 심화시키고 기간을 장기화한다.

• **공급업자의 강요** | 장비 공급업자가 보조금 지급, 쉬운 자금 조달, 가격 인하 등의 방법을 통해 고객 산업에서의 시설 과잉 현상을 가속화할 수 있다. 치열한 주문 경쟁으로 인해 정상적인 상황에서라면 그럴 엄두조차 내지 못했을 한계 선상의 경쟁사들도 공급업자들의 도움으로 시설을 확장하게 된다. 조선업자들이 고용 유지를 목적으로 집중적 보조를 받았지만 그에 상응하는 시설 확장을 강요당한 사례를 들 수 있다. 신형 설비의 임대업자 또한 찾아오는 사람 누구에게나 자본을 제공함으로써 시설 과잉의 문제를 더욱 심각하게 만들었다. 예를 들어 1960년대 말과 1970년대 초에 미국 호텔 산업에서 발생했던 시설 과잉 현상에 대한 책임이 부분적으로는 공격적인 부동산 투자가들에게 있다고 볼 수 있다.

• **신뢰의 형성** | 신제품을 규모가 있는 구매자에게 팔려고 노력하는 산업의 경우에는 흔히 상당한 시설 과잉의 기간이 실제로 필요하다. 특히 신제품이 중요한 투입 자원일 경우가 그러하다. 이 경우 구매자들은 충분

한 생산시설이 가동되고 있기 때문에 소수 공급자들과의 불리한 협상을 하지 않고도 자신들의 필요가 충족될 때까지 신제품으로 전환하려 하지 않을 것이다. 고과당 옥수수 시럽 산업의 경우도 이와 같았다.

이와 관계가 있는 것으로 흔한 것이 구매자들이 미래의 사업에 대한 암시적 약속을 함으로써 기업들로 하여금 설비 투자를 하도록 강력히 장려하는 경우다. 그들은 새로운 시설의 필요에 대한 자신들의 의사를 암시하는 발언을 통해 직간접적으로 설비 투자를 부추긴다. 물론 일단 시설이 확장되고 나면 구매자들이 반드시 실제로 주문해야 하는 것은 아니다. 그처럼 많은 시설을 설립하는 것이 공급자들에게 있어 아주 빈틈없는 결정은 아니라고 하더라도, 구매자들의 입장에서 자신들이 필요한 최대 수요를 충족시키기에 부족함이 없을 만큼 충분한 생산시설이 존재한다는 사실은 그들에게 이익이 된다.

산업이 대체재의 등장을 눈앞에 두고 있을 때 구매자의 압력이 가장 강하게 나타난다. 이런 경우 생산시설이 부족하다면 대체재가 쉽게 그 산업으로 침투해 들어올 것이다. 따라서 기업들은 이를 예방하기 위해 결단을 내리게 된다.

- **통합된 경쟁사들** | 산업의 경쟁사들이 전방 통합되어 있을 경우에도 시설 과잉의 압력이 가중될 수 있다. 왜냐하면 기업들은 자체의 전방 사업에 대한 공급 능력을 보호하고 싶어 할 것이기 때문이다. 이런 상황에서 기업이 충분한 공급 능력을 확보하고 있지 않다면, 그 기업은 해당 산

업에서의 시장점유율뿐만 아니라 자체 전방 부문에서의 점유율까지도 상실할 수 있다(또는 투입 자원의 공급량 확보에 대한 위험). 따라서 기업은 장래의 수요에 대한 불확실성이 있음에도 불구하고 충분한 생산력을 확보하는 쪽으로 기울기 쉽다. 동일한 논리가 경쟁사들이 후방으로 통합하는 경우에도 적용된다.

- **시설의 점유율이 수요에 영향을 미친다** | 항공 산업 같은 경우는 최대의 시설을 갖춘 기업이 시설의 점유율에 비해 더 큰 수요의 점유율을 가지게 된다. 이는 구매자들이 처음 접근하는 기업이 바로 그 기업이기 때문이다. 이러한 특징 때문에 몇 개의 기업이 시설에서의 선도적 위치를 차지하려고 경쟁하게 되고, 그 결과 시설 과잉의 압력은 가중된다.

- **시설의 유형이 수요에 영향을 미친다** | 대부분의 서비스 산업과 같은 산업에서는 시설이 구매자에게 직접 판매된다. 예를 들어 가장 현대적으로 꾸며진 패스트푸드 음식점 출입구는 경쟁에서의 우위를 가져다준다. 구매자들이 여러 기업들 중에서 하나를 선택하는 기준이 시설의 유형일 때, 이 또한 시설 과잉의 요인으로 작용한다.

■ 경쟁적 조건

- **다수의 기업이 존재한다** | 다수의 기업이 시장에 대규모의 생산시설을 추가할 수 있는 강점과 자원이 있고, 이 기업들 모두가 시장 우위를

확보하고 있으며, 가능하다면 시장우위를 선점하려고 노력하고 있을 때 시설 과잉의 경향이 가장 심하게 나타난다. 다수의 기업들이 존재하는 제지, 비료, 선박 등이 시설 과잉 산업의 좋은 예다.

- **확실한 시장 선도 기업들의 부재** | 다수의 기업이 시장에서의 선도적 위치를 놓고 경쟁하고 있고, 그중 어떤 기업도 질서 있는 확장 과정을 강행할 수 있는 능력을 가지지 못한다고 할 때 그 과정의 불안정성은 더욱 심화된다. 반면에 하나의 강력한 시장 선도 기업이 있다면 그 기업은 필요하다면, 산업 수요의 대부분을 충족시킬 수 있을 것이며, 나아가 다른 기업들의 지나치게 공격적인 시설 확장에 대해 보복을 가할 수도 있을 것이다. 이런 경우에는 강력한 선도 기업 또는 선도 기업 집단이 자신들의 의사 표시와 행동을 통해 질서 정연한 확장을 시도할 수 있을 것이다(이러한 확실성과 사용되는 메커니즘을 위한 조건들은 5장에서 논의되었다).

- **새로운 진입** | 새로운 진입 기업들이 시설 과잉의 문제를 발생시키거나 악화시키는 경우가 자주 있다. 이 기업들은 해당 산업에서의 강력한 지위를 추구하지만, 기존 기업들은 이를 완강하게 거부한다. 비료, 석고, 니켈 같은 산업에서는 신생 기업들의 진출이 시설 과잉의 주된 원인이었다. 또한 진입장벽이 낮은 산업에서는 산업의 호황기에 수많은 기업이 그 분야로 몰려들 때도 시설 과잉이 나타나기 쉽다.

- **시장 선점 우위** | 생산시설을 일찍 주문·설립하는 것이 이점이 있을 경우, 대부분의 기업들은 일단 미래의 전망이 호의적이라고 판단되면 되도록 일찍 시설 확장에 착수하려 한다. 이른 착수에서 얻을 수 있는 이점으로는 장비를 주문할 때의 짧은 리드타임, 저렴한 장비 가격, 수요와 공급 사이의 불균형을 이용할 수 있는 기회 등이다.

■ 정보 유입

- **미래에 대한 지나친 기대** | 경쟁사가 상대 기업을 의식한 공적인 발언과 안전한 분석에 지나치게 귀 기울이다 보면 미래에 대한 기대감이 터무니없이 팽창되는 경향이 있다. 에틸렌 산업과 에틸렌글리콜(ethylene glycol) 산업에서 이런 현상이 나타났다. 이러한 사실을 통해서 볼 때 경영자들은 아무 행동도 취하지 않거나 부정적인 태도를 취하는 것보다, 적극적인 행동을 취하는 것을 더 선호하는 낙관론자인 경우가 많다는 것을 알 수 있다.

- **다른 가정이나 인식** | 기업들이 서로 상대 기업의 강점과 자원 및 지구력에 대한 잘못된 인식을 가진 경우에는 시설 확장 과정이 불안정하게 되는 경향이 있다. 기업들이 경쟁사의 투자 가능성을 낮거나 높게 잘못 평가하고, 그 결과 현명하지 못하게 투자하거나 아니면 초기에 전혀 투자하지 않을 수도 있다. 전자의 경우에는 곧바로 시설 과잉이 초래될 것이고, 후자의 경우에는 뒤처진 기업이 다른 기업들을 따라잡으려고 절망적

인 노력을 계속하다가 초과 투자가 연속적으로 일어날 것이다.

- **시장 신호의 와해** | 신생 기업, 변화된 환경 조건, 전쟁 발발 등으로 기업들이 시장 신호를 더 이상 신뢰할 수 없는 경우에는 시설 확장 과정의 불안정이 심화된다. 반면에 신뢰할 수 있는 시장 신호가 확립되어 있으면 기업이 다른 기업들에 대해 계획된 조치를 경고할 수 있으며, 예상되는 시설 확장의 시작과 완료에 대비해 계획을 세울 수 있기 때문에 질서 있는 확장을 기대할 수 있다.

- **구조상의 변화** | 산업 구조의 변화 또한 시설 과잉을 유발할 수 있다. 왜냐하면 그로 인해 기업이 새로운 유형의 시설에 투자해야 하거나, 아니면 혼란스러운 산업 구조 변화의 틈에서 기업이 자사의 상대적 강점에 대해 잘못 평가하기 쉽기 때문이다.

- **금융업계의 압력** | 때로는 금융업계가 안정화 요인으로 작용할 수도 있지만, 보통은 분석가들이 다른 기업들의 투자 완료에도 불구하고 투자하지 않은 경영진을 문책함으로써 생산시설 투자에 대한 압력을 가중시킨다. 그 밖에도 경영진은 주가를 높일 목적으로 금융업계에 긍정적인 발언을 해야 하는 경우도 있다. 이 경우 그 발언이 경쟁사들에 의해 공격적인 것으로 해석되어 보복이 일어날 수도 있다.

■ **경영상의 조건**

• **경영진의 생산 지향성** | 경영진의 주된 관심이 마케팅이나 재무가 아니라 생산에 집중되어 있을 때, 시설 과잉의 발생 가능성이 특히 커진다. 이런 사업에서는 최신 시설을 소유하고 있다는 것에 대한 자부심이 크고, 높은 효율성을 가지는 최신 시설을 뒤늦게 추가할 때는 심각한 위험에 당면하게 될 것이라고 생각하기 쉽다. 이 경우 시설 과잉의 압력이 강력해진다.

• **위험에 대한 비대칭적 기피** | 강세 시장에서는 생산시설이 부족한 기업으로 남게 되는 것이, 예상 수요가 실현되지 않아서 다른 경쟁사들과 함께 과잉 시설을 가지게 되는 것보다 더 큰 손실을 입게 되는 경우가 많다. 후자의 경우, 경영진은 수량 면에서 안전한 위치에 놓이게 되고 상대적 지위를 상실하지도 않는다. 하지만 전자의 경우에는 회사의 전략적 위치뿐만 아니라 경영자의 지위까지도 흔들릴 가능성이 크다.

시설 확장을 했을 때의 결과와 하지 않았을 때의 결과 사이에서 이러한 불균형이 발견될 때, 한 기업이 시설 확장을 시작하면 뒤이어 다른 기업들도 시설 확장을 할 수밖에 없을 것이다.

■ **정부 정책 조건**

• **부당한 세금으로 인한 동기** | 때로는 조세 구조 또는 투자 세액 공제가 과잉 투자를 유발할 수도 있다. 스칸디나비아 국가들의 조세법은 시

설의 재투자는 보호해주는 반면, 재투자되지 않은 이윤에 대해서는 세금을 부과했다. 이와 같은 조세법은 이 지역 선박 업계에 심각한 문제를 일으켰다. 모든 선박업자들이 산업이 호황을 누릴 때 시설에 재투자를 했기 때문이다. 해외로 진출한 미국계 자회사들의 경우에도 소득세 면제의 혜택을 누릴 수 있었기 때문에 과잉 시설 투자를 하게 되었다.

- **토착 산업에 대한 욕구** | 국가적으로 열정을 가진 토착 산업이 존재할 경우에는 세계적으로 시설 과잉의 문제가 발생하기 쉽다. 많은 국가들은 이러한 산업을 국내에서 육성하여 국내 수요 초과분을 세계 시장에 판매하려고 하지만, 생산의 최소 효율 규모가 세계 수요에 비해 상대적으로 큰 경우에는 시설 과잉을 초래하기 쉽다.

- **고용의 유지 또는 증대에 대한 압력** | 정부가 고용의 유지 또는 증대라는 사회적 목표를 달성하기 위해 기업에 강력한 투자 압력을 가하는 경우가 있다. 이 또한 시설 과잉의 문제를 초래한다.

■ 생산시설 확장 제한 요인

앞서 논의한 조건들 일부가 존재함에도 불구하고 과잉 시설 투자의 경향을 견제하는 몇 가지 요인들이 존재한다. 가장 일반적인 요인으로는 다음과 같은 것들이 있다.

- 자금력의 한계
- 기업의 다각화로 인해 자본의 기회비용이 높아질 수 있고, 또는 그로 인해 생산 지향적이었거나 전통적인 산업에서 자사의 위치를 보호할 목적에서 과잉 시설 투자를 시도할 수도 있었던 경영진의 시야가 넓어질 수 있다.
- CEO의 마케팅 또는 생산 중심의 사고가 재무 중심의 사고로 전환된다.
- 새로운 시설의 오염 방지 비용과 그 밖의 부대 비용
- 일반적으로 공감되는 미래에 대한 심각한 불확실성
- 과거의 과잉 시설 때문에 발생하는 심각한 문제들

이 조건들 중 몇 가지 실례가 1979년 알루미늄 산업에서 일어났고, 그 결과 이 산업이 생산시설 이용에 있어서 극단적인 경기로부터 탈피할 수 있었다. 1960년대 말에는 시설 과잉으로 인해 수익성이 저하되었으며, 수요가 높았던 해에는 임금 및 가격 통제로 인해 이윤이 제한되었다. 그 결과 산업은 몇 년 동안의 호경기를 거치면서 재원이 풍부해질 때까지는 대규모의 투자를 생각할 수 없는 지경에 이르게 되었다. 1968년 이후 생산시설 건설비는 4배로 뛰었다.

한 기업이 자체의 행동을 통해 예측이나 계획을 경쟁사에 전달하거나 경쟁사의 예측에 영향을 미치려고 노력하는 등의 여러 가지 방법으로 시설 확장의 과정에 영향을 미치는 경우가 많다. 예를 들어 다음의 조치들

은 경쟁사에 의한 시설 확장을 경계하려는 것이다.

- 자회사에 의한 시설 확장을 확대·발표
- 장래의 수요에 대한 비관적 메시지를 담은 보도 자료나 정보
- 현재 사용되고 있는 생산시설의 기술적 진부 가능성에 대한 인식을 높이는 보도 자료나 정보

선점 전략

성장 시장에서 시설 확장을 위한 방법 중 하나가 선점 전략(preemptive strategies)이다. 이 전략은 기업이 시장의 큰 부분을 선점해서 경쟁사의 시장 확대와 새로운 기업의 진입을 견제할 목적으로 시행하는 것이다. 예를 들어 미래의 수요가 확실하고, 그 수요의 전량을 공급하기에 충분한 생산시설을 갖출 수 있는 능력을 가진 기업이 있다면, 다른 기업들이 선뜻 시설 투자에 나서지 못할 것이다. 일반적으로 선점 전략은 시설 투자를 요구할 뿐만 아니라, 단기적으로 이익이 없거나 손해를 감수하는 투자를 필요로 한다. 미래의 수요를 기대하면서 시설이 확장되고, 미래의 원가 하락을 기대하면서 가격이 설정된다.

선점 전략이 위험한 전략일 수밖에 없는 이유는 결과를 알기도 전에 일찍 대규모 자원을 시장에 투입해야 하기 때문이다. 그 밖에도 선점 전략

으로 경쟁을 억제하는 데 실패할 경우에는 파국을 맞게 되는 수가 있는데, 자칫 산업 전반적으로 대대적인 시설 과잉이 초래되고 역시 선점 전략을 시도하는 다른 기업들이 시장에 대규모의 전략적 투자를 한 후라서 철수하기가 어렵기 때문이다.

이처럼 선점 전략은 큰 비용과 위험을 수반하기 때문에 성공을 위해 필요한 조건들을 규명해보는 것이 중요하다. 선점 전략이 부분적으로 위험한 이유는 이 조건들 모두가 충족되어야 하기 때문인지도 모른다.

- **예상 시장 규모에 비해 확장된 생산시설** | 확장된 생산시설 규모가 예상 시장 규모에 비해 크지 않을 때는 시장이 선점되지 않는다. 따라서 미래 수요가 알려져 있는 시장을 선점하려는 목적으로 확장을 꾀할 때 그 시설 규모에는 명확한 조건들이 붙게 된다. 하지만 가장 중요한 문제는 '경쟁사와 잠재적 경쟁사 모두가' 미래의 수요에 대해 가지는 예측이다. 어떤 경쟁사 또는 잠재적 경쟁사가 미래의 수요가 충분해서 선점을 위해 확장된 시설을 흡수하고도 남을 것이라고 믿는다면 뒤따라 투자하는 쪽을 택할 것이다. 따라서 선점을 시도하는 기업은 경쟁사의 예측치를 확실하게 파악하고 있거나, 아니면 자체의 조치가 선점적인 것임을 분명히 밝히는 식의 방법으로 그 기업의 예측치에 영향을 미치려고 노력해야 한다. 만약 경쟁사들이 잠재 수요를 비현실적으로 높게 보고, 미래의 수요가 처음에 기대했던 것보다 높다는 것이 판명될 경우, 선점 기업은 즉각적으로 시설을 확장하겠다는 내용의 신뢰할 만한 언질을 주어야 한다.

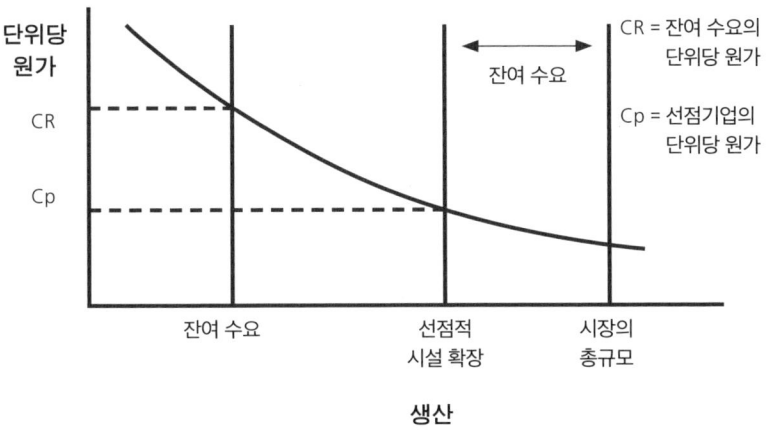

<그림 15-2> 규모의 경제가 주어졌을 때 선점 생산시설

- **총시장 수요에 비해 큰 규모의 경제 또는 중요한 학습 곡선** | 규모의 경제가 총시장 수요에 비해 상대적으로 큰 경우, 선점하기 위한 시설 확장을 일찍 시도하면 경쟁사들에는 효율을 기할 수 있을 만큼의 수요가 남아 있지 않게 된다(<그림 15-2> 참고). 이런 경우에 투자하는 기업들이 있다면, 이 기업들은 대대적으로 투자를 하고 시설의 용량을 채우기 위해 피나는 투쟁을 해야 할 것이다. 아니면 소규모의 투자를 함으로써 높은 원가를 감수해야 한다. 즉 이 기업들은 견제를 받고 전혀 투자하지 못하게 되거나 소규모의 투자로 인해 영원히 원가의 불이익을 감당해야 한다.

이익을 독점하게 할 수 있는 중요한 경험 곡선이 있다면, 초기에 대규모 시설 투자를 한 기업이 지속적인 비용 우위를 차지할 것이다.

- **선점 기업의 신뢰성** | 선점을 노리는 기업은 선점 전략을 선언하고 그 전략을 수행할 때 그들의 발표나 행동에 있어서 신뢰가 있어야 한다. 신뢰성에는 필요한 자원 및 기술 능력의 보유, 계획된 투자에 대한 과거의 언급이 포함된다. 신뢰성이 없으면 경쟁사들은 그 조치를 선점적인 것으로 보지 않거나, 어떤 식으로든 그 역할을 대신하려 할 것이다.

- **경쟁사들이 행동하기 전에 선점 동기를 전달할 수 있는 능력** | 기업은 경쟁사들이 투자를 시작하기 전에 시장을 선점하고 있음을 알릴 수 있는 능력을 갖추어야 한다. 따라서 경쟁사들이 시설 확장에 대한 결정을 고려하기도 전에 선점에 부족함이 없는 규모의 생산시설을 갖추고 있거나, 자사의 의도를 공고하는 등의 방법으로 믿을 수 있도록 전달해야 한다. 기업은 앞서 논의했던 것과 같이 선점 전략을 실행으로 옮길 것이라는 신뢰가 있어야 하며, 그 밖에도 선점이 목적임을 알릴 수 있는 믿을 만한 방법을 가져야 한다.

- **경쟁사들의 후퇴 의지** | 선점 전략은 경쟁사들이 선점 기업과 경쟁을 벌여 얻을 수 있는 잠재적인 이익을 따져보고 위험을 감수할 만하지 않다고 결론을 짓게끔 하는 것이다. 그러나 여러 조건이 그러한 결정을 방해할 수도 있는데, 이 조건들의 공통분모는 경쟁의 대상인 특정 산업에서 상당한 위치를 확보하거나 유지함에 있어서의 중대한 이해관계이다. 선점 전략은 다음과 같은 유형의 경쟁사들을 상대로 할 때 위태로워진다.

순전히 경제적인 목적이 아닌 다른 어떤 목적을 가진 경쟁사들: 그 산업에 참여하는 것에 큰 의미를 두고 있는 이유가 오랜 역사나 그 밖의 어떤 감정적 애착인 경우, 앞서 논의했듯이 선점의 기회가 존재함에도 불구하고 선점 기업에 대항해 자사의 입지를 지키려고 노력할 수도 있다.

그 사업을 전략의 중추로 생각하고 있는 경쟁사들: 해당 사업을 분리해서 생각해보면 선점 기업과 경쟁하지 않는 것이 보다 합리적일 수 있다. 그럼에도 불구하고 기업이 그 사업의 존재 자체를 중요하게 생각하는 경우에는 성공적으로 선점하는 것이 거의 불가능해진다.

동일하거나 더 강한 지구력을 지녔거나 더 장기적인 시야를 가지고 있거나, 또는 시장 우위를 위해 이윤을 포기할 의지가 더 큰 경쟁사들: 사업에서의 성공을 장기적인 시각에서 보려 하거나, 장기적인 기간 동안의 대결을 통해서라도 이를 얻어낼 결심을 가진 경쟁사들이 있다. 이런 상황에서는 선점 전략을 택하는 것이 좋다고 볼 수만은 없다.

16장

새로운 사업으로의 진입

이 장에서는 새로운 사업으로 진입하는 전략적 결정에 대해 검토해 볼 것이다. 내부 발전을 통해 진입하는 기업의 경우뿐만 아니라 기업 인수를 진입의 전략으로 삼는 경우도 관찰할 것이다. 2가지 형태의 진입 모두를 살펴볼 때 사용할 수 있는 분석 기법이 제시될 것이며, 주된 목적은 기업들이 적합한 진입의 표적이 되는 산업과 최선의 진입 전략을 선택하는 데 도움이 되고자 하는 것이다.

인수와 내부 발전에 의해 새롭게 진입할 사업을 찾아내고 협상·통합·조직하고 동기를 부여하고 관리하는 활동 중에는 여러 가지 복잡한 일들이 수반되지만, 이 장에서 설명하고자 하는 부분은 상당히 제한된 부분이다. 이 책의 다른 장에서 논의된 산업 및 경쟁사의 분석 도구가 진입에 대한 결정에서 어떻게 경영인들에게 도움이 될 수 있는지에 대한 것이 강조될 것이다. 그리고 매력적인 진입 표적이 될 수 있는 사업을 찾아내고, 어떤 자산과 기술이 있어야 진입이 유익할 것인지 판단해 볼 것이다. 여기 제시될 몇 가지 중요한 경제 원칙이 판단에 도움을 줄 것으로 희망하며 나아가 실제로 적용된 부분이 관찰될 것이다. 특정한 진입의 성공이나 실패에 있어서 역시 중요한 인간적·조직적·재무적·법적·관리적 측면의 요인들에 관심을 기울이다 보면 경제 원칙을 잊게 되는 경우도 있다. 하지만 경제 원칙이 진입의 성패에 거의 결정적인 작용을 한다는 사실에는 변함이 없다. 진입의 경제는 진입이 발생할 때마다 작용하는 몇 가지 근본적인 시장 요인에 의해 크게 영향을 받는다.

경제학자의 관점에서 보았을 때 시장 요인이 완전하게 작용하고 있는 경우에는, 어떠한 진입 결정으로도 평균 이상의 투자 수익을 기대할 수 없다. 이처럼 놀라운 사실이 바로 진입의 경제를 분석하는 데 있어서의 핵심이다(즉 시장 요인이 완벽하게 작용하지 못하고 있는 산업을 찾아내는 것). 이러한 분석에서 얻어지는 우선적인 결론은 새로운 사업을 통합하고 경영하는 데 있어서 발생하는 모든 문제는 제쳐놓는다 하더라도, 좋은 조건의 산업 환경 속에서 잘 운영되고 있는 건전한 사업을 인수하거나, 내부 발전을 통해 그 사업으로 진입하는 것만으로는 결코 진입의 성공을 충분히 보장받을 수 없다는 것이다. 그러나 앞으로 논의하겠지만, 성공적인 진입 가능성의 요인은 여러 가지가 있다.

내부 발전을 통한 진입

내부 발전을 통한 진입은 하나의 산업에서 새로운 생산시설, 새로운 유통 관계, 새로운 판매 능력 등을 포괄하는 새로운 사업체를 창조하는 일이다. 합작 투자 업체들은 본질적으로 동일한 경제적 문제를 발생시키는데, 그 이유는 이 업체들 역시 새롭게 시작하는 사업체이기 때문이다. 차이가 있다면 이 업체들의 경우에는 파트너들 사이의 역할 분담 문제와 누가 강력한 통제력을 가질 것인지에 대한 복잡한 문제가 별도로 제기된다는 사실이다.

내부 발전을 분석함에 있어 가장 중요한 문제는 그것이 기업에 2가지 진입 장애 요인(구조적 진입장벽과 기존 기업들의 예상되는 보복 조치)의 극복을 요구한다는 점이다. 내부 발전을 통한 진입 기업(내부 진입 기업이라 부르기로 한다)은 구조적 진입장벽의 극복이라는 대가를 치러야 하며, 기존 기업들이 보복하려 들지도 모른다는 위험을 부담해야 한다. 전자의 대가로는 일반적으로 사전 투자와 사업 착수 시 발생하는 손실을 지적할 수 있으며, 이것들은 새로운 사업을 위한 기본 투자의 일부를 이룬다. 기존 기업들에 의한 보복의 위험이 진입에 발생하는 추가 비용으로 간주될 수 있다. 이 비용은 보복 역작용(예를 들면 가격 하락과 마케팅 비용 상승)의 크기에 보복 발생의 가능성을 곱한 결과와 동일하다.

1장에서 진입장벽의 구조적 요인과 보복의 가능성을 결정하는 요인이 논의되었다. 진입 결정에 대한 분석이 타당한 것이 되려면 다음과 같은 비용과 이익을 충분히 검토해보아야 한다.

· 제조 시설 등의 제반 시설과 같이 새로운 사업을 시작하는 데 필요

한 투자 비용(이 비용 중 일부는 구조적 진입장벽에 의해 높아질 수도 있다.)
- 브랜드 인지도와 독점 기술 같은 구조적 진입장벽을 극복하기 위해 필요한 추가 투자
- 진입에 대한 기존 기업들의 보복 조치로 인해 발생할 것으로 예상되는 비용
- 그 산업에 진입함으로써 발생할 것으로 예상되는 현금 유입

진입 결정 시의 자본 예산 편성에서 이 요인들 중의 일부가 소홀히 다루어지는 경우가 흔히 있다. 예를 들어 재무 분석에서는 진입 이전에 일반적인 산업 가격 및 원가가 당연한 것으로 여겨지며, 제조 시설의 건설과 판매 인력의 모집처럼 분명히 가시적인 투자만이 필요한 것으로 생각된다. 반면에 다음과 같이 구조적인 진입장벽을 극복하는 데 있어서 잘 고려되지 않는 요소들이 있다. 견고한 프랜차이즈 브랜드, 경쟁사들과 결속된 유통 경로, 가장 유리한 조건으로 원자재에 접근할 수 있는 경쟁사의 능력, 또는 독점 기술 개발의 필요성 같은 것들이다. 이 요인들은 장비 또는 노동력의 가격을 높일 수 있으며, 이로 인해 공급이 부족해질 수도 있다. 이는 진입 기업이 더 높은 원가를 감당할 수밖에 없음을 의미한다.

흔히 간과되는 또 하나의 요인으로 '진입 기업의 새로운 생산시설'이 해당 산업의 수급 균형에 미치게 될 영향을 지적할 수 있다. 내부 진입 기업으로 인해 추가된 산업 시설의 규모가 큰 경우, 자체의 시설을 완전 가동하려는 그 기업의 노력은 적어도 다른 기업들 일부가 과잉 생산시설을

가지게 될 것임을 의미한다. 높은 고정비는 가격 인하 등을 통해 완전 가동을 목표로 삼고, 이런 노력은 다른 기업이 그 사업에서 철수 할 때까지 또는 산업 성장이나 시설의 철거에 의해 시설 과잉 현상이 해소될 때까지 지속될 것이다.

진입 결정에서 자주 무시되는 것으로는 '기존 기업들의 반발로 인한 영향'이다. 다음과 같은 조건에서라면 기존 기업들이 여러 방법으로 진입에 대해 반발할 것이다. 가장 일반적인 형태의 반발이 가격 인하이며, 이는 진입의 타당성을 검토하기 위한 사전 계산에서 전제되는 산업가격이 진입 이전의 일반적인 가격보다 낮아야 함을 의미한다. 한 기업이 진입한 결과 몇 년 동안 가격이 하락 상태에서 벗어나지 못하는 경우도 종종 있다. 카길(Cargill)과 ADM(Archer-Daniels-Midland)의 진입이 있은 후 옥수수 제분업에서 동일한 현상이 발생했다. 조지아 퍼시픽(Georgia-Pacific)의 진입 또한 석고 산업에서 가격 교란의 요인으로 작용했다.

기존 기업들이 보여주는 또 다른 반응으로는 마케팅 활동의 강화, 특별 판촉, 보증 기간의 연장, 쉬운 외상 판매, 상품 품질의 개선 등 여러 가지가 있다.

또 하나의 가능성으로 지적되는 것은 진입이 해당 산업에서 대대적인 과잉 시설 확대 현상을 일으킬 수 있다는 점이다. 특히 신생 기업이 일부 기존 기업들의 시설보다 더 현대적인 시설을 가지고 들어올 경우에 이러한 가능성은 더욱 커진다. 산업마다 생산시설 과잉으로 인한 불안정성은 차이가 있다(한 산업을 불안정한 상태로 몰아넣는 요인에 대해서는 15장에서 논의되었다). 반응의 정도와 가능한 지속 시간을 예측해야 하며, 진입에 대한 사전 검토에 투입된 가격이나 비용이 그 예측의 결과에 따라 재조정 되어야 한다.

■ 보복이 있을 것인가?

기존 기업들은 경제적·비경제적 사항에 근거를 두고 볼 때 그렇게 할 만한 가치가 있다고 판단되면 진입에 대해 보복을 하려 할 것이다. 강한 보복을 유발하기가 특히 쉬운 것이 내부 진입이다. 다음과 같은 종류의 산업에서는 보복이 미래에 대한 전망을 흐리게 할 수도 있다(따라서 이러한 산업들은 진입의 표적으로는 위험하다).

- **느린 성장 속도** | 경쟁사의 내부 진입이 있으면 기존 기업들은 점유 시장의 일부를 빼앗기게 된다. 하지만 기존 기업들이 성장 속도가 둔한 시장에서 이런 방식의 진입을 특히 싫어하는 이유는, 그들의 절대 판매량의 하락이 초래되기 때문이다. 그렇게 될 경우 대개 격렬한 반발이 예상된다. 반면에 시장이 급속하게 성장하고 있는 경우에는, 기존 기업들이 진입 기업에 일부의 점유 시장을 빼앗기더라도 여전히 건전한 재무 상태를 유지할 수 있다. 그리고 진입 기업에 의해 추가된 생산시설이 가격 교란을 초래하지 않고도 더 빨리 가동될 수 있다.

- **생필품류의 제품** | 이와 같은 사업에서는 신생 기업의 영향력으로

부터 기존 기업들을 분리하는 브랜드 충성도나 세부 시장이 존재하지 않는다. 이런 상황에서는 진입이 산업 전체를 동요하게 할 것이며, 특히 진입으로 인해 가격 하락이 발생할 가능성이 크다.

- **높은 고정비 |** 고정비의 비율이 높고, 신생 기업의 생산시설 추가로 인해 자사의 시설 가동률이 크게 떨어질 경우에는 경쟁사들의 보복 행위가 쉽게 유발될 것이다.

- **고도의 산업 집중화 |** 이런 산업에서는 신생 기업이 특히 눈에 잘 띄며 그들의 존재는 일부 기존 기업의 시장 지위에 심각한 타격을 줄 수도 있다. 고도로 세분화된 산업에서라면 한 기업의 진입이 여러 기업들에 영향을 미치겠지만 그 영향은 극히 미미할 것이다. 어떤 기업도 크게 충격을 받지 않기 때문에 맹렬하게 보복하려고 하지 않는다. 그리고 어떤 기업도 새로운 진입 기업에 제재를 가할만한 능력이 없다. 보복의 가능성을 평가할 때 무엇보다 중요한 것은 각각의 기존 기업들이 얼마나 영향을 받을 것인지 면밀히 확인하는 것이다. 기존 기업들이 느끼는 영향이 서로 다르면 다를수록 가장 심하게 영향을 받은 기업이 보복하려 할 가능성은 그만큼 더 커진다. 한 기업의 진입으로 인한 충격이 모든 기존 기업들에 고르게 파급된다면, 그것은 신생 기업에 덜 위협이 될 것이다.

- **사업에서의 자사의 입지에 큰 전략적 의미를 부여하는 기존 기업들 |**

기존 기업들이 전략적으로 큰 의미를 부여하는 사업에 신생 기업이 들어올 수 있다. 진입 기업이 그 사업에 영향을 미칠 때, 격렬한 보복 조치를 불러올 수 있다. 그 사업이 전략적으로 중요한 이유는 기존 기업이 현금 유입이나 미래의 성장을 위해 그 사업에 크게 의존하고 있거나, 그것이 회사를 대표하는 사업이거나, 회사 내에서 그 사업이 다른 사업들과 밀접한 상호관계를 맺고 있기 때문이다(한 기업과의 관계에서 전략적 중요성을 부여하는 요인들이 있으며 요인에 대해서는 3장에서 그리고 12장에서 철수 장벽에 대해 논의하는 과정에서 설명되었다).

- **기존 경영진의 태도** | 설립된지 오래된 기업들이 존재할 때, 특히 그 기업들이 단일 사업으로 영위되는 회사일 경우에 진입에 대한 반발이 격렬해질 가능성이 높다. 그런 산업에서는 진입이 일종의 공격 행위나 권리 침해로 받아들여지는 경우가 흔히 있으며, 따라서 보복이 매우 격렬한 형태로 나타나게 된다. 좀 더 일반적인 것으로, 기존 기업 경영진의 태도와 성장 배경이 보복에서 중요한 요인으로 작용할 수도 있다. 일부 경영진은 기업의 역사나 사고방식 때문에 진입에 대해 더 큰 위협을 느끼거나 더욱 격렬하게 반발하기 쉽다.

과거에 기존 기업이 진입의 위협에 대해 어떤 행동을 보였는지 알고 있으면, 이 기업이 새로운 진입 기업에 대해 어떻게 반응할지에 대해 어느 정도까지는 유추할 수 있다. 전략적 그룹을 이동하면서 과거의 진입 기업이나 기존 기업들에 보였던 태도가 특히 유용한 단서가 된다.

■ 내부 진입을 위한 목표 산업의 확인

잠재적 진입 기업이 앞서 논의한 결정의 여러 요소를 적절하게 분석한다고 가정할 때, 어떤 산업에서 내부 진입이 가장 매력적일 수 있을까? 이 질문에 대한 답은 구조적 분석의 기본 체계에서 도출된다. 한 산업에서 기업이 기대할 수 있는 수익성은 5가지 요인 즉 경쟁, 대체재, 공급 및 구매자의 교섭력, 진입의 강도에 의해 결정된다. 진입은 산업의 수익률을 결정하는 데 균형 인자로 작용한다. 한 산업이 안정되어 있거나 균형 상태에 있을 때, 진입 기업의 기대 수익은 진입에 대한 구조적 장벽의 높이와 보복에 대한 진입 기업의 타당한 예상을 반영하는 것에 지나지 않는다.

기존 기업의 수익성이 클 수도 있지만, 잠재적 진입 기업이 수익성의 기대치를 계산해볼 때 수익성이 정상적이거나 평균 수준임을 확인하는 것으로 만족해야 한다. 진입 기업은 구조적 진입장벽을 극복해야 하며, 기존 기업들로부터의 반발 위험을 감당해야 하기 때문에 해당 산업에서 성공을 거둔 기업들의 경우보다 더 큰 비용을 부담하며, 이런 비용이 평균 이상의 수익성을 잠식하게 된다.

진입의 비용이 평균 이상의 수익을 상쇄하지 않는다면, 이미 다른 기업들이 진입하여 진입 비용과 진입 수익성을 상쇄하는 수준으로 수익을 하락시킬 것이다. 따라서 기업이 특별히 비교 우위의 위치에 있지 않을 경우에는 균형 상태에 있는 산업으로의 진입이 그 대가를 가져다줄 것이라고 기대하기 어렵다.

그렇다면 어떤 경우에 기업이 진입을 통해 평균 이상의 수익을 얻을 것으로 기대할 수 있을까? 해답은 앞서 설명한 시장 메커니즘이 완전하게 작용하고 있지 않은 상황에 있음을 확인하는데 있다. 내부 진입의 주된 표적은 다음과 같은 범주들 중의 하나에 해당한다.

- 산업이 불균형 상태에 있다.
- 기존 기업들의 보복이 느리거나 효과적이지 못할 것으로 예상된다.
- 다른 기업들보다 그 기업의 진입 비용이 낮다.
- 그 기업은 산업 구조에 영향을 미칠 수 있는 뚜렷한 능력이 있다.
- 기업의 기존 사업에 긍정적인 영향을 미칠 것이다.

- 불균형 상태의 산업

모든 산업이 균형 상태에 있는 것은 아니다.

• **신종 산업** | 급속하게 성장하고 있는 신종 산업에서는 일반적으로 경쟁 구조가 완전하게 확립되어 있지 않으며, 진입 비용 또한 후에 진입하게 될 기업들의 경우에 비해 훨씬 낮을 수도 있다. 아마 어떤 기업도 생산 원료의 공급자들을 독점하지 못했거나, 영향력 있는 브랜드 정체성을 만들어내지 못했거나, 또는 진입에 대해 보복하고자 하는 성향이 그리 강하지 않을 것이다. 기존의 기업들이 성장 속도의 한계에 부딪히게 될 수도 있다. 그러나 진입하려는 산업이 새로운 산업이라는 이유만으로 진입을 결정할 수는 없다. 산업 구조를 완전히 분석하고(1장) 투자를 해도 될 만큼

충분히 오랜 기간 높은 수익성을 기대해도 좋다는 결론에 도달하기 전에는 진입이 정당화될 수 없다.

그 밖에도 일부 산업에서는 개척자의 입장에 있는 기업의 진입 비용이 처음 그 산업을 개척하는 비용 때문에 후에 진입하게 될 기업들의 경우에 비해 클 수밖에 없다는 사실에 주목해야 한다(일찍 진입하는 것과 늦게 진입하는 것 중 어느 쪽이 유리한지 판단하기 위한 분석의 기법이 10장에서 논의되었다). 마지막으로 다른 기업들도 신종 산업으로 진입할 수 있다. 따라서 높은 수준의 수익성이 유지되기를 기대하려면, 후에 진입하는 기업은 더 높은 진입 비용을 감당하게 될 것임을 확신하게 하는 경제적 근거가 있어야 한다.

- **높아지는 진입장벽** | 높아지는 진입장벽은 미래의 수익 수준이 현재의 진입 비용을 상쇄하고도 남음을 의미한다. 최초의 진입 기업이 되거나 초기 진입 기업의 하나가 되면, 진입 비용이 최소화될 수 있을 뿐만 아니라 때로는 제품 차별화에서 유리한 입장에 서게 될 수도 있다. 하지만 다수의 다른 기업들 역시 일찍 진입하게 되면 이런 기회는 없어질 것이다. 따라서 이 산업들에 있어서는 일찍 행동을 개시하고 난 후 높아진 진입장벽으로 나중에 진입하고자 하는 기업들을 봉쇄하는 것이 유리하다.

- **빈약한 정보** | 일부 산업의 경우에 진입 비용과 기대되는 수익 사이의 불균형이 장기화될 수도 있다. 왜냐하면 이런 사실을 잠재적 진입 기업이 인식하지 못하기 때문이다. 이러한 상황은 침체 상태에 있거나 아직

은 미미한 존재이기 때문에 많은 기존 기업들의 관심을 끌지 못하는 산업에서 발생하기 쉽다.

진입 기업의 성공을 어느 정도 방해하는 요인들이 시장에 존재함을 뚜렷하게 인식하는 것이 중요하다. 불균형 때문에 진입의 전망이 좋은 산업의 경우에는 시장이 동일한 시장 신호를 다른 기업들에도 보내고 있을 것이며, 이에 다른 기업들도 진입할 가능성은 커진다. 따라서 진입의 결정에서 그 진입 기업이 불균형의 혜택을 거두어들이는 것은 가능한 반면에 다른 기업들은 그렇게 할 수 없을 것임을 말해주는 분명한 이유가 파악되어야 한다. 이를 예측할 수 있는 능력을 가지면 불균형을 최초로 목격하고 일찍 진입함으로써 유리한 위치에 설 수 있다. 그러나 진입 기업이 다른 기업들의 모방을 막을 몇 가지 장벽을 세울 수 없는 경우에는 일찍 진입함으로써 얻은 유리함이 시간이 지남에 따라 없어질 수 있다. 진입 전략에는 이러한 문제들에 대한 고려와 이에 대해 대처할 수 있는 계획이 포함되어야 한다.

- 느리거나 효과적이지 못한 보복

어떤 산업에서는 기대하는 수익 수준과 진입 비용이 불균형 상태에 있다. 이런 산업에서는 산업 내의 기업들이 높은 수익성을 누리고 있으면서도 활기가 없거나 정보에 어둡거나 하는 등의 이유 때문에 시기적절하고 강력한 보복을 하지 못하기도 한다. 어떤 기업이 이 산업을 최초로 발견한다면, 그 기업은 평균 이상의 수익을 획득할 수 있을 것이다.

산업이 진입의 좋은 표적이 되려면 격렬한 보복을 불러오는 특징을 가지지 않아야 하며, 그 밖의 다른 어떤 독특한 요소도 가지면 안 된다.

- **강력한 보복을 위해 치러야 하는 대가가 그 이익을 초과한다 |** 진입을 고려하고 있는 기업이라면 기존의 주요 기업들이 보복의 강도를 결정하는 데 어떤 계산을 하는지 알아야 한다. 그 기업은 기존 기업들이 진입에 대해 보복하려 할 경우 감당하게 될 수익의 축소폭을 예측해야 한다. 기존 기업들은 진입 기업을 격퇴하고 나서도 자사가 살아남을 확률이 얼마나 크다고 생각하는가? 기존 기업들이 달성하고자 하는 수익보다도 보복의 대가가 크면 클수록, 그 기업들이 보복할 가능성은 그만큼 줄어든다.

기존 기업들이 보복하지 않을 것으로 예상되는 산업을 선정하는 것만이 진입 기업이 할 수 있는 일은 아니다. 진입 기업이 보복의 가능성에 직접 영향을 미칠 수도 있다. 예를 들어, 진입 기업이 그 산업에서 생존을 보장해주는 지위의 추구를 절대로 포기하지 않을 것임을 기존 기업들이 확인할 수 있다면, 막대한 돈을 낭비하면서까지 그 기업을 완전히 제거해 버리려고 하는 기업은 없을 것이다.

- **가부장적 지배 기업 또는 오랫동안 지도적 위치를 지켜온 기업 집단 |** 소속 산업에 대해 가부장적 견해를 가지는 지배 기업은 과거에 경쟁할 필요성을 느낀 적이 없었을 것이며, 따라서 학습하는데 걸리는 시간이 느릴

수도 있다. 선도 기업은 자사를 소속 산업의 보호자 또는 대변인으로 생각할지도 모른다. 그 기업은 (가격 수준을 유지하고, 품질을 보존하고, 높은 수준의 고객 서비스나 기술적 도움을 지속하는 등) 산업에 가장 유익하다고 생각하는 방법으로 행동할 수도 있다. 선도 기업이 한 기업의 진입을 도발로 받아들여 이에 대한 조치를 취하지 않는 한 진입 기업은 그 산업에서 큰 비중을 차지할 때까지 성장할 수 있다. 이런 상황이 니켈과 옥수수 제분 산업에서 발생해 INCO와 CPC는 진입 기업에 지배적 위치를 내주어야 했다. 물론 이런 전략은 잠자던 거인을 깨울지도 모른다는 위험성이 도사리고 있다. 따라서 대기업 경영진의 성격을 파악하는 일이 중요하다.

- **현재의 사업을 보호해야 한다는 필요성을 감안할 때 보복 행위에 지불해야 하는 대가가 너무 크다** | 이런 상황은 3장에서 논의한 혼합 동기 전략의 사용 가능성을 제시해준다. 예를 들면, 새로운 유통 경로를 사용하고 있는 진입 기업에 대응하다 보면 기존 유통업자들이 소외감을 느끼게 될 것이다. 그리고 신생 기업에 대한 기존 기업들의 반응이 기존 기업에 기초 전략 상품이 되는 상품의 매출을 하락 시키거나, 진입 기업의 전략을 정당화하는 데 도움이 되거나, 또는 시장에서 기존 기업이 가지는 이미지와 일치하지 않을 때 역시 기회는 존재한다.

- **진입 기업이 업계의 통념에서 비롯된 지혜를 이용할 수 있다** | 만약 기존 기업들이 소속 산업에서 경쟁하는 방법에 대한 전통적인 지혜나 몇 가

지 핵심이 되는 가정을 절대적으로 믿고 있다면, 어떤 고정관념도 가지지 않은 기업이 전통적인 지혜를 적용하기에 부적합한 경우나 진부한 것일 수 있는 상황을 쉽게 찾아낸다. 전통적인 지혜는 서비스, 공장 위치 그리고 그 밖에도 경쟁전략의 거의 모든 측면에 포함 될 수 있다. 기존 기업들은 과거에 그러한 전통이 아주 잘 작용했다는 이유만으로 그것에 완강하게 집착할 수도 있다.

- **낮은 진입 비용** | 시장 요인들이 내부 진입의 동인(動因)을 부인하지 않는 좀 더 일반적이고 덜 위험한 상황은 모든 기업들이 일률적으로 동일한 진입 비용을 부담하지 않아도 되는 산업에서 찾을 수 있다. 어떤 기업이 다른 대부분의 잠재적 진입 기업보다 더 값싸게 구조적 진입장벽을 극복할 수 있는 경우나 그 기업에 대한 보복의 가능성이 그리 크지 않을 것이라고 예상되는 경우에, 그 기업은 진입을 통해 평균 이상의 수익을 얻을 수 있을 것이다. 그 밖에도 그 기업은 소속 산업에서 경쟁할 때 특별히 유리한 입장에 서게 될 것이며, 유리한 입장이 가지는 가치는 진입장벽의 극복에 필요한 대가를 넘어선다.

진입장벽을 다른 잠재적 진입 기업들보다 더 쉽게 진입장벽을 극복할 수 있는 능력은 일반적으로 진입기업이 현재 운영하고 있는 사업에서 얻어낼 수 있는 자산이나 기술, 또는 진입에 전략적 개념을 제공해주는 혁신적인 요소가 있음으로써 생겨난다.

어떤 산업에서 한 기업은 독점 기술, 확립된 유통 경로, 널리 인식된 브랜드 이미지 등을 가지고 있기 때문에 진입장벽을 쉽게 극복할 수 있다. 하지만 다수의 다른 잠재적 진입 기업들도 동일한 장점을 가지고 있을 경우에는 이러한 장점이 이미 진입 비용과 진입에 따른 수익성 사이의 균형에 반영되어 있을 것이다. 반면에 구조적 진입장벽을 극복할 수 있는 기업의 능력이 그 기업만이 가지는 특수한 것이거나 수익성이 현저하게 두드러지는 것일 경우에는 진입이 훨씬 이로울 수 있다. 그 예로서 GM은 자동차 산업을 통해 얻은 차체와 엔진 그리고 판매망을 이용하여 레저용 자동차 산업에 진입할 수 있었고, 존 디어는 농업 장비 산업을 통해 얻은 제조 기술과 제품 디자인 및 서비스에서의 경험을 이용하여 건설 장비 산업에 진입할 수 있었다. 그 밖에도 기업이 경쟁 대상으로 크게 존경을 받고 있거나 그 기업의 진입이 위협적이지 않은 것으로 평가받음으로써 다른 잠재적 진입 기업보다 기존 기업들로부터 보복을 덜 받는 경우도 있다. 이 경우 그 기업은 자사의 사업 규모나 재력 또는 공정한 경쟁자로서의 명성 때문에 존경을 받는다. 과거에 작은 틈새시장으로 자사의 활동 영역을 국한했거나 가격을 깎지 않았기 때문에, 그 기업의 진입이 덜 위협적으로 느껴지는 경우도 있다.

    그 기업이 어떤 이유로 인해 보복이 덜 하리라고 기대할 수 있는 유리한 입장에 있다면 감당하게 될 보복의 비용은 다른 잠재적 진입 기업들의 경우보다 낮을 것이며, 따라서 진입을 통해 평균 이상의 수익을 얻게 될 가능성은 커진다.

- 산업 구조에 영향을 미칠 수 있는 능력

진입 기업이 목표 산업에서의 구조적 균형을 변화시킬 수 있는 능력이 뚜렷할 경우에는, 시장 요인들의 역작용에도 불구하고 내부 진입이 보다 높은 수익을 가져다준다. 예를 들어 그 기업이 뒤따르는 진입 기업들을 저지할 수 있을 만큼 이동 장벽을 높일 수 있다면, 그 산업의 구조적 평균은 흔들리게 된다. 이런 경우라면 그 기업이 진입을 통해 평균 이상의 수익을 거두어들일 수 있는 입장에 서게 될 것이다. 그 밖에도 세분화된 시장으로의 진입은(9장에서 논의했던 것과 같이) 이동 장벽을 크게 높여주고, 결국은 통합하게 되는 하나의 과정을 유발한다.

- 기존 사업에 대한 긍정적 효과

내부 진입이 진입 기업의 기존 사업에 긍정적인 영향을 줄 수 있다면, 앞서 제시한 조건들이 존재하지 않는다 해도 진입은 이익이 될 수 있다. 이러한 영향은 기업 이미지 및 유통 경로의 개선, 위협에 대한 방어 등 여러 가지 형태를 띠고 나타날 수 있다. 따라서 새로운 사업에서 평균 수준의 수익을 올린다고 해도 회사는 전체적으로 긍정적인 효과를 가져 올 것이다.

이러한 근거에서 취해진 진입 결정의 좋은 사례로는 디지털 데이터 전국 전송 네트워크 사업으로의 진입을 선언한 제록스(Xerox)의 경우를 들 수 있다. 제록스는 '미래의 사무실'에서 광범위한 기반을 구축하려고 노력하는 것 같다. 전통적인 복사뿐만 아니라 컴퓨터, 전자 우편 그리고 회사 내의 복잡한 네트워크에서 이루어지는 자료 전송이 미래에는 사무실 업무의 일부가 될 것이다. 따라서 제록스가 자료 전송 네트워크 사업에서 특별히 유리한 입지에 놓여 있지는 않아도, 현재의 강력한 기반을 보호하려고 노력하는 것은 당연한 일이다. 최초로 자동차 수리업에 진출한 이튼 코퍼레이션(Eaton Corporation)의 경우도 예로 들 수 있다. 자동차 제조회사의 전속 서비스 부서가 자회사의 부품만을 사용하겠다는 배타적 입장을 취하고 있는 이상, 자동차 수리 부품 제조업계의 선도 기업인 이튼 코퍼레이션은 그 시장을 공개하고 전속 서비스 부서를 배척하는 데 사활을 걸지 않을 수 없었다. 이튼 코퍼레이션이 자동차 수리업에서 평균 이상의 수익을 올릴 수 있을 것이라고 기대할 수 있는 근거는 전혀 없다. 그러나 그러한 진입은 그 회사의 수익을 전반적으로 높여줄 것이다.

■ 진입의 본원적 개념

다른 기업들보다 진입장벽을 더 낮은 비용으로 극복하도록 해주는 여러 개념에 근거를 둔, 진입의 일반적인 방법들로는 다음과 같은 몇 가지가 있다.

• **제품 원가를 낮춘다** | 기존 기업들보다 낮은 원가로 제품을 생산하는 방법을 말한다. 가능한 방법으로는 1) 완전히 새로운 프로세스 기술, 2) 더 큰 규모의 경제를 가져다주는 더 큰 규모의 공장, 3) 기술 진보를 반영하는 보다 현대적인 시설, 4) 원가 우위를 가져다주는 기존 사업들과의

활동 제휴 등이 있다.

- **적은 비용으로 시장에 참여한다** | 경쟁사들로부터 점유 시장을 양보받을 목적에서 단기적으로 수익을 포기하면서 시장에 참여한다. 이러한 방법은 경쟁사들이 진입 기업의 독특한 장점 앞에서 보복을 회피하거나 보복을 할 수 없을 때 성공적이다.

- **우수한 제품을 선보인다** | 혁신적인 제품이나 서비스를 제공함으로써 진입 기업은 제품 차별화의 장벽을 극복할 수 있을 것이다.

- **새로운 틈새시장을 발견한다** | 기업이 충족시킬 수 있는 조건을 뚜렷이 요구하고 있는 틈새시장을 시장 안에서 찾아낸다. 이런 틈새시장을 찾아내기만 하면 진입 기업은 제품 차별화를 통해 기존 진입장벽을 어렵지 않게 극복할 수 있을 것이다.

- **마케팅 혁신을 도모한다** | 제품 차별화의 진입장벽은 그 밖에도 기존 유통업자들의 영향력을 극복할 수 있는 새로운 제품 판매 방법을 요구한다.

- **편승 유통 전략을 사용한다** | 다른 사업을 통해 확립된 유통 관계를 기반으로 삼아 진입 전략을 세운다.

인수를 통한 진입

　기업 인수(acquisition)를 통한 진입이 내부 진입에 적용되었던 것과 전혀 다른 분석 체계를 적용해야 하는 이유는 인수로 인해 해당 산업에 새로운 기업이 직접 추가되지는 않기 때문이다. 그러나 내부 진입의 동인(動因)을 결정하는 똑같은 요인들 중의 일부가 인수 희망자에게 영향을 미친다.

　가장 중요한 점은 인수 가격이 기업 매매 시장에서 결정된다는 사실이다. 기업 매매 시장은 회사의 소유주가 판매자이고 인수 회사가 매입자가 되는 시장이다. 대부분의 산업화된 국가, 특히 미국의 기업 매매 시장은 매년 수많은 기업들을 거래하는 활기찬 시장이다. 조직구성이 아주 잘된 이 시장에는 파인더(finder), 브로커(brokers), 투자 금융업자(investment bankers)들이 모여 있다. 이들은 모두 판매자와 매입자를 연결시키려고 노력하며, 그 대가로 거액의 중개료를 벌어들인다. 중개인이나 참여자들이 모두 더욱 다양해짐에 따라 시장의 조직 또한 더욱 복잡해졌다. 중개업자들이 기업 매매에서 복수 경매를 발생시키려고 적극적으로 노력함에 따라 복수 경매가 점점 보편화되었다. 또한 기업 매매 시장은 언론을 통해 가장 빈번하게 언급되는 시장의 하나이며, 시장에 대한 많은 통계 자료가 누적되어 있다. 이런 사실들은 이 시장이 비교적 효율적으로 운영되고 있음을 암시해준다.

　이처럼 효율적인 기업 매매 시장은 인수를 통해 얻어지는 평균 이상의 수익성을 제거하는 쪽으로 작용한다. 어떤 기업이 건전한 경영 상태에 있고 매력적인 장래의 전망을 가지고 있다면, 그 기업의 시장 가격은 경매를 통해 높아질 것이다. 반면 장래가 어둡거나 자본의 대량 투입이 요구되는 기업의 경우에는 판매 가격이 기준 가격 이하로 떨어진다. 기업 매매의 기능이 효율적이면 효율적일수록 그만큼 더 철저하게 매입자 측에서 얻을 수 있는 수익을 제거하는 선에서 인수 가격이 결정될 것이다.

기업 매매 시장의 효율성을 높이는 데 기여하는 요인으로, 판매자 측이 일반적으로 사업의 유지 및 운영에 대한 선택권을 가진다는 사실을 지적할 수 있다. 판매해야만 하는 이유가 있기 때문에 판매자로서는 기업 매매 시장이 어떤 가격을 정하든 이를 받아들이게 되는 경우도 있다. 그러나 일반적으로는 판매자에게 기업 운영에 대한 결정권이 있기 때문에 판매자는 판매 가격이 계속적인 기업 운영의 예상 현재 가치를 초과하지 않는다면 그것을 판매하려 하지 않을 것이다. 이러한 예상 현재 가치가 기업 판매가의 마지노선을 설정한다. 시장에서 경매 과정을 통해 결정되는 가격은 마지노선을 초과해야 한다. 그렇지 않을 경우에는 거래가 이루어지지 않는다. 현실적으로 인수 가격은 소유주들에게 판매 이익을 줄 수 있도록 마지노선을 크게 초과하는 것이어야 한다. 오늘날의 기업 매매 시장에서는 시장 가치에 거액의 프리미엄이 추가되는 것이 하나의 원칙이 되었다.

위의 분석은 인수 게임에서 승리한다는 것이 얼마나 힘든 일인지 설명해 준다. 기업 매매 시장과 계속적인 사업 운영에 대한 판매자의 선택권 모두 매수에서 평균 이상의 이윤을 얻지 못하도록 견제 작용을 한다. 바로 이런 이유로 인해 일반적으로 인수가 경영인의 기대를 충족시키지 못하는 것으로 나타난다. 경제학자들의 연구에 의하면 매입자가 아니라 판매자가 매매에서 생기는 이득의 거의 전부를 차지하는 것이 일반적이라는 결론을 내렸다. 이러한 결론은 우리의 분석과도 일치하는 것이다.

하지만 이러한 분석의 실질적인 힘은 특정한 인수 행위가 평균 이상의 소득을 가져다줄 가능성의 크기를 결정하는 조건들을 확인하는 데서 찾을 수 있다. 다음의 조건들이 충족되면 인수를 통해 이득을 얻을 가능성이 높아진다.

- 사업 운영에 대한 매출자의 선택권에 의해 결정된 최저 가격이 낮다.
- 기업 매매 시장이 불완전하기 때문에 경매 과정을 통해 평균 이상의 이윤이 제거되지 않는다.
- 매입자에게도 인수한 사업을 운영할 수 있는 탁월한 능력이 있다.

최저 가격이 낮은 경우에도 경매 과정을 통해 인수의 수익성이 사라질 수 있음에 주목해야 한다. 따라서 적어도 2가지 분야에서 호의적인 조건이 있어야 성공할 수 있다고 하겠다.

■ **최저 가격의 수준**

인수의 최저 가격은 사업 운영에 대한 매출자의 선택권에 의해 설정된다. 그것이 매입자 측이나 기업 매매 시장의 인식뿐만 아니라 판매자 측의 인식에 의해 결정된다는 사실은 의심할 여지가 없다. 대개 판매자가 판매하고 싶은 충동을 가장 강하게 느낄 때 최저 가격이 가장 낮다. 강한 충동을 느끼게 되는 경우는 다음과 같다.

- 판매자에게 자산상의 문제가 있다.
- 판매자에게 자본이 급히 필요하다.
- 판매자가 경영의 핵심 인물을 잃었거나 기존 경영진의 후계자들을 찾지 못했다.

그 밖에도 판매자가 사업을 계속해서 운영하려 한다 해도, 사업 전망이 낙관적이지 못하면 최저 가격은 낮게 책정될 것이다. 다음과 같은 경우에 판매자는 자신의 사업 운영력이 매입자의 능력만큼 못하다고 생각할 것이다.

- 판매자가 자본의 압박 때문에 성장이 한계에 부딪혔다고 생각한다.
- 판매자가 경영상의 무능력을 인식한다.

■ 기업 매매 시장의 결함

기업 매매 시장은 높은 수준의 조직임에도 불구하고 여러 가지 결함을 가지고 있기 때문에 경매 과정에서 인수 이윤이 완전히 사라지지 않을 수도 있다. 이러한 결함은 그 시장에서 거래되는 상품이 특이하고, 정보가 불완전하고, 매입자와 판매자가 일반적으로 복잡한 동기를 가지고 있기 때문에 발생한다. 성공적인 인수를 이끌어내는 시장의 결함은 다음과 같은 상황에서 일어난다.

- **매입자의 정보 수집 능력이 우수하다** | 어떤 매입자가 다른 매입자들보다 미래의 전망을 잘 예측할 수 있는 유리한 입장에 있는 경우이다. 그 매입자는 다른 입찰자들보다 그 산업이나 기술 추세에 대해 잘 알고 있으며, 다른 입찰자들이 가지지 못한 통찰력을 가지고 있을 수도 있다. 이런 경우에도 경매가 평균 이상의 수익성을 완전히 제거하지 않는 선에서 멈출 것이다.

- **매수 신청인의 수가 적다** | 매수 신청인의 수가 적을수록 경매 과정을 거치는 동안 매입을 통한 이익이 전부 제거되지 않을 가능성이 커진다. 경매에 붙여진 사업체가 특이한 사업을 하는 사업체이기 때문에 그것을 이해하는 사람들이 소수일 경우, 또는 그 사업체가 아주 큰 규모이기 때문에 그것을 살 수 있는 능력을 가지고 있는 사람들이 소수일 경우에 매수 신청인들의 수가 적을 수 있다. 매입자가 협상을 진행하는 방법을 보고 위축된 판매자가 다른 입찰자를 찾는 것을 포기할 수도 있다('우리는 경매 전쟁에 참여하지 않을 것이다').

- **경제 상황이 나쁘다** | 경제 상태가 매입자들의 수뿐만 아니라 그들의 진출 의욕에도 영향을 미칠 수 있다. 경기 침체기에 다른 기업들보다 고통을 적게 받고 있는 회사라면 거래에 나서는 대신 용기를 가지고 평균 이상의 수익을 얻을 수 있을 것이다.

- **판매자 회사의 경영 상태가 좋지 않다** | 매입자라면 누구나 양호한 경영 상태의 건실한 회사를 찾을 것이다. 그 때문에 경영 상태가 좋지 않은 회사들은 실제 기대 가치보다 훨씬 싼 가격으로 거래된다. 따라서 이러한 회사의 매입을 신청하는 사람들은 수가 적을 뿐만 아니라 싼 가격이 아니면 그 회사를 매입할 의사가 없을 것이다. 화이트 콘솔리데이티드는 이러한 상황을 잘 이용하여 성공할 수 있었다. 즉 화이트 콘솔리데이티드는 이러한 회사나 생산 부문을 장부 가격 이하로 사들인 후 그 회사의 수익성을 크게 개선하는 방법을 취했다.

- **판매자 측이 사업체 가격을 극대화하는 것 외에도 다른 목적을 가지고 있다** | 매입자의 입장에서 볼 때 다행인 점은 모든 판매자가 사업체 판매의 대가로 받는 가격을 극대화하려고 노력하는 것은 아니라는 사실이다. 일반적으로 회사의 판매가가 소유주에게 경제적인 풍요로움 을 충분히 보장하고도 남음이 있기 때문에 판매자는 다른 것들에 가치를 부여하게 된다. 가장 흔한 예로는 판매자의 명성 및 평판, 판매자의 고용자들에 대한 처우, 판매자의 경영진이 유임될 것인지에 대한 문제, 소유주의 계획이

지속될 경우 매입자가 사업 운영에 어느 정도까지 개입할 것인지에 대한 문제 등이 있다. 소유주나 소유 경영인이 회사 전체를 매각하려는 경우보다는 회사의 일부 생산 부문을 매각하려고 하는 경우가 이런 비경제적인 목적일 확률이 더 높다.

이상의 분석은 인수자가 비경제적인 목적을 가진 기업을 찾아내 이러한 목적을 인수에 이용해야 함을 시사한다. 그 밖에도 어떤 인수자는 그가 판매자에게 말해줄 수 있는 과거의 이야기로 인해 유리한 입장에 서는 경우도 있다.

예를 들어 과거에 피고용자들을 우대하고, 인수한 기업을 훌륭하게 경영했던 사실을 입증할 수 있다면 그는 더 큰 신뢰감을 얻게 될 것이다. 소유주라면 대부분이 일생을 통해 이룩한 자신의 업적을 장래가 촉망되는 조직체와 결합시키고 싶어 할 것이기 때문에 명성이 높고 규모가 있는 인수자가 유리한 입장에 서게 된다.

■ 인수 기업을 운영함에 있어서의 탁월한 능력

다음의 조건이 갖추어져 있을 때 매입자는 다른 매입자들보다 더 높은 가격에 입찰하고도 평균 이상의 수익을 올릴 수 있을 것이다.

• **매입자에게 인수 후보 사업체의 운영을 개선할 수 있는 특출한 능력이 갖추어져 있다** | 인수 후보 사업체의 전략적 위치를 크게 개선할 수 있는 기능이나 재력을 갖춘 매입자라면 인수에서 평균 이상의 수익을 거둘

수 있다. 다른 입찰자들은 더 작은 폭의 운영 개선을 계산하고 있기 때문에 수익성이 사라지기 전에 입찰을 포기할 것이다. 이러한 인수의 잘 알려진 예로는 캠벨(Campbell)이 블라직(Vlasic)을 인수한 것이나 굴드(Gould)가 ITE를 인수한 것이다.

그러나 인수 후보 사업체를 개선할 수 있는 능력을 가지는 것 자체만으로는 충분하지 않다. 이러한 능력이 어느 정도 특출해야 하는 이유는, 그렇지 않을 경우 다른 기업들도 동일한 가능성을 보고 몰려들 것이기 때문이다. 이 기업들은 운영 개선으로 얻게 될 수익이 가격에 의해 완전히 잠식당할 때까지 경매에서 물러서려고 하지 않을 것이다.

이러한 측면에서 볼 때 인수를 통한 진입과 내부 진입은 아주 유사하다. 두 경우 모두 매입자는 새로운 사업의 경쟁에서 어느 정도 두각을 나타낼 수 있는 능력을 가져야 한다. 인수의 경우에 기업은 높은 가격으로 다른 입찰자들을 물리치고도 평균 이상의 수익을 실현할 수 있어야 한다. 내부 진입의 경우에 기업은 다른 기업들보다 값싸게 진입장벽을 극복할 수 있어야 한다.

- **기업은 인수를 통해 내부 발전의 기본 조건을 충족하는 산업으로 진입한다** | 내적 진입의 맥락에서 제시된 좋은 조건의 산업에 대한 지적 대부분을 여기에도 적용할 수 있다. 인수자가 인수한 사업을 기반으로 삼아 산업 구조를 변화시키거나, 지금까지의 지혜를 이용하거나, 전략 변화에 대한 기존 기업들의 반응이 느리거나 비효과적인 점을 역이용할 수 있으

면 그 산업에서 평균 이상의 수익을 얻을 수 있는 가능성은 커진다.

- **인수를 통해 인수 기업이 기존의 업계에서 위치를 더욱 확고히 할 수 있다** | 기존의 업계에서 매입자가 위치를 더욱 확고히 하는 데 인수 행위가 보탬이 된다면 인수의 수익성은 경매 과정에서 제거되지 않을 것이다. 이러한 논리를 입증해주는 좋은 예가 델몬트를 매수한 알 제이 레이놀즈의 경우이다. 알 제이 레이놀즈는 하와이언 펀치(Hawaiian Punch), 천 킹(Chun King), 버몬트 메이드(Vermont Maid) 등 여러 가지 식품 브랜드를 가지고 있었지만, 시장 침투에 있어 괄목할 만한 성공을 거두지 못했다.

기존의 브랜드로서는 국제 시장에서 약세를 면하지 못했던 알 제이 레이놀즈가 델몬트를 인수하면서 식품 중개업자들을 충분히 확보하고 있는 유통 시스템을 차지하게 되었고 그에 힘입어 새로운 활로를 열게 되었다. 델몬트가 평균 정도의 수익을 가져다준다 해도 그것이 알 제이 레이놀즈의 전반적인 식품 전략에 미치게 될 긍정적인 파급 효과는 거래에서 얻은 평균 이상의 수익과 다를 바 없다.

■ 비합리적인 입찰자

인수 후보 사업체를 놓고 경매할 때 다른 입찰자들의 동기와 입장을 살펴보는 일은 매우 중요하다. 일반적으로 평균 이상의 수익성이 소멸 되고 나면 경매가 중단된다. 하지만 어떤 기업의 시각에서 보면 수익성이 사라진지 이미 오래인데도 일부 입찰자들이 남아서 여전히 경쟁을 계속할 수도 있다. 이런 현상을 일으키는 요인들은 다음과 같은 것들이 있다.

- 인수 후보 사업체를 개선할 수 있는 독특한 방법을 아는 입찰자가 있다.
- 그 사업의 인수가 입찰자의 기존 사업에 도움이 된다.
- 입찰자가 이윤 극대화 말고도 다른 동기나 목적이 있다(성장이 일차적인 목표일 수도 있고, 입찰자가 일회성의 금전적 이득의 가능성을 볼 수도 있고, 경쟁자가 경영상의 특이성 때문에 인수 후보 사업체와 같은 형태의 기업을 원할 수도 있다).

이러한 경우에는 가격을 올리는 데 나타나는 입찰자의 과감성을 인수의 가치에 대한 단적인 증거로 받아들일 수 없다는 사실에 주목해야 한다. 따라서 입찰자의 유보 가격(reservation price)에 내포되어 있는 요인들에 대한 신중한 분석이 요구된다.

연쇄적 진입

한 산업으로의 진입 결정에는 그것이 어떤 것이든 목표 전략 집단을 포함해야 한다. 그러나 7장에서의 논의는 이 장의 앞부분에서 했던 분석과 함께 한 기업이 연쇄적 진입 전략을 채택할 수 있음을 암시해준다. 즉 처음에는 특정 전략 집단으로 진입하고, 뒤이어 다른 전략 집단으로 이동하는 식의 전략을 채택할 수 있다. 예를 들어 프록터 앤 갬블은 소규모 생산시설을 가지고 고급 화장지를 생산하는 차민을 매수했다. 그러나 차민은 브랜드가 거의 알려져 있지 않았고 유통 지역도 지방에 국한되어 있었다. 전략 집단에서 마련한 근거를 출발점으로 삼은 프록터 앤 갬블은 브랜드를 널리 알리고, 전국적인 유통 시스템을 확립하고, 제품과 생산시설을 개선하는 데 대대적인 투자를 단행했다. 이렇게 해서 차민은 새로운 전략 집단으로 이동할 수 있었다.

이러한 형태의 연쇄적 진입 전략은 궁극적인 목표로 삼는 전략 집단으로 이동함에 있어 부딪히게 되는 장벽을 적은 비용으로도 극복할 수 있게 해줄 뿐만 아니라 위험 부담도 줄여준다. 초기 전략 집단으로의 진입을 통해 그 산업에서 지식을 축적하고 브랜드를 확립하는 방법으로 비용을 줄일 수 있으며, 후에 초기 집단을 이용하면 전혀 비용을 들이지 않고도 궁극적인 목표 집단으로 이동할 수 있다. 이런 방식을 채택하면 경영 능력이 보다 체계적으로 개발될 수 있다. 그 밖에도 진입에 대한 기존 기업들의 반발을 무마할 수 있다.

연쇄적 진입 전략이 진입에 따르는 위험을 줄여주는 경우가 종종 있는데, 이는 기업이 위험을 분할할 수 있기 때문이다. 기업이 초기 단계의 진입에서 실패한다 해도, 그 이상 진행했을 경우의 비용은 절약된다. 만약 기업이 궁극적인 목표 집단에 곧바로 뛰어들려고 한다면 가지고 있는 자본을 전부 투자해야 할 것이다. 그 밖에도 연쇄적 진입 전략은 후속되는 위치 변동에 대비하여 자본을 축적할 수 있도록 해준다. 또한 기업은 이동 장벽의 극복에서(매각할 수 있는 생산시설에 대한 투자와 같이) 어느 정도까지는 가능한 투자가 요구되는 전략 집단으로 첫발을 내딛는 방법을 택할 수 있다. 예를 들면 초기 단계의 진입이 자체 브랜드 제품 생산에 대한 진입일 수 있다. 일단 이 단계에서 성공한 후에야 기업은 다른 전략 집단으로의 진입을 시도할 수 있을 것이다. 새로운 전략 집단으로 진입하는 이동 장벽을 극복하는 데는 광고나 연구 개발과 같이 투자 회수가 불가능한 분야의 집중적인 투자가 요구된다.

연쇄적 진입 전략을 그 산업에 현존하는 기업들과의 관계를 통해 생각해보는 것도 의미가 있다. 안전한 연쇄적 진입 전략의 여부가 확인될 경우에는 그것을 사전에 봉쇄하기 위해 집중적인 투자로 이동 장벽을 높이면 분명히 그 대가를 얻을 것이다.

부록 A

경쟁사 분석을 위한 포트폴리오 기법

1960년대 말 이후 다각화된 기업의 운영을 '포트폴리오'로 표현하는 기법이 여러 가지 개발되었다. 이 기법은 한 기업의 상이한 사업들을 포트폴리오로 분류하고, 자원 배분에 대한 그것의 의미를 결정할 수 있도록 하는 단순한 체계를 제시해준다. 포트폴리오 분석의 기법은 개별 산업에서 경쟁전략을 개발할 때 보다는 주식회사 수준에서 전략을 개발하고, 사업부문들을 검토할 때 그 효용이 가장 두드러진다. 하지만 그 한계를 파악하고 있을 경우에는 이 기법이 3장에서 제기된 경쟁사 분석상의 문제점에 대해 답을 하는 데 긍정적인 역할을 할 수 있다. 특히 한 기업이 경쟁하고 있는 상대 기업과 전략 계획에서 그 기법을 사용하는 다각화된 기업일 때 그 효용성은 높아진다.

포트폴리오 분석을 위해 널리 사용되고 있는 기법에 대해 많은 논의가 있었지만, 여기에서는 그처럼 광범위한 논의를 소개하지는 않을 것이다. 대신 가장 일반적으로 사용되고 있는 2가지 기법, 즉 보스턴 컨설팅 그룹이 창안해낸 성장·점유율 모형 그리고 GE와 맥킨지(McKinsey)가 창안해낸 기업의 입지·산업의 매력도 스크린에 초점이 맞추어질 것이다. 그리고 난 후 경쟁사 분석에서 그것들의 유용성이 논의될 것이다.

■ 성장-점유율 모형

성장-점유율 모형(the growth-share matrix)은 1) 한 기업의 사업 부문이 소속 산업에서 차지하는 경쟁적 위치와 2) 그 사업 부문을 운영함에 있어 필요한 현금 유입량을 대신하여 상대적 시장점유율과 산업 성장을 각각 사용함에 근거를 둔다. 이러한 공식에는 1장에서 논의한 경험 곡선이 작용하며, 따라서 가장 큰 상대적 시장점유율을 가지는 기업이 최저 원가 생산자일 것이라는 기본 전제를 반영한다.

위의 전제를 통해 〈그림 A-1〉의 포트폴리오 도표가 그려지는데, 이 도표에 입각하여 한 기업의 사업 부문이 각각 구분될 수 있다. 성장과 상대적 시장점유율에 입각한 구분이 자의적이라 하더라도, 성장-점유율 모형은 일반적으로 4가지 영역으로 나뉜다. 4가지 영역 각각에 위치한 사업 부문은 근본적으로 상이한 현금 흐름의 위치에 있기 때문에 각각의 방법으로 경영되어야 한다. 이러한 생각은 기업이 어떤 방법으로 전반적인 포트폴리오를 수립하려고 노력해야 할지에 대해 결정하는 데 상당한 도움을 줄 것이다.

· 캐시 카우(cash cows) | 낮은 성장 속도의 시장에서 높은 상대적 시장점유율을 가지는 사업부문은 풍족한 현금 유입을 발생시킬 것이

<그림 A-1> 성장-점유율 모형

고, 이렇게 얻은 현금은 다른 성장 사업에서 자금으로 사용될 수 있다.

- **도그(dogs)** | 낮은 성장속도의 시장에서 낮은 상대적 시장점유율을 가지는 사업 부문은 일반적으로 소규모의 현금 사용자일 것이다. 이런 사업 부문은 허약한 경쟁 입지 때문에 현금 함정이 된다.

- **스타(stars)** | 높은 성장 속도의 시장에서 높은 상대적 시장점유율을 가지는 사업부문은 일반적으로 성장을 유지하기 위해 다량의 현금을 필요로 하지만, 높은 이윤을 가져다줄 강력한 시장 위치에 있다. 이 부문은 현금 균형 상태 가까이에 있다.

- **퀘스천마크(question marks) [와일드 캣(wildcats)이라고도 한다]** |

급속하게 성장하는 시장에서 낮은 상대적 시장점유율을 가진 사업 부문은 성장을 재정 지원하기 위해 대규모의 현금 유입을 필요로 한다. 반면에 이 부문은 불리한 경쟁적 위치 때문에 현금 창출력이 약하다.

성장-점유율 모형의 논리에 따르면, 캐시 카우가 기업 내 다른 성장 사업의 재정 지원자 역할을 한다. 캐시 카우를 이용하여 퀘스천마크를 스타로 전환하는 것이 가장 이상적이다. 그렇게 하려면 대량의 자본 투입으로 급속한 성장을 따라감과 동시에 점유 시장을 확대해야 하기 때문에 어떤 퀘스천마크를 스타로 성장시킬지가 전략상의 핵심적인 결정 사항이 된다.

일단 스타가 된 사업 부문은 소속된 시장의 성장 속도가 둔화되면서 캐시 카우가 된다. 투자를 위해 채택된 퀘스천마크는 도그가 될 때까지 현금을 창출해내도록 경영 되어야 한다. 도그는 현금을 창출하거나 포트폴리오에서 탈락되어야 한다. 기업은 이처럼 바람직한 연속성이 보장되도록 그리고 현금 균형 상태에 있도록 포트폴리오를 관리해야 한다.

■ 한계점

성장-점유율 모형의 적용 가능성은 여러 가지 조건에 의해 결정되며, 그중 가장 중요한 것을 요약해보면 다음과 같다.

- 시장이 중요한 공통의 경험과 다른 시장들과의 상호 의존 관계를 설명할 수 있도록 적절하게 규명되어 있다. 이는 폭넓은 분석을 요구하는 복잡한 문제이다.
- 산업의 구조(1장)와 산업 내부의 구조(7장)는 상대적 시장점유율이 경쟁적 위치와 상대적 원가를 훌륭하게 대변해줄 수 있도록 되어 있다. 그러나 그렇지 못한 경우가 흔히 있다.
- 시장 성장이 소요되는 현금 투자의 훌륭한 대변자 역할을 한다. 하지만 수익(과 현금 흐름)을 결정하는 요인은 그 밖에도 여러 가지가 있다.

■ 경쟁사 분석에서의 용도

위 조건에 비추어볼 때, 성장-점유율 모형은 그것 자체가 특정 사업에서의 전략을 결정함에 있어 크게 유익하지는 못하다. 한 사업 부문의 경쟁적 입지를 결정하고, 경쟁적 입지를 구체적 전략으로 전환하기 위해서는 이 책에서 제시된 거의 모든 분석이 필요하다. 이와 같은 분석이 있고 난 후면 포트폴리오 계획 자체의 부가가치는 낮아진다.

하지만 성장-점유율 모형은 3장에서 제시된 다른 종류의 분석과 결합되면 경쟁 분석의 한 요소가 될 수 있다. 기업은 중요한 경쟁사 각각에 관한 총체적인 포트폴리오를 이상적으로 몇 개의 시점으로 나누어 구상해볼 수 있다.

경쟁 대상인 사업 부문의 포트폴리오 위치는 3장에서 제기된 문제에 대해 그리고 경쟁 부문의 모회사가 충족시키리라 기대하는 목적과 여러 가지 형태의 전략적 움직임에 노출될 수 있는 가능성에 대해 말해줄 것이다.

예를 들어 수확되고 있는 사업은 점유 시장에 대한 공격에 노출될 수 있다. 경쟁사의 시차에 따른 포트폴리오들을 비교해보면 한 사업 부문이 회사 내 다른 사업 부문과의 관계 속에서 어떻게 위치 변동을 할 것인지에 대해 예상할 수 있을 것이다. 그리고 그러한 비교는 경쟁사가 택할 수 있는 전략에 대한 단서도 제공해줄 것이다. 경쟁사가 성장-점유율 모형 접근법을 계획에 이용하는 것으로 알려주었을 경우에는 포트폴리오 분석의 예언적 힘이 더욱 커진다. 그러나 경쟁사가 공식적으로 그 기법을 사용하지 않는다 해도, 자원의 광범위한 분배에 대한 요구가 있다는 사실은 포트폴리오에서 유익한 단서를 찾아낼 수 있음을 의미한다.

■ 기업 입지-산업의 매력도 스크린

또 하나의 기법으로는 GE, 맥킨지(McKinsey) 그리고 쉘(Shell) 등 여러 기업이 창안해낸 3×3 모형이 있다. 이러한 기법의 전형적인 형태가 〈그림 A-2〉에 제시되어 있다. 이 기법에서는 해당 산업의 매력 정도와 해당 사업 부문의 강점이나 경쟁적 입지가 2개의 축을 이룬다. 특정한 사업 부문이 양대 축의 어느 곳에 위치하는지는 〈그림 A-2〉에서 열거한 것과 같은 기준을 사용하여 특정한 부문과 소속 산업을 분석함으로써 결정된다. 한 사업 부문이 모형의 어느 지점에 위치하게 되는지에 따라서 전반적인 전

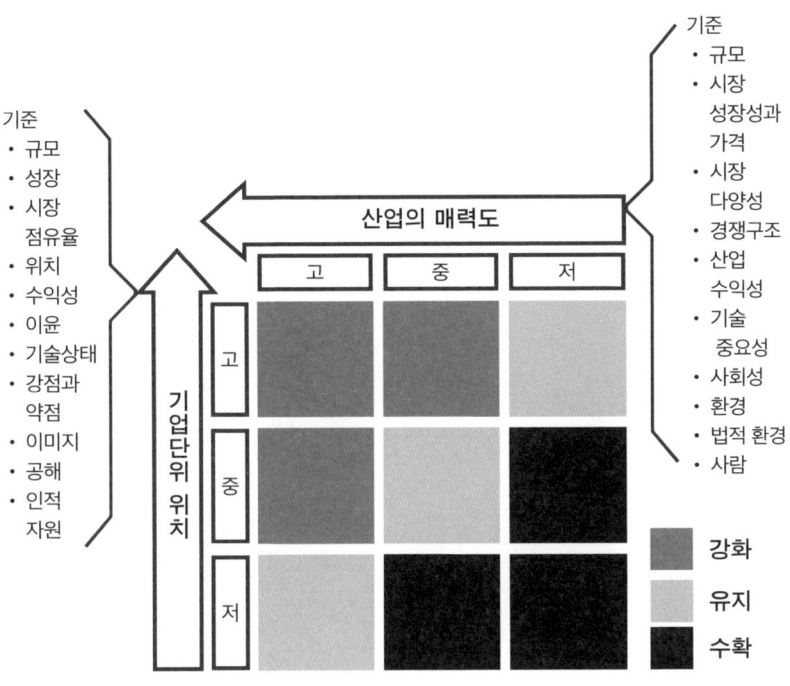

<그림 A-2> 기업 위치-산업의 매력도 스크린

략은 입지를 강화하기 위한 자본 투자일 수도 있고, 현금 창출과 선별적인 현금 이용 사이에서 균형을 고수하는 것일 수도 있으며, 아니면 수확하거나 투자를 회수하는 것일 수도 있다. 산업의 매력도나 회사 위치에서 변동이 예상되면 그러한 전략을 재평가해야 할 것이다. 이러한 모형을 토대로 사업 부문의 포트폴리오를 구상할 때 기업은 적절한 자원 분배를 보장받을 수 있게 된다. 그 밖에도 기업은 성장 단계 산업과 성장 완료 산업의

적절한 배합 그리고 현금 창출과 현금 사용 사이의 내적 일관성에 입각하여 포트폴리오의 균형 상태를 유지하려고 노력한다.

기업 입지-산업의 매력도 스크린은 필연적으로 특정 사업 부문의 위치에 대한 주관적 판단을 요구하기 때문에 성장-점유율 모형에서처럼 정확한 정량화가 불가능하다. 이 스크린은 조작에 취약하다는 이유로 자주 비판받아왔다. 그 결과 이 분석을 좀 더 객관적인 것으로 만들 목적에서, 산업의 매력 정도나 소속 산업에서의 기업 위치를 제시하도록 하는 기준을 사용하여 계량적 도표를 작성하는 방법이 자주 사용되고 있다. 이러한 스크린 기법은 모든 사업 부문이 상이하기 때문에 그것들의 경쟁적 위치와 소속 산업의 매력 정도를 개별적으로 분석할 필요가 있다는 가정을 반영한다. 앞서 살펴본 바와 같이 실제로 성장 점유율 모형을 작성하는 데 있어서도 마찬가지로 각각의 사업 부문에 대한 특수한 분석이 필요하다. 따라서 그것의 실질적인 객관성 또한 기업 입지-산업의 매력도 스크린의 객관성을 크게 뛰어넘지 못한다.

성장-점유율 모형과 마찬가지로 기업 위치와 산업의 매력도에 관한 스크린도 특정한 산업에서의 경쟁전략을 수립함에 있어 기초적인 일관성이 흔들리지 않고 있는지 점검하는 데 도움이 되는 정도의 역할밖에 하지 못한다. 실질적인 문제들로는 3×3모형의 어느 위치에 해당 사업 부문을 위치시켜야 하는지 결정하고, 그 모형에서의 위치가 제시된 전략과 일치하는지의 여부를 판정하며, 세력 구축·세력 고수·투자 회수에 따라서 각각 구체적인 전략 개념을 생각해내는 일들을 지적할 수 있다. 이러한 문제를 해결하는 데 이 책에서 제시된 바와 같이 상세한 분석이 필요한 이유는 〈그림 A-2〉에서 열거한 기준들만으로는 결코 산업의 매력 정도, 기업의 입지 혹은 적절한 전략을 결정할 수 없기 때문이다. 예를 들면 사양 산업에 투자를 권유(12장에서 논의한 바와 같이)하는 것이 어떤 경우에는 건전한 충고일 수도 있지만, 이 스크린을 보았을 때 그런 권유를 하기 어렵다.

하지만 성장-점유율 모형이 그러하듯이 이 스크린도 경쟁사 분석에서 일정한 역할을 하고 있다. 상이한 시점에서의 경쟁사들의 포트폴리오를 작성할 수 있고, 경쟁사의 한 사업 부문이 모회사로부터 받게 될 전략상의 지시를 통찰할 수도 있다. 성장-점유율 모형 기법과 기업 입지-산업의 매력도 스크린 기법 중 어느 쪽을 택할 것인지 하는 문제는, 경쟁사가 둘 중 어느 것을 사용하고 있는지 알려져 있지 않다면 주로 취향에 의해 결정된다. 후자의 경우에도 최상의 예상 능력은 경쟁사 자체가 사용하는 기법을 통해 얻을 수 있다. 또한 성장-점유율 모형 기법이 경험 곡선 개념과 불가분의 관계에 있음을 주목할 필요가 있다. 따라서 경쟁사가 경험 곡선 개념에 의해 크게 영향 받는 것으로 알려져 있는 경우에는 성장-점유율 모형 접근 방법을 통해 그 목적과 형태를 더 잘 예측할 수 있을 것이다.

부록 B

산업 분석을 어떻게 실시할 것인가

어떻게 산업과 경쟁사를 분석할 수 있을 것인가? 어떤 유형의 자료를 찾아 어떻게 그것들을 조직할 수 있을 것인가? 부록 B에서는 이러한 문제들과 나아가 산업을 분석하는 과정에서 발생할 수 있는 몇 가지 현실적인 문제들이 다루어질 것이다. 산업에 관한 자료는 근본적으로 2가지 유형, 즉 공개된 자료와 업계 종사자 및 관찰자를 상대로 한 인터뷰에서 얻은 자료(현장 자료)로 나뉜다. 본 부록에서의 논의는 주로 공개 자료와 현장 자료의 중요한 출처, 이 자료들이 가진 장점과 단점, 가장 효과적으로 그리고 올바른 순서에 따라서 문제에 접근할 수 있는 전략에 집중될 것이다.

완전한 산업 분석이란 원점에서부터 출발하면 몇 달이 걸릴 수도 있는 엄청난 일이다. 한 산업에 대한 분석을 시작할 때, 정보를 짜 맞추는 일반적인 기준 체계나 접근법은 무시하고 무조건 뛰어들어 다량의 세세한 정보만을 수집하는 경향이 있다. 이처럼 접근법을 무시하다 보면 좌절에서 끝나기 쉽고, 최악의 경우에는 혼란과 노력의 낭비만 초래할 수 있다. 따라서 특정한 정보 출처를 생각하기 전에, 산업 조사를 수행하기 위한 전체적인 전략과 그것을 시작함에 있어 내디딜 첫발에 대해 생각해보는 것이 중요하다.

■ 산업 분석 전략

한 산업을 분석하기 위한 전략의 수립에는 2가지 중요한 측면이 있다. 첫째는 찾고 있는 것이 무엇인지 정확하게 결정하는 일이다. '이 산업에 관한 것이라면 무엇이든' 이라는 입장은 너무나 막연해서 효과적인 분석의 원칙이 될 수 없다. 산업의 분석에서 필요한 특수한 문제들은 산업에 따라 다르지만, 연구자라면 마땅히 찾아야 하는 중요한 정보와 자료에 대해 일반론을 세우는 것도 불가능하지만은 않다.

이 책에서는 산업의 핵심적인 구조적 특징, 그것에 변화를 초래하는 중요한 요인들 그리고 경쟁사에 대해 필요한 전략적 정보가 검토되었다. 이러한 것들이 산업 분석의 표적이 되는 요소이며, 이 요소를 확인하는 데 필요한 기준이 1, 3, 7장에서 제시되었고 나머지 장에서도 기회가 있을 때마다 거론되었다. 그러나 산업 구조 및 경쟁사의 특징은 일반적으로 자료가 아니라 자료를 분석한 결과이기 때문에, 체계적으로 자료를 수집하기 위한 틀을 가지는 것이 유익할 것이다. 〈표 B-1〉에서는 정보 수집의 영역이 간단하지만 빠짐없이 제시된다. 이 영역을 개별적으로 완전하게 설명할 수 있는 연구자라면 산업 구조와 경쟁사들을 포괄적으로 설명할 수 있는 입장에 서게 될 것이다.

자료의 범주	축적

• 생산 라인
• 구매자들과 그들의 습성
• 보조 생산품
• 대체 생산품
• 성장
  - 성장 속도
  - 성장 유형(계절별, 경기 변동별)
  - 결정 요인
• 생산 기술 및 유통
  - 원가 구조
  - 규모의 경제
  - 부가가치
  - 물류 관리
  - 노동력
• 판촉과 구매
  - 시장 분할
  - 판매 관례
• 공급자들
• 유통 경로(간접적인 경우)
• 혁신
  - 유형
  - 근원
  - 속도
  - 규모의 경제
• 경쟁사들-전략, 목표, 장점과 단점, 가정적 판단
• 사회적·정치적·법률적 환경
• 거시 경제적 환경
	• 회사별
	• 연도별
	• 영업 기능별

〈표 9-2〉 세분화된 산업에서 경쟁전략 수립을 위한 5단계

    자료 수집을 위한 체계를 갖춘 후 중요한 전략적 문제는 각 영역에서 어떤 방법으로 순서에 입각하여 자료를 개발할 것인지 하는 것이다. 한

번에 한 항목씩 처리하는 방법에서부터 임의로 처리하는 방법에 이르기까지 여러 가지 방법이 있다. 그러나 앞서 암시했던 것과 같이 우선 산업 전반을 조감한 후에 특수한 영역들로 초점을 이동시키는 방법이 크게 유익하다. 경험으로 미루어볼 때 광범위한 이해는 출처를 조사할 때 자료의 중요한 항목을 좀 더 효과적으로 조직할 수 있도록 도와준다.

이러한 광범위한 이해력을 가지는 데 유익한 사항으로는 다음과 같은 것들이 있다.

- **누가 해당 산업에 있는가** | 산업에 참여하고 있는 기업들, 특히 주도 기업들의 목록을 간략하게라도 작성하는 것이 현명하다. 주요 경쟁사들의 목록은 다른 계약 사항과 기업 문서(추후에 논의할 일부 출처가 이 과정에 도움을 줄 것이다)를 재빨리 찾아내는 것에도 유용하다. 이러한 출처의 대부분을 입력할 때는 표준 산업 분류(SIC) 코드를 사용하며, 이는 조사 통계국의 표준 산업 분류 설명서에서 확인 할 수 있다. SIC 시스템은 산업을 다양한 종류로 폭넓게 분류한다. 광범위한 분야를 포함하는 산업은 두 자릿수로, 그것보다 좁은 영역은 5자리 수로, 보통의 산업은 4자리 수로 표시한다.

- **산업 조사 자료** | 운이 좋으면 비교적 포괄적인 산업 조사나 여러 가지 폭넓은 자료를 이용할 수도 있다. 이런 자료를 읽고 나면 쉽게 해당 산업 전반에 대해 파악할 수 있을 것이다(자료의 출처는 나중에 설명할 것이다).

- **연차 보고서** | 해당 산업에 주식을 공개한 기업들이 있는 경우에는 연차 보고서를 맨 먼저 살펴보아야 한다. 하나의 연차 보고서에는 그렇게 많은 공개 사실이 포함되어 있지는 않다. 하지만 10년 혹은 15년에 걸친 다수의 주요 회사들의 연차 보고서를 살펴보는 것은 그 산업을 이해하는 데 유용한 첫걸음이 된다. 적어도 한 번은 그 사업의 여러 측면에 대한 내용이 언급될 것이다. 연차 보고서를 통해 CEO가 전하는 말은 종종 그 기업을 가장 잘 이해하기 좋은 개요가 된다. 연구자는 좋고 나쁜 재정적 결과 모두를 해명하는 근거를 찾아야 한다. 이 근거가 해당 산업에서의 성공에 필수적인 요인을 일부나마 드러내 줄 것이다. 또한 연차 보고서에서 회사가 자랑하고 있는 것이 무엇인지, 우려하고 있는 것이 무엇인지, 어떤 중대한 변화가 있었는지에 대해서도 살펴보는 것이 중요하다. 그 밖에도 일련의 연차 보고서들의 행간을 읽음으로써 사회 조직과 생산 변동 등 여러 가지 많은 요인을 파악할 수 있다.

일반적으로 연구자는 연구하는 중에 연차 보고서와 여타의 문서들을 다시 검토하게 될 것이다. 일단 산업 및 경쟁사에 대한 지식이 더욱 완전해지면, 최초의 검토에서 찾지 못했던 여러 가지 미묘한 의미들이 명확하게 드러날 것이다.

■ 현장으로의 조기 진출

산업 분석을 진행하다 보면 연구자들이 현장 자료를 찾아 나서기 전에 공개 출처와 문서를 살펴보는 데 지나치게 많은 시간을 보내는 경향이 있다는 사실을 발견할 수 있다. 후에 논의하겠지만 공개 출처에는 타이밍, 집계 수준, 깊이 등 여러 가지 차원에서 한계가 있다. 현장 인터뷰의 가치를 극대화하려면 산업을 어느 정도까지는 근본적으로 파악하는 것이 반드시 필요하지만, 현장으로 들어가기 전에 공개된 자료 출처 전부를 샅샅이 섭렵할 필요는 없다. 오히려 현장 조사와 문서 조사를 동시에 진행하는 것이 좋다. 이 양자는 일반적으로 상부상조의 관계에 있으며, 특히 연구자가 산업에 대한 공개 자료의 연관 속에서 현장 출처를 낱낱이 살펴보는 적극적 자세를 취한다면 그런 경향은 더욱 두드러진다. 쓸데없는 문서를 뒤적이면서 시간을 낭비하지 않고 현장 출처를 문제의 쟁점과 직접 연결하게 되기 때문에 현장 조사가 더욱 효율적으로 진행된다. 그 밖에 인터뷰가 쟁점을 찾아내는 데 도움이 되는 경우 또한 적지 않다. 하지만 이런 도움의 대가로 객관성을 어느 정도 희생하게 될 수도 있다.

■ 난관의 극복

경험에 비추어볼 때 어떤 산업에 대해 관찰하는 연구자의 사기는 연구가 진행됨에 따라서 U자 형태의 주기를 통과하게 되는 경우가 많다. 초기에는 희열을 느끼다가도, 산업의 복잡성이 뚜렷해지고 정보의 분량이 커지다 보면 혼란과 심지어는 당혹감까지 느끼게 된다.

연구가 후반부에 접어들면서 일시에 이런 현상이 몰려드는 경우 또한 드물지 않다. 이런 유형은 아주 일반적이므로 기억해두면 연구자에게 도움이 될 것이다.

산업과 경쟁사 분석에 쓰이는 공개 자료 출처

이용 가능한 공개 정보의 양은 산업에 따라서 크게 상이하다. 해당 산업이 규모가 크고 오래된 산업일수록 그리고 기술 변화의 속도가 느릴수록 이용 가능한 공개 자료의 가치는 그만큼 더 커진다. 그러나 불행하게도 흥미로운 산업의 대부분은 이러한 기준을 충족시키지 않으며, 이용 가능한 공개 정보를 거의 가지고 있지 않다. 하지만 공개 된 출처를 통해 한 산업에 대한 중요한 정보를 얻는 것이 언제나 가능한 만큼 이 출처를 적극적인 자세로 파헤칠 필요가 있다. 경제적으로 의미가 있는 산업을 분석할 목적에서 공개된 자료를 사용할 때, 흔히 당면하는 문제는 자료가 지나치게 광범위하거나 지나치게 많이 축적되어 있기 때문에 해당 산업에 적합하지 않다는 사실이다. 연구자가 이러한 사실을 명심하고 자료를 추적하면, 광범위한 자료의 유용성을 더 잘 인식하게 되고, 너무 쉽게 포기하는 경향도 피할 수 있을 것이다.

공개 자료에 관한 참고 문헌 목록을 작성하는 데 2가지 중요한 원칙을 기억하면 도움이 될 것이다. 첫 번째 원칙은 공개된 출처를 낱낱이 주의 깊게 살펴가면서 거기에서 언급된 다른 출처를 찾아내는 것이다. 이때의 다른 출처는 공개적인 것일 수도 있고 현장 인터뷰를 위한 것일 수도 있다. 좀처럼 우연히 나타나지 않는 업계의 인물들(즉 임원, 증권 애널리스트 등)이 공개된 문서를 통해 소개되는 경우가 종종 있으며, 연구자는 이들을 훌륭한 안내자로 삼을 수 있다.

두 번째 원칙은 발견된 모든 사실을 목록으로 철저히 작성하는 것이다. 작성하는 순간은 그 과정이 고통스럽겠지만, 출처를 완벽하게 기록해 두면 연구가 끝날 무렵 참고 문헌 목록을 작성하는 데 시간이 절약될 뿐만 아니라 연구진들의 노력이 중복되는 낭비를 막고, 어떤 중요한 정보의 출처를 기억하지 못하는 데서 생기는 고통을 덜 수 있다. 그 밖에도 출처에 대한 요약본이나 유익한 출처를 출력해 두는 것도 도움이 된다. 다시 읽어야 할 필요를 최소화하고, 연구진 내부에서의 의사 전달을 용이하게 해준다.

공개 출처의 유형은 여러 가지가 있지만, 몇 가지 일반적인 범주로 분류할 수 있다.

■ 산업 연구

일부 산업을 전반적으로 들여다 볼 수 있는 연구는 대략 다음의 2가지로 나뉜다. 첫째는 (전적으로 그렇지는 않지만) 주로 경제학자들이 책 한 권 분량으로 쓴 산업 연구가 있다. 이 연구 결과는 도서 카드 목록과 다른 출처에서 나타난 참고 문헌을 교차 점검해서 쉽게 찾아낼 수 있다. 특정 산업의 종사자나 참관인들은 산업 연구가 진행되는 것을 거의 언제나 알고 있으므로 연구를 하는 중에 그들에게 문의해보는 것도 좋다.

두 번째 유형으로는 프로스트 앤 설리반(Frost and Sullivan), 아서 디 리틀(Arthur D. Little), 스탠퍼드 연구소(Stanford Research Institute) 같은 자문 기업이나 월스트리트의 리서치 기관이 진행하는 연구가 있다. 이 연구들은 보통 더 짧고 집중적인 편이다. SMART가 스키 산업을, IDC가 컴퓨터 산업을 연구하는 것과 같이 전문 자문 회사들이 특정 산업에 대한 자료를 수집하는 경우도 드물지 않다. 이와 같은 연구 자료에 접근하려면 흔히 요금을 지불해야 한다. 공개된 시장 조사 연구 목록이 여러 가지 있는 것은 사실이지만, 불행하게도 그것들이 집대성되어 있는 곳은 존재하지 않는다. 따라서 가장 좋은 방법은 그 산업의 종사자나 참관인을 통해 알아보는 것이다.

■ 동업 조합

대부분의 산업마다 동업 조합이 조직되어 있어서 이 조합이 산업 자료의 집결지 역할을 하고, 때로는 상세한 산업 통계 자료를 공개하기도 한다. 조합에 따라 연구자에게 선뜻 자료를 제공해주기도 하고 그렇지 않기도 한다. 그러나 회원의 소개가 있으면 조합원에게 자료를 얻는 데 큰 도움이 될 것이다.

조합에 자료가 비치되어 있지 않은 경우라도 조합 임원이 크게 도움이 될 수 있다. 조합 임원이라면 산업에 대한 공개 정보의 소재를 알려줄 수 있고, 중요한 관계자들을 소개해줄 수도 있으며, 산업이 어떻게 기능하는지, 해당 산업에서의 성공의 필수적 조건이 무엇인지, 중요한 산업 추세로는 어떠한 것이 있는지에 대해 자신이 느낀 전반적 인상을 말해줄 수 있기 때문이다. 일단 조합 임원과 접촉할 수 있으면 그들을 통해 산업 종사자를 알게 될 수도 있고, 일정한 견해를 대변하는 업계 종사자를 확인할 수도 있다.

■ 업계 전문지

대부분의 산업은 정기적으로(때로는 매일) 해당 산업에서 있었던 사건들을 알려주는 전문지를 하나 또는 여러 개 가지고 있다. 산업의 규모가 작을 경우에는 더 큰 영역을 다루는 전문지에서 그 산업의 소식을 다룰 수도 있다. 고객, 유통 업체, 공급 업체를 다룬 전문지도 유용한 자료로 활용되는 경우가 많다.

오랜 기간에 걸쳐 특정 산업 분야를 다룬 전문지를 구독하는 것은 그 산업의 일상적인 규범과 태도를 진단하고 나아가 그 산업에서의 경쟁 역학과 중요한 변화를 파악하는 데 매우 유익한 방법이 된다.

■ 비즈니스 간행물

여러 가지 다양한 비즈니스 간행물이 비정기적으로 회사 및 산업에 관한 소식을 전해준다. 『비즈니스 정기간행물 지수(Business Periodicals Index)』, 『월스트리트 지수(The Wall Street Journal Index)』, 『F&S 지수(F&S Index)』 등이 자료를 얻을 수 있는 수많은 표준 참고 문헌 목록에 포함된다.

■ 회사 디렉토리와 통계 자료

미국의 공기업과 사기업의 목록을 담은 다양한 디렉토리가 있다. 이 중 일부는 제한된 자료만을 제공한다. 대부분의 목록은 SIC 코드를 사용해서 산업 참여 기업들의 완벽한 목록을 작성할 수 있도록 해준다. '토마스 미국 제조업 목록(Thomas Register of American Manufacturers)', '던 앤 브래드스트리트(the Dun and Bradstreet)', '밀리언 달러 디렉토리(Million Dollar Directory)'와 '미들 마켓 디렉토리(Middle Market Directory)', '스탠더드 앤 푸어스 기업 목록(Standard & Poor's Register of Corporations)', '디렉터 앤 이그제큐티브(Directors and Executives)' 그리고 각종 무디스(Moody's)의 간행물 등이 포괄적인 디렉토리다. 산업별로 분류된 또 하나의 포괄적인 기업 목록으로 '뉴스프론트 미국 상위 기업 3만(Newsfront 30,000 Leading U. S. Corporations)'이 있으며, 이 목록은 제한된 것이나마 재정에 관한 정보도 제공해준다. 이외에도 『포춘(Fortune)』, 『포브스(Forbes)』등의 비즈니스 잡지와 구매 안내서가 광범위한 기업 목록의 출처로 이용된다.

던 앤 브래드스트리트는 미국 내 모든 대기업들의 신용 보고서를 수집한다. 이 보고서는 고액의 일정한 서비스 요금 외에도 보고서마다 소액의 수수료를 지불해야지만 얻을 수 있다. 던 앤 브래드스트리트 보고서가 사기업을 파악하는 가치 있는 자료인 것은 사실이나 기업들이 제공하는 자료들은 회계 감사를 거친 것이 아니기 때문에 주의깊게 이용되어야 한다. 그 정보에서 오류를 찾아낸 사용자들이 적지 않기 때문이다.

이 외에도 광고비 지출과 증권 거래 같은 여러 가지 통계 자료원이 존재한다.

■ 회사 문서

대부분의 기업들이 자사에 대한 여러 가지 문서를 공개한다. 연례 보고서 외에도 미국 증권거래소의 10-K 보고서(SEC form 10-K's), 위임장, 투자 설명서 등과 정부 기관의 서류들이 도움이 된다. 그 밖에 임원들의 발언이나 증언, 보도 자료, 제품 소개서, 설명서, 회사의 내력, 연례회의 기록문서, 사원 모집 광고, 특허, 심지어는 광고까지도 유익한 자료가 된다.

■ 중요한 정부 자료

국세청(IRS)은 '소득 통계에 대한 기업 원전(IRS Corporation Source Book of Statistics of Income)'을 통해 산업들에 관한 폭넓은 연도별 재정 정보를 제공해준다. 같은 자료를 조금 축약한 형태가 IRS의 '소득 통계(Statistics of Income)'에 수록된다. 이 자료의 가장 큰 결함은 한 회사 전체의 재무 자료가 그 회사의 핵심 산업에 의해 대표되기 때문에 대부분의 기업들이 고도로 다각화된 산업에서는 편견이 초래될 수 있다는 사실이다. 하지만 IRS 자료는 연도별로 1940년대까지 거슬러 올라가는 것이고, 산업별로 모든 기업을 총괄하는 재무 자료를 제공해주는 출처로서는 유일한 것이다.

정부 통계의 또 다른 출처는 조사 통계국이다. 가장 빈번하게 이용되는 자료집으로는 '제조기업 조사(Census of Manufacturers)', '소매업 조사(Census of Retail Trade)', '광물 산업 조사(Census of the Mineral Industries)' 등이 있으며, 이 자료집 또한 상당한 과거 데이터의 이용이 가능하다. IRS 자료와 마찬가지로 이 통계도 특정 기업을 언급하지 않고 SIC 코드로 통계를 분류한다.

그 밖에도 조사 통계국은 산업에 대한 지역별 자료도 상당히 많이 가지고 있다. IRS 자료와 달리 조사 통계국 자료는 기업 전체라기보다 공장 부지와 창고 같은 기업 내 시설에 관한 자료의 집적에 근거를 둔다. 따라서 조사 통계국 자료는 기업의 다각화 때문에 왜곡되지 않는다. 제조 기업 조사에서 한 가지 유익한 자료로 '제조 산업의 집중도(Concentration Ratios in Manufacturing Industry)'라고 불리는 특별 보고서가 있다. 여기서는 SIC의 각 4자리 제조 산업 분야에서 4대, 8대, 20대 및 50대 기업의 업계 매출 비율을 나타내준다. 또다른 유익한 정부 기관 자료로는 산업별 가격 수준 변동에 노동 통계국의 '도매 가격 지수(Wholesale Price Index)'가 있다.

보다 자세한 정부 기관 정보에 대한 안내를 받으려면 여러 가지 정부 간행물의 색인을 참고하거나 미(美)상무부와 그 밖의 정부 기관 도서관을 찾아가는 것이 좋다. 규제 기관의 문서, 국회 청문회, 특허청 통계 자료 등의 정부 기관 자료를 이곳에서 찾을 수 있다.

■ 기타 자료 출처

그 밖에도 유익한 공개 자료로는 다음과 같은 것들이 있다.

· 독점 금지 기록
· 경쟁사의 생산시설이나 본부가 위치하고 있는 곳의 지방 신문
· 지방 세무 기록

- 산업 분석을 위한 현장 자료의 수집

현장 자료를 수집함에 있어서는 가능한 한 자료 출처를 찾아내고, 연구원의 태도를 결정하고, 분석 접근법을 개발하기 위한 기준을 마련하는 일이 중요하다. 〈그림 B-1〉은 현장 자료의 중요한 출처 대부분을 도표로 나타낸 것이다. 그 출처로는 산업의 참여 기업들, 인접 사업에 종사하는 기업 및 개인(공급자, 유통업자, 고객), 그 산업과 연결되어 있는 서비스 조직(동업 조합), 산업 관련자(금융업자) 등이 있다. 이 정보 출처는 상당히 다른 특성을 가지고 있는 만큼 그 특성을 분명히 인지하고 있어야 할 것이다.

현장 정보 출처의 특성

동일 산업 내 경쟁사들이 연구원에게 가장 비협조적일 가능성이 크다. 그 이유는 기업이 스스로 방출한 자료로 인해 경제적 손실을 입게 될 수도 있기 때문이다. 산업 내의 정보 출처에 접근할 때는 특히 신중해야 한다(몇 가지 원칙이 후에 소개될 것이다).

다음으로 민감한 정보 출처는 고문 기관, 회계 감사 기관, 은행, 동업 조합과 같은 서비스 조직의 임원들이다. 일반적으로 산업 전반의 배경 정보에 대해서는 그렇지 않지만, 개별적인 고객에 대해서는 신의를 지키려고 하는 노력이 그들에게는 전통이다. 다른 정보 출처 대부분은 산업 연구에 대해 직접적인 위협을 느끼지 않으며, 그것을 도움으로 생각하는 실례도 흔히 있다. 가장 긍정적인 입장을 취하는 산업 외부 관련자들은 오랜 시간 동안에 걸쳐 산업 참여기업들 전체에 대해 적극적인 관심을 가져온 공급사나 고객사의 임원들이다. 소매업자와 도매업자 또한 훌륭한 정보원인 경우가 흔하다.

연구원이 주요 집단에 소속되어 있는 개인과의 대화를 절대로 포기해서는 안 되는 이유는, 그들 누구나 중요한 자료를 제공해줄 수 있고 교차 점검에 도움이 되기 때문이다. 그들 각각의 입장을 감안하면, 그들이 상반된 발언을 한다고 해서 놀랄 필요는 없을 것이다. 인터뷰의 기능 중 하나가 교차 점검을 하면서 각기 다른 출처의 정보들을 확인하는 것이다.

연구원은 〈그림 B-1〉에서 제시되는 어느 지점에서나 최초의 접촉을 시도할 수 있다. 처음 배경 정보를 얻는 데는 그 산업에 대해 잘 알고 있으면서도 경쟁적 입장에 있거나, 그 산업과의 직접적인 경제적 이해관계로 묶여 있지 않은 누군가를 찾아서 그와 접촉하는 것이 가장 좋은 방법이다. 그러한 제3자는 일반적으로 공개적이기 때문에 산업과 그 주역들에 대해 편견 없는 견해를 제공해줄 것이며, 이러한 견해야말로 연구의 초기 단계에서 필수불가결한 것이다.

연구원이 한층 통찰력 있고 분별 있는 질문을 할 수 있는 입장에 있을 때는 산업 종사자를 직접 공략해볼 수도 있다. 하지만 인터뷰에서의 성공 기회를 극대화하려면, 아무리 간접적이라 해도 일단 개인적인 소개를 통하는 것이 중요하다. 이런 생각을 바탕으로 인터뷰를 어디에서부터 시작해야 할지 결정할 수 있을 것이다. 현장 조사에서는 언제나 우연의

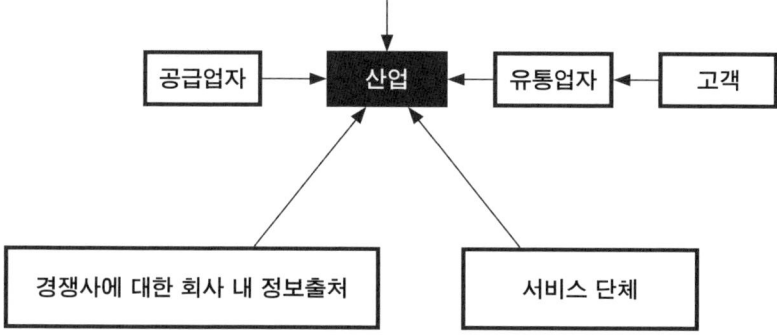

<그림 B-1> 산업 분석을 위한 현장자료 출처

요소가 개입되게 마련이므로, 분석 방법에 충실을 기하느라 좋은 정보를 놓치는 일은 없어야 할 것이다.

산업 종사자들이나 관련자들 대부분이 개인적으로 서로 알고 있다는 사실을 명심해야 한다. 산업도 결국 사람들로 구성된, 사람이 하는 일이기 때문이다. 따라서 연구원이 일을 능숙하게 처리하기만 하면 하나의 정보원이 또 다른 정보원으로 이어질 것이다. 특히 현장 인터뷰에 호의적인 사람들은 흔히 논문에서 자주 인용되어온 사람들이다. 인터뷰의 기회를 얻을 수 있는 다른 좋은 방법으로는 산업 회의에 참가하여 사람들을 비공식적으로 만나고, 그 후 접촉을 유지하는 방법이 있다.

■ 현장 인터뷰

효과적인 현장 인터뷰는 시간 소모가 많은 미묘한 과정이지만, 산업 연구에 중요한 자료를 대량으로 가져다주는 매우 유익한 것이기도 하다. 인터뷰하는 사람마다 나름대로의 독특한 스타일을 가지고 있지만, 몇 가지 간단한 지적을 통해 도움을 받을 수 있을 것이다.

- **접촉** | 일반적으로 편지보다는 전화로 잠재 정보원과 접촉하는 것이 훨씬 생산적이다. 사람들은 협력할지의 여부에 대한 결정을 피하려고 하는 경향이 있다. 전화 연락은 그 즉시 문제점이 강하게 표현된다. 그리고 편지로 접했을 때보다 뚜렷한 의사 전달이 가능한 구두 요청을 받았을 때 사람들이 협조적인 자세로 나올 가능성이 커진다.

- **계획에서 실현까지의 기간** | 연구원은 가능하다면 빨리 인터뷰를 준비하기 시작해야 한다. 실현까지의 기간이 길 수도 있고, 계획을 맞추기가 쉽지 않을 수도 있기 때문이다. 인터뷰를 준비하고 시행하는 데 몇 달이 걸릴 수도 있다. 대부분의 경우 인터뷰를 하게 되기까지는 적어도 일주일 정도의 기간이 필요하지만, 사람들의 스케줄은 그때그때 바뀔 수 있으므로 즉시 인터뷰하게 될 수도 있다. 인터뷰를 시작하기 전에 여러 가지 정보원을 확인해두는 것도 바람직하다. 그들에게 시간 여유가 있으면 연락하는 즉시 만남이 이뤄질 수도 있을 것이다.

- **인터뷰에 대한 보상** | 인터뷰를 약속할 때는 시간을 할애해준 대가로 대담 상대자에게 줄 무엇인가를 가지고 있어야 한다. 그것은 연구원이 관찰한 사실들 일부(물론 선발된 일부)에 대해 논의하자는 제안에서부터 대담자의 논평에 대한 신중한 피드백 그리고 연구 자체의 결과나 발췌에 이르기 까지 범위가 넓다.

- **결연 관계** | 연구가 다른 조직을 위해 행해지고 있는 경우라면 연구원은 자신의 소속을 밝히고, 적어도 의뢰 조직의 정체나 성격에 대해 어느 정도까지는 언급할 준비가 되어 있어야 한다. 정보가 인터뷰 대상에게 불리하게 이용될 수도 있는 경우, 이에 대해 그에게 경고 하는 행위는 일종의 도덕적 의무라 할 수 있다. 연구원이 속한 기업이나 그에게 연구를 의뢰한 기업을 밝힐 수 없는 경우라도, 그가 속한 기업이나 의뢰 기업이

연구 대상인 사업과 맺고 있는 경제적 이해관계를 일반화해서 어느 정도까지는 언급해야 한다. 그렇지 않으면 상대가 인터뷰에 응하는 것이 어려워질 것이다. 소속 기업이나 의뢰 기업의 정체를 공개하지 못할 때는 인터뷰의 효용성이 반감된다.

- **인내** | 연구원이 아무리 노련하다 해도 인터뷰 기회를 잡는 것은 힘든 일일 수밖에 없다. 여러 차례 인터뷰를 거절당할 수도 있고, 인터뷰 대상이 노골적으로 무관심을 표명할 수도 있다. 하지만 원래 인터뷰가 그런 부분을 가지고 있는 만큼 연구원은 포기하지 말아야 한다. 일단 대면이 시작되면 상대가 대단한 흥미를 보일 수도 있고, 연구원과 인터뷰 대상 사이의 관계가 좀 더 친밀해질 수도 있다.

- **신뢰도** | 연구원이 사업에 대해 어느 정도의 지식이 있으면 인터뷰를 준비하고 수행하는 과정에서 신뢰감을 크게 높일 수 있다. 이러한 지식은 초기의 접촉에서는 물론 인터뷰 자체를 통해서도 표출되어야 한다. 그렇게 함으로써 인터뷰가 더욱 흥미롭고 유익해진다.

- **협동** | 인터뷰란 힘든 일이기 때문에 여건이 된다면 2명이 한 조가 되어서 하는 것이 이상적이다. 한 사람이 질문을 하는 동안, 다른 사람은 기록을 해나가면서 다음의 질문을 생각할 수 있다. 그 밖에도 한 사람이 인터뷰 대상과 시선을 맞대고 있는 동안 다른 한 사람이 기록을 할 수도

있다. 또한 2명이 서로 협력할 경우에는 인터뷰가 끝난 직후 또는 하루의 일과가 끝날 때 인터뷰의 결과를 검토하는 일이 가능해진다. 이러한 검토는 기록을 분명히 하고, 일관된 인상을 점검하고, 인터뷰를 분석하고, 새로운 발견을 종합하는 데 매우 유용하다. 이런 과정에서 산업 연구의 창조적인 업적이 탄생하는 경우가 흔히 있다. 단독 인터뷰를 할 때도 이러한 검토를 위한 시간적 여유가 충분히 있어야 한다.

- **질문** | 정확한 자료를 수집하기 위해서는 질문에 대한 답을 미리 단정하거나 제한하지 않도록 하고, 연구원 자신의 성향을 드러내지 않도록 편견 없는 질문을 해야 한다. 그 밖에도 연구원은 자신의 태도나 음성 혹은 표정으로 '원하는' 답변이 무엇인지 나타내지 않도록 세심한 주의를 기울여야 한다. 대부분의 사람들이 협조 또는 동조하기를 좋아하는데, 이런 의사 표시 역시 답변을 왜곡시킬 수 있다.

- **기록** | 인터뷰의 내용을 기록해두는 것 외에도 인터뷰 자체에 대한 관찰을 기록해두면 큰 도움이 될 수 있다. 인터뷰 상대가 어떤 간행물을 이용하는가? 서가에는 어떤 책들이 꽂혀 있는가? 사무실은 어떻게 장식되어 있는가? 호화로운가, 검소한가? 인터뷰 상대가 사무실에 제품 견본을 가지고 있는가? 이러한 정보는 인터뷰에서 얻은 구두상의 자료를 해석하는 데 유익한 단서가 되며, 그 밖에 추가의 정보원을 찾아내는 데도 도움을 준다.

- **인터뷰 대상과의 관계** | 인터뷰 대상은 이전에 연구원을 만난 적이 없는 사람으로, 자기 나름의 독특한 성격을 가지고 있고, 무엇을 말하고 무엇을 말하지 않아야 할지에 대해 확실한 생각을 가지고 있지 않을 수도 있다. 이때는 상대방의 어휘와 어조, 태도, 몸짓 등이 중요한 단서를 제공하는 만큼 이러한 단서를 통해 진단해야 한다. 훌륭한 연구원은 일반적으로 상대방과 친근한 관계를 맺는 데 익숙하다. 연구원은 상대방의 스타일에 적응하고, 불확실성의 수준을 낮추고, 추상적인 사업 차원의 상호 관계를 개인적인 차원의 상호 관계로 전환하려고 노력해야 한다. 이러한 노력의 대가로 얻는 정보의 질과 솔직함의 수준은 상당할 것이다.

- **공식 vs. 비공식** | 흥미로운 정보는 공식적인 인터뷰를 끝냈을 때 얻게 되는 경우가 자주 있다. 예를 들어 연구원과 인터뷰 상대가 함께 비행기로 이동할 경우에는 사무실의 딱딱한 분위기를 벗어나 좀 더 솔직한 태도를 보이게 될 수도 있다. 연구원은 딱딱한 분위기를 극복하도록 인터뷰를 이끌어나가야 한다. 이는 제3의 장소에서 만나거나, 함께 이동하거나, 식사를 하거나 혹은 해당 산업 외에도 다른 공통의 관심사를 찾아내 논의하는 등의 방법을 통해 실현될 수 있다.

- **민감한 자료** | 특정한 숫자나 그 밖의 민감한 자료를 묻기보다는 위험하지 않은 일반적인 질문으로 인터뷰를 시작하는 것이 보다 생산적이다. 민감한 자료에 대한 우려가 있는 상황에서는 인터뷰를 시작하면서

연구원이 독점적인 자료를 원하는 것이 아니라 산업에 대해 느낀 바를 원한다고 분명히 말해두는 것이 좋다. 흔히 인터뷰 상대는 어떤 범위나 근사치로써 자료를 제공해주는데, 이런 자료가 연구원에게는 크게 유익할 수 있다. 질문은 '판매원의 수가 대략 100명인가요, 500명인가요?'라는 식으로 구성되어야 한다.

• **계속적인 정보 출처의 추구** | 연구원은 인터뷰에서 항상 다음과 같은 질문을 해야 한다. '그 밖에도 누구와 상의해보는 것이 좋겠습니까?', '반드시 봐야 하는 간행물로는 어떤 것이 있습니까?', '참가하면 유익할 회의가 있습니까?' 인터뷰를 통해 더 많은 정보원을 찾아낼 수 있어야 인터뷰의 효용성이 극대화된다. 대담 상대자가 다른 정보원을 소개해주겠다고 하면 반드시 그 제안을 받아들여야 한다. 이런 소개가 있으면 인터뷰를 계속해서 준비하는 데 훨씬 편리할 것이다.

• **전화 인터뷰** | 연구가 본격화되면서 질문을 압축할 수 있게 되면 전화 인터뷰가 상당히 생산적일 수 있다. 전화 인터뷰는 공급자, 고객, 유통업자 등 제3의 정보원을 상대할 때 가장 효과적이다.

마이클 포터의 경쟁전략
하버드 경영전략 교과서

초 판 발 행 2018년 8월 31일
발 행 처 프로제
발 행 인 김영두
지 은 이 마이클 포터
옮 긴 이 미래경제연구소
감   수 권용(경제학박사, 경성대 부총장)
표   지 동글디자인
주   소 부산광역시 수영구 광남로 160-1 두원빌딩 2층 [48284]
메   일 proje@doowonart.com

ISBN 979-11-86220-31-3

본서의 무단전재 또는 복제행위는 저작권법 제136조에 의하여
5년 이하의 징역 또는 5천만 원 이하의 벌금에 처하게 됩니다.
낙장 및 파본은 구매처에서 교환하여 드립니다.
구입 철회는 구매처 규정에 따라 교환 및 환불처리가 됩니다.

COMPETITIVE STRATEGY
Techniques for Analyzing Industries and Competitors
by Michael E. Porter

Copyright © 1980 by The Free Press
Introduction copyright © 1998 by The Free Press
All rights reserved.

This Korean edition was published by PROJE in 2018 by arrangement with the original publisher, Free Press, a division of Simon & Schuster, Inc., New York through KCC (Korea Copyright Center Inc.), Seoul.

이 책은 (주)한국저작권센터(KCC)를 통한 저작권자와의 독점계약으로
프로제에서 출간되었습니다. 저작권법에 의해 한국 내에서 보호를 받는 저작물이므로
무단전재와 복제를 금합니다.